Bruchstücke

Jahrbuch des Dokumentationsarchivs des österreichischen Widerstandes

___

2023

Herausgegeben von
Andreas Kranebitter und Christine Schindler

Bruchstücke

——

Herausgegeben von
Christine Schindler

Im Auftrag des Dokumentationsarchivs
des österreichischen Widerstandes

DE GRUYTER
OLDENBOURG

Das Jahrbuch wurde mit Unterstützung folgender Institutionen hergestellt:

Stadt Wien – Kulturabteilung (MA 7)
Bundesministerium für Bildung, Wissenschaft und Forschung
Bundesministerium für Soziales, Gesundheit, Pflege und Konsumentenschutz
Bundesministerium für Kunst, Kultur, öffentlichen Dienst und Sport
Kammer für Arbeiter und Angestellte Wien

Reviews: Evrim Erşan Akkılıç, Brigitte Bailer, Christian Fleck, Claudia Kuretsidis-Haider

ISBN 978-3-11-132352-7
e-ISBN (PDF) 978-3-11-132370-1
e-ISBN (EPUB) 978-3-11-132411-1
ISSN: 1012-4535
DOI https://doi.org/10.1515/9783111323701

Library of Congress Control Number: 2023944379

Bibliografische Information der Deutschen Nationalbibliothek
Die Deutsche Nationalbibliothek verzeichnet diese Publikation in der Deutschen Nationalbibliografie; detaillierte bibliografische Daten sind im Internet über http://dnb.dnb.de abrufbar.

Umschlagfoto: Jugendgefängnis Kaiserebersdorf, um 1940 (Papier, 22 x 30 cm). Das Jugendgefängnis Kaiserebersdorf am Rande Wiens war unter den Nationalsozialisten eine KZ-ähnliche Haftanstalt für Jugendliche. Kunstwerksammlung DÖW, Foto: Christoph Fuchs.
Satz: Michael Peschke, Berlin
Druck und Bindung: CPI books GmbH, Leck

www.degruyter.com

Inhalt

Christine Schindler
Editorische Vorbemerkung

2023 begeht das Dokumentationsarchiv des österreichischen Widerstandes mehrere Jubiläen: 1923 wurde Herbert Steiner geboren, der 40 Jahre später, 1963, das DÖW mitbegründen sollte. Ehemalige Widerstandskämpfer*innen, KZ-Häftlinge, aus dem Exil Zurückgekehrte und Wissenschafter*innen errichteten vor 60 Jahren das Institut. Trotz seines Namens umfasst die Arbeit des DÖW seit Anbeginn alle Aspekte von Verfolgung und Widerständigkeit: Holocaust, parteipolitischer, weltanschaulicher, religiöser, individueller Widerstand, Verfolgung der Rom*nja und Sinti*zze, der als asozial oder homosexuell Stigmatisierten, NS-Medizinverbrechen, Flucht, Vertreibung und Exil, Zwangsarbeit, Konzentrationslager, Täter und Täterinnen, Rechtsextremismus, Antisemitismus, Entnazifizierung, Erinnerungskultur sowie Entschädigung und Rückstellungen nach 1945. Auch die spezifische österreichische Entwicklung vor 1938 – Austrofaschismus, Terrorakte der illegalen NSDAP, Widerstand der Arbeiterbewegung bis hin zu den Österreicher*innen im Spanischen Bürgerkrieg – findet sich im Themenspektrum.

Privater Initiative entsprungen, wurde und wird das Institut von der öffentlichen Hand unterstützt. Zur langfristigen Absicherung wurde 1983 die Stiftung DÖW errichtet, die von der Republik Österreich und der Stadt Wien zu gleichen Teilen finanziert wird. Der erste Leiter des DÖW, Herbert Steiner, war ein Brückenbauer zwischen Wissenschaft, Gesellschaft und Politik auf nationaler Ebene – und auch international: In den Zeiten des Kalten Krieges gründete er die International Conference of Labour and Social History (damals „Internationale Tagung der Historiker der Arbeiterbewegung"), die jedes Jahr Historiker*innen aus Ost und West, Nord und Süd im neutralen Österreich zusammenführte. Gemeinsam mit der ITH verleiht das DÖW seit 2004 jährlich den Herbert-Steiner-Preis für wissenschaftliche Arbeiten zu den Themen Widerstand, Verfolgung, Exil in der Zeit des Faschismus und Nationalsozialismus sowie Umgang mit dieser Vergangenheit nach 1945 und zur Geschichte der Arbeiterbewegung

Herbert Steiner hatte in Großbritannien überlebt. Seine Eltern Heinrich und Valerie Steiner wurden im Holocaust ermordet. 1945 kehrte er nach Österreich zurück und beteiligte sich aktiv am demokratischen Aufbau des Landes. 1983 folgte ihm der Historiker Wolfgang Neugebauer an der Spitze des DÖW nach. Brigitte Bailer (2004 bis 2014), spezialisiert auf Rückstellungs- und Entschädigungsfragen sowie Rechtsextremismus in Österreich, und der Roma-Forscher Gerhard Baumgartner (2014 bis 2023) standen in der Folge dem Institut vor. 2023 übernahm der Soziologe Andreas Kranebitter die geschäftsführende und wissenschaftliche Leitung.

Schon in den 1960er Jahren publizierte das Institut wegweisende Arbeiten zu Widerstand und Verfolgung, thematisierte den industriellen Massenmord, aber auch die individuellen Verstrickungen in die NS-Verfolgungsmaschinerie. In den 1970er und 1980er Jahren folgten umfassende Oral-History-Arbeiten und lexikalische Bände zu den einzelnen Bundesländern. In dieser Zeit wurden die NS-Medizinverbrechen ein weiterer Schwerpunkt der Forschungsarbeit. Seit 1986 erscheint das Jahrbuch des DÖW. Es beschäftigt sich mit allen Aspekten des Nationalsozialismus. Autor*innen kommen aus der Kolleg*innenschaft des DÖW, aber auch aus anderen Institutionen Österreichs, Europas, Israels und der USA. Die Jahrbücher umfassen Artikel aus verschiedenen Wissenschaftsdisziplinen, aus der Vermittlung, der Gedenkkultur und aus dem künstlerischen Bereich. Ab 2023 erscheint es im DeGruyter-Verlag und wird parallel zur Print-Ausgabe auch im Open Access verfügbar sein. Ein Peer-Review-Committee prüft die Beiträge. 2023 wirkten Evrim Erşan Akkılıç, Brigitte Bailer, Christian Fleck und Claudia Kuretsidis-Haider an der Begutachtung der Beiträge mit.

Das DÖW bemüht sich seit seiner Gründung, die Zeit der nationalsozialistischen Gewaltherrschaft auf der Basis seines breiten Quellenbestandes für die wissenschaftliche Forschung, aber auch eine interessierte Öffentlichkeit zugänglich zu machen. Dieses Bemühen um Erforschung und Aufarbeitung kann nur fragmentarisch sein. Zu viele Zeug*innen haben nicht überlebt, Dokumente wurden vernichtet, Erinnerungen lange abgewehrt. Dem trägt das Jahrbuch 2023 mit dem Titel „Bruchstücke" Rechnung. Die präzisen Einblicke der einzelnen Beiträge fügen sich wie Splitter zu verschiedenen Themen in ein Mosaik: die Befragung von ehemaligen SS- und Wehrmachtsangehörigen in den 1960er Jahren durch einen Auschwitz-Überlebenden, private Filmaufnahmen aus dem Kriegsgefangenenlager Stalag XVII A, die Erinnerung an den bewaffneten Widerstand der Kärntner Partisan*innen, die Vertreibung eines Kinderstars der Operette aus Wien, das Schicksal der ersten von Wien ins besetzte Polen deportierten Juden, das tödliche Bombenattentat auf österreichische Roma 1995, Demokratiebildung heute und rechtsextreme Einstellungen in migrantischen Communities. Das Buch skizziert verschiedene historische und aktuelle Ansätze und Motivationen von Forschenden ebenso wie die digitale Umsetzung von Ergebnissen heute.

Schon das Cover verweist auf die Brüchigkeit in den Lebensläufen ebenso wie in der Überlieferung. Das Bild zeigt das Jugendgefängnis Kaiserebersdorf, ab 1929 eine „Bundesanstalt für Erziehungsbedürftige", in der mit dem Strafrecht in Konflikt gekommene Jugendliche schulisch und beruflich ausgebildet wurden. Die Nationalsozialisten machten eine KZ-ähnliche Haftanstalt daraus und internierten auch widerständige Jugendliche. Warum und wie lange der Maler des Bildes dort inhaftiert war, woher er kam und wie sein späteres Schicksal verlief, ist nicht bekannt. Überliefert ist sein (möglicher) Nachname und das Gemälde selbst. Das Bild wurde mit zahlreichen anderen Kunstwerken aus dem DÖW restauriert und 2022/23 in der Ausstellung „Wider die Macht" im Museum Niederösterreich in St. Pölten gezeigt.

Die Verfolgung von sogenannten „Berufsverbrechern" im Nationalsozialismus, die Biografisierung, die „kriminelle Persönlichkeiten" unabhängig vom konkreten Verbrechen konstruiert, ist einer der Forschungsschwerpunkte des Wissenschaftlichen Leiters des DÖW, Andreas Kranebitter. Im aktuellen Jahrbuch beschäftigt sich Kranebitter aber mit einer einzigartigen sozialwissenschaftlichen Untersuchung zu dem größten Verbrechenskomplex der Menschheitsgeschichte: *Im Land des Fragebogens. John M. Steiner und die soziologische Befragung von ehemaligen SS-Angehörigen.* Ursprünglich war ein Fragebogen für die USA selbst entwickelt worden, um autoritäre Einstellungen in der Bevölkerung zu erkennen – eine damals noch junge, innovative Methode. An der Erstellung waren auch Flüchtlinge aus dem brennenden Europa beteiligt – wie Theodor W. Adorno, Else Frenkel-Brunswik, Max Horkheimer, Marie Jahoda. Es war auch Frenkel-Brunswik, die den tschechischen Auschwitz-Überlebenden und späteren Sozialwissenschafter John M. Steiner zur Befragung von Hunderten ehemaligen SS- und Wehrmachtsangehörigen motivierte. Kranebitter skizziert in seinem Beitrag die Struktur und Erstellung dieser Fragebögen, die Durchführung und die Ergebnisse der Befragungen, aber auch die Abwehrhaltungen in der deutschen Bevölkerung und bei den Befragten sowie den eigentlichen Quellenwert und den nachhaltigen Einfluss auf die heutige Autoritarismusforschung.

Neben behördlichen Quellen oder Fragebögen vergangener Forschungsprojekte sind auch private Dokumente, Erinnerungen, Fotos und Filme Quellen für historische und soziologische Fragestellungen. Immer noch taucht Vergessenes und Verdrängtes auf Dachböden und in Kellern auf. 2022 übergaben die Erb*innen dem Fotoarchivar des DÖW, Michael Achenbach, einen 8mm-Amateurfilm zur Auswertung und dauernden Aufbewahrung. Achenbach beschreibt diesen Film von rund 40 Minuten in seinem Beitrag *Private Filmaufnahmen aus Stalag XVII A Kaisersteinbruch*. Er war von einem Mitglied der Abwehrstelle der Wehrmacht im Lager gedreht worden und filmte Ankunft und Registrierung der Kriegsgefangenen ebenso wie Freizeitaktivitäten und Feierlichkeiten der Wachmannschaft. Kaisersteinbruch, etwa 40 km südöstlich von Wien, war eines der größten Kriegsgefangenenlager im Deutschen Reich mit zahlreichen Zweiglagern und Außenkommandos in Industrie und Landwirtschaft. Gefangen waren Soldaten aller beteiligten Nationen, darunter viele belgische und französische Soldaten, auch aus Westafrika und Südostasien, und sowjetische Soldaten: Insgesamt wurden auf dem Lagerfriedhof 9.969 Kriegsgefangene beerdigt, davon waren 9.584 Angehörige der Roten Armee, analysiert Achenbach lapidar eindringlich die Folgen der rassistischen Kategorisierung der Nazis. Der Film ergänzt andere Quellen, wie ein Bataillonstagebuch, Filmaufnahmen der anthropologischen Abteilung des Naturhistorischen Museums und Fotos im Bestand des DÖW. Die Übergabe an das DÖW ist eines von vielen Beispielen des veränderten Umgangs der Enkel- und Urenkelgeneration mit den Hinterlassenschaften der Täter.

Mahnmale verweisen auf vergangene Ereignisse und sind oft die einzigen Andenken an Menschen, an die kein Grab und oft nicht einmal ein Name erinnert. Mathias Lichtenwagner, der sich in den vergangenen Jahren um die Opfer der NS-Militärjustiz verdient gemacht hat, wirkte an einer interaktiven Karte der Erinnerungsmale mit (www.porem.wien), die auf der akribischen Erfassungsarbeit des DÖW zu den Erinnerungszeichen in Wien aufbaute. Zahlreiche Denkmäler und Gedenkstätten gibt es auch am Wiener Zentralfriedhof. Im Jahrbuch widmet sich Lichtenwagner einem davon: *Das vergessene Partisan*innen-Denkmal am Wiener Zentralfriedhof*, das 1986 noch gemeinsam mit der Sozialistischen Föderativen Republik Jugoslawien errichtet wurde, erinnert an den bewaffneten Widerstand der Kärntner Partisan*innen bzw. jugoslawischen/

slowenischen Kämpfer*innen. Auch in diesem Beitrag wird deutlich, wie komplex die Quellenlage zu konkreten Ereignissen sein kann und wie aufwändig die Recherchen sind, wenn es um die genaue Benennung von Opfern und die Ermittlung von Zahlen geht. Lichtenwagner zeigt auch, dass engagierte Forschung nicht im Theoretischen verbleiben muss: Erfolgreich bemühte er sich gemeinsam mit verschiedenen Opferverbänden und slowenischen Vereinen um die Instandhaltung des Grabes. Dass das Grab noch 1986 im fernen Wien und nicht vor Ort errichtet wurde, verweist auf die Nachwirkungen ungelöster Konflikte.

Zu Todfeinden und -feindinnen machte das NS-Regime nicht nur politische Gegner*innen, Andersdenkende und Anderslebende, sondern auch Kinder. Eva Bodenstein war ein Wiener Mädel mit einem außergewöhnlichen Gesangs- und Tanztalent, und sie war Jüdin. Uwe Meusel zeichnet in *Evi Bodo – der Kinderstar aus Wien* den kometenhaften Aufstieg der jungen Künstlerin nach, der nach der nationalsozialistischen Machtübernahme mit ihrer Familie die Flucht nach Frankreich gelang, wo sie überlebten. Wir wissen aus den (Auto-)Biografien Geflohener, wie gebrochen die Leben so vieler, wie nachhaltig verletzend die Vertreibung aus der Heimat war. Verfemte Künstler*innen wurden vergessen, ihre Namen oft bewusst getilgt, Filme nicht mehr gezeigt, Tonaufnahmen nicht mehr gespielt. Uwe Meusel holt Evi Bodo wieder ins Rampenlicht, die biografischen Ergänzungen von Claudia Kuretsidis-Haider zu Künstlerkolleg*innen zeigen, wie schwer es war, der Vernichtungsmaschinerie der Nazis zu entkommen, wie mehrfach gebrochen auch die Schicksale der „Davongekommenen" waren.

Die Erinnerung an die Vertreibung und Beraubung, die Diskriminierung, Verfolgung und Ermordung ist notwendiger Bestandteil des Umgangs mit der Vergangenheit. Die Gedenkstätte Deutscher Widerstand und das DÖW wirken seit vielen Jahren zusammen, die jüngste Kooperation mündete 2023 in die von Manfred Mugrauer herausgegebene Publikation „Wir hätten es nicht ausgehalten, dass die Leute neben uns umgebracht werden" in der Buch-Reihe *Stille Helden. Hilfe für verfolgte Juden*, im Zuge derer die Situation in den verschiedenen besetzten Ländern Europas dargestellt wird. Die Benennung der Täter und Täterinnen sowie die Analyse der Ursachen und Zusammenhänge sind wesentlich für das politische Bewusstsein heute. Das Erkennen von Versuchungen, Irrwegen, Handlungsspielräumen und den vielfältigen Formen des Widerstehens soll demokratische Gesellschaften resistent gegen aktuelle Demagog*innen machen. Der Wissenschaftliche Ko-Leiter der GDW Peter Steinbach fasst diese Verantwortung im Jahrbuch zusammen: *Widerstand gegen den Nationalsozialismus – eine Grundlage demokratischer Menschenrechtserziehung*. Die Bezugnahme auf den Widerstand und das Recht auf Widerstand erachtet Steinbach als tragende Grundsäulen einer demokratischen politischen Bildung. Steinbach skizziert die Bedeutung von Schuld und Verantwortung im spezifischen gesamtdeutschen Zusammenhang und angesichts der aktuellen erfolgreichen Formierung rechtspopulistischer Bewegungen in Europa, die erneut autoritäres Gedankengut verbreiten.

Rechte, autoritäre, nationalistische Einstellungen blühen allerorten und strahlen über Diaspora-Communities auch in die neuen Heimatländer aus. In Österreich wurde diese Problematik lange wenig beachtet. Mit Unterstützung des Wissenschaftsministeriums hat das DÖW die Forschung und Dokumentation im Bereich der nicht-autochthonen Rechtsextremismen nun ausgebaut. Im Rahmen einer Studie, die vom Institut für angewandte Rechts- und Kriminalsoziologie gemeinsam mit dem DÖW und dem Österreichischen Institut für Internationale Politik durchgeführt wurde, beschäftigten sich Thomas Schmidinger (Universität Wien) und Ufuk Sahin (Freie Universität Berlin) mit verschiedenen Formen des diasporischen Ultranationalismus in Österreich und deren möglichen Einflüssen auf den Bildungsbereich bzw. deren außerschulischer Bildungsarbeit mit Jugendlichen. Auf diesem Projekt basiert ihr Beitrag *Ultranationalistische Diaspora-Organisationen und ihr Einfluss im Bildungsbereich*. Wie notwendig diese Untersuchungen und klaren Benennungen sind, zeigt sich immer wieder an nationalistischen, antisemitischen, antikurdischen und antifeministischen Kundgebungen und Ausschreitungen beispielsweise der rechtsextremen türkischen Grauen Wölfe. Auch das kroatische ultranationalistische Treffen im Kärntner Bleiburg/Pliberk zog bis zum jüngst mühsam durchgesetzten behördlichen Verbot jährlich Tausende Feiernde an, die ihre Verbundenheit mit dem faschistischen Ustascha-Staat deutlich sichtbar bekundeten. Das Anliegen der Forschenden und Institutionen der Zivilgesellschaft ist es insbesondere, den jungen Menschen – die oft durch vielfältig erlebte Diskriminierung verletzt und ansprechbar sind – den Wert von Demokratie, Freiheit und Gleichberechtigung zu veranschaulichen und Wege der Partizipation aufzuzeigen bzw. diese zu schaffen. Dazu müssen Strukturen zur Radikalisierung – sei es in politischen, kulturellen, religiösen Vereinen, in der Musik oder auf Social Media – erkannt, beobachtet, analysiert und schließlich zurückgewiesen und aufgelöst werden.

Ein politisches Bewusstsein wird in jungen Jahren grundgelegt, Selbstverständlichkeiten der Kindheit wirken lange nach und werden oft erst später durch Irritationen, neue Wahrnehmungen, Einflüsse von außen verändert. Der ehemalige Wissenschaftliche Leiter des DÖW Gerhard Baumgartner schildert seine Bewusstwerdung im persönlichen Bericht *„Adaj me kher som!" oder: „Wie ich die Roma entdeckte!"* Obwohl selbst in der ungarischsprachigen Minderheit des Burgenlandes aufgewachsen, wurden ihm Diskriminierungsstrukturen – die Roma-Schulfreunde gingen alle in die Sonderschule – erst im Nachhinein bewusst. Gerade eine Publikation der Institution, der er 35 Jahre später vorstehen sollte, bewirkte ein radikales Umdenken: „Widerstand und Verfolgung im Burgenland 1934–1945" (1979). Das Buch benannte Widerständige und Verfolgte, beschrieb Orte, die die Einheimischen zu kennen glaubten, erinnerte an Massaker, die das ganze Land Jahrzehnte verdrängt hatte, und an Täter, die unbehelligt auch nach dem Krieg reüssierten. Diskriminierung, Verfolgung und Ermordung der Rom*nja, aber auch deren aktuelle Situation im heutigen Europa wurden Baumgartners Lebensthemen. Die Geschichte der österreichischen Rom*nja, die vor allem im Burgenland lebten, zeigt auch, wie schnell sich die Situation Benachteiligter ändern kann, wenn das Bewusstsein der Gesellschaft dafür geweckt ist.

Mindestens 4.800 Juden wurden 1939 aus Wien, Mährisch-Ostrau, Prag und Kattowitz nach Nisko am San im besetzten Polen deportiert. Das DÖW erforscht seit einigen Jahren Hintergründe und Durchführung und vor allem die Schicksale der betroffenen Männer dieser ersten Massen-Deportation. Um den Zugang zu den verstreuten Quellen für die Forschung zu vereinfachen, wurde die Online-Edition nisko-transports. ehri-project.eu erstellt. Winfried R. Garscha, Claudia Kuretsidis-Haider und Wolfgang Schellenbacher zeigen in ihrem Artikel *Nisko-Deportationen 1939: Die Online-Dokumentenedition* auch die Schwierigkeiten vermeintlich eindeutiger Quellen anhand der verschiedenen überlieferten Deportationslisten zu den Nisko-Transporten auf. Artikel und Website ergänzen die Täterdokumente durch fragmentarisch Überliefertes von den Opfern selbst: Briefe an die zurückgebliebene oder geflohene Familie, Hilfegesuche an die Kultusgemeinde, Fotos aus glücklicheren Tagen.

Der von Christine Schindler verfasste Tätigkeitsbericht des DÖW *Fakten – Analysen – Diskussionen. Das Dokumentationsarchiv des österreichischen Widerstandes 2022* beschließt das Jahrbuch und beschreibt Projekte, Kooperationen, Veranstaltungen, Strukturen des Instituts, das über die Forschungstätigkeit hinaus Archiv und Bibliothek, Museum, Gedenkstätte und Begegnungsort ist.

Abkürzungsverzeichnis

AbzG	Abzeichengesetz
AdR	Archiv der Republik
ADÜTDF	Almanya Demokratik Ülkücü Türk Dernekleri Federasyonu (Föderation türkisch-demokratischer Idealistenvereine in Europa)
AG	Aktiengesellschaft
AHS	Allgemeinbildende höhere Schule
AKP	Adalet ve Kalkınma Partisi (Partei für Gerechtigkeit und Aufschwung)
ANF	Avrupa Nizam-ı Alem Federasyonu (Föderation der Weltordnung in Europa)
APA	Austria Presse Agentur
Ast	Abwehrstelle
ATB	Avusturya Türk Birliği (Türkische Union Österreich)
ATF	Almanya Türk Federasyon (Türkische Föderation Deutschland)
ATF	Avusturya Türk Federasyon (Türkische Föderation Österreich)
ATK	Avurpa Türk Konfederasyon (Türkische Konföderation Europa)
AÜTDF	Avusturya Ülkücü Türk Dernekleri Federasyonu (Dachorganisation Türkische Kultur- und Sportgemeinschaft in Österreich)
AÜTDK	Avrupa Ülkücü Türk Dernekleri Konfederasyonu (Konföderation der idealistischen Türken in Europa)
AZ	Arbeiter-Zeitung
BBP	Büyük Birlik Partisi (Partei der Großen Einheit)
BFI	Berufsförderungsinstitut
BIK	Boltzmann Institut für Kriegsfolgenforschung
BKS	Bosnisch/Kroatisch/Serbisch
BMAA	Bundesministerium für Auswärtige Angelegenheiten
BMBWF	Bundesministerium für Bildung, Wissenschaft und Forschung
BMEIA	Bundesministerium für europäische und internationale Angelegenheiten
BMI	Bundesministerium für Inneres
BMLV	Bundesministerium für Landesverteidigung
BMöWV	Bundesministerium für öffentliche Wirtschaft und Verkehr
BpB	Bundeszentrale für politische Bildung
BRD	Bundesrepublik Deutschland
BSF	Bund Sozialistischer Freiheitskämpfer, heute: Bund Sozialdemokratischer FreiheitskämpferInnen, Opfer des Faschismus und aktiver AntifaschistInnen
BÜTDF	Belçika Ülkücü Türk Dernekleri Federasyonu (Türkische Föderation Belgien)
BVT	Bundesamt für Verfassungsschutz und Terrorismusbekämpfung
CAHJP	Central Archives for the History of the Jewish People
CDU	Christlich Demokratische Union Deutschlands
CHP	Cumhuriyet Halk Partisi (Republikanische Volkspartei)
CKMP	Cumhuriyetçi Köylü Millet Partisi (Republikanische Bauern-Volkspartei)
CSU	Christlich-Soziale Union in Bayern
D. C.	District of Columbia
DaZ	Deutsch als Zweitsprache
DID	Dokuz Işık Doktrini (Neun-Lichter-Doktrin)
DÖW	Dokumentationsarchiv des österreichischen Widerstandes
DPMŠ	Domovinski pokret Miroslava Škore (Heimatland-Bewegung Miroslav Škoro)
DSN	Direktion für Staatsschutz und Nachrichtendienst
Dulag	Durchgangslager
EHRI	European Holocaust Research Infrastructure
EVP	Europäische Volkspartei
FPÖ	Freiheitliche Partei Österreichs
FÜTDF	Fransa Demokratik Ülkücü Türk Dernekleri Federasyonu (Türkische Föderation Frankreich)
GRG	Gymnasium und Realgymnasium
GSA	German Studies Association
GZ	Geschäftszahl
HDO	Hrvatski demokratski odbor (Kroatischer Demokratischer Ausschuss)
HDZ	Hrvatska demokratska zajednica (Kroatische Demokratische Gemeinschaft)
Heilag	Heimkehrerlager

HGM	Heeresgeschichtliches Museum	KPÖ	Kommunistische Partei Österreichs
HIAG	Hilfsgemeinschaft auf Gegenseitigkeit der Waffen-SS	KSŠŠD	Klub slovenskih študentk in študentov na Dunaju (Klub der slowenischen Studentinnen und Studenten in Wien)
HJ	Hitlerjugend		
HLT	Höhere Lehranstalt für Tourismus	KZ	Konzentrationslager
HNO	Hrvatski narodni otpor (Kroatischer Volkswiderstand)	KZZP	Koroški Partizanski Pevski Zbor (Chor der Kärntner Partisan*innen)
HOP	Hrvatski oslobodilački pokret (Kroatische Befreiungsbewegung)	LBI	Ludwig Boltzmann Institut
		LG	Landesgericht, 1938-1945: Landgericht
HOS	Hrvatske obrambene snage (Kroatische Verteidigungskräfte)	LH	Landeshauptmann
		LPR	Liga Polskich Rodzin (Liga der polnischen Familien)
HSP	Hrvatska stranka prava (Kroatische Partei des Rechts)		
		LVAk	Landesverteidigungsakademie
HSP-AS	Hrvatska stranka prava dr. Ante Starčević (Kroatische Partei des Rechts Dr. Ante Starčević)	M.Abt.	Magistratsabteilung
		MA	Magistratsabteilung
		MDF	Magyar Demokrata Fórum (Ungarisches Demokratisches Forum)
HTBLuVA	Höhere Technische Bundeslehr- und Versuchsanstalt		
		MHP	Milliyetci Hareket Partisi (Partei der Nationalistischen Bewegung)
HTF	Hollanda Türk Federasyon (Türkische Föderation Niederlande)		
		MIÉP	Magyar Igazság és Élet Pártja (Ungarische Wahrheits- und Lebenspartei)
HTL	Höhere Technische Lehranstalt		
IEB	Initiative Erwachsenenbildung		
IG	Initiativgruppe	MKÖ	Mauthausen Komitee Österreich
IGGÖ	Islamische Glaubensgemeinschaft in Österreich	MM	Mauthausen Memorial
		MS	Mittelschule
IHRA	International Holocaust Remembrance Alliance	MW	Młodzież Wszechpolska (Allpolnische Jugend)
IKG	Israelitische Kultusgemeinde	NDH	Nezavisna Država Hrvatska (Unabhängiger Staat Kroatien)
IKRK	Internationales Komitee vom Roten Kreuz		
		NKWD	Narodny Kommissariat Wnutrennich Del (Volkskommissariat für Innere Angelegenheiten, Innenministerium), Sowjetunion
Ilag	Internierungslager		
ILB	Integrative Lernwerkstatt Brigittenau		
İP	İyi Parti (Gute Partei)		
IRKS	Institut für angewandte Rechts- und Kriminalsoziologie	NÖ	Niederösterreich
		NS	Nationalsozialismus, nationalsozialistisch
ITH	International Conference of Labour and Social History	NSDAP	Nationalsozialistische Deutsche Arbeiterpartei
IÜTDF	Isviçre Ülkücü Türk-Islam Kültür Dernekleri Federasyonu (Türkische Föderation Schweiz)	NSKS	Narodni svet koroških Slovencev (Rat der Kärntner Slowenen)
		OdR	Ordensgemeinschaft der Ritter-kreuzträger
KE	Koalicja Europejska (Europäische Koalition)		
		OeAD	Österreichischer Auslandsstuden-tendienst, heute: Agentur für Bildung und Internationalisierung
KKP	Konfederacja Korony Polskiej (Konföderation der Polnischen Krone)		
		OeZG	Österreichische Zeitschrift für Geschichtswissenschaften
KL	Konzentrationslager		
KORWiN	Koalicja Odnowy Rzeczypospolitej Wolność i Nadzieja (Koalition der Erneuerung der Republik Freiheit und Hoffnung)	OF	Osvobodilna Fronta (Slowenische Befrei-ungsfront)
		Oflag	Offizierslager

OIIP	Österreichisches Institut für Internationale Politik	SSZ	Srpska stranka Zavetnici (Serbische Partei der Eidestreuen)
OKW	Oberkommando der Wehrmacht	Stalag	Stammlager
OLG	Oberlandesgericht	StGB	Strafgesetzbuch
ONR	Obóz Narodowo-Radykalny (Nationalradikales Lager)	SUBNOR	Savez udruženja narodnooslobodilačkih ratova Srbije (Bund der Kämpfervereinigungen des Volksbefreiungskriegs)
OÖLA	Oberösterreichisches Landesarchiv		
OSČ	Organizacija srpskih četnika Ravna Gora (Organisation der serbischen Tschetniks Ravna Gora)	SWC	Simon Wiesenthal Center
		TEI	Text Encoding Initiative
		UBKJV	Udruženje boraca kraljevske jugoslovenske vojske Draža Mihailović (Verband der Kämpfer der königlich-jugoslawischen Armee Draža Mihailović)
ÖSK	Österreichisches Schwarzes Kreuz		
ÖStA	Österreichisches Staatsarchiv		
ÖVP	Österreichische Volkspartei		
OWA	Otto-Wagner-Areal	UdSSR	Union der Sozialistischen Sowjetrepubliken
PBV	Počasni Bleiburški vod (Verein Bleiburger Ehrenzug)		
		UNESCO	United Nations Educational, Scientific and Cultural Organization
PDP	Partija demokratskog progresa (Demokratische Fortschrittspartei)		
		USHMM	United States Holocaust Memorial Museum
PH	Pädagogische Hochschule		
PiS	Prawo i Sprawiedliwość (Recht und Gerechtigkeit)	USN	Unia Społeczno-Narodowa (Sozial-Nationale Union)
		VG	Verbotsgesetz
PKK	Partiya Karkerên Kurdistanê (Arbeiterpartei Kurdistans)	VHS	Volkshochschule(n)
		VWI	Wiener Wiesenthal Institut für Holocaust-Studien
POREM	Politics of Remembrance and the Transition of Public Spaces		
		WIN	Wiedenska Inicjatywa Narodowa (Wiener Nationale Offensive)
PZPR	Polska Zjednoczona Partia Robotnicza (Polnische Vereinigte Arbeiterpartei)		
		Wr.	Wiener
Res.Laz.	Reservelazarett	WStLA	Wiener Stadt- und Landesarchiv
RiAAs	Richteramtsanwärter*innen	WUK	Werkstätten- und Kulturhaus
RN	Ruch Narodowy (Nationale Bewegung)	XML	Extensible Markup Language
SFRJ	Sozialistische Föderative Republik Jugoslawien	YVA	Yad Vashem Archives
		ZARA	Zivilcourage und Anti-Rassismus-Arbeit
Sign.	Signatur	ZKP	Zveza koroških partizanov in prijateljev protifašistilčnega odpora (Verband der Kärntner Partisanen und Freunde des antifaschistischen Widerstands)
SNS	Srpska napredna stranka (Serbische Fortschrittspartei)		
SP	Saadet Partisi (Partei der Glückseligkeit)		
SPÖ	Sozialdemokratische Partei Österreichs, 1945-1991: Sozialistische Partei Österreichs	Zl.	Zahl
		ZSO	Zveza slovenskih organizacij na Koroškem (Zentralverband slowenischer Organisationen in Kärnten)
SPO	Srpski pokret obnove (Serbische Erneuerungsbewegung)		
SRS	Srpska radikalna stranka (Serbische Radikale Partei)	ZSP	Zveza slovenskih pregnancev (Verband zwangsweise ausgesiedelter Slowenen)
SS	Schutzstaffel		

Andreas Kranebitter

Im Land des Fragebogens: John M. Steiner und die soziologische Befragung von ehemaligen SS-Angehörigen

Einleitung: „Everyone gets fragebogened sooner or later"

Im September 1944 erreichten Soldaten der US Army erstmals deutschen Boden, im Oktober eroberten sie die erste größere Stadt, Aachen, in der sich nach dem Abzug der Wehrmacht und Waffen-SS etwa 11.000 Zivilist*innen befanden. Die US Army begleiteten Mitglieder von Geheim- und Nachrichtendiensten. Ihnen oblag es, die Bevölkerung Aachens nach „Werwölfen" zu durchforsten, d. h. nach jenen Nationalsozialisten zu suchen, die im Auftrag Heinrich Himmlers im Untergrund weiter gegen die Alliierten kämpfen sollten. Das „Screening" der Bevölkerung war aber auch die erste sozialwissenschaftliche Durchleuchtung der befreiten Deutschen. Im sogenannten Aachen-Report charakterisierten die Verhörspezialisten die politischen Einstellungen der von ihnen Vernommenen. Eine Beobachtung sollte sich für sie in den kommenden Monaten wiederholen: Kaum jemand wollte Nazi gewesen sein. Der in Wien geborene Saul K. Padover hatte nach hunderten Vernehmungen feststellen müssen, dass ehemalige Nazis ihnen offenbar dreist ins Gesicht logen.

> Seit zwei Monaten sind wir hier zugange, wir haben mit vielen Menschen gesprochen, wir haben jede Menge Fragen gestellt, und wir haben keinen einzigen Nazi gefunden. Jeder ist ein Nazigegner. Alle Leute sind gegen Hitler. Sie sind schon immer gegen Hitler gewesen. Aber was heißt das? Es heißt, daß Hitler die Sachen ganz allein, ohne Hilfe und Unterstützung irgendeines Deutschen durchgezogen hat. Er hat den Krieg angefangen, er hat ganz Europa erobert, den größten Teil Rußlands überrannt, fünf Millionen Juden ermordet, sechs bis acht Millionen Polen und Russen in den Hungertod getrieben, vierhundert Konzentrationslager errichtet, die größte Armee in Europa aufgebaut und dafür gesorgt, daß die Züge pünktlich fahren.[1]

In der Entnazifizierung und *reeducation* der deutschen Bevölkerung konnte man sich kaum darauf verlassen, dass die „Ehemaligen" ihre Verstrickungen in das NS-Regime offen zugeben würden. Die Alliierten gingen auch davon aus, dass kompromittierende Dokumente im großen Stil vernichtet worden waren. Deshalb griffen alle vier Besatzungsmächte in Deutschland – die Situation in Österreich unterschied sich davon, da

---

[1] Saul K. Padover, Lügendetektor. Vernehmungen im besiegten Deutschland 1944/45, Frankfurt/M. 1999, S. 46. Die englische Originalausgabe erschien 1946 in London und New York. Vgl. Saul K. Padover, Psychologist in Germany. The Story of an American Intelligence Officer, London 1946, S. 52 f.

die Entnazifizierung hier bald der österreichischen Regierung übertragen wurde[2] – auf einen Fragebogen zur Entnazifizierung zurück.[3] Dieser Entnazifizierungsfragebogen war, in unterschiedlichen Versionen verwendet, bald eine derart allgegenwärtige Erscheinung, dass das deutsche Wort ins Englische Eingang fand: „Everyone gets fragebogened sooner or later"[4], schrieb der Schriftsteller John Dos Passos in seinem Buch *Tour of Duty*, das auf Deutsch als *Das Land des Fragebogens* erschien.[5]

Bürokratisch betrachtet, so ist sich die Forschung heute weitgehend einig, war der Fragebogen weniger effizient, als von den Alliierten erhofft. Sozialwissenschaftlich gesehen bleibt er aber eine interessante Quelle. Deutschlands Entnazifizierung kann mit gutem Grund als die größte sozialwissenschaftliche Umfrage der Geschichte bezeichnet werden: Knapp 20 Millionen Wehrmachtssoldaten und Zivilist*innen mussten den Fragebogen ausfüllen, der detaillierte Fragen zu ihrer Herkunft, ihrem Werdegang und selbstverständlich zu ihren Mitgliedschaften in der NSDAP und deren Teilorganisationen enthielt.[6] Auch wenn der Sinn und Zweck des Fragebogens nicht in wissenschaftlicher Forschung bestand, ging es bei dieser Erhebung um ein „experimental social scientific instrument adopted by traditional military apparatuses"[7]. Er

---

2 In Österreich wurden seitens der US-amerikanischen Besatzungsmacht anfangs ebenfalls Fragebögen der Militärregierung ausgegeben. Sie beruhten auf den deutschen Fragebögen und waren schon von daher wenig praktikabel, weil sie etwa die Mitgliedschaft in NSDAP-Organisationen vor 1933 abfragten (vgl. Dieter Stiefel, Entnazifizierung in Österreich, Wien–München–Zürich 1981, S. 25–31). Die Bedeutung der Fragebögen war hierzulande aber durch die schon im „Verbotsgesetz" 1945 und 1947 geregelte Registrierungspflicht ehemaliger Nationalsozialistinnen und Nationalsozialisten in Listen und spätestens durch die Übertragung der Entnazifizierungskompetenzen an die österreichische Regierung 1946 weit geringer als in Deutschland (vgl. ebenda, S. 82).
3 Zur Entnazifizierung in Deutschland allgemein vgl. Hanne Leßau, Entnazifizierungsgeschichten. Die Auseinandersetzung mit der eigenen NS-Vergangenheit in der frühen Nachkriegszeit, Göttingen 2020.
4 John Dos Passos, Tour of Duty, Boston 1946, S. 254. Vgl. William Mikkel Dack, Questioning the Past: The Fragebogen and Everyday Denazification in Occupied Germany. Unveröffentlichte Dissertation, University of Calgary, Alberta (Canada) 2016, S. 210. Eine veröffentlichte Version erschien kürzlich als Mikkel Dack, Everyday Denazification in Postwar Germany. The Fragebogen and Political Screening during the Allied Occupation, Cambridge 2023.
5 John Dos Passos, Das Land des Fragebogens, Frankfurt/M. 1997. Für John Dos Passos waren die von der Befreiung gequälten Menschen im „Land des Fragebogens" aufgewacht. Die Entnazifizierung sei dank Fragebogens in 90 % der Fälle geglückt. Dos Passos' Ego-Protagonist fragt in diesem Buch einen Captain der amerikanischen Militärregierung: „Und wie machen Sie das?' Der gibt zur Antwort: ‚Es ist der Fragebogen.' Er benutzte das deutsche Wort. ‚Vom Fragebogen haben Sie noch nie etwas gehört. Der Fragebogen ist das Genialste, was es in Deutschland gibt.' Der Sergeant kam hinter seinem Schreibtisch vor und händigte uns einen Fragebogen von der Art aus, wie ihn die Einwanderungsbehörde der Vereinigten Staaten entwickelt hat. ‚Wenn Sie diese Prüfung bestehen, können Sie jeden Job haben, den Sie wollen. Und wenn nicht, dann dürfen Sie keine Tätigkeit ausüben, in der Sie Leute anstellen könnten und auch in keinem höherstehenden Beruf arbeiten, der eine besondere Ausbildung verlangt. [...] Früher oder später kriegt jeder so ein Ding vorgelegt' – er sagte wörtlich: ‚wird jeder gefragebogent' –, damit wir wissen, wer genau wohin gehört."' (ebenda, S. 22).
6 Vgl. Dack, Questioning the Past, S. II.
7 Ebenda, S. 184.

war von Sozialwissenschaftler*innen entwickelt worden, um schon durch die Tat des Ausfüllens einen politischen und ideologischen Wandel zu bewirken, und er wurde sozialwissenschaftlich ausgewertet – schließlich ging es bei alldem auch um die sozialpsychologische Frage, wer warum wann Nationalsozialist*in geworden war.

Von großem Interesse ist der Fragebogen heute nicht zuletzt deshalb, weil er weithin auf Ablehnung stieß, auch in den Reihen der deutschen Intelligenz. Eines der mehrere Jahre hindurch meistverkauften Bücher der unmittelbaren Nachkriegszeit war Ernst von Salomons Buch *Der Fragebogen*. Das Werk gilt unter Rechten heute noch als Klassiker, der oberösterreichische FPÖ-Chef Manfred Haimbuchner bezeichnete es gar als sein Lieblingsbuch.[8] Dieses Buch war angelegt als 800-seitige Antwort auf 131 Fragen des Entnazifizierungsfragebogens, in denen sich der Autor, selbst ehemaliger Freikorpskämpfer, der an der Ermordung des deutschen Außenministers Walther Rathenau beteiligt gewesen war, im Nationalsozialismus in Ungnade gefallener Nationalsozialist und selbsternannter konservativer Revolutionär, über die aus seiner Sicht ungeheuerliche Besatzungspolitik echauffierte. Schon zu Beginn des Buches stellte Salomon den Entnazifizierungsfragebogen in Kontinuität zu den zahlreichen Fragebögen, die er im Nationalsozialismus hatte ausfüllen müssen. Das „löste in mir eine Reihe von Gefühlen aus, deren erstes und stärkstes das eines durchdringenden Unbehagens war"[9]. Die Alliierte Militärregierung behandle ihn gar „barschen Tones wie ein Untersuchungsrichter" mit einer Flut von Fragen geradezu als Verbrecher und drohe bei Verstoß gegen die Wahrheit mit Strafe. Das Problem sei aber kein individuelles: „Fast jeder Deutsche" sei verpflichtet, mitzumachen, und so komme er nicht umhin, mit Befürchtung festzustellen, „teilzuhaben an einem Akte, der unter seinen nicht kontrollierbaren Umständen doch geeignet sein kann, einem Lande und einem Volke, dem ich unausweichlich angehöre, zu schaden im Auftrag fremder Mächte, die ihre Herrschaft lediglich durch die historische Tatsache des deutschen Zusammenbruchs und auf Grund einer Abmachung, die geschlossen wurde mit Männern, von denen ihre Partner von vornherein annahmen, daß sie Verbrecher seien".[10] Was aber überraschte Salomon hier? Die banale Erkenntnis, dass die Fragebögen nicht nur einem Einzelnen vorgelegt wurden, sondern vielen, deren Verstrickung in die Institutionen der NSDAP eben verheimlicht wurden, weil die US Army bei ihrem Vorrücken keinen Einzigen fand, der zugab, Nazi gewesen zu sein? Dass es in den Fragebögen tatsächlich um Verbrechen ging, nämlich die Teilnahme an den NS-Verbrechen? Oder dass die „Besatzer" die Legitimität, diese Fragen zu stellen, „lediglich" aus der Tatsache (oder hielt er das gar für eine Nebensache?) des „deutschen Zusammenbruchs" ableiteten, der von Männern zu verantworten war, von denen die

---

8 Ludwig Laher, Salomonische Auskunft: Zum Lieblingsbuch von Manfred Haimbuchner, www.derstandard.at/story/2000129904913/salomonische-auskunft-zum-lieblingsbuch-von-manfred-haimbuchner [22. 5. 2023].

9 Ernst von Salomon, Der Fragebogen, Reinbek bei Hamburg 1951, S. 6.

10 Ebenda, S. 7.

Fragestellenden aus unerfindlichem Grund schon „von vornherein" annahmen, Verbrecher gewesen zu sein?

Ernst von Salomon steht hier wohl stellvertretend für viele, die in offen oder verdeckter revisionistischer Weise den Fragebogen als ungerechtfertigte Gewissensprüfung verteufelten.[11] Ein „odd and vivid memoir"[12], wie Werner Sollors Salomons Pamphlet bezeichnete, in der Tat. Die Ironie der Geschichte: Ernst von Salomon hatte nie einen Fragebogen ausfüllen müssen, er verschriftlichte bloß phantasievoll die kollektive Stimmung der Nachkriegszeit.

> It turns out that Ernst von Salomon never had to fill in the long denazification questionnaire that his autobiographical novel pretended to ‚complete'. The format of the book that became a bestseller because it spoke to so many Germans who did have to fill in the ‚Fragebogen' was the publisher's idea [...]. It may be the ultimate irony that Salomon's Der Fragebogen is now routinely cited by historians as the most easily accessible source for the 131 questions of the denazification questionnaire, when the book was actually a blatant attempt to mock the Americans and to demolish their ‚Fragebogen' while pretending to answer it, thus propounding the misconception that the author had actually filled in the 131-question MG/PS/G/9a.[13]

Der Roman traf den Puls der Zeit, artikulierte so etwas wie eine deutsche Durchschnittsmeinung, die die Ablehnung jeglicher Verantwortung, die Zurückweisung der Methoden der Besatzungsbehörden und die Unfähigkeit zu trauern inkludierte.[14] Das ging mit der Ablehnung einher, in die eigene Geschichte zu blicken, die eigene Rolle zu hinterfragen, so etwas wie „Introspektion" zu betreiben – ein in der sozialwissenschaftlichen Autoritarismus-Forschung, wie im Folgenden dargestellt werden soll, bekanntes Phänomen.

Die Messung von Antisemitismus und autoritären Einstellungen

Der Entnazifizierungsfragebogen war eine Art „Derivat" der Fragebögen, die in der US-amerikanischen Sozialforschung dieser Zeit entwickelt worden waren, um „Einstellungen" in der Bevölkerung zu messen. Die Idee, Einstellungen über Fragebögen zu

---

11 Der Schriftsteller Ludwig Laher stellte zu Recht zu Ernst von Salomon fest: „Weit davon entfernt, die Hitlerherrschaft in Bausch und Bogen zu verurteilen, ermöglichte die gekonnt geschriebene, schneidige Rechtfertigungsprosa einem vorwiegend rechtsgepolten Lesepublikum doch eine gewisse Distanzierung von deren scheußlichsten Merkmalen." (Laher, Salomonische Auskunft). Mikkel Dack bezeichnet das Buch als „an iconic piece of anti-American literature" (Dack, Questioning the Past, S. 1).
12 Werner Sollors: ‚Everybody Gets Fragebogened Sooner or Later': The Denazification Questionnaire as Cultural Text, in: German Life and Letters 71:2 (2018), S. 139–153.
13 Ebenda, S. 151 f.
14 Vgl. Alexander Mitscherlich/Margarete Mitscherlich, Die Unfähigkeit zu trauern. Grundlagen kollektiven Verhaltens, München 1977 [1967].

messen, scheint uns heute vielleicht trivial, wurde historisch aber erst ab den 1920er- und 1930er-Jahren von Psychologen wie Gordon Allport entwickelt.[15] Erst da wurde das Interviewen insofern problematisiert, als man sich mit der Konstruktion von Fragen beschäftigte, um mehr als nur die oberflächlichen Meinungen zu erfassen. Auf indirektem Weg sollten Einstellungen und damit tiefer verankerte Werthaltungen erkannt werden. Erst in den 1930er-Jahren begann man sich mit der Kunst zu beschäftigen, warum zu fragen – wie Paul Lazarsfeld die Sozialforschung umschrieb.[16]

Als der erwähnte Saul K. Padover etwa im befreiten Aachen den dortigen Bischof verhörte, der, wie er glaubte, die Fäden bei der Installierung einer autoritären deutschen Stadtverwaltung gezogen hatte, versuchte er die autoritäre Einstellung des Bischofs u. a. über die Nennung von Personen zu erheben, die er bewundern würde: „Welche geschichtlichen Figuren er beispielsweise als Vorbild bezeichnen würde? Doch darauf fiel der Bischof nicht herein. Er dachte eine Weile nach und sagte dann: ‚Eine solche Frage kann ich nicht an einem Nachmittag beantworten. Das bedarf reiflicher Überlegung.‘"[17] Diese unscheinbare Frage nach bewunderten Persönlichkeiten war kein spontaner Einfall, sondern eine von acht „projektiven" Fragen, mit denen die Autorinnen und Autoren von *The Authoritarian Personality* autoritäre Einstellungen zu erheben versuchten: „What great people, living or dead, do you admire most?"[18] Die Antwort war hochrelevant und unterschied „trennscharf" zwischen demokratisch Gesinnten, die etwa Künstler*innen oder Wissenschaftler*innen nannten, und autoritär Eingestellten, die Menschen in Machtpositionen oder die eigenen Eltern zu nennen pflegten.

Fragen wie diese hatten das exilierte Institut für Sozialforschung um Max Horkheimer und Theodor W. Adorno und die Berkeley Public Opinion Studies Group, d. h. R. Nevitt Sanford, Daniel J. Levinson und Else Frenkel-Brunswik, seit Dezember 1943 entwickelt.[19] Für die österreichische Geschichts- und Sozialforschung ist die in Vergessenheit geratene Sozialforscherin Else Frenkel-Brunswik von besonderem Interesse.[20]

---

15 Vgl. Christian Fleck, Einstellung, in: Christian Fleck/Christian Dayé (Hrsg.), Meilensteine der Soziologie, Frankfurt/M.–New York 2020, S. 215–223; Jennifer Platt, The History of the Interview, in: Jaber F. Gubrium et al. (Hrsg.), The SAGE Handbook of Interview Research. The Complexity of the Craft, London 2012, S. 9–26.

16 Paul F. Lazarsfeld, Die Kunst, warum zu fragen: Drei Grundprinzipien der Formulierung von Fragebögen [1935], in: Ders., Empirische Analyse des Handelns. Ausgewählte Schriften, hrsg. v. Christian Fleck u. Nico Stehr, Frankfurt/M. 2007, S. 321–343.

17 Padover, Lügendetektor, S. 207.

18 Theodor W. Adorno/Else Frenkel-Brunswik/Daniel J. Levinson/R. Nevitt Sanford, The Authoritarian Personality, New York 1950, S. 545.

19 Vgl. Rolf Wiggershaus, Die Frankfurter Schule. Geschichte – Theoretische Entwicklung – Politische Bedeutung, München 1988, S. 402.

20 Zu Else Frenkel-Brunswik vgl. Else Frenkel-Brunswik, Studien zur autoritären Persönlichkeit, hrsg. v. Dietmar Paier, Graz–Wien 1996 [= Bibliothek sozialwissenschaftlicher Emigranten, Bd. 3]; Dietmar Paier, Einleitung, in: Frenkel-Brunswik, Studien zur autoritären Persönlichkeit, S. 7–70. Andreas Kranebitter/Christoph Reinprecht (Hrsg.), Authoritarianism, Ambivalence, Ambiguity. The Life and Work of Else Frenkel-Brunswik. Special Issue of Serendipites. Journal for the Sociology and History of the Social Sci-

Wie Marie Jahoda, Maria Hertz-Levinson oder Käthe Leichter war sie eine der vielen österreichischen Frauen, die mit Horkheimers Institut für Sozialforschung kooperierten und sozialphilosophische Thesen in empirische Sozialforschung übersetzten.

Frenkel-Brunswik wurde 1908 in Lemberg geboren, heute Lwiw in der Ukraine, damals im galizischen Teil der österreichisch-ungarischen Monarchie gelegen. Ihre Eltern, Abraham und Helene Frenkel, gehörten dem jüdischen Bürgertum an und orientierten sich kulturell stark an Wien. Noch vor dem Ersten Weltkrieg übersiedelte die Familie nach Niederösterreich und schließlich Wien, wo Else Frenkel Mathematik und Physik, dann Philosophie und Psychologie studierte. Nach dem Abschluss ihres Studiums 1930 gehörte sie bald zum Kreis um Karl und Charlotte Bühler am Wiener Psychologischen Institut, das als gleichzeitig universitäres und teilweise vom „Roten Wien" bezahltes außeruniversitäres Kreativlabor zahlreiche später bekannte Sozialwissenschaftlerinnen und Sozialwissenschaftler beschäftigte, unter ihnen Paul Lazarsfeld, Edith Weißkopf oder Marie Jahoda. In der erwähnten Studie *The Authoritarian Personality*, die anders als die wissenschaftliche Rezeption eine wirkliche Gemeinschaftsstudie der Beteiligten war, kam ihr eine wichtige Rolle als Bindeglied zwischen empirischer Forschung und theoretischer Arbeit zu.[21] Heute kennen nur wenige Sozialwissenschaftler*innen ihren Namen, der auch hier in der Zitation des „Adorno et al." häufig verschwindet. Auf Deutsch übersetzt wurden darüber hinaus ausschließlich die Teile der Studie, an denen Adorno beteiligt war, nicht Frenkel-Brunswiks eigene genuine Beiträge.[22]

The Authoritarian Personality stellte einen Meilenstein in der Geschichte der Sozialforschung dar. Methodisch verwendeten die Autorinnen und Autoren der Studie einerseits Fragebögen mit Skalen zu Antisemitismus, Ethnozentrismus und Faschismus, andererseits aber auch längere „klinische" Interviews, die unter anderem auf „thematischen Apperzeptionstests" basierten. Beides zusammen sollte autoritäre Persönlichkeitsmuster untersuchen, die als sozialpsychologischer Boden verstanden wurden, der potentiell von einem faschistischen „Angebot" mobilisiert werden könnte. Die berühmt gewordene F-Skala („Faschismus-Skala") der Studie identifizierte die Dimensionen des Autoritarismus in einem rigiden Festhalten an konventionellen Werten der Mittelschicht (*Konventionalismus*), der Bereitschaft zur Unterwürfigkeit unter Autoritäten (*autoritäre Unterwerfung*) bei gleichzeitiger autoritärer Aggression gegen Schwächere (*autoritäre Aggression*), im Unbehagen mit jeglicher Selbstreflexion (*Anti-Intrazeption*), in einem allgemein *stereotypen* und *abergläubischen* Denken, das zudem obsessiv und *destruktiv* um *Macht*, Herrschaft und *Sexualität* kreise, und in einer grundlegenden *Projektivität*, bei der alle an sich selbst gehassten inneren Impulse nach außen projiziert

---

ences 7:1–2 (2022).

21 Vgl. dazu ausführlich Andreas Kranebitter/Fabian Gruber, Allowing for Ambiguity in the Social Sciences. Else Frenkel-Brunswik's methodological practice in *The Authoritarian Personality*, in: Serendipities. Journal for the Sociology and History of the Social Sciences 7:1–2 (2022), S. 30–59.

22 Vgl. Theodor W. Adorno, Studien zum autoritären Charakter, Frankfurt/M. 1995.

werden, um das eigene Fremde an anderen hassen zu können.[23] Jede dieser Dimensionen wurde durch Zustimmung zu besonders autoritären Fragen gemessen. Befragte, die auf diesen Skalen hohe Werte erzielten, d. h. „High Scorer", wurden konzeptionell mit einem zugrunde liegenden autoritären Persönlichkeitssyndrom in Verbindung gebracht, wohingegen „Low Scorer" den Autorinnen und Autoren als (relativ) frei von Vorurteilen galten. Es ging den Autorinnen und Autoren der Studie nicht darum, in diesen Faktoren die „Ursachen" des Faschismus auszumachen, vielmehr waren sie selbst wiederum zusammenhängende Ergebnisse gesellschaftlicher Prozesse. Die Fragen und Skalen erlaubten aber, eine Art „faschistisches Potential" jeder Gesellschaft zu einem bestimmten Zeitpunkt zu messen.

An der Studie wurde in Folge von verschiedener Seite viel Kritik geübt, sie hatte allerdings unmittelbar nach ihrem Erscheinen großen Einfluss auf andere Studien und ihre Fragen werden in modifizierter Form noch heute in der sozialwissenschaftlichen Autoritarismus-Forschung verwendet. So gut wie nie wurden allerdings ehemalige Nationalsozialistinnen und Nationalsozialisten in Deutschland und Österreich mit den sozialwissenschaftlichen Instrumenten dieser Forschung befragt – obwohl genau das nahe gelegen wäre, um das schlummernde autoritäre und faschistische Potential der Nachkriegszeit in diesen Ländern zu erheben. Eine einzige Ausnahme stellt John M. Steiner dar, den Else Frenkel-Brunswik auf genau diese Idee brachte, nämlich die Befragung ehemaliger Täter in Deutschland mit Hilfe der F-Skala.

John Michael Steiner: Ein Auschwitz-Überlebender interviewt ehemalige SS-Angehörige

John Michael Steiner wurde 1925 als Sohn jüdischer Eltern in Prag geboren und besuchte dort einen englischen Kindergarten und eine deutsche Volksschule.[24] Nach dem Attentat auf Reinhard Heydrich wurde er mit seiner Familie im August 1942 in Gestapo-Haft genommen und nach Theresienstadt und schließlich Auschwitz deportiert. Seine Mutter wurde in Auschwitz ermordet, John Steiner in einem Todesmarsch ins KZ Dachau überstellt, wo er die Befreiung erlebte. Nach seiner Matura in Prag emigrierte er 1949 nach Australien und studierte an der Universität Melbourne Germanistik, Psychologie, Philosophie und Politikwissenschaften. 1952 übersiedelte er in die

---

23 Vgl. ebenda, S. 222–279.
24 Biografische Details finden sich in einer umfangreichen Quellensammlung und Werkdarstellung von Steiners langjährigem Co-Autor Jochen Fahrenberg, vgl. Jochen Fahrenberg/Anne Fahrenberg (Hrsg.), Täterforschung nach Auschwitz. John M. Steiners Untersuchungen (1962 bis 2014). Nachlass eines Auschwitz-Überlebenden, Freiburg im Breisgau, S. 4 f. Eine Kurzversion dieses Bandes ist 2022 erschienen: Jochen Fahrenberg/Anne Fahrenberg (Hrsg.), Täterforschung nach Auschwitz. John Steiners Untersuchungen: Nachlass eines Auschwitz-Überlebenden, Lengerich 2022.

USA, wo er an verschiedenen Universitäten Germanistik und Soziologie studierte, unter anderem an der University of California in Berkeley, wo er Else Frenkel-Brunswik traf.[25]

Auf ihre Anregung hin übersiedelte Steiner 1958 nach Freiburg, Deutschland, um zwischen 1962 und 1966 eine Befragung ehemaliger SS- und Wehrmachtsangehöriger mit Hilfe der „F-Skala" vorzunehmen. In Deutschland erhielt er u. a. Hilfe und Unterstützung von Martin Broszat und dem Institut für Zeitgeschichte in München wie auch von Generalstaatsanwalt Fritz Bauer. Zugang zu den befragten SS-Angehörigen gewährleistete ihm allerdings der ehemalige SS-Obergruppenführer und General der Waffen-SS Felix Steiner, der in John Steiner lediglich einen amerikanischen Professor vermutete und von seiner Deportation in verschiedene KZ nichts wusste.[26] Felix Steiner, zentrales Mitglied der „Hilfsgemeinschaft auf Gegenseitigkeit der Angehörigen der ehemaligen Waffen-SS" (HIAG), leitete den Fragebogen an eine Vielzahl ehemaliger SS-Angehöriger weiter und sammelte deren Antwortbriefe. Er wolle bitten, dem amerikanischen Gelehrten Dr. John M. Steiner zu helfen, schrieb er in dem Begleitbrief, um „in der amerikanischen Öffentlichkeit das wahre Gesicht unserer Truppe darzustellen und der durch den Sammelbegriff SS dort und in weiten Teilen der Welt erfolgten Gleichstellung unserer Truppe mit polizeilichen Einrichtungen des 3. Reiches entgegenzutreten", um letztlich „der geschichtlichen Wahrheit zum Durchbruch zu verhelfen".[27] Die ehemaligen Wehrmachtsangehörigen, die als Vergleichsgruppe fungieren sollten, erreichte John Steiner auf ähnliche Weise über den ehemaligen Wehrmachtsgeneral Kurt Zeitzler und den „Verband Deutscher Soldaten".[28] Auf diese Weise sammelte Steiner zwischen 1962 und 1966 insgesamt 229 Fragebögen ehemaliger SS-Angehöriger und 202 Fragebögen ehemaliger Wehrmachtsangehöriger. Etwa ein Viertel der SS-Angehörigen interviewte er danach sogar mündlich.[29] Steiner blieb allerdings nicht nur in der Frühphase seiner Forschungen mit Tätern in Kontakt – in einem Brief an Erich Fromm schrieb John Steiner, vor diesem Veteranenverband der SS sogar über seine Forschungen referiert zu haben:

> I was invited as guest of honour to an annual SS-Kameradschaftstreffen of 1200 former member of the SS and their families in Nassau, Hessen, which lasted for three days. Ironically, I was asked to give a short address which, under the circumstances, was a somewhat difficult task.[30]

---

25 John M. Steiner/Jochen Fahrenberg, Die Ausprägung autoritärer Einstellung bei ehemaligen Angehörigen der SS und der Wehrmacht, in: Kölner Zeitschrift für Soziologie und Sozialpsychologie 22:3 (1970), S. 551–566.
26 Fahrenberg/Fahrenberg, Täterforschung nach Auschwitz, S. 5.
27 Brief Felix Steiners vom 28. November 1960, zitiert nach Fahrenberg/Fahrenberg, Täterforschung nach Auschwitz, S. 154.
28 Vgl. ebenda.
29 Vgl. John M. Steiner/Jochen Fahrenberg, Die Ausprägung autoritärer Einstellung bei ehemaligen Angehörigen der SS und der Wehrmacht, Kölner Zeitschrift für Soziologie und Sozialpsychologie 22 (1970), S. 551–566, hier S. 552.
30 Zitiert nach Fahrenberg/Fahrenberg, Täterforschung nach Auschwitz, S. 5.

Was ergaben Steiners Forschungen inhaltlich? Die Mehrheit der Befragten beider Gruppen, der ehemaligen SS- wie der ehemaligen Wehrmachtsangehörigen, war zu diesem Zeitpunkt zwischen 35 und 44 Jahre alt, regional und sozial gestreut, die meisten SS-Angehörigen waren Offiziere gewesen. Die Ergebnisse der Befragung waren erschreckend eindeutig, was schon daran zu sehen ist, dass 39 % der befragten SS-Angehörigen (im Vergleich zu 30 % der Wehrmachtsangehörigen) angaben, noch nach 1945 „Mein Kampf" gelesen zu haben,[31] oder gar 83,4 % der SS-Angehörigen (im Vergleich zu 34 % der Wehrmachtsgruppe) angaben, „mit Genugtuung" auf ihre Zugehörigkeit in der SS zurückzublicken.[32] Besonders hoch war die Zustimmung etwa zu den folgenden Fragen: „Es gibt kaum etwas niedrigeres als einen Menschen, der für seine Eltern keine große Liebe, Dankbarkeit und Respekt empfindet", „Was die Jugend am meisten braucht, ist strenge Disziplin, feste Entschlossenheit und den Willen zur Arbeit und zum Kampf für Familie und Vaterland" oder eine Frage, die die Straflust oder Punitivität durch eine nicht rechtsstaatliche Verfolgung von Sexualdelikten messen sollte: „Sexualverbrechen, so wie z. B. Vergewaltigung und Vergreifen an Kindern, verdienen mehr als nur Einkerkerung; solche Verbrecher sollten öffentlich gezüchtigt oder noch schärfer bestraft werden."[33]

Die Zahlen zeigten überdeutlich: Die Einstellung insbesondere der ehemaligen SS-Angehörigen war offen und ungebrochen autoritär:

> In der SS-Stichprobe liegen zwar der F-Wert und die Item-Mittelwerte sehr viel höher, doch sind die F-Wert-Varianz und die Item-Varianzen wesentlich geringer als in der WM-Stichprobe. Diese Beobachtungen lassen sich als Ausdruck einer aktuellen, stärker autoritären, antidemokratischen und zugleich sehr konformen Einstellung interpretieren. [...] Diese Grundeinstellung – wie man sie auch benennen will – ist auch 20 Jahre nach dem Dritten Reich bei sehr vielen (auch der ehemaligen WM-Angehörigen) ungebrochen. Diese Grundeinstellung scheint, so darf man die Ergebnisse wohl interpretieren, auch nach dem Krieg kaum hinderlich gewesen zu sein.[34]

Diese Persistenz der autoritären Einstellungen weise darauf hin, dass die Gruppe keine Veranlassung sah, ihre autoritäre Einstellung in der Nachkriegszeit demokratisch zu camouflieren oder gar in Richtung Demokratie zu ändern:

---

31 Vgl. Steiner/Fahrenberg, Die Ausprägung autoritärer Einstellung bei ehemaligen Angehörigen der SS und der Wehrmacht, S. 557.
32 Vgl. John M. Steiner/Jochen Fahrenberg, Autoritäre Einstellung und Statusmerkmale von ehemaligen Angehörigen der Waffen-SS und SS und der Wehrmacht. Eine erweiterte Reanalyse der 1970 publizierten Untersuchung, in: Kölner Zeitschrift für Soziologie und Sozialpsychologie 52:2 (2000), S. 329–348, hier S. 337.
33 Vgl. zu den Zustimmungswerten zu den einzelnen Fragen Steiner/Fahrenberg, Autoritäre Einstellung und Statusmerkmale, S. 340 f., zur Formulierung des Fragebogens Fahrenberg/Fahrenberg, Täterforschung nach Auschwitz, S. 379–383.
34 Steiner/Fahrenberg, Die Ausprägung autoritärer Einstellung bei ehemaligen Angehörigen der SS und der Wehrmacht, S. 560.

> Folglich können die Männer der SS-Stichprobe heute ‚wieder‘ als gut in die Gesellschaft eingegliedert gelten – falls sie überhaupt einmal politischer oder beruflicher Diskriminierung oder anderen Sanktionen ausgesetzt waren.[35]

Die Ergebnisse zeigten auch im internationalen Vergleich einen besonders drastischen Autoritarismus.[36] John Steiner und Jochen Fahrenberg wiesen selbst auf zwei Mängel ihrer Studie hin: Die Stichproben waren erstens durch die Tatsache, dass sie von Felix Steiner als ehemaligem General der Waffen-SS und Kurt Zeitzler als ehemaligem Wehrmachtsgeneral gesammelt worden waren, vorselektiert und konnten daher nicht als Zufallsstichprobe betrachtet werden. In anderen Worten: Man wusste nicht, wer genau in den Verbänden organisiert war und auch einen Fragebogen ausfüllte. Zweitens sah man einen verzerrenden Effekt darin, dass die Fragebögen erst zwei Jahrzehnte nach Kriegsende ausgefüllt wurden.[37] Dazu möchte ich allerdings einen dritten, schwerwiegenderen Einwand formulieren, an dem das Forschungsdesign krankte: Der Fragebogen und die F-Skala waren von Adorno, Frenkel-Brunswik, Levinson und Sanford wie geschildert für den US-amerikanischen Kontext der unmittelbaren Nachkriegszeit konstruiert worden und sollten eine Art „Potential" oder faschistische Bereitschaft innerhalb der ganzen Bevölkerung messen und damit jene auf antidemokratische Einstellungen hin befragen, die sich oberflächlich als Demokraten gerierten. Die Fragen waren nicht dafür gedacht, überzeugten Antidemokraten ihre antidemokratischen Einstellungen nachzuweisen – bei ehemaligen SS-Angehörigen musste man kaum indirekt nach einem „antidemokratischen Potential" suchen, sie trugen es ganz offen und völlig sanktionslos in den 1960er-Jahren auf der Zunge.

Berücksichtigt man diesen Sachverhalt, besteht die eigentliche Reichhaltigkeit an Steiners Untersuchung meines Erachtens nicht so sehr im quantitativen Ergebnis der Fragebogenauswertung, sondern in den zahlreichen Anmerkungen, die die ehemaligen SS-Angehörigen auf den Fragebögen als Spuren hinterließen, als Relikte ihrer Interaktion mit dem vermuteten „amerikanischen Professor" beim Ausfüllen der Fragebögen. Die Fragebögen stehen der Forschung seit Kurzem – wie alle Materialien von und zu John M. Steiner – im United States Holocaust Memorial Museum zur Verfügung.[38] Christine Müller-Botsch hat in ihren Auswertungen von Lebensläufen, die NSDAP-Mitglieder in einem standardisierten Fragebogen ausfüllen mussten, auf formale Aspekte fokussiert, die inhaltlich hochrelevant sind: Wie stellt ein angehender NSDAP-Funktionär sein Leben auf wenigen Zeilen dar, was lässt er aus, was schmückt er aus? Verbraucht er über den am Formular vorgesehenen Platz weiteren Raum für seine Darstellung? Die Besonderheit von Selbstpräsentationen in institutionellen Kontexten – in ihrem Fall

---

35 Ebenda, S. 561.
36 Vgl. Fahrenberg/Fahrenberg, Täterforschung nach Auschwitz, S. 159.
37 Vgl. ebenda, S. 158.
38 Vgl. United States Holocaust Memorial Museum (fortan USHMM), John Steiner Collection (2016.566.1), Series 2: Schutzstaffel (SS) Materials, 1924–2008.

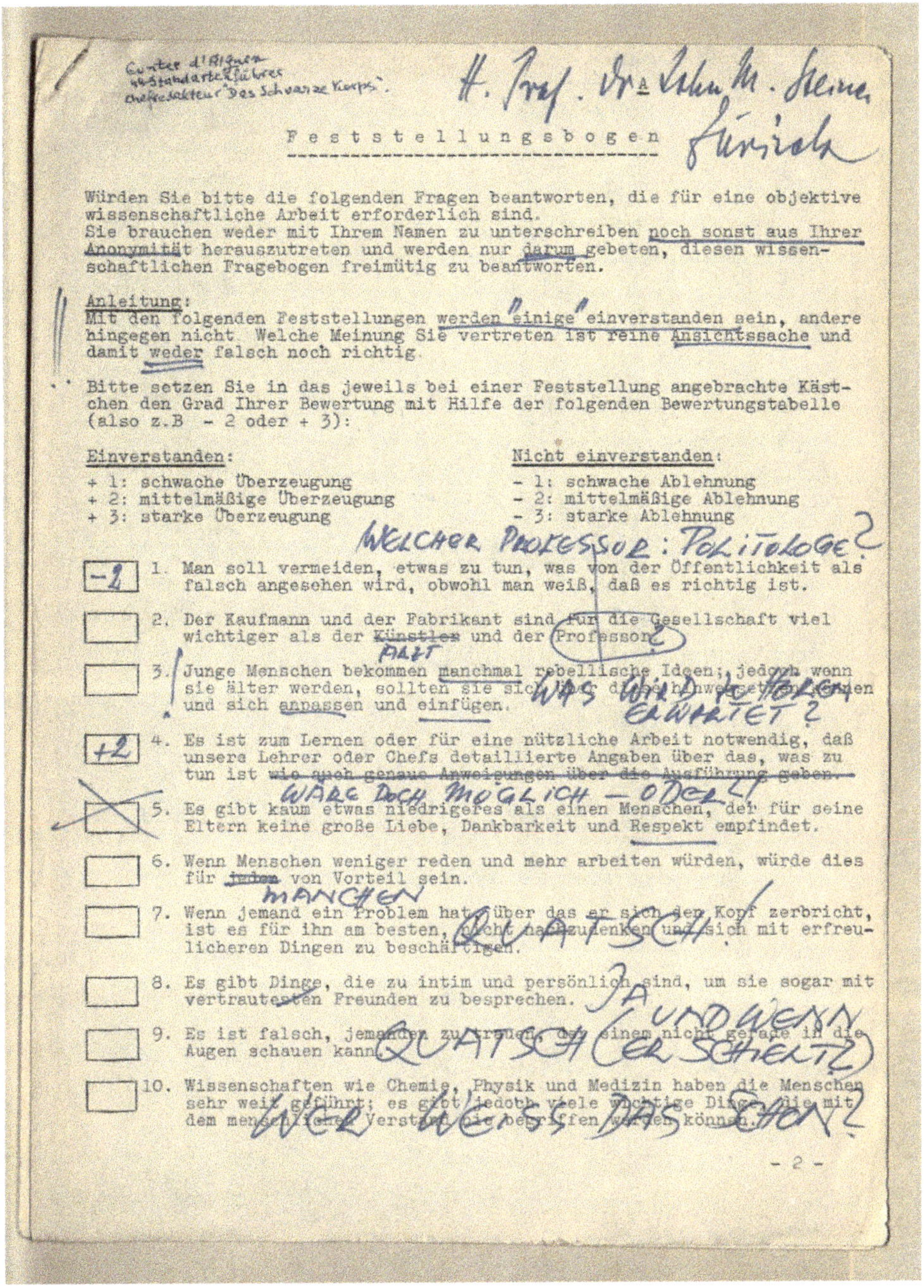

[handwritten top left:] Gunter d'Alquen / ``Standartenführer`` / Chefredakteur ``Des Schwarze Korps``.

[handwritten top right:] H. Prof. Dr. Sebr. M. Steiner / Zürich

F e s t s t e l l u n g s b o g e n

Würden Sie bitte die folgenden Fragen beantworten, die für eine objektive
wissenschaftliche Arbeit erforderlich sind.
Sie brauchen weder mit Ihrem Namen zu unterschreiben noch sonst aus Ihrer
Anonymität herauszutreten und werden nur darum gebeten, diesen wissenschaftlichen Fragebogen freimütig zu beantworten.

Anleitung:
Mit den folgenden Feststellungen werden ``einige`` einverstanden sein, andere
hingegen nicht. Welche Meinung Sie vertreten ist reine Ansichtssache und
damit weder falsch noch richtig.

Bitte setzen Sie in das jeweils bei einer Feststellung angebrachte Kästchen den Grad Ihrer Bewertung mit Hilfe der folgenden Bewertungstabelle
(also z.B – 2 oder + 3):

Einverstanden:	Nicht einverstanden:
+ 1: schwache Überzeugung	– 1: schwache Ablehnung
+ 2: mittelmäßige Überzeugung	– 2: mittelmäßige Ablehnung
+ 3: starke Überzeugung	– 3: starke Ablehnung

[handwritten:] WELCHER PROFESSOR : POLITOLOGE?

[-2] 1. Man soll vermeiden, etwas zu tun, was von der Öffentlichkeit als
falsch angesehen wird, obwohl man weiß, daß es richtig ist.

[ ] 2. Der Kaufmann und der Fabrikant sind für die Gesellschaft viel
wichtiger als der Künstler und der Professor? *[handwritten:]* ARZT

[ ] 3. Junge Menschen bekommen manchmal rebellische Ideen; jedoch wenn
sie älter werden, sollten sie sich *[handwritten: WAS WIRD HIER ERWARTET?]*
und sich anpassen und einfügen.

[+2] 4. Es ist zum Lernen oder für eine nützliche Arbeit notwendig, daß
unsere Lehrer oder Chefs detaillierte Angaben über das, was zu
tun ist wie auch genaue Anweisungen über die Ausführung geben.

[X] 5. *[handwritten: WARE DOCH MOGLICH – ODER?]* Es gibt kaum etwas niedrigeres als einen Menschen, der für seine
Eltern keine große Liebe, Dankbarkeit und Respekt empfindet.

[ ] 6. Wenn Menschen weniger reden und mehr arbeiten würden, würde dies
für jeden von Vorteil sein. *[handwritten: MANCHEN]*

[ ] 7. Wenn jemand ein Problem hat, über das er sich den Kopf zerbricht,
ist es für ihn am besten, *[handwritten: ...]* nicht nachzudenken und sich mit erfreu-
licheren Dingen zu beschäftigen.

[ ] 8. Es gibt Dinge, die zu intim und persönlich sind, um sie sogar mit
vertrautesten Freunden zu besprechen. *[handwritten: JA UND WENN]*

[ ] 9. Es ist falsch, jemanden zu trauen, *[handwritten: QUATSCH (ER SCHIELT)]* der einem nicht gerade in die
Augen schauen kann.

[ ] 10. Wissenschaften wie Chemie, Physik und Medizin haben die Menschen
sehr weit geführt; es gibt jedoch viele wichtige Dinge, die mit
dem menschlichen Verstande nie begriffen werden können.
[handwritten: WER WEISS DAS SCHON?]

– 2 –

Die Dummen, die Faulen etc etc (handwritten)

11. Die Menschen können in zwei verschiedene Klassen eingeteilt werden: die Schwachen und die Starken.

12. Keine Schwäche oder Schwierigkeit kann uns zurückhalten, wenn wir genügend Willensstärke haben.

13. Eine Beleidigung unserer Ehre sollte immer bestraft werden. *(jeder)*

14. Was die Jugend am meisten braucht, ist strenge Disziplin, feste Entschlossenheit und den Willen zur Arbeit und zum Kampf für Familie und Vaterland. *(blitzkrieg!)*

15. Letzten Endes liegt es in der menschlichen Natur, niemals etwas zu tun, ohne mit einem Auge auf den eigenen Vorteil bedacht zu sein. *(oft)*

16. Es liegt in der menschlichen Natur, daß es immer Krieg und Konflikte geben wird. *(blöde Frage!)*

17. Heutzutage stecken mehr und mehr Menschen ihre Nasen in Angelegenheiten, die persönlich und privat bleiben sollten.

18. Heuzutage, da so viele verschiedene Arten von Menschen umherziehen und zusammentreffen, muß sich der einzelne Mensch besonders schützen, um nicht von ihnen durch Infektion oder Krankheit angesteckt zu werden.

19. Die meisten Menschen sind sich der Tatsache nicht bewußt, daß ihr Schicksal nicht der eigenen Entscheidung unterliegt, sondern vielmehr von Entschlüssen bestimmter Machtgruppen abhängt, die ihnen nicht bekannt sind.

20. Homosexuelle sind kaum besser als Kriminelle und sollten schwer bestraft werden. *(wer sagt das heute!)*

21. Sexualverbrechen, so wie z.B. Vergewaltigung und Vergreifen an Kindern, verdienen mehr als nur Einkerkerung; solche Verbrecher sollten öffentlich gezüchtigt oder noch schärfer bestraft werden. *(wer möchte sowas verallgemeinern!)*

Wie dämlich wird hier der Befragte bereits ein "kategoriert"!? (handwritten)

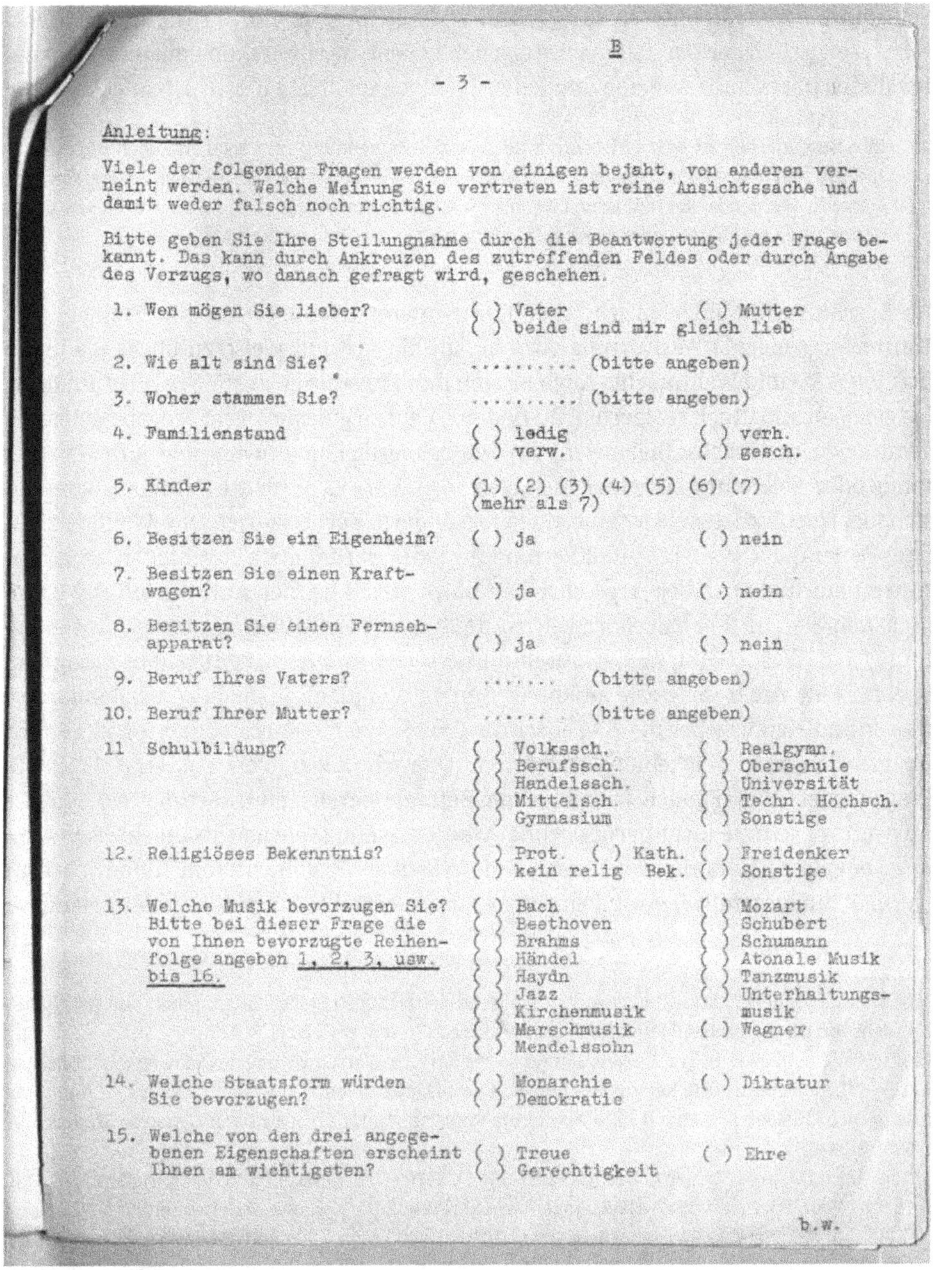

B

— 3 —

Anleitung:

Viele der folgenden Fragen werden von einigen bejaht, von anderen verneint werden. Welche Meinung Sie vertreten ist reine Ansichtssache und damit weder falsch noch richtig.

Bitte geben Sie Ihre Stellungnahme durch die Beantwortung jeder Frage bekannt. Das kann durch Ankreuzen des zutreffenden Feldes oder durch Angabe des Verzugs, wo danach gefragt wird, geschehen.

1. Wen mögen Sie lieber?   ( ) Vater   ( ) Mutter
                                ( ) beide sind mir gleich lieb

2. Wie alt sind Sie?   .... (bitte angeben)

3. Woher stammen Sie?   .... (bitte angeben)

4. Familienstand   ( ) ledig   ( ) verh.
                               ( ) verw.   ( ) gesch.

5. Kinder   (1) (2) (3) (4) (5) (6) (7)
                               (mehr als 7)

6. Besitzen Sie ein Eigenheim? ( ) ja   ( ) nein

7. Besitzen Sie einen Kraft-
   wagen?   ( ) ja   ( ) nein

8. Besitzen Sie einen Fernseh-
   apparat?   ( ) ja   ( ) nein

9. Beruf Ihres Vaters?   .... (bitte angeben)

10. Beruf Ihrer Mutter?   ...... (bitte angeben)

11 Schulbildung?   ( ) Volkssch.   ( ) Realgymn.
                               ( ) Berufssch.   ( ) Oberschule
                               ( ) Handelssch.   ( ) Universität
                               ( ) Mittelsch.   ( ) Techn. Hochsch.
                               ( ) Gymnasium   ( ) Sonstige

12. Religiöses Bekenntnis?   ( ) Prot. ( ) Kath. ( ) Freidenker
                               ( ) kein relig Bek. ( ) Sonstige

13. Welche Musik bevorzugen Sie? ( ) Bach   ( ) Mozart
    Bitte bei dieser Frage die ( ) Beethoven   ( ) Schubert
    von Ihnen bevorzugte Reihen- ( ) Brahms   ( ) Schumann
    folge angeben 1, 2, 3, usw. ( ) Händel   ( ) Atonale Musik
    bis 16.   ( ) Haydn   ( ) Tanzmusik
                                 ( ) Jazz   ( ) Unterhaltungs-
                                 ( ) Kirchenmusik   musik
                                 ( ) Marschmusik   ( ) Wagner
                                 ( ) Mendelssohn

14. Welche Staatsform würden   ( ) Monarchie   ( ) Diktatur
    Sie bevorzugen?   ( ) Demokratie

15. Welche von den drei angege-
    benen Eigenschaften erscheint ( ) Treue   ( ) Ehre
    Ihnen am wichtigsten?   ( ) Gerechtigkeit

b.w.

Abb. 1a, b, c: Fragebogen, mit dem John M. Steiner ehemalige SS- und Wehrmachts-Angehörige in den 1960er Jahren befragte, ausgefüllt und ausführlich kommentiert von Gunter d'Alquen, einem ehemaligen SS-Standartenführer und Herausgeber der SS-Zeitschrift „Das Schwarze Korps". USHMM, John Steiner Collection (2016.566.1), Series 2: Schutzstaffel (SS) Materials, 1924–2008, Folder 8-10, Questionnaires.

Selbstpräsentationen unterer NSDAP-Funktionäre – liege in einem spezifischen Wechselspiel zwischen der Darstellung des eigenen Lebens, der Interaktion mit dem Adressaten dieser Darstellung und den impliziten Formvorstellungen des Schriftstücks:

> Ihre Besonderheit ist begründet durch den Akt der Zuwendung zum eigenen Leben in einem je spezifischen Interaktionskontext mit spezifischen Formatvorgaben. In diesem Zusammenhang vorstellig werdende biographische Erlebnisse und Erfahrungen und deren gegenwärtige Ordnung finden ihren manifesten oder latenten Niederschlag in der Textproduktion.[39]

Im Anschluss an Müller-Botsch scheint eine interessante Ergänzung zu Steiners und Fahrenbergs eigener Auswertung zu sein, auf die Art und Weise zu blicken, wie die befragten SS- und Wehrmachts-Angehörigen ihre Fragebögen ausfüllten oder auf diese Fragebögen schriftlich reagierten. Zu finden ist auf so gut wie jedem Fragebogen genügend Relevantes: Selbst diejenigen, die fein säuberlich ankreuzten und ihrer Zustimmung oder Ablehnung einzelner Aussagen von –3 bis +3 Ausdruck verliehen, konnten sich nicht zurückhalten, Formulierungen zu ändern. Karl Friedrich Otto Wolff, ehemaliger General der Waffen-SS und Verbindungsoffizier Himmlers zu Hitler,[40] der seinen Namen auf den Fragebogen geschrieben hatte, strich bei der Antwort auf die Frage „Schauen Sie auf Ihre Zugehörigkeit zu der angegebenen Waffengattung mit Genugtuung" das Wort „Genugtuung" durch und ersetzte es durch „Stolz".[41] Mit besonders aggressivem Ärger reagierte offenbar Gunter d'Alquen, ehemaliger SS-Standartenführer und Herausgeber der SS-Zeitschrift „Das Schwarze Korps".[42] In großen Lettern überschrieb er die einzelnen Fragen mit „Quatsch", „Wer weiß das schon", „Blöde Frage!" oder „Wie dämlich wird hier der Befragte bereits ‚einkategoriert'!?"[43] In der Auswertung konnte nicht berücksichtigt werden, wenn Wehrmachtsangehöriger #012 das Statement „Homosexuelle sind kaum besser als Kriminelle und sollten bestraft werden" unausgefüllt ließ und mit dem Zusatz versah: „? Krank!!"[44] Hans-Heinrich

---

39 Christine Müller-Botsch, „Den richtigen Mann an der richtigen Stelle". Biographien und politisches Handeln von unteren NSDAP-Funktionären, Frankfurt/M.–New York 2009, S. 72 f.

40 Zu Wolff siehe Kerstin von Lingen, SS und Secret Service. „Verschwörung des Schweigens": Die Akte Karl Wolff, Paderborn 2010; Kerstin von Lingen, Conspiracy of Silence: How the „Old Boys" of American Intelligence Shielded SS General Karl Wolff from Prosecution, in: Holocaust and Genocide Studies 22:1 (2008), S. 74–109.

41 Vgl. USHMM, John Steiner Collection (2016.566.1), Series 2: Schutzstaffel (SS) Materials, 1924–2008, Folder 8, Wolff, Karl, circa 1967–1986, Fragebogen Karl Wolff. Da Wolff wie andere offenbar auch seinen Namen „mit Stolz" auf den Fragebogen gesetzt hatte, scheint es mir nicht notwendig zu sein, namentlich gezeichnete Angaben zu anonymisieren. Steiner hielt, wie es scheint, bis zu dessen Ableben brieflich und persönlich intensiven Kontakt zu Wolff.

42 USHMM, John Steiner Collection (2016.566.1), Series 2: Schutzstaffel (SS) Materials, 1924–2008, Folder 8–10, Questionnaires, Fragebogen Gunter d'Alquen.

43 Ebenda.

44 USHMM, John Steiner Collection (2016.566.1), Series 2: Schutzstaffel (SS) Materials, 1924–2008, Folder 8–10, Questionnaires, Fragebogen Wehrmachtsangehörige #012.

Jescheck ließ John Steiner wissen: „Sie werden durch Ihre Fragen also gewissermaßen selbst getestet"[45]. Befragter #129 aus der Gruppe der SS-Angehörigen notierte als Antwort auf die Frage, in welcher der danach genannten Städte er leben wolle, schlicht: „daheim!"[46]. Einige Befragte „korrigierten" die Formulierungen auf den Fragebögen grammatikalisch oder inhaltlich, manche nah an der ursprünglichen Version, manche recht weit davon entfernt. Manche kreisten auf die Frage, ob sie Demokratie, Diktatur oder Monarchie als Staatsform bevorzugen würden, „Diktatur" groß ein, andere relativierten ihre Angabe, indem sie bei Diktatur das Wörtchen „gemäßigt" ergänzten. Ein ehemaliger Wehrmachts-Gefreiter füllte einige Fragen nicht aus, denn „soviel Zeit habe ich gar nicht!", um dann Steiner auf einer halben Seite wissen zu lassen: „Etliche der angegebenen Fragen sind psychologisch zu vage oder zu ungeschickt gestellt, andere enthalten die mit Händen zu greifende Tendenz bereits in der Formulierung. Ich warne darum davor!!, die hiermit angestellte Erhebung zur Grundlage einer wissenschaftl. Arbeit zu machen."[47]

Zuweilen schrieben Befragte ungefragt autobiografische Aufzeichnungen nieder, in denen sie auf ihre Herkunft, ihren Werdegang und sogar den Einsatz ihrer Truppe im Krieg eingingen.[48] Diese freiwillig gemachten, überschießenden Anmerkungen bis hin zu Briefen an Steiner sind für die Fragestellung nach der Persistenz autoritärer Dispositionen hochrelevant, konnten in der Studie aber nicht berücksichtigt werden – was letztlich der Grund dafür war, warum Steiner nach dieser Fragebogenstudie mit Tiefeninterviews begann.[49] Das Rohmaterial kann allerdings einerseits für heutige hermeneutische Interpretationen autobiografischer Äußerungen von Tätern dienen, andererseits wie eine Art sozialwissenschaftlicher „Pretest" behandelt werden und insofern dafür relevant sein, das bei verschiedenen Befragten unterschiedliche Verständnis der Fragen zu reflektieren und die heutige Autoritarismusforschung über die historische Fragestellung zu informieren. Abschließend sei es an einem Beispiel gezeigt: Befragter #016 aus der Gruppe der ehemaligen Wehrmachtsangehörigen klammerte einen Brief von einer A5-Seite an seinen Fragebogen:

> München d. 2.11.1960 / Sehr geehrter Herr Steiner! / Von der Wichtigkeit und den [sic] Wert dieser Umfrage bin ich überzeugt. Folgende Gedanken und Gefühle kamen mir beim Beantworten dieser Befragung: Man merkt recht bald[,] auf was man getestet wird, und dass die Fragen nur von einem Amerikaner bzw. Ausländer gestellt worden sein können. Darum kam ich mir vor, wie einer, der

---

45 USHMM, John Steiner Collection (2016.566.1), Series 2: Schutzstaffel (SS) Materials, 1924-2008, Folder 8–10, Questionnaires, Fragebogen Wehrmachtsangehörige #019.

46 USHMM, John Steiner Collection (2016.566.1), Series 2: Schutzstaffel (SS) Materials, 1924–2008, Folder 8–10, Questionnaires, Fragebogen SS-Angehörige #129.

47 USHMM, John Steiner Collection (2016.566.1), Series 2: Schutzstaffel (SS) Materials, 1924–2008, Folder 8–10, Questionnaires, Fragebogen Wehrmachtsangehörige #141.

48 Vgl. z. B. USHMM, John Steiner Collection (2016.566.1), Series 2: Schutzstaffel (SS) Materials, 1924–2008, Folder 8–10, Questionnaires, Fragebogen SS-Angehörige #229. Dieser Befragte berichtete ausführlich über die SS-Panzerdivision „Wiking".

49 Vgl. dazu ausführlich Fahrenberg/Fahrenberg, Täterforschung nach Auschwitz.

ein schlechtes Gewissen hat, und den man nun fragt, ob er seine Irrtümer eingesehen hat. Ob man bei diesem Gedanken, bei bestem Willen objektiv sein kann, erscheint mir unsicher. Sollte es sich ergeben, würde ich mich gern mal mit Ihnen über diesen Fragenkomplex unterhalten. Mit freundlichem Gruß.[50]

Diese kurze Notiz drückt geradezu idealtypisch das Missverständnis aus, der Befragte sollte oder könnte „objektiv" oder nüchtern über seine eigenen letztlich politischen Einstellungen berichten. Das Schreiben zeigt zudem ein gefühltes kollektives deutsches Selbstverständnis, das deutlich als Schuldabwehr zum Ausdruck kam: Das grundlegende Bedürfnis, in der Unfähigkeit zu trauern verharren zu wollen und jegliches schlechte Gewissen abwehren zu können – wobei die das deutsche Selbstbewusstsein störenden, „nur von einem Amerikaner bzw. Ausländer" überhaupt stellbaren Fragen, die sich bewusst nicht auf die NS-Zeit selbst und damit auf die eigene Tätigkeit bezogen, kaum ein solches aus dem Nichts heraus erzeugen hätten können.

Fazit

John M. Steiner war in seiner knappen, aber einzigartigen Befragung ehemaliger SS- und Wehrmachtsangehöriger neben der offen ausgedrückten Persistenz stark autoritärer Einstellungen auf eine (durch die vorhandene Anti-Introspektion zu erklärende) seit der Entnazifizierung bestehende große Ablehnung gestoßen, den Fragebogen überhaupt auszufüllen. Die Fragebögen produzierten infolgedessen nicht nur quantitativ auswertbare Ergebnisse, sondern auch eine Reihe von „überschüssigen" autobiografischen Rückmeldungen auf den Fragebögen selbst, die heutigen interpretativen Analysen zur Verfügung stehen – als rare Form der Selbstmitteilungen des harten Kerns von NS-Tätern jenseits ihrer juristischen Verfolgung. Steiners Forschungen sind in dieser Form einmalig. Sie stehen meines Erachtens dennoch beispielhaft für ein wissenschaftliches Potential, das es zu verwirklichen gilt:
– Serielle Quellen oder prozessproduzierte Daten von einst, seien es behördliche Karteikarten oder Fragebögen vergangener Forschungsprojekte, sind heute Quellen für die sozialgeschichtliche und historisch-soziologische Forschung. Das ist aus anderen Feldern bekannt, etwa den Gerichtsakten der Nachkriegsjustiz, betrifft aber auch Entnazifizierungsfragebögen, die NSDAP-Mitgliederkartei[51] und eben auch Projekte wie das von John M. Steiner.

---

50 USHMM, John Steiner Collection (2016.566.1), Series 2: Schutzstaffel (SS) Materials, 1924–2008, Folder 8–10, Questionnaires, Fragebogen Wehrmachtsangehörige #016.
51 Siehe dazu zum Beispiel die Forschungen Jürgen Falters, z. B. Jürgen Falter, Hitlers Parteigenossen. Die Mitglieder der NSDAP 1919–1945, Frankfurt/M. 2020; Jürgen Falters (Hrsg.), Junge Kämpfer, alte Opportunisten. Die Mitglieder der NSDAP 1919–1945, Frankfurt/M.–New York 2016.

– Die Auswertung dieser Quellen rechnet nicht nach, ist also keine Reevaluation der Evaluation, sondern wirft einen anderen Blick auf die Quellen als deren Produzent*innen selbst, stellt andere Fragen an das Material. Es geht damit auch nicht um eine positivistische Verwendung des Quellenmaterials, sondern eine interpretative, hermeneutische: Das Spannende an Steiners Fragebögen sind nicht nur oder nicht mehr die angekreuzten Antworten, sondern das Überschüssige, das mitgeteilt werden wollte.

– Ein solcher Umgang verlangt eine interdisziplinäre Herangehensweise an das Material, also die Kenntnis der Methoden, Theorien und auch Praktiken der verschiedenen Disziplinen. Das ist keine neue Forderung, scheitert aber oft an der Praxis, etwa dem Vokabular, den Abgrenzungsbedürfnissen, den Statuskämpfen, etc., die zu ändern ist – gerade interdisziplinäre Institutionen wie das Dokumentationsarchiv des österreichischen Widerstandes können diesbezüglich voranschreiten.

– Die vergangene Sozialforschung kann die heutige Sozialforschung informieren – nicht nur, weil man die Geschichte der einzelnen Fragen von Else Frenkel-Brunswik über John M. Steiner bis zur heutigen Autoritarismusforschung nachvollziehen, quasi deren Genese rekonstruieren kann, sondern etwa auch in den vermeintlichen Nebensächlichkeiten der spontanen schriftlichen Reaktionen der Befragten.

Literaturverzeichnis

Adorno, Theodor W., Studien zum autoritären Charakter, Frankfurt/M. 1995.

Adorno, Theodor W./Frenkel-Brunswik, Else/Levinson, Daniel J./Sanford, R. Nevitt, The Authoritarian Personality, New York 1950.

Dack, William Mikkel, Questioning the Past: The Fragebogen and Everyday Denazification in Occupied Germany. Unveröffentlichte Dissertation, University of Calgary, Alberta, Canada 2016.

Dack, Mikkel, Everyday Denazification in Postwar Germany. The Fragebogen and Political Screening during the Allied Occupation, Cambridge 2023.

Dos Passos, John, Tour of Duty, Boston 1946.

Dos Passos, John, Das Land des Fragebogens, Frankfurt/M. 1997.

Fahrenberg, Jochen/Steiner, John M., Adorno und die autoritäre Persönlichkeit, in: Kölner Zeitschrift für Soziologie und Sozialpsychologie 56:1 (2004), S. 127–152.

Fahrenberg, Jochen/Fahrenberg, Anne (Hrsg.), Täterforschung nach Auschwitz. John M. Steiners Untersuchungen (1962 bis 2014). Nachlass eines Auschwitz-Überlebenden, Freiburg im Breisgau 2021.

Falter, Jürgen W. (Hrsg.), Junge Kämpfer, alte Opportunisten. Die Mitglieder der NSDAP 1919–1945, Frankfurt/M.–New York 2016.

Falter, Jürgen, Hitlers Parteigenossen. Die Mitglieder der NSDAP 1919–1945, Frankfurt/M. 2020.

Fleck, Christian, Einstellung, in: Christian Fleck/Christian Dayé (Hrsg.), Meilensteine der Soziologie. Frankfurt/M.–New York 2020, S. 215–223.

Frenkel-Brunswik, Else, Studien zur autoritären Persönlichkeit, hrsg. v. Dietmar Paier, Graz–Wien 1996 [= Bibliothek sozialwissenschaftlicher Emigranten, Bd. 3].

Kranebitter, Andreas/Gruber, Fabian, Allowing for Ambiguity in the Social Sciences. Else Frenkel-Brunswik's methodological practice in *The Authoritarian Personality*, in: Serendipities. Journal for the Sociology and History of the Social Sciences 7:1–2 (2022), S. 30–59.

Kranebitter, Andreas/Reinprecht, Christoph (Hrsg.), Authoritarianism, Ambivalence, Ambiguity. The Life and Work of Else Frenkel-Brunswik. Special Issue of Serendipites. Journal for the Sociology and History of the Social Sciences 7:1–2 (2022).

Laher, Ludwig, Salomonische Auskunft: Zum Lieblingsbuch von Manfred Haimbuchner, www.derstandard.at/story/2000129904913/salomonische-auskunft-zum-lieblingsbuch-von-manfred-haimbuchner [22. 5. 2023].

Lazarsfeld, Paul F., Die Kunst, warum zu fragen: Drei Grundprinzipien der Formulierung von Fragebögen, in: Ders., Empirische Analyse des Handelns. Ausgewählte Schriften, hrsg. v. Christian Fleck u. Nico Stehr, Frankfurt/M. 2007, S. 321–343.

Leßau, Hanne, Entnazifizierungsgeschichten. Die Auseinandersetzung mit der eigenen NS-Vergangenheit in der frühen Nachkriegszeit, Göttingen 2020.

Lingen, Kerstin von, SS und Secret Service. „Verschwörung des Schweigens": Die Akte Karl Wolff, Paderborn 2010.

Lingen, Kerstin von, Conspiracy of Silence: How the „Old Boys" of American Intelligence Shielded SS General Karl Wolff from Prosecution, in: Holocaust and Genocide Studies 22:1 (2008), S. 74–109.

Mitscherlich, Alexander/Mitscherlich, Margarete, Die Unfähigkeit zu trauern. Grundlagen kollektiven Verhaltens, München 1977.

Müller-Botsch, Christine, „Den richtigen Mann an der richtigen Stelle". Biographien und politisches Handeln von unteren NSDAP-Funktionären, Frankfurt/M.–New York 2009.

Padover, Saul K., Psychologist in Germany. The Story of an American Intelligence Officer, London 1946.

Padover, Saul K., Lügendetektor. Vernehmungen im besiegten Deutschland 1944/45, Frankfurt/M. 1999.

Paier, Dietmar, Einleitung, in: Else Frenkel-Brunswik, Studien zur autoritären Persönlichkeit, hrsg. v. Dietmar Paier, Graz–Wien 1996 [= Bibliothek sozialwissenschaftlicher Emigranten, Bd. 3], S. 7–70.

Platt, Jennifer, The History of the Interview, in: Jaber F. Gubrium et al. (Hrsg.), The SAGE Handbook of Interview Research. The Complexity of the Craft, London 2012, S. 9–26.

Salomon, Ernst von, Der Fragebogen. Reinbek bei Hamburg 1951.

Sollors, Werner, „Everybody Gets Fragebogened Sooner or Later": The Denazification Questionnaire as Cultural Text, in: German Life and Letters 7:2 (2018), S. 139–153.

Steiner, John M./Fahrenberg, Jochen, Die Ausprägung autoritärer Einstellung bei ehemaligen Angehörigen der SS und der Wehrmacht, Kölner Zeitschrift für Soziologie und Sozialpsychologie 22 (1970), S. 551–566.

Stiefel, Dieter, Entnazifizierung in Österreich, Wien–München–Zürich 1981.

Wiggershaus, Rolf, Die Frankfurter Schule. Geschichte – Theoretische Entwicklung – Politische Bedeutung, München 1988.

Michael Achenbach

Private Filmaufnahmen aus Stalag XVII A Kaisersteinbruch

Der Film

2022 wurde dem Dokumentationsarchiv des österreichischen Widerstandes von privater Seite ein 8mm-Amateurfilm übergeben. Im Zusammenhang mit einer Verlassenschaft war der Film (wieder-)aufgefunden worden und die Familie erinnerte sich mit Unbehagen an seine Bilder, die ihr zuletzt vor über 50 Jahren gezeigt worden waren. Der Film sollte keinesfalls in Familienbesitz bleiben, aufgrund seiner zeithistorischen Bedeutung aber auch nicht vernichtet werden. Deshalb entschlossen sich die Erb*innen, ihn dem DÖW anzuvertrauen. Am Tag der Übergabe war aufgrund der Erzählungen der Familie und einer ersten oberflächlichen Begutachtung des Filmmaterials sehr rasch klar, dass es sich um Amateuraufnahmen aus dem Kriegsgefangenenlager „Stalag XVII A Kaisersteinbruch" handelte.

Abb. 1: Abwehrmänner im Stalag XVII A.

Der Anfang des Filmes und damit ein eventueller Titel waren zwar nicht erhalten,[1] aber schon die ersten Filmmeter bestätigten diese Annahme. Um eine möglichst optimale Lagerung und Konservierung seines historischen Filmmaterials zu gewährleisten, lässt das DÖW seit Jahren seinen gesamten Filmbestand vom Österreichischen Filmmuseum betreuen. Dort ist inzwischen auch dieser Film unter bestmöglichen klimatischen Bedingungen eingelagert. Die Abtastung des mittlerweile 80 Jahre alten Filmmaterials und damit seine „Wieder-Sichtbarmachung" in Form einer digitalen Kopie geschah ebenfalls im Österreichischen Filmmuseum. Mit dieser Kopie erfolgte die tiefergehende Analyse des Filmes.

Bei Durchsicht des Filmes wurde schnell deutlich, dass es sich beim unbekannten Gestalter um einen sehr ambitionierten Amateurfilmer handelte. Kameraführung und Filmschnitt können nur als sehr sauber bezeichnet werden. Die Filmszenen sind auch nicht einfach, wie so oft bei Amateurfilmen, chronologisch nach Entstehungszeitraum aneinandergereiht, sondern vielmehr thematisch zusammengestellt. Lediglich eine Szene eines Radausfluges sowie einige der Sportaufnahmen passen handwerklich nicht ganz in dieses Gesamtbild, da die Kameraführung hier sehr unruhig ist und mit fahrigen und schnellen Schwenks agiert. Vielleicht ist die Unruhe in diesen Fällen situationsbedingt, möglicherweise wurden diese Szenen aber auch von einer anderen Person gefilmt.

Der Amateurfilm ist ohne Ton, großteils schwarz-weiß und besitzt acht Zwischentitel. Diese Zwischentitel wurden in einer selbstgestalteten Schrift auf einer Hintergrundfolie in Pflanzenornamentik ausgeführt. Interessanterweise wurden rund vier Minuten des Filmes mit Farbmaterial[2] hergestellt und stechen damit aus dem Gesamtbild hervor. Da Farbfilm teurer und während des Krieges auch schwieriger zu beschaffen war, kann angenommen werden, dass diese Farbaufnahmen für den Amateurfilmer eine besondere Bedeutung besaßen. Insgesamt umfasst der erhalten gebliebene Film 40 Minuten.

Die Abwehrstelle

Aus den Zwischentiteln und den Filmbildern geht zweifelsfrei hervor, dass der Film von einem Angehörigen der Abteilung „Ast" im Kriegsgefangenenlager Kaiersteinbruch hergestellt wurde. Hinter diesem Kürzel versteckte sich die Abwehrstelle der Wehrmacht. Ihr Betätigungsfeld umfasste Feindbeobachtung, Spionage- und Sabotageabwehr. Aufgabe der Abwehrstellen in den Kriegsgefangenenlagern war es, geeignete Maßnahmen gegen feindliche Handlungen von Gefangenen wie „Ausspähung, geheime

---

1 Der Film enthält insgesamt acht Zwischentitel, die quasi als Kapitelüberschriften dienen. Aus diesem Umstand und dem sehr jähen Filmstart kann wohl zu Recht vermutet werden, dass der ursprüngliche Beginn des Filmes und damit auch der Filmtitel fehlen.

2 Agfa nahm die Olympischen Spiele von 1936 in Berlin zum Anlass, um werbewirksam ein Dreischichtfarbverfahren für Foto- und Filmamateure und -amateurinnen auf den Markt zu bringen.

Nachrichtenübermittlung, Zerstörungszwecke und aufhetzerische Beeinflussung der deutschen Bevölkerung" zu ergreifen. Die Abwehr hatte die Lagerkommandanten bei der Sicherung und Bewachung der Gefangenen sowohl im Lager als auch in den Arbeitskommandos zu beraten. Mit präventiven Maßnahmen sollten außerdem Flucht-versuche der Kriegsgefangenen verhindert werden. Zu diesem Zweck hielt die Abwehr auch Schulungen für die Wachmannschaften ab, in denen sie „über ihre Pflichten und persönliches Verhalten gegen die Kr. Gef., besonders bei Widerstand, Arbeitsverweige-rung und Meuterei" unterrichtet wurden. Ebenfalls wurden die mit den Kriegsgefange-nen in Kontakt kommenden Bevölkerungsteile wie „Ortsbehörden, Unternehmer, Ärzte und Personal von Lazaretten, Krankenhäusern und Gefängnissen"[3] über den Umgang mit ihnen instruiert. Dabei arbeitete die Abwehrstelle eng mit Polizei und Gestapo zusammen. Die Kriegsgefangenen wurden nach ihrer Ankunft im Lager von Abwehr-offizieren unter anderem zur militärischen Situation ihrer Einheiten befragt. Auch die persönlichen Habseligkeiten der Gefangenen wurden ausgewertet.

Die Abwehr war ebenso an der Stimmung unter den feindlichen Soldaten und vor allem an der Stimmung der Bevölkerung in den jeweiligen Heimatländern interessiert. Ein wichtiges Instrument, um an diese Daten zu gelangen, war die Kontrolle der gesam-ten ein- und ausgehenden Post der Kriegsgefangenen durch die Abwehrstelle. Der schriftliche Kontakt mit den Angehörigen wurde durch die Artikel 35–41 der Genfer Konvention von 1929 während des gesamten Krieges, wenn auch unter strengen Auf-lagen, garantiert und war auch erwünscht, um dem „Lagerkoller" besser vorbeugen zu können. Jedoch musste die Postzensur sicherstellen, dass feindliche Propaganda bzw. Nachrichten des Feindes nicht zu den Kriegsgefangenen gelangen konnten. Für die Kriegsgefangenen gab es Vorschriften, worüber man schreiben und welche Themen und Informationen man nicht erwähnen durfte. So war es beispielsweise nicht erlaubt, sich abfällig über die NS-Regierung oder die Wehrmacht zu äußern. Bei einfachen Ver-stößen gegen diese Regeln wurden die entsprechenden Stellen unleserlich gemacht, bzw. bei gröberen Verstößen konnte auch das gesamte Poststück zurückgehalten werden oder es wurden Strafen verhängt. Da aufgrund der Dimension des Krieges eine Vielzahl an Nationen in den Lagern versammelt war, arbeiteten in der Abwehrstelle zahlreiche Dolmetscher und die Stelle besaß einen nicht unbeträchtlichen Personalum-fang. Der vorliegende Amateurfilm zeigt Aufnahmen, die innerhalb der Bürobaracke der Abwehrstelle entstanden sind. Es lässt sich erkennen, dass in der Baracke Platz für etwa 40 Personen war, die dort ihren Dienst versahen.

---

3 Zitate nach: Hubert Speckner, In der Gewalt des Feindes. Kriegsgefangenenlager in der „Ostmark" 1939 bis 1945, Wien-München 2003, S. 74.

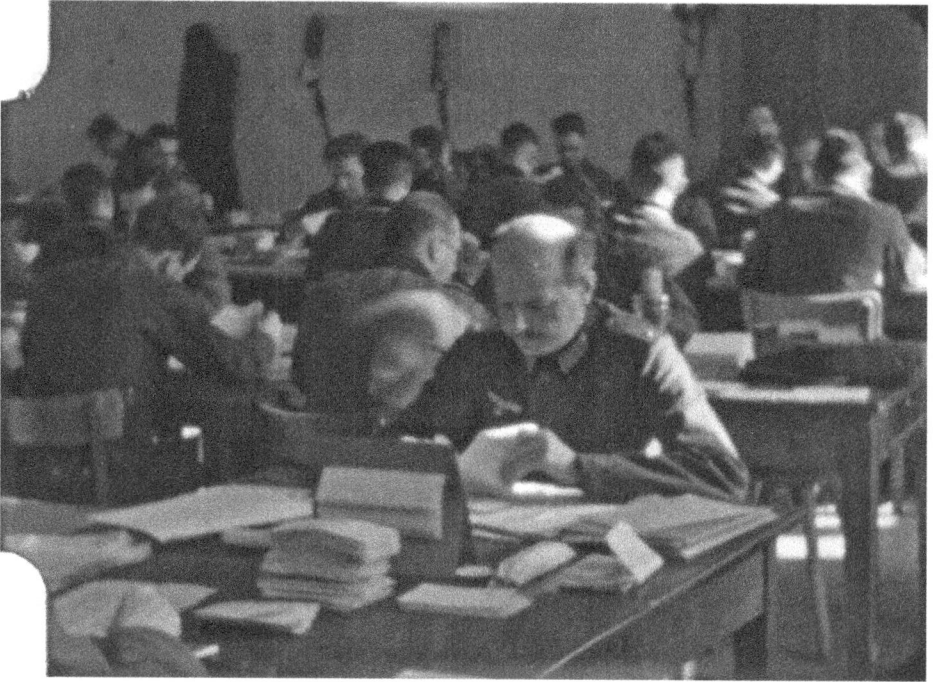

Abb. 2: Postzensur in der Abwehrbaracke.

Man kann aber davon ausgehen, dass die Personalstärke der Abteilung größer war und immer nur ein Teil der Abwehrsoldaten in der Bürobaracke arbeitete. In diesem Zusammenhang sind diejenigen Bilder von Bedeutung, die nach dem Zwischentitel „APPELL" eine etwa 80 Personen umfassende Abteilung von marschierenden Soldaten zeigen, bei der es sich wohl um die gesamte Abwehrstelle gehandelt haben dürfte.[4] Der Sinn des Appells geht aus dem Film nicht eindeutig hervor. Die Soldaten marschierten außerhalb des Lagers in Richtung des Dorfes Sommerein, das damals Teil des an das Kriegsgefangenenlager angrenzenden Truppenübungsplatzes war. In Sommerein trat ein Offizier vor die Soldaten und verlas ein Schriftstück, bei dem es sich wohl um die Verlautbarung einer dienstlichen Anordnung oder Ähnliches handelte.

Über ihre Tätigkeit als Geheimdienst und Zensurstelle hinaus besaß die Abwehr weitere Kompetenzen im Lager. Sie hatte nicht nur die Befugnis jeden Kriegsgefangenen und dessen Habe zu kontrollieren, sie konnte auch jederzeit jedes Gebäude im Lager und sämtliche Arbeitsstellen der Kriegsgefangenen betreten, durchsuchen und Einblick in alle Wehrmachtsunterlagen nehmen. Alle Transport- und Kommunikationsmittel der Wehrmacht durften jederzeit in Anspruch genommen werden. Auch musste auf Anweisung des Oberkommandos der Wehrmacht (OKW) immer ein Offizier der

---

4 Minute 15:00 – 16:12. Das lässt sich aus einem Personenvergleich innerhalb des Films schließen.

Abwehrstelle bei Besuchen von ausländischen Kommissionen und Hilfsorganisationen wie beispielsweise dem Internationalen Roten Kreuz den Rundgang durch das Lager leiten. Gottesdienste für Gefangene wurden überwacht und alle für sie bestimmten Bücher und Druckschriften mussten vor Gebrauch von der Abwehrstelle freigegeben werden. Außerdem waren die Angehörigen der Abwehrstelle aufgrund ihrer vielfältigen Sprachkenntnisse von zentraler Bedeutung für den Prozess der Aufnahme und Registrierung neu eintreffender Kriegsgefangener und waren dementsprechend intensiv auch in diese Vorgänge involviert.[5] Im Bedarfsfall, zum Beispiel bei Verdacht auf Bestechung, Schmuggel o. Ä., durfte die Abwehrstelle auch alle Wehrmachtssoldaten im Lager überwachen. Im Hinblick auf ihre vielfältigen Funktionen kann man zu Recht behaupten, dass die Abwehrstelle innerhalb des Kriegsgefangenenlagers eine nicht zu unterschätzende Machtposition besaß.[6]

Die Kriegsgefangenen

Schon auf den ersten Filmbildern lassen sich belgische und/oder französische Kriegsgefangene erkennen, die im Lager Kaisersteinbruch eintrafen.[7] Damit lässt sich auch der vom Amateurfilm abgedeckte Zeitrahmen bestimmen, der sich vom Frühjahr 1940 bis in das Jahr 1942 erstreckt. Mit Beginn des Frankreichfeldzuges im Mai 1940 gerieten große Kontingente von belgischen und französischen Soldaten in deutsche Kriegsgefangenschaft, darunter auch zahlreiche Senegalschützen aus Französisch-Westafrika.[8] Erstmals bekam die deutsche Bevölkerung diese Kriegsgefangenen in den Aufnahmen der Deutschen Wochenschau zum Westfeldzug zu Gesicht.[9] Im Frühjahr 1940 erreichten die ersten belgisch-französischen Kriegsgefangenen das Lager in Kaisersteinbruch. Die Amateuraufnahmen zeigen sie bei ihrer Ankunft am Lagergelände.

---

5 Nach den Heeresdienstvorschriften 38/4 und 38/5, die sich an die Kommandanten von Kriegsgefangenenlagern richteten, erfolgte die Registrierung der Gefangenen bei deren Ankunft in den Mannschafts- bzw. Offizierslagern. Vgl. Reinhard Otto/Rolf Keller/Jens Nagel, Sowjetische Kriegsgefangene in deutschem Gewahrsam 1941–1945, in: Vierteljahreshefte für Zeitgeschichte, 56. Jg., H. 4, München 2008, S. 557–602, hier S. 562. Außerdem: Christian Hartmann, Massensterben oder Massenvernichtung? Sowjetische Kriegsgefangene im „Unternehmen Barbarossa". Aus dem Tagebuch eines deutschen Lagerkommandanten, in: Vierteljahreshefte für Zeitgeschichte, 49. Jg, H. 1, München 2001, S. 97–158, hier S. 111.
6 Vgl. Speckner, In der Gewalt des Feindes, S. 72–77.
7 Dies betrifft die ersten Kader des Films und die Aufnahmen von Minute 00:46 bis 00:56.
8 Tirailleurs sénégalais. Im Sommer 1940 waren auch in Kaisersteinbruch westafrikanische Soldaten interniert. Mindestens 1.500 von ihnen wurden im Westfeldzug noch am Ort ihrer Gefangennahme von deutschen Soldaten als Folge von Gräuelpropaganda und rassistischem Überlegenheitsdünkel kaltblütig erschossen. Vgl. Raffael Scheck, Keine Kameraden, in: Die Zeit, 12. 1. 2006, S. 88.
9 Dies betraf die Ufa-Tonwoche bzw. die Deutsche Wochenschau Nr. 506 bis Nr. 511 vom 15. Mai bis zum 20. Juni 1940. Vor allem die Deutsche Wochenschau Nr. 511 zeigte ausführlich belgische und französische Kriegsgefangene, darunter auch zahlreiche westafrikanische Soldaten. Vgl. Michael Achenbach, Das Jahr 1940 in historischen Filmdokumenten (DVD), Wien 2014.

Abb. 3: Französische Kriegsgefangene warten im Frühjahr 1940 zwischen den Baracken auf das Ende ihres Registrierungsvorganges.

Von der Wehrmacht gab es die Vorgabe, dass Kriegsgefangenenlager möglichst etwas abseits von der Zivilbevölkerung angelegt werden sollten. Gleichzeitig wurde aber auf eine gute Verkehrsanbindung geachtet. Daher gab es in der Nähe aller Kriegsgefangenenlager eine Bahnverbindung.[10] Für Kaisersteinbruch übernahm der Bahnhof von Wilfleinsdorf diese Funktion. Von dort mussten die eintreffenden Kriegsgefangenen die restlichen vier Kilometer bis zum Lager zu Fuß zurücklegen.

Die offizielle Bezeichnung des Lagers lautete „Stalag XVII A Kaisersteinbruch". Ein erster Hinweis auf das Lager findet sich bereits im August 1939. Zu diesem Zeitpunkt wurde ein „Dulag J"[11] für das Gelände in Kaisersteinbruch erwähnt, das aber

---

10 Speckner, In der Gewalt des Feindes, S. 35.
11 Zur Terminologie der deutschen Kriegsgefangenenlager: Nach ihrer Gefangennahme wurden die Kriegsgefangenen in die gleich hinter der Front befindlichen Auffanglager geschleust. Von dort kamen sie in die als Dulag bezeichneten Durchgangslager, die zur zahlenmäßigen Erfassung der Kriegsgefangenen, teilweise aber auch zu ihrer medizinischen Untersuchung bzw. Entlausung dienten. Anschließend wurden die Kriegsgefangenen an die eigentlichen Aufenthaltslager weitergeleitet. Als Stalag wurden die Mannschafts-Stammlager bezeichnet. Dabei handelte es sich um Kriegsgefangenenlager für Mannschafts- und Unteroffiziersdienstgrade. Offizierdienstgrade wurden in den sogenannten Oflag, Offizierslager, interniert. Daneben existierten noch die sogenannten Heilag als Heimkehrerlager für die zum

schon im September in „Stalag XVII A" umbenannt wurde.[12] Ebenfalls im Frühjahr und Sommer 1939 erfolgte die Reaktivierung ehemaliger Offiziere für den Dienst in Kriegsgefangenenlagern.[13] Auch daran wird deutlich, dass die Vorbereitungen auf den Krieg schon lange vor der Eröffnung der Feindseligkeiten akribisch erfolgten. Bei der Anlage des Lagers konnte weitgehend auf die Baulichkeiten und Erfahrungen des Ersten Weltkrieges zurückgegriffen werden, denn in Kaisersteinbruch war während der Kaiserzeit ein Truppenübungsplatz samt Kaserne errichtet und auch während des Ersten Weltkrieges in dieser Funktion genutzt worden. Ebenfalls während des Ersten Weltkrieges wurden die militärischen Anlagen weiter ausgebaut und es entstand zusätzlich ein Kriegsgefangenenlager auf dem Gelände. In der Zeit des Austrofaschismus wurden die zahlreichen Gebäude des ehemaligen Kriegsgefangenenlagers eine kurze Zeit auch als „Anhaltelager" für Regimegegner genutzt.[14] Der Standort bot sich somit 1939 für die neuerliche Errichtung eines Kriegsgefangenenlagers geradezu an. Die Bezeichnung „Stalag XVII A Kaisersteinbruch" setzte sich aus mehreren Komponenten zusammen. Zuerst aus seiner Funktion als Mannschaftsstammlager, dem eine römische Zahl zur Bezeichnung des zugehörigen Wehrkreises (in diesem Fall Wehrkreis XVII, Wien) folgte. Der Großbuchstabe wurde innerhalb eines Wehrkreises nach der Reihenfolge der dort errichteten Lager vergeben. Zur näheren Kennzeichnung des Lagers wurde noch ein Ortsname angehängt.

Kaisersteinbruch war nicht nur eines der ersten im Deutschen Reich errichteten Kriegsgefangenenlager, es war auch eines der größten. Je nach Kriegsphase waren dort zwischen 25.000 und 75.000 Kriegsgefangene registriert.[15] Jedoch waren nicht alle registrierten Kriegsgefangenen auch im Lager untergebracht, sondern nur etwa 20 bis 25 Prozent von ihnen. Alle anderen waren in Zweiglagern sowie Arbeitskommandos in der Industrie und Landwirtschaft hauptsächlich in Nieder- und Oberdonau sowie in Wien tätig. Kleine Gruppen von Franzosen bzw. auch einzelne Franzosen, die in der

Rücktransport in ihre Heimat vorgesehenen Kriegsgefangenen, sowie die Ilag als Internierungslager für Zivilangehörige feindlicher Staaten.

12 Vgl. Hubert Speckner, Kriegsgefangenenlager in der „Ostmark", in: Günter Bischof/Stefan Karner/Barbara Stelzl-Marx (Hrsg.), Kriegsgefangene des Zweiten Weltkrieges. Gefangennahme – Lagerleben – Rückkehr, München 2005, S. 329–351, hier S. 335.

13 Siehe dazu weiter unten die Kurzbiografie des kommandierenden Offiziers der Abwehrstelle im Kriegsgefangenenlager Kaisersteinbruch, der seinen Dienst beim Wehrkreiskommando XVII am 26. August 1939 antrat.

14 Speckner, In der Gewalt des Feindes, S. 217. Dazu auch DÖW 19444, 20000/H736, 20000/R64, 20900/0078 u. a.

15 Vor allem durch das Eintreffen der belgischen und französischen Kriegsgefangenen während des Westfeldzuges erhöhte sich die Zahl der Gefangenen auf beinahe 75.000. Nachdem die aus Westafrika stammenden Soldaten aber Anfang 1941 wieder aus dem Reichsgebiet abgezogen worden waren, sank die Belegungszahl erheblich ab. Mit dem Eintreffen der sowjetischen Kriegsgefangenen ab Oktober 1941 waren bis Kriegsende durchschnittlich 50.000 Kriegsgefangene im „Stalag XVII A" registriert. Siehe Hubert Speckner, Stalag XVII A Kaisersteinbruch, in: Helmuth Furch (Hrsg.), Mitteilungen des Museums- und Kulturvereins Kaisersteinbruch, Jg. 6, Nr. 39, Kaisersteinbruch 1995, S. 1–23, hier S. 4–7.

Landwirtschaft arbeiteten, waren teilweise auch ohne Bewachung auf Bauernhöfen einquartiert.

Die im Hauptlager untergebrachten Kriegsgefangenen standen ebenfalls im Arbeitseinsatz. An einigen Stellen des Films sind Arbeitstrupps zu sehen, die in- oder außerhalb des Lagers eingesetzt wurden.[16] Eine Aufgabe, der innerhalb des Lagergeländes nachgegangen wurde, war die Zerkleinerung von Steinen. Der anfallende Grobschotter wurde zu Straßenbauarbeiten verwendet. Zu dieser schweren Arbeit wurden französische Juden eingesetzt, die das Lagergelände nicht verlassen durften.[17]

Der Anspruch des Amateurfilmers war es sichtlich, möglichst viele Aspekte des Dienstes der Abwehrsoldaten im Kriegsgefangenenlager abzubilden. Daher besaß der Film eine Funktion, die sich mit derjenigen der zahlreichen Fotoalben vergleichen lässt, die aus der Dienstzeit vieler Wehrmachtssoldaten überliefert sind. In beiden Fällen sollte das Medium eine Erinnerungsfunktion an die als positiv empfundene Kriegsdienstzeit erfüllen. Dem Drang nach Vollständigkeit in der Beschreibung des Lagerlebens verdanken wir auch die ausführlichen Aufnahmen von der Ankunft von Kriegsgefangenen in Kaisersteinbruch. Wie bereits erwähnt, stammen die ersten Filmaufnahmen vom Eintreffen der französischen Kriegsgefangenen. Zu diesem Zeitpunkt hatte der Amateurfilmer eventuell noch kein fertiges Konzept über den Inhalt des angestrebten Filmes oder hatte gerade erst mit dem Filmen begonnen, denn die Franzosen wurden nur kursorisch gezeigt,[18] während sein Hauptinteresse im Sommer 1940 auf den Tätigkeiten der Abwehrsoldaten lag. Das änderte sich beim Eintreffen der ersten sowjetischen Kriegsgefangenen gegen Ende des Jahres 1941. Die Ankunft der Sowjets nutzte er, um den Vorgang der Aufnahme und Registrierung im Stalag XVII A relativ genau zu dokumentieren.[19]

Das ist vor allem deshalb bemerkenswert, da die zeitgeschichtliche Forschung bis in die Mitte der 1990er Jahre davon ausging, dass die sowjetischen Kriegsgefangenen 1941 überhaupt nicht und danach nur teilweise von der deutschen Militärbürokratie erfasst worden waren. Man war vielmehr der Ansicht, dass eine bewusste Nicht-Registrierung der sowjetischen Soldaten der Verschleierung des massenhaften Sterbens diente. Von den etwa 500.000 sowjetischen Kriegsgefangenen, die bis Jahresende 1941

---

16 Von Minute 7:20 bis 7:44 und von 14:54 bis 14:59.

17 Diesen Umstand erwähnt der ebenfalls als französischer Kriegsgefangener in Kaisersteinbruch inhaftierte Constantin Joffé in seinem erstmals 1943 erschienenen Erlebnisbericht. Nach seinen Erinnerungen handelte es sich um 42 jüdische Kriegsgefangene. Joffé wurde 1941, noch vor Ankunft der Sowjets, in die Heimat entlassen. Constantin Joffé, We were free, New York 1943, unveränderter Nachdruck 2013 bei Literary Licensing, S. 103.

18 Zwischen Minute 4:33 und 4:44 sind ein paar Szenen zu sehen, die mit der Registrierung neu ankommender französischer oder belgischer Kriegsgefangener in Zusammenhang stehen. Möglich wäre auch, dass darüber hinausgehendes Filmmaterial sich nicht erhalten hat und am Beginn des Filmes stand.

19 Die Aufnahme und Registrierung der sowjetischen Kriegsgefangenen wird zwischen Minute 7:46 und 13:48 gezeigt. Diese sechs Minuten entsprechen immerhin 15 % der Gesamtlaufzeit des überlieferten Filmmateriales.

in Lagern auf Reichsgebiet interniert waren, kam bis zum Beginn des Frühjahres 1942 mehr als die Hälfte ums Leben. Zum Teil basierte die Annahme der Nicht-Registrierung darauf, dass nur wenige Dokumente zu den Kriegsgefangenenlagern in den Archiven Österreichs und Deutschlands vorhanden sind. Erst mit der Auffindung der verschollen geglaubten Unterlagen der Wehrmachtsauskunftsstelle in den Archiven der Russischen Förderation konnte die umfassende Registrierung auch der sowjetischen Kriegsgefangenen nachgewiesen werden.[20]

Zu Beginn der Aufnahmen der sowjetischen Gefangenen zeigt der Film eine lange Kolonne, die in Viererreihen die nassglänzende Straße vom Bahnhof Wilfleinsdorf in Richtung Kaisersteinbruch marschierte. Begleitet wurde sie von bewaffneten Soldaten des Landesschützenbataillons 892, das zu dieser Zeit die Wachmannschaft des Kriegsgefangenenlagers stellte.[21] Bei der Ankunft der Gruppe am Lagergelände waren zahlreiche Wehrmachtsoffiziere in langen Mänteln versammelt. Eine gewisse erwartungsvolle Spannung unter den Offizieren ist den Filmbildern zu entnehmen. Als Ankunftszeitpunkt der Sowjets kann aufgrund der Witterung, der Kleidung, der Bewuchsmerkmale der umgebenden Landschaft und vor allem auch aufgrund des gesundheitlichen Zustandes der sowjetischen Soldaten der Oktober 1941 angenommen werden.[22] Die Kriegsgefangenen sammelten sich vor dem Lager und wurden anschließend in das sogenannte Vorlager geleitet, in dem die Registrierung erfolgte. Dort erhielten sie als Erstes eine warme Mahlzeit, die aus großen Kesseln ausgeteilt wurde. Als sich eine lange Schlange an Hungrigen vor der Essensausgabe bildete, nutzte dies der Kameramann, um Nahaufnahmen zu erstellen.

---

20 Zur Gesamtanzahl der sowjetischen Kriegsgefangenen vgl. Otto/Keller/Nagel, Sowjetische Kriegsgefangene, S. 557–561. Zur Anzahl der sowjetischen Kriegsgefangenen auf dem Reichsgebiet siehe Jörg Osterloh, Das Schicksal der sowjetischen Kriegsgefangenen in Deutschland 1941/42. Das Beispiel des Stalag 304 (IV H) Zeithain, in: Einsicht 2022, Bulletin des Fritz Bauer Instituts, 14. Jg., Ausg. 23, Frankfurt/M. 2022, S. 16–25, hier S. 22. Zur Thematik der Registrierung sowjetischer Kriegsgefangener siehe vor allem Rolf Keller/Reinhard Otto, Das Massensterben der sowjetischen Kriegsgefangenen und die Wehrmachtsbürokratie. Unterlagen zur Registrierung der sowjetischen Kriegsgefangenen 1941–1945 in deutschen und russischen Institutionen, in: Militärgeschichtliche Mitteilungen, Jg. 57, H. 1, Potsdam 1998, S. S. 149–180, hier S. 153–165.
21 Vgl. hierzu: Unser Bataillon 892, Kompanie-Tagebuch, o. A., o. O., o. D. [1942]. Das von Angehörigen des Landesschützen-Bataillons 892 angefertigte Erinnerungsbuch umfasst etwa den Zeitraum vom Herbst 1939 bis 1942, als das Bataillon als Wachmannschaft im Stalag XVII A Kaisersteinbruch eingesetzt war.
22 Aus erhaltenen Unterlagen geht hervor, dass in Kaisersteinbruch am 1. Dezember 1941 erstmals 8.161 Sowjets registriert waren. In der vorherigen Meldung vom 1. Oktober sind noch keine sowjetischen Soldaten verzeichnet. Die ersten sowjetischen Kriegsgefangenen müssen demnach zwischen 1. Oktober und 1. Dezember 1941 dort eingetroffen sein. Vgl. Speckner, Stalag XVII A Kaisersteinbruch, S. 5.

Abb. 4: Sowjetische Kriegsgefangene bei der Ankunft im Lager.

Diese Aufnahmen lassen kaum einen gestalterischen Unterschied zu den offiziellen NS-Propagandaaufnahmen erkennen, die zur gleichen Zeit in der Wochenschau dem deutschen Publikum vorgeführt wurden und deren Aufgabe darin bestand, die sowjetischen Kriegsgefangenen im Sinne der NS-Ideologie möglichst ungünstig darzustellen und als „Untermenschen" herabzuwürdigen. In den vorliegenden Aufnahmen sieht man müde, ungepflegte Männer in zerschlissener Kleidung mit unsicherem Blick, die nicht wissen, was sie nun erwartet. Das Vorbild der NS-Propaganda hatte der Amateur schon verinnerlicht und stellte es hier quasi in seinem eigenen Film nach.

Daran schließen sich einige Szenen an, die aufgrund ihrer expliziten Aufnahmen extrem geschwächter Sowjetsoldaten so aber keinesfalls in einem offiziellen Film zu sehen gewesen wären. Man sieht einen LKW mit offener Ladefläche im Lager eintreffen, auf dem zahlreiche Sowjets standen oder saßen.

Abb. 5: Marschunfähige sowjetische Kriegsgefangene werden mit dem LKW ins Lager geführt.

In einem Tagebucheintrag vom 6. August 1941 beschreibt Kommandant Major Gutschmidt eine ähnliche Ankunftsszene im Dulag 203 im entfernten Kochanowo:

> Nachmittags wurden wieder 5000 neue Gefangene gemeldet. [...] Um 18 Uhr erschienen die Gefangenen. Sie wurden gleich vor dem Lager schnell durchsucht, dann hineingeführt und sofort mit Suppe versorgt. Da sie fast sämtlich eine Art von Eßgeschirr bei sich hatten, ging es sehr schnell. Das Ganze dauerte wiederum nur 80 Minuten. Mit einem Lastauto kamen 15 Marschunfähige.[23]

Bei dem LKW in Kaisersteinbruch, der am Schluss der Kolonne mitfuhr und die nicht Gehfähigen transportierte, scheint es sich um eine Standardvorgangsweise gehandelt zu haben. Man kann das Fahrzeug auch an zwei weiteren Stellen im Film ganz kurz am Ende des Gefangenenpulks erkennen. Das gleiche Verfahren ist außerdem noch aus Stalag 326 (VI K) Senne bekannt.[24] Die Bilder dieses Films dürften demnach eine über das Stalag XVII A hinausweisende allgemeine Gültigkeit für das Prozedere in den deutschen Kriegsgefangenenlagern besitzen.

Die Ladeklappe wurde geöffnet und die Männer stiegen mühsam von der Ladefläche hinunter. Auch hier handelte es sich um marschunfähige sowjetische Kriegsgefan-

---

23 Zitiert nach: Hartmann, Massensterben oder Massenvernichtung?, S. 148.
24 Karl Hüser/Reinhard Otto, Das Stammlager 326 (VI K) Senne 1941–1945, Bielefeld 1992, S. 40.

gene, die vom Bahnhof Wilfleinsdorf mit dem LKW ins Lager geführt wurden. Vor allem die letzten Männer, die von der Ladefläche kletterten, waren in einem erschreckenden körperlichen Zustand. Einer von ihnen kippte, nachdem er von der Ladefläche des LKW unendlich mühsam hinunterstieg war, nach links weg und stürzte vermutlich zu Boden. Offenbar wollte der Filmemacher solche grausamen und ehrlichen Bilder nicht zeigen: An genau dieser Stelle kommt ein Schnitt und der Film zeigt die letzten drei Sowjets auf der LKW-Ladefläche. Auch sie schafften die letzten Meter in das Lager nur unter größter Anstrengung.[25]

Abb. 6: Im Vorlager vor der Wasch- und Desinfektionsbaracke. Rechts vorne mit Armbinde ein französischer Funktionshäftling.

Nach dem Essen mussten sich alle Kriegsgefangenen nackt ausziehen und ihre Habseligkeiten in Netzbeutel verpacken.[26] Lediglich ihre Erkennungsmarke behielten sie um den Hals. Anschließend betraten sie zum Waschen und Desinfizieren eine Holzbara-

---

25 Insgesamt dauern diese Szenen eine Minute.
26 In dieser Einstellung ist am rechten Bildrand ein Funktionshäftling zu erkennen. Dabei handelte es sich um einen französischen Kriegsgefangenen, der als „Lagerpolizist" in der von der deutschen Lagerleitung eingesetzten „Gefangenenselbstverwaltung" tätig war. Die Lagerpolizei war mit roten Armbinden gekennzeichnet. Vgl. Joffé, We were free, S. 133, S. 144.

cke. Hier ist wieder deutlich zu erkennen, in welch schlechtem körperlichen Zustand und wie abgemagert die meisten der sowjetischen Kriegsgefangenen waren. Nach der Dusche erfolgte eine Untersuchung oder Desinfektion der Gefangenen durch einen Sanitäter. Dann erhielten sie eine Decke und wurden in einen weiteren Raum geführt, an dem an einem langen Tisch einige Offiziere, Unteroffiziers- und Mannschaftsdienstgrade saßen. Jeder Kriegsgefangene wurde nun einzeln zu seinen persönlichen Daten befragt und alles in ein Karteikartensystem eingetragen. An dieser Schlüsselstelle des Registrierungsvorganges waren vorrangig die Soldaten der Abwehrstelle eingesetzt, da in ihren Reihen die entsprechenden Dolmetscher Dienst taten. In den Durchgangslagern erfasste man nur die Anzahl der Gefangenen, Personaldaten wurden erst bei der Ankunft in den Stalags aufgenommen.[27]

Abb. 7: Abwehrmänner nehmen die Personalien der Kriegsgefangenen auf.

Zu diesem Vorgang gibt auch das „Tagebuch" des Landesschützen-Bataillons 892 Auskunft:

> Die Abwehrstelle tritt in Aktion. Beamte, Dolmetscher, Offiziere, Soldaten, Posten, alles ist zur Stelle. Die Gefangenen rücken mit ihrer Habe an die Tische heran. Nun setzen die Dolmetscher ein. [...] Die Untersuchung geht schnell und reibungslos vor sich. Denn bis Mittag müssen viele

---

27 Siehe Fußnote 5.

Hunderte von Gefangenen abgefertigt sein. Die Zeit drängt. Die Dolmetscher rufen, Offiziere geben Befehle. Reinigung und Entlausung, darnach die genaue ärztliche Untersuchung, anschließend die karteimäßige Erfassung.[28]

Nach ihrer Registrierung traten die Gefangenen aus dem Gebäude hinaus ins Freie und warteten zwischen einigen Baracken auf den Abschluss der gesamten Registrierung. Inzwischen hatten sie ihre Kleidung zurückerhalten, die aber offenbar nicht gereinigt worden war, da sich einige Szenen mit dem Absuchen der Kleidung nach Läusen anschlossen. Nachdem die Registrierung abgeschlossen war, forderte ein Soldat die Sowjets auf anzutreten und führte sie zu ihren Unterkunftsbaracken. In diesen Einstellungen ist auch zu erkennen, dass alle Kriegsgefangenen eine (neue?) Registrierungsnummer um den Hals hängen haben.[29]

Abb. 8: Sowjetische Kriegsgefangene nach ihrer Registrierung.

Bemerkenswerterweise fanden diese Aufnahmen zu unterschiedlichen Zeiten statt und wurden erst während der Schnittarbeiten am Film zu einer chronologischen Abfolge

---

28 Unser Bataillon 892, Kompanie-Tagebuch, S. 36.
29 Vgl. zur Aufnahmeprozedur in deutschen Kriegsgefangenenlagern Speckner, In der Gewalt des Feindes, S. 84–86. Außerdem: Keller/Otto, Das Massensterben der sowjetischen Kriegsgefangenen, S. 153–165.

des Registrierungsvorganges zusammengestellt. Die ersten Aufnahmen zeigen die Ankunft von sowjetischen Krieggefangenen bei dunklem, regennassem Wetter. Die nächsten Aufnahmen entstanden bei sonnigem, aber immer noch kaltem Wetter. Und die Aufnahmen vom eigentlichen Registrierungsvorgang dürften vom Frühjahr oder Sommer 1942 stammen. Es ist warm, Kriegsgefangene schlafen in der Wiese, die Wehrmachtsoffiziere tragen keine Mäntel mehr und im Hintergrund sind dichtbewachsene Sträucher zu erkennen.

Für den im Film deutlich sichtbaren schlechten körperlichen Zustand der sowjetischen Kriegsgefangenen gab es verschiedenste Ursachen.[30] Durch Befragungen von Soldaten nach ihrer Gefangennahme weiß man, dass die sowjetischen Fronttruppen schon während der Kämpfe von Versorgungsengpässen betroffen waren. Und obwohl man von deutscher Seite aus das „Unternehmen Barbarossa" – den Angriffskrieg der Deutschen Wehrmacht auf die Sowjetunion – als „Blitzkrieg" konzipiert hatte und daher mit hohen Gefangenenzahlen hätte rechnen müssen, scheint es wenige organisatorische Überlegungen gegeben zu haben, um solch große Massen an Kriegsgefangenen zu bewältigen. Nach ihrer Gefangennahme wurden diese zuerst zu „Armeegefangenen-Sammelstellen" gebracht. Von dort marschierten die Kriegsgefangenen in kraftraubenden Fußmärschen zu den Durchgangslagern. Bis dahin war ihre Versorgung weiterhin sehr spärlich und verbesserte sich erst mit ihrer Ankunft im Dulag. Der Kommandant eines Dulag gab an, „sie sind schon völlig erschöpft hier angekommen".[31] Durchgangslager waren in der Regel nur für die Aufnahme von etwa 5.000 Personen ausgelegt. Während der großen Umfassungsschlachten des Sommers 1941 strömten aber derart viele Gefangene in die Lager, dass diese teilweise die fünffache Anzahl und mehr an Menschen aufnehmen mussten, was deren adäquate Versorgung nahezu verunmöglichte – an der ohnehin kein menschliches Interesse bestand.

Im Oktober 1941 eskalierte die Situation endgültig. Die Überbelegung der Lager, die dadurch völlig unzureichende Unterbringung, der Mangel an Nahrungsmitteln, die einsetzende Kälte des russischen Winters und Seuchen wie Fleckfieber forderten unter den geschwächten Gefangenen zahllose Opfer. Mit Erlass des sogenannten Kommissarbefehls wurden zudem „politische Kommissare" der Roten Armee – oder aber Personen, die man für solche hielt oder halten wollte – ausgesondert und erschossen. Die Deutschen erkannten sie nicht als Soldaten an und entzogen ihnen daher den für Kriegsgefangene völkerrechtlich garantierten Schutz. Auf Grundlage der Einsatzbefehle Nr. 8 und Nr. 9 des Chefs der Sicherheitspolizei und des SD führten SS-Einheiten darüber hinaus politisch und rassistisch motivierte Säuberungen unter den sowjetischen

---

30 Vgl. hierzu Hartmann, Massensterben oder Massenvernichtung?, S. 97–137. Außerdem: Dieter Pohl, Die Herrschaft der Wehrmacht. Deutsche Militärbesatzung und einheimische Bevölkerung in der Sowjetunion 1941–1944, München 2008, S. 201–242. In Kapitel VIII widmet sich Pohl den Gründen für das „Massensterben der Kriegsgefangenen im Operationsgebiet".
31 Hartmann, Massensterben oder Massenvernichtung?, S. 153.

Kriegsgefangenen durch, denen willkürlich Intellektuelle und politisch „Verdächtige" sowie alle jüdischen Kriegsgefangenen zum Opfer fielen.

Sowieso hatte die Versorgung der deutschen Truppen und der deutschen Bevölkerung in den besetzten Gebieten Vorrang. Die Folge all dieser Umstände war, dass im November 1941 etwa 1 % und Mitte Dezember etwa 2,5 % der sowjetischen Kriegsgefangenen starben – pro Tag. Erst im April 1942 ging die enorme Sterblichkeit wieder zurück, vor allem, da die Temperaturen langsam stiegen. Während des Winters wurden die tausenden Toten in Massengräber geworfen. So finden sich heute an den ehemaligen Standorten der Dulags Massengräber mit teilweise bis zu 50.000 Toten. Von den rund 3,3 Millionen Russen, die in der zweiten Jahreshälfte 1941 in deutsche Hände fielen, waren bis Februar 1942 etwa zwei Millionen umgekommen.[32]

Der Film verschweigt indes, dass das Sterben der sowjetischen Kriegsgefangenen mit ihrer Ankunft in Kaisersteinbruch nicht endete. Viele überlebten schon den Bahntransport bis zum Bahnhof Wilfleinsdorf nicht. Im Winter 1941/42 wurden die Toten am Bahnhof Wilfleinsdorf aus den teilweise offenen Güterwaggons[33] geholt und direkt zum Lagerfriedhof gebracht. Bisher gab es die Vermutung, dass im Stalag XVII A verstorbene Kriegsgefangene auf dem Ortsfriedhof von Kaisersteinbruch begraben wurden. Erst mit dem Eintreffen der Transporte der sowjetischen Gefangenen sei es aufgrund der hohen Anzahl an Toten notwendig geworden, einen eigenen Friedhof für die Zwecke des Kriegsgefangenenlagers zu errichten.[34] Diese Aussage muss revidiert werden, denn der Lagerfriedhof wurde weitaus früher als bisher angenommen errichtet. Wie aus einem in der Fotosammlung des DÖW aufliegenden Bild hervorgeht, wurde er spätestens seit Jahresbeginn 1941 genutzt. Das Foto zeigt ein Grab innerhalb eines mit einem Birkenzaun begrenzten Areals, das definitiv nicht mit dem Ortsfriedhof ident ist. Als Todesdatum lässt sich auf dem schlichten Holzkreuz eines französischen Soldaten der 22. Jänner 1941 entziffern.[35] Wahrscheinlich entstand der Lagerfriedhof gleichzeitig mit der Inbetriebnahme von Stalag XVII A. In einer allgemeinen Arbeitsanweisung an die „Wehrmachtsgräberoffiziere" wird die Anlage eines zumindest provisorisch umzäunten Lagerfriedhofes angeordnet, der aus hygienischen Gründen in einer Entfernung von etwa einem Kilometer liegen solle.[36] Dieser Lagerfriedhof existiert noch heute und befindet sich am westlichen Ortsrand von Kaisersteinbruch an der Straße in Richtung Sommerein. Er beherbergt Denkmäler verschiedener Nationen, darunter eines der Sowjetunion.

---

32 Hartmann, Massensterben oder Massenvernichtung?, S. 105.
33 Vgl. hierzu das Titelblatt der Zeitschrift Die Wehrmacht, Jg. 5, Nr. 23, 5. 11. 1941.
34 Speckner, In der Gewalt des Feindes, S. 223.
35 Das Foto befindet sich im DÖW unter der Foto-Nr. 4061, Bestand „K" (Bestand in Überarbeitung).
36 Wie alles andere war auch die Beisetzung der verstorbenen Kriegsgefangenen mit einer Dienstanweisung geregelt. Keller und Otto verweisen auf „Richtlinien für Sammelanlagen (Arbeitsanweisung für den Wehrmachtgräberoffizier)". Es handelte sich bei dieser Richtlinie um eine Ausgabe vom August 1942, also wohl um die Überarbeitung einer Richtlinie, die schon länger angewendet wurde. Keller/Otto, Das Massensterben der sowjetischen Kriegsgefangenen, S. 153–165.

Weitere Fotos aus der Sammlung des DÖW zeigen, wie im Winter 1941/42 tote Sowjets in einem Massengrab des Lagerfriedhofes bestattet wurden.[37] Insgesamt wurden auf dem Lagerfriedhof 9.969 Kriegsgefangene beerdigt, davon waren 9.584 Angehörige der Roten Armee. Die übrigen 385 Toten verteilen sich auf die übrigen in Stalag XVII A inhaftierten Nationen.[38]

Abb. 9: Massengrab mit sowjetischen Kriegsgefangenen auf dem Lagerfriedhof von Kaisersteinbruch im Winter 1941/42. DÖW Foto-Nr. 4061, Bestand „L".

Am 1. Dezember 1941 waren 8.161 Sowjets im Lager registriert. Diese Zahl sank bis 1. Feber 1942 auf 6.220. Da aber die Zugänge in das Lager für diesen Zeitraum unbekannt sind, kann aus den Zahlen nicht auf die Anzahl der Toten geschlossen werden. Anschließend stieg die Zahl der im Lager inhaftierten Sowjets wieder kontinuierlich an und erreichte am 1. September 1942 ihren Höchststand mit 14.315 Männern.[39]

---

37 DÖW Foto-Nr. 4061 Bestand „L" (Bestand in Überarbeitung).
38 Speckner, In der Gewalt des Feindes, S. 208. Diese Angaben stammen von der Roten Armee, die Anfang der 1950er Jahre Unterlagen der ehemaligen Kreisverwaltung Bruck an der Leitha auswertete. Angehörige folgender Nationen waren während des Krieges in Kaisersteinbruch interniert: Franzosen, Belgier, Briten, Polen, Jugoslawen, Sowjets, US-Amerikaner, Italiener, Bulgaren, Slowaken, Rumänen und Griechen.
39 Speckner, Stalag XVII A Kaisersteinbruch, S. 5.

Der Dienst

Ein wichtiger Erzählstrang des Filmes ist die Darstellung des Dienstes in der Abwehrstelle. Mehrmals wurde diejenige Baracke im Bild eingefangen, in der die Abwehr ihren Dienst versah.[40] Innerhalb der Baracke saßen an zahlreichen Tischen Mitarbeiter der Dienststelle und kontrollierten die vor ihnen aufgestapelten ein- und ausgehenden Briefe und Postkarten. Am Kopfende der Baracke befand sich der Platz des jeweiligen diensthabenden Offiziers. In den Filmaufnahmen ist zu erkennen, dass der leitende Offizier selbst auch an der Überwachung der Poststücke beteiligt war. Außerdem wurde in besonderen Fällen um seine Anweisungen gebeten. Auffällig sind die offensichtlich gestellten Schlafszenen einiger Soldaten. Als Grund dafür kann analog zu ähnlichen Fotomotiven in Erinnerungsalben von Wehrmachtssoldaten vermutet werden, dass die Soldaten sich und ihren Angehörigen damit visuell versichern wollten, dass der Dienst in Kaisersteinbruch nicht allzu schwierig sei und man seine Wehrmachtsdienstzeit in Sicherheit, gut versorgt und weit entfernt von der Front verbrachte.[41]

Der bereits oben erwähnte Appell gehörte auch zum Dienstalltag der Abwehrstelle.[42] Ausführliche Erwähnung fanden die Feierlichkeiten zum Heldengedenktag am Sonntag, dem 16. März 1941.[43] Während der NS-Zeit wurde die Bedeutung des ursprünglich in Deutschland in den 1920er Jahren initiierten Volkstrauertages, der dem Andenken an die im Ersten Weltkrieg gefallenen Soldaten gewidmet war, in seiner Ausrichtung stark gewandelt. 1934 erfolgte die Umbenennung in „Heldengedenktag" und er wurde damit stärker in die nationalsozialistische Ideologie eingebettet. Der Fokus wurde vom Totengedenken weg auf die Verehrung des heldischen (Partei-)Soldaten hingelenkt, der nach der NS-Ideologie seine Bestimmung und Erfüllung im Heldentod für Deutschland findet.

Auf dem Platz vor dem Kommandanturgebäude waren alle im Lager kasernierten Soldaten im Rechteck angetreten. Die Kamera schwenkte langsam an ihnen entlang, im Hintergrund sind Lagerbaracken zu erkennen. Vor der Freitreppe zum Kommandanturgebäude standen die Offiziere in einer separaten Formation. Hauptmann Wolf, der Kommandeur des zur Bewachung des Lagers eingesetzten Landesschützenbataillons 892, meldete einem weiteren Offizier das vollzählige Antreten aller Einheiten. Nach einer kurzen Wartezeit betrat Oberst Schwara, der Kommandant des Kriegsgefangenenlagers, den Vorplatz und wurde mit militärischer Meldung empfangen. Anschließend begab sich der Oberst in das Kommandanturgebäude und hielt von einem mit Tannenreisig geschmückten Balkon des Gebäudes aus eine Ansprache an die Soldaten. Ein auf dem Balkon aufgebautes Mikrofon und einige vor dem Gebäude aufgestellte Lautsprecher dienten dazu, die Rede für alle Wehrmachtsangehörigen zu übertragen.

---

40 Die Einstellungen von Minute 5:00 bis 5:41 und 14:37 bis 14:52.
41 Vgl. Petra Bopp/Sandra Starke, Fremde im Visier, Fotoalben aus dem Zweiten Weltkrieg. Bielefeld 2009, S. 31.
42 Minute 15:02 bis 16:12.
43 Minute 21:35 bis 25:15.

Es folgte der Befehl „Helm ab" und ein kurzes Gebet. Am Schluss der Zeremonie defilierte eine Ehrenwache am Kommandanturgebäude und den Offizieren vorüber. In einigen dieser Aufnahmen ist im Hintergrund deutlich die sogenannte Gloriette auf einer erhöhten Position außerhalb des Lagers zu erkennen.[44]

Abb. 10: Ehrenwache am Heldengedenktag 1941 vor dem Kommandanturgebäude. Im Hintergrund die „Gloriette".

Bemerkenswert sind die vielen Foto- und Filmapparate unter den Anwesenden, mit denen das Ereignis zur privaten Erinnerung festgehalten wurde. Scheinbar durften sich einige Soldaten, in der Mehrzahl Offiziere, während der Zeremonie für ihre Aufnahmen frei bewegen. Außerdem ist kurz ein Unteroffizier im Bild sichtbar, der das Ereignis ebenfalls mit einer Schmalfilmkamera aufnahm. Die Vielzahl an Film- und Fotoamateuren lässt vermuten, dass es mindestens noch einen zweiten Film über Kaisersteinbruch gab und noch zahllose Fotos über das Kriegsgefangenenlager in privaten Fotoalben

---

44 Bei der Gloriette handelt es sich um eine nach dem Regierungsantritt von Kaiser Karl I. erbaute Rundtempelanlage, die ein Reiterstandbild des neuen Kaisers aufnehmen sollte. Das Projekt wurde nach dem verlorenen Krieg nicht weiter verfolgt. Im Film ist zu erkennen, dass eine Eisenleiter auf die Gloriette führte und die obere Plattform mit einem Geländer gesichert war. Diese erhöhte Plattform wurde im Zweiten Weltkrieg von der Flugabwehrwache des Kriegsgefangenenlagers genutzt.

schlummern.[45] Die Aufnahmen vom „Heldengedenktag" verraten auch Näheres über die vorzügliche technische Ausrüstung des unbekannten Amateurfilmers. An einigen Stellen kam ein Teleobjektiv zum Einsatz, um die weitläufig aufgestellten Soldaten näher ins Bild zu rücken. Erkennbar ist dies vor allem durch die höhere Vignettierung (Abschattung) an den Bildecken der entsprechenden Szenen.[46]

Abb. 11: Brand mehrerer Baracken im Winter 1941/42.

---

45 Aufgrund der Verkaufszahlen der Fotoindustrie kann angenommen werden, dass sich 1939 etwa sieben Millionen Fotoapparate im Deutschen Reich in Privatbesitz befanden. Damit besaßen statistisch gesehen in etwa 10 % der Bevölkerung einen Fotoapparat. Timm Starl, Knipser. Die Bildgeschichte der privaten Fotografie in Deutschland und Österreich von 1880 bis 1980, München 1995, S. 98. Nach Kriegsbeginn nahmen viele Wehrmachtsangehörige ihre Kamera auch mit in den Krieg. Der Einsatz im Hinterland in einem Lager für Kriegsgefangene dürfte den Film- und Fotoamateuren zusätzlich entgegengekommen sein. Hier war kein schneller Ortswechsel zu befürchten, Strapazen und Kriegseinwirkungen fielen ebenfalls weg. Daher kann man hier von einer durchaus beachtlichen Zahl an Amateurfotografen ausgehen, die Erinnerungsbilder produzierten. Die Verkaufszahlen für Amateurfilmapparate in Österreich sind für Ende des Jahres 1937 ebenfalls bekannt. Bis dorthin wurden etwa 10.000 Apparate verkauft, die Hälfte davon allein von 1935–1937. Der Wiener Film, Nr. 47, 23. November 1937, S. 2. Ich danke Paolo Caneppele vom Österreichischen Filmmuseum herzlich für diesen Hinweis. Hierzu auch noch die Information bei Hartmann, dass der Kommandeur von Dulag 203 ebenfalls Filmaufnahmen von seinem Lager anfertigte: Vgl. Hartmann, Massensterben oder Massenvernichtung?, S. 100.
46 Auch bei den Aufnahmen zur Handballmeisterschaft (siehe unten) kam das Teleobjektiv zum Einsatz, um die Spielzüge am Handballfeld näher zu den Betrachtenden zu bringen.

Ungewöhnliche Bilder bietet der Film bei einem Einsatz der Lagerfeuerwehr, die einen Brand auf dem Lagergelände bekämpfte.[47] Die Aufnahme entstand im Winter 1941/42 und man sieht Soldaten, die mit Leitern, Feuerhaken und einer Handspritze die verschneite Lagerstraße entlangeilten. Mehrere Holzbaracken waren vom Brand betroffen und die Kamera zeigt die Soldaten bei ihren Lösch- und Bergungsarbeiten aus nächster Nähe. Der Grund für den Brand ist nicht erkennbar. Da alle Baracken mit Holzöfen ausgestattet waren, kann es sich um einen Unglücksfall gehandelt haben. Aus dem Sommer 1941 ist aber zumindest ein Vorfall bekannt, bei dem Kriegsgefangene aus Protest gegen ihre schlechte Behandlung eine Baracke anzündeten.[48]

Die Freizeitgestaltung

Den Freizeitaktivitäten der „Ast"-Angehörigen widmet sich fast die Hälfte aller Aufnahmen des Filmes. Nach dem Zwischentitel „STUBENZAUBER" folgen Aufnahmen, die von der Unterbringung der Abwehrmänner berichten. Man sieht Stockbetten in einer Holzbaracke und einige Soldaten, die sich mit Späßen, Rauchen und Schachspielen die Zeit vertreiben. Unter dem Zwischentitel „DIE AST IM RAMPENLICHT" wird als weitere wichtige Freizeitaktivität der Soldaten eine Theatergruppe vorgestellt. Alle für den Betrieb des Gefangenenlagers notwendigen Wehrmachtssoldaten waren auf dem Gelände kaserniert und verbrachten dort dementsprechend viel „leere" Zeit, die es halbwegs sinnvoll zu überbrücken galt.

Eine beliebte Möglichkeit der Zerstreuung, auf die man immer wieder im Zusammenhang mit Kriegsgefangenenlagern stößt, waren Theatergruppen und Theateraufführungen. Diese Form der Freizeitgestaltung fand sich durchaus auf beiden Seiten des Lagerzaunes, sowohl bei den Bewachern wie auch den Bewachten.[49] Die folgenden zweieinhalb Minuten Filmmaterial zeigen unterschiedliche Theaterszenen. Den Beginn machten vier Männer in Lederhosen, die offenbar ein Lied vortrugen. Es folgten Aufnahmen eines „lustigen" Boxkampfes. Einer der Schauspieler mimte mit schwarz bemaltem Gesicht einen Boxer dunkler Hautfarbe, der natürlich dem weißen Boxer unterlag.[50] Die anschließenden Aufnahmen sind nicht klar deutbar, möglicherweise

47 Minute 32:12 bis 33:25
48 Speckner, In der Gewalt des Feindes, S. 223.
49 Vgl. Joffé, We were free, S. 167 ff., der der Theatergruppe der französischen Kriegsgefangenen in Kaisersteinbruch ein ganzes Kapitel seines Buches widmete. Dieses Phänomen ist schon aus dem Ersten Weltkrieg bekannt, wo sich ebenfalls viele Theatergruppen in den Kriegsgefangenenlagern formierten. Vgl. hierzu beispielsweise: Friedrich Kirchner, Mit der S.M.S. Kaiserin Elisabeth in Ostasien. Das Tagebuch eines Unteroffiziers der k.u.k. Kriegsmarine, bearb. u. hrsg. v. Peter Pantzer u. Nana Miyata, Wien–Köln–Weimar 2019, S. 354.
50 Vermutlich war das eine Anspielung auf den berühmten Boxkampf zwischen dem Deutschen Max Schmeling und dem US-Amerikaner Joe Louis von 1936. Schmeling hatte in dem Jahr den Favoriten Joe Louis in der 12. Runde besiegt. Dieser Kampf gegen den bis dahin ungeschlagenen afroamerikanischen

handelte es sich um eine Doppelconférence, während die darauffolgende Szene eindeutig als akrobatische Einlage zu erkennen ist.[51] Es schließt sich ein Duo an, das die damals allseits bekannten Komiker „Pat und Patachon"[52] imitierte.

Abb. 12: Unterkunftsbaracke der Abwehr.

Weitere Aufnahmen zeigen Ast-Angehörige in- und außerhalb des Lagergeländes, während eines Kirchganges bei der Pfarrkirche von Kaisersteinbruch oder auch bei Ausflügen in die nähere Umgebung. Etliche Szenen widmen sich dem alten Ortskern von Kaisersteinbruch. Im Juli 1938 waren die 450 Einwohnerinnen und Einwohner von der geplanten Vergrößerung des neben dem Kriegsgefangenenlager befindlichen

---

Sportstar wurde von der NS-Propaganda weidlich ausgeschlachtet und für die These der Überlegenheit der „arischen Rasse" genutzt. Den Rückkampf 1938 gewann Louis in der ersten Runde.

51 Aus dem Bataillonstagebuch des Landesschützenbataillons 892 geht hervor, dass mit dem „Gefreiten Köck" ein „internationaler Artist" in den Reihen der Wachsoldaten Dienst tat. Ob es sich im Film ebenfalls um Köck handelt, ist nicht bekannt. Unser Bataillon 892, Kompanie-Tagebuch, S. 83.

52 „Pat und Patachon" waren das in ganz Europa bekannte dänische Komikerpaar Carl Schenstrøm und Harald Madsen, die in der Zwischenkriegszeit etwa 50 Filme zusammen drehten. Etliche der Filme wurden in Deutschland bzw. auch in Österreich hergestellt, was ihre große Beliebtheit im deutschsprachigen Raum erklärt.

Abb. 13: Radausflug eines Teils der Abwehrstelle. Im Hintergrund die Gemeinde Sommerein.

Truppenübungsplatzes informiert worden.[53] Die Ortsbevölkerung wurde abgesiedelt, allerdings durften einige Familien, von denen Angehörige als Handwerker und Heeresarbeiter im Kriegsgefangenenlager oder am Truppenübungsplatz tätig waren, im Ort bleiben. Der Film zeigt Aufnahmen aus Kaisersteinbruch aus der Zeit nach der Absiedlung der Bevölkerung. In den leeren Straßen zwischen den Häusern waren lediglich einige wenige Wehrmachtsangehörige unterwegs. Einmal nahm der Kameramann einen etwa fünfjährigen Buben auf der Gasse auf, der wohl zu einer der Familien gehörte, die aufgrund ihrer Anstellung bei der Wehrmacht weiterhin im Ort lebten. Für die deutschen Soldaten gab es im Lagerbereich auch eine Kantine bzw. Trafik, in der man Waren des täglichen Bedarfs kaufen konnte und deren Personal ebenfalls weiterhin im Ort wohnte.[54]

Eine besondere Rolle kam dem Sport in den Freizeitaktivitäten der Soldaten zu, wobei unterschiedliche Sportarten ausgeübt wurden. Dem Zwischentitel „DER HAND-

---

[53] Helmuth Furch (Hrsg.), Mitteilungen des Museums- und Kulturvereines Kaisersteinbruch, Ein Kaisersteinbrucher Leben – Josef Wolf, Kaisersteinbruch 2005, S. 35–39.
[54] Eine Mitarbeiterin der Lager-Trafik ist namentlich bekannt. Es handelte sich um Barbara Patek, die vermutlich auch in (mindestens) einer Szene im Film zu sehen ist (Minute 18:15 – 18:24). Vgl. Furch (Hrsg.), Ein Kaisersteinbrucher Leben, S. 37.

Ballmeister des Lagers heisst Ast" lässt sich zudem entnehmen, dass es interne Sportmeisterschaften gab – in diesem Fall im Handball –, in denen die verschiedenen im Lager stationierten Wehrmachtsabteilungen gegeneinander antraten. An den Zwischentitel schließen sich Aufnahmen vom „Training" der „Ast"-Mannschaft an. Es handelte sich um Laufübungen, die direkt an der Außenseite des Lagerzaunes stattfanden. Hier ist auch der für Kaisersteinbruch charakteristische äußere Stacheldrahtzaun sehr deutlich zu erkennen, der ungewöhnlicherweise aus rohen, unbearbeiteten Holzstämmen bestand, gleich dahinter befanden sich die ersten Holzbaracken. Nach den Aufnahmen vom Training folgen die Handballspiele unterschiedlicher Mannschaften gegeneinander. Welche anderen Lagerabteilungen an den Meisterschaften noch teilnahmen, ist aus dem Film heraus nicht erkennbar. Es lassen sich aber drei unterschiedliche Handballspiele voneinander unterscheiden. Zuschauer aus den Reihen der Offiziere und Unteroffiziere sahen den Spielen vom Rand des Platzes aus zu. Ein Spiel fand nicht auf dem Sportplatz des Kriegsgefangenenlagers statt, sondern auf einer von großen Bäumen umstandenen Wiese. Möglicherweise handelte es sich dabei um einen Sportplatz der Kaserne in Bruckneudorf und um ein Spiel gegen dort stationierte Soldaten.

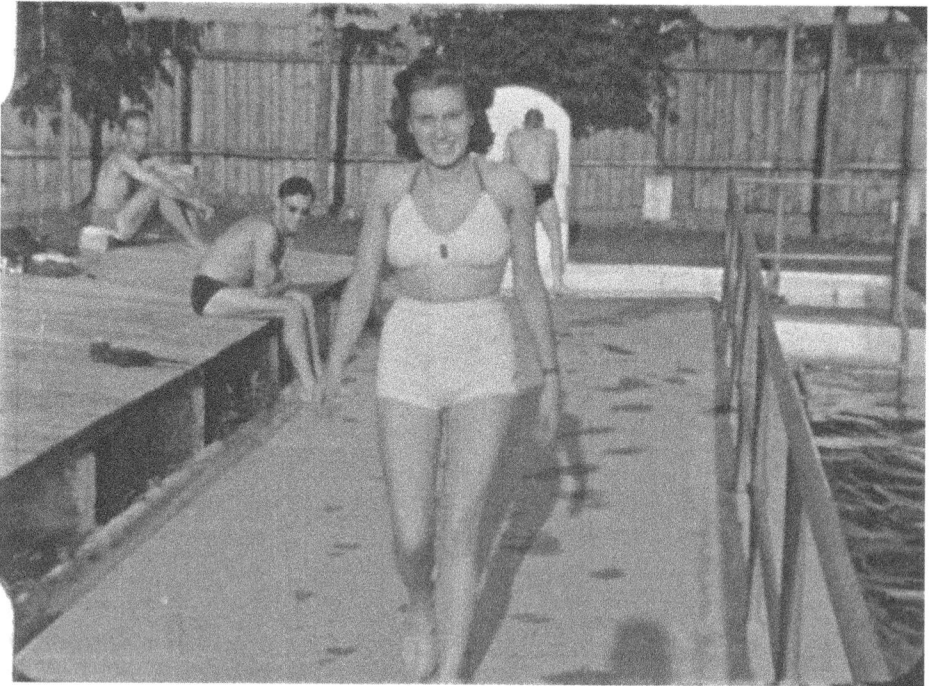

Abb. 14: Das Schwimmbad von Stalag XVII A.

Eine weitere Besonderheit des Lagers wurde ebenfalls im Bild festgehalten – das Schwimmbad.[55] Nördlich an die letzten Lagerbaracken schloss sich ein Schwimmbad an, das sich offenbar nicht nur bei den Soldaten größter Beliebtheit erfreute. Die Aufnahmen zeigen eine junge Frau im Zweiteiler, die ebenfalls – unter den bewundernden Augen der Soldaten – das Schwimmbad nutzte. Warum sich eine junge Frau in dem für die deutschen Soldaten des Kriegsgefangenenlagers errichteten Schwimmbad aufhielt, ist nicht bekannt. Dass das Schwimmbad öffentlich genutzt werden durfte, ist aufgrund seiner Lage mitten im Lagergelände und in unmittelbarer Nachbarschaft zu den Baracken kaum denkbar. Möglicherweise handelte es sich um die Ehefrau eines der Offiziere.[56] Das Schwimmbad war von einem Bretterzaun umgeben, hatte große hölzerne Liegebänke, ein WC, Umkleidekabinen und eine Brause.

Einige kurze Aufnahmen belegen, dass im Sommer 1942 vorübergehend sogar ein Boxring auf dem Sportplatz des Lagers aufgebaut war. Nachdem der Lagerkommandant Oberst Schwara die Sportler persönlich begrüßte, wird es sich wahrscheinlich auch bei diesem Ereignis um eine Art Meisterschaft gehandelt haben.[57] In einigen wenigen Einstellungen sind außerdem Szenen eines Fußballspieles zu erkennen.[58]

Einen besonderen Stellenwert nahm für den Amateurfilmer ein sogenannter „KAMERADSCHAFTSABEND" ein, der im Sommer 1941 veranstaltet wurde.[59] Seine Bedeutung lässt sich vor allem daran erkennen, dass der Amateurfilmer in diesem Teil seines Filmes das teurere und schwieriger zu beschaffende Farbfilmmaterial zum Einsatz brachte. Auch die Bilder, die sich unmittelbar an das Kameradschaftsfest anschließen und den Abschluss des Filmes bilden, sind in Farbe gehalten. Insgesamt enthält der Film damit Farbmaterial in einer Gesamtlänge von rund vier Minuten.

Der Kameradschaftsabend fand in der ehemaligen Gastwirtschaft „Zur Hinterbrühl" statt und wurde recht aufwändig ausgestaltet. Diese Gastwirtschaft war schon vor dem Ersten Weltkrieg ein beliebtes Ausflugsziel. Sie lag idyllisch im Wald am Hang des Leithagebirges, besaß drei Kegelbahnen, einen Tanzboden und einen schönen Gastgarten. Die Erweiterung des Truppenübungsplatzes und die Absiedlung der Bevölkerung bedeuteten das Ende des Gasthauses. Von 1941 bis Ende des Krieges wohnte noch ein im Dienste der Wehrmacht stehender Förster in dem Gebäude. Bis zum Sommer 1941 dürfte das Gasthaus noch unter seinem Besitzer Theodor Seitz in Betrieb gewesen sein. Als Gäste lassen sich die Soldaten des Standortes vermuten. Der besagte Kameradschaftsabend wurde noch von Seitz und seinen Angestellten betreut, wie aus dem im Film erkennbaren zivilen Bedienungspersonal hervorgeht.[60]

---

55 Minute 30:20 – 31:01.

56 In der Männergesellschaft des Lagers kamen Frauen nur ganz am Rande vor und sind im Film sonst nur noch beim Kirchgang, als Angestellte der Trafik, als Zuschauerinnen beim Boxkampf und als Bedienung während des Kameradschaftsfestes im Bild zu sehen.

57 Minute 31:01 – 31:26.

58 Minute 31:39 – 31:54.

59 Minute 33:25 – 38:14.

60 Der Wirt Theodor Seitz fiel einige Wochen nach dem Kameradschaftsabend einem Raubmord in

Abb. 15: Kameradschaftsfest in der Hinterbrühl. Vorne v. l. n. r.: Oberstleutnant von Puttkamer, Oberst Schwara, Hauptmann S., Hauptmann Wolf.

Zum Kameradschaftsabend wurde die Gastwirtschaft „Zur Hinterbrühl" festlich herausgeputzt. In den Reihen der „Ast"-Angehörigen leistete 1941 der in Wien lebende Maler, Zeichner und Illustrator Karl Peduzzi seinen Kriegsdienst ab. Auch im Kriegsgefangenenlager Kaisersteinbruch betätigte er sich als Maler. So stattete er die Wände der Bürobaracke der „Ast" mit humorvollen Zeichnungen zum Thema Postzensur und mit Portraits einiger Offiziere aus. Zum Kameradschaftsfest bemalte er die an den Gastgarten angrenzenden Außenwände der Gastwirtschaft mit märchenhaft-naiven Waldszenen, die den Hintergrund für das Fest abgaben.[61] Ein LKW brachte einen Konzertflügel aus dem Kommandanturgebäude zur Gaststätte und eine Kapelle, eventuell die

seinem Lokal zum Opfer. Vgl. Ava Pelnöcker, Das Waldgasthaus „Zur Hinterbrühl" – Von Mördern und Freischützen im Leithagebirge. www.themenjahr2023.at/online-gschichtln-nr-181/online-gschichtl-nr-194/ [14. 5. 2023]. Siehe dazu auch DÖW 19400/80, Urteil des Sondergerichtes Wien vom 20. 2. 1942 mit biografischen Angaben zu den Tätern.

61 Minute 14:36 – 14:53. Knapp vor diesen Szenen ist Karl Peduzzi im Malerkittel vor der „Ast"-Baracke zu sehen. Peduzzi fertigte u. a. die Illustrationen für das von Hans Ruppe 1942 herausgegebene Buch „Lachendes Wien" an. Der Amateurfilm zeigt Peduzzi beim Bemalen einer der Gaststättenwände. Auch die übrige Festdekoration dürfte von ihm geplant worden sein.

Bataillonsmusik des Landesschützenbataillons 892[62], spielte zum Fest auf. Während der Feier waren die Tische vor der Gastwirtschaft dicht besetzt. Mit dem Kommandanten vom Stalag XVII A, Oberst Schwara, dem Kommandanten des Landesschützenbataillons, Hauptmann Wolf, und Hauptmann S.[63], dem Kommandanten der „Ast", waren die wichtigsten Offiziere des Kriegsgefangenenlagers anwesend. Zum Abschluss scheint es noch eine Theateraufführung gegeben zu haben. Als letztes Bild vom Fest sieht man den Abtransport des Flügels.

Wie bereits erwähnt, sind auch die abschließenden Aufnahmen des Films auf Farbmaterial hergestellt worden. Der bedeutungsgeladene Zwischentitel zu den letzen Filmbildern lautet „HERR OBERST SCHWARER UND DER JUBILAR. IN IHREN HÄNDEN RUHT DAS SCHICKSAL VON TAUSENDEN...". Zuerst einmal fällt auf, dass der Name des Lagerkommandanten und ranghöchsten Offiziers vor Ort falsch geschrieben ist. Dass dieser Fehler an einer Stelle passiert, an der der Lagerkommandant quasi zur Überfigur des Lagers stilisiert wird, ist bemerkenswert. Im Anschluss an den Zwischentitel sieht man anfangs den Kommandanten der „Ast" über eine Wiese schreiten. Im Hintergrund sind einige Häuser von Kaisersteinbruch zu erkennen. Danach folgt eine ähnliche Szene, diesmal mit Oberst Schwara vor dem Hintergrund einiger Steinbaracken des Lagers. Beide Offiziere mussten dem Filmgestalter viel Spielraum und Bewegungsfreiheit gewährt haben. Bei den Aufnahmen rund um den „Heldengedenktag" entsprechen die Positionen der Kamera vielfach nicht den Positionen eines streng reglementierten Teilnehmers einer militärischen Formation, sondern erinnern mehr an die privilegierten Kamerapositionen eines Angehörigen der Propagandakompanien. Hauptmann S. musste als unmittelbarer Vorgesetzter sein grundlegendes Einverständnis zu Filmaufnahmen durch einen „Ast"-Angehörigen geben. Oberst Schwara als Lagerkommandant und ranghöchster Offizier in Kaisersteinbruch hat sein Einverständnis für die Anfertigung von Filmaufnahmen im gesamten Lagerbereich erteilen müssen. Die beiden hochrangigen Offiziere standen dem Film offenkundig wohlwollend gegenüber. Analog zum „Bataillonstagebuch", das als Erinnerungslektüre für die Angehörigen des Landesschützenbataillons 892 gedacht war, könnte der Film ebenfalls als eine Art Erinnerungsalbum an die Dienstzeit im Kriegsgefangenenlager gesehen worden sein.

Der überlieferte Film stammt aus dem Besitz von Hauptmann S. Da er selbst kein Amateurfilmer war, wie wir von der Familie wissen, bekam er offenbar eine Kopie des

---

62 Die Bataillonsmusik des Landesschützenbataillons 892 war eine Initiative ihres Kommandeurs Hauptmann Wolf. Innerhalb des ersten Jahres ihres Bestehens spielte sie bei zahlreichen Kameradschaftsabenden und zu anderen Anlässen – das Tagebuch des Bataillons spricht von 78 Auftritten, das wären bis zu zwei Auftritte pro Woche gewesen. Unser Bataillon 892, Kompanie-Tagebuch, S. 74–76. Einerseits geht daraus hervor, dass solche Veranstaltungen durchaus üblich waren und vermutlich immer wieder von unterschiedlichen Einheiten des Stalag XVII A abgehalten wurden. Es bestand offenbar ein hoher Bedarf an Ablenkung vom Lageralltag. Andererseits fanden alle diese Festlichkeiten in unmittelbarer Nähe zu den Kriegsgefangenen statt, die ihren Alltag unter völlig anderen Bedingungen bewältigen mussten.

63 Die Familie hat um Anonymisierung des Namens gebeten.

fertigen Filmes geschenkt oder kaufte ihn an. Der im Zwischentitel erwähnte „Jubilar" bezeichnet eben diesen Hauptmann S., der im Oktober 1941 seinen 50. Geburtstag feierte.

Der Kommandant

E. S. kam am 7. Oktober 1891 in Schwanenstadt (Oberösterreich) als Sohn eines Rechtsanwaltes zur Welt.[64] Nach dem Gymnasium studierte er an der Universität für Bodenkultur in Wien. Anschließend rückte er am 1. Oktober 1913 als Einjährig-Freiwilliger zum Militärdienst in die k.u.k. Armee ein. Mit Beginn des Ersten Weltkrieges leistete er von 1. August 1914 bis 31. März 1916 Kriegsdienst beim Feld-Artillerieregiment 122. Im Frühjahr 1916 wurde er nach einer schweren Verwundung in ein Lazarett in Laibach eingeliefert und war seitdem nur noch eingeschränkt verwendungsfähig.[65] Als Kriegsauszeichnungen erhielt er die Silberne Tapferkeitsmedaille und das Kaiser-Karl-Truppenkreuz.[66] Am 19. November 1917 heiratete er in Wien. Nach dem Ende des Ersten Weltkrieges verblieb er noch einige Monate im Militärdienst und wurde am 28. Februar 1919 als Oberleutnant der Reserve entlassen. Direkt anschließend arbeitete er ein Jahr lang im öffentlichen Dienst der Gemeinde Wien. Von Mai 1921 bis Mai 1922 hatte S. eine Stelle bei der Gutsverwaltung Wiener Neudorf inne. Es folgte eine Anstellung im Landesdienst des neu entstandenen Bundeslandes Burgenland als landwirtschaftlicher Fachbeamter bzw. landwirtschaftlicher Bezirksreferent. Die inzwischen erreichte materielle Absicherung erlaubte es ihm, eine Familie zu gründen und in weiterer Folge ein Haus in Klosterneuburg zu bauen, in das die Familie 1928 einzog. Etwa zu dieser Zeit wechselte er in den Staatsdienst und war seitdem als Beamter in der

---

[64] Wenn nicht besonders vermerkt, wurden für die biografischen Angaben folgende Quellen herangezogen: Österreichisches Staatsarchiv (ÖStA), AdR 02, Gauakt 41118; ÖStA, AdR 04, Bundesministerium für Land- und Forstwirtschaft, Personalakt S.; ÖStA, AdR 05, Bundespensionsakt S.; Wiener Stadt- und Landesarchiv (WStLA), MA 119, NS-Registrierung S. Einige Angaben stammen aus Gesprächen mit der Familie.

[65] In diesem Punkt divergieren die Angaben. Aus den Unterlagen des Personalamtes der Gauleitung Wien geht hervor, dass S. bereits im Oktober 1914 durch einen Lungen- und einen Oberschenkelschuss verwundet worden war und im Februar 1915 auf eigenen Wunsch an die Front zurückkehrte. Dem stehen die Angaben aus dem Personalakt des Bundesministeriums für Land- und Forstwirtschaft gegenüber. Dort ist eine Felddienstzeit bis zum 31. März 1916 vermerkt und eine weitere Verwendung beim Militär als „Kriegsversehrter" „zu Lokaldienste[n] und zwar in fachlicher Verwendung". Auch die Familienerinnerungen wissen erst von einer Kriegsverwundung im Jahr 1916.

[66] Die Tapferkeitsmedaille wurde 1789 als „Ehren-Denkmünze für Tapferkeit" in der Habsburgermonarchie eingeführt. Im Laufe der Jahre kam es zu mehreren Statutenänderungen und unterschiedlichen Abstufungen in Gold, Silber und Bronze. Sie wurde an Soldaten verliehen, die sich im Kampf ausgezeichnet hatten. Je nach Abstufung der Medaille erhielten die Träger meist Zulagen in unterschiedlicher Höhe. Das Kaiser-Karl-Truppenkreuz wurde im Dezember 1916 von Kaiser Karl gestiftet und für die Teilnahme an mindestens einer Schlacht und mindestens 12 Wochen Dienst an der Front verliehen.

im Bundesministerium für Land- und Fostwirtschaft beheimateten „Bundesanstalt für Pflanzenschutz" tätig. S. war politisch sehr „national" eingestellt und trat am 1. September 1932 mit der Mitgliedsnummer 1.456.895 der Ortsgruppe Nord der NSDAP in Klosterneuburg bei. Wie jeder Staatsbedienstete musste auch S. in der Zeit des Austrofaschismus Mitglied der Vaterländischen Front werden, was er lediglich als formell notwendigen Akt ansah. Trotz des Betätigungsverbotes für die NSDAP war er zwischen 1933 und 1938 für die NS-Betriebszelle seines Amtes tätig. Da seine Vorgesetzten davon Kenntnis erhielten, wurde er verwarnt, hatte aber ansonsten keine nachteiligen Folgen zu tragen. Nach dem „Anschluss" Österreichs an das Deutsche Reich 1938 war er Regierungsrat und Laboratoriumsvorstand bei der inzwischen in „Biologische Reichsanstalt für Land- und Forstwirtschaft" umbenannten Dienststelle. Außerdem war er zu dieser Zeit Mitglied des Reichsbundes der Deutschen Beamten, der NS-Kriegsopferversorgung, der NS-Volkswohlfahrt, des Reichsluftschutzbunds, des Reichskolonialbunds und in der Ortsgruppe Klosterneuburg tätig.

1939 liefen in Deutschland die Vorbereitungen für den nächsten Krieg auf Hochtouren. Zur notwendigen Aufstockung des Personals beim Ersatzheer wurden Mitte des Jahres zahlreiche ehemalige Offiziere reaktiviert. In diesem Zusammenhang steht ein Ansuchen der Geheimen Staatspolizei – Staatspolizeileitstelle Wien, Referat III (Abwehrangelegenheiten) vom 25. Mai 1939 an die Gauleitung Wien um politische Beurteilung von S. Das Schreiben trägt unter anderem den roten Stempelaufdruck „Vertraulich!" Als Grund für die Überprüfung gab die Gestapo seine in Aussicht genommene Reaktivierung als Offizier der Wehrmacht an. Ohne die für ihn vorgesehene Dienststelle bei der Abwehr zu erwähnen – die entsprechende Spalte im Vordruckformular wurde leer gelassen –, stellte die Gestapo jedoch klar, dass für die angedachte Funktion nur Personen in Betracht kämen, die „rückhaltlos hinter dem nationalsozialistischen Staat und der Bewegung" stünden. Drei Wochen später erfolgte die positive Beurteilung durch die Gauleitung. Daraufhin rückte S. am 26. August 1939, sechs Tage vor Kriegsbeginn, beim Wehrkreiskommando XVII (Wien) ein und wurde der Abwehrstelle des Kriegsgefangenenlagers Stalag XVII A als Kommandeur zugeteilt.

Mit Dienstbeginn wurde S. zum Hauptmann befördert.[67] Ausschlaggebend für seine Verwendung als Abwehr-Offizier war wohl ein Zusammenspiel mehrerer Gründe: seine Erfahrungen als Weltkriegsteilnehmer, die frühe NSDAP-Mitgliedschaft und die Aufrechterhaltung der NS-Mitgliedschaft während der Zeit der Illegalität vor dem Anschluss, seine leitende Funktion als akademischer Beamter im Staatsdienst und nicht zuletzt seine positive Beurteilung durch die Gauleitung. Zudem waren auch seine Frau und sein ältester Sohn im Sommer 1939 Parteimitglieder. Sein nach Kriegsbeginn vom Gau Wien angelegtes „Stammblatt für Eingerückte" vermerkt zwei weitere Auszeichnungen, die ihm während des Krieges verliehen wurden. Es handelte sich dabei

---

67 Bundesarchiv/Mililtärarchiv, Karteikarte Beförderungen z.V.-Offiziere, RW 59/2078.

um die sogenannte „Ostmarkmedaille" und das Kriegsverdienstkreuz II. Klasse mit Schwertern.[68]

Abb. 16: Offiziere der Abwehrstelle während des Heldengedenktages 1941, links Hauptmann S.

Von seiner Familie, Freunden und Arbeitskollegen wird bzw. wurde S. als ruhiger und zurückhaltender Mensch beschrieben, der sich nicht in den Vordergrund drängte.[69] Die Durchsicht des Filmes bestätigt diesen Eindruck. An keiner Stelle des Films inszenierte er sich als wichtiger Entscheidungsträger, blieb lieber im Hintergrund. Ausnahme ist der Abschluss des Filmes, in dem er aber vom Filmgestalter bewusst in den Vordergrund gerückt wurde. Außerdem soll S. „sozial eingestellt" gewesen sein und habe sich

---

68 Die „Medaille zur Erinnerung an den 13. März 1938" wurde an Personen verliehen, die sich „besondere Verdienste" um den „Anschluss" Österreichs an das Deutsche Reich erworben hatten oder schon während des Austrofaschismus Mitglied der (verbotenen) NSDAP gewesen waren. Auf S. traf Letzteres zu. Diese Ostmarkmedaille war eine politische, keine militärische Auszeichnung. Das Kriegsverdienstkreuz II. Klasse mit Schwertern wurde an Soldaten verliehen, die sich „besondere Verdienste" im rückwärtigen Frontgebiet oder im Ersatzheer erworben hatten. Zum Ersatzheer zählten auch alle im Reichsgebiet eingesetzten Verwaltungsbehörden sowie Wachtruppen der Wehrmacht.
69 Diese auffallend übereinstimmenden Beschreibungen stammen einerseits aus einem Gespräch mit seiner Enkelin 2022 als auch aus Einvernahmen von Kollegen und Freunden während seiner Haftzeit 1946/47. Oberösterreichisches Landesarchiv (OÖLA), Vg Vr 1880/48, S. 27–37.

um Freunde, Bekannte und Arbeitskollegen „gekümmert". Aussagen von ehemaligen
Arbeitskollegen und ehemaligen Mitarbeitern der Abwehrstelle lassen vermuten, dass
er in seiner Dienststelle durchaus beliebt war. Wie weit bzw. ob seine Fürsorge auch
den Kriegsgefangenen galt, lässt sich aus den Filmaufnahmen nicht erkennen. Bis
Kriegsende blieb er Leiter der Abwehr im Stalag XVII A. Offizielles Dienstende seiner
Tätigkeit bei der Wehrmacht war laut seinem Pensionsakt der 30. April 1945.

Gegen Kriegsende stieg die Belegung in Kaisersteinbruch aufgrund der Evakuierung frontnaher Lager und der Auflösung von Arbeitskommandos stark an. Ende
März 1945 wurde schließlich auch Stalag XVII A vor der heranrückenden Roten Armee
geräumt. Ziel der Evakuierung war ein Waldstück im Weilhartsforst bei Braunau am
Inn. Dabei handelte es sich jedoch nicht um ein reguläres Lager, sondern um ein provisorisch abgegrenztes Waldstück ohne jegliche Infrastruktur. Indizien sprechen dafür,
dass S. die Evakuierung des Lagers in den Raum Braunau mitmachte. Ob er dabei in
amerikanische Gefangenschaft geriet, ist nicht bekannt. Jedenfalls entzog er sich in
Oberösterreich dem sowjetischen Einflussbereich. Als ehemaliges NSDAP-Mitglied und
vor allem als kommandierender Offizier der Abwehr in einem Lager mit tausenden
von sowjetischen Kriegstoten fürchtete er, zur Rechenschaft gezogen zu werden. Er
besorgte sich im Mai 1945 in Ried im Innkreis eine Unterkunft und ließ sich dort als ehemaliger Nationalsozialist registrieren. Noch 1945 gab es eine private Anzeige gegen ihn
aufgrund seiner Tätigkeit als Angehöriger der militärischen Abwehrstelle beim Wehrkreiskommando XVII und da er „als prominenter Nazi galt". Ab 19. Juli 1946 befand
sich S. in Ried in Haft. Grund dafür dürfte weniger die Anzeige gegen ihn gewesen sein
als vielmehr die falschen Angaben, die er im Zusammenhang mit seiner Registrierung
gemacht hatte.[70] Dort hatte er erklärt in der „Verbotszeit" kein Mitglied der NSDAP
mehr gewesen und erst nach dem „Anschluss" 1938 erneut in die Partei eingetreten zu
sein. Diese Falschaussage konnte man ihm recht einfach nachweisen, unter anderem
mit der an ihn verliehenen „Ostmarkmedaille". Außerdem bewertete die Staatsanwaltschaft daraufhin seine Tätigkeit in der NS-Betriebszelle der Bundesanstalt für Pflanzenschutz und in der Ortsgruppe Klosterneuburg neu und vermutete eine höhere Position
in der NS-Hierarchie als von ihm zugegeben.[71] Nach einigen Nachforschungen und
Zeugeneinvernahmen erhob die Staatsanwaltschaft letztendlich keine Anklage, stufte
ihn als „minderbelastet" ein und entließ ihn Anfang Mai 1947 wieder aus der Haft.[72]
Eine Rückkehr an seine alte Stelle in der Bundesanstalt für Pflanzenschutz war für ihn
jedoch nicht mehr möglich. Stattdessen erhielt er eine „monatliche Abschlagszahlung

---

70 Jedenfalls spielte die Anzeige im Laufe der Erhebungen gegen S. keine Rolle. OÖLA, Vg Vr 1880/48,
S. 11a.

71 OÖLA, Vg Vr 1880/48, S. 11a.

72 Folgende fünf Kategorien der Beurteilung wurden in den vier Besatzungszonen verwendet: 1.
Hauptschuldige, 2. Belastete, 3. Minderbelastete, 4. Mitläufer und 5. Entlastete. Die Minderbelasteten gehörten zur sogenannten „Bewährungsgruppe" und wurden oft nicht wieder in den öffentlichen Dienst
übernommen.

für Nichtbeschäftigte" in Höhe von 150,- Schilling. Ende des Jahres 1947 teilte das Bundesministerium für Land- und Forstwirtschaft schließlich dem Zentralbesoldungsamt seine Versetzung in den Ruhestand ab 1. Jänner 1948 mit und bat um Berechnung eines reduzierten Ruhegenusses „gemäß § 3 des Beamten-Überleitungsgesetzes im Zusammenhalt mit § 19, Absatz 1, lit. C des NS.-Gesetzes vom 6. 2. 1947".

Zu diesem Zeitpunkt war S. 56 Jahre alt und zog sich nach Auskunft seiner Familie „ganz in den Garten nach Klosterneuburg zurück", der die Familie mit Obst und Gemüse versorgte. Aufgrund der gekürzten Pensionszahlungen waren die finanziellen Mittel der Familie ab dieser Zeit begrenzt. Mitte der 1960er Jahre wurde der Kaisersteinbruch-Film zum letzten Mal innerhalb der Familie vorgeführt. Bis zu seinem Tod am 17. Mai 1972 blieb der Film im Besitz von S. Anschließend verwahrte ihn sein jüngster Sohn und schließlich übergab die Enkelgeneration den Film an das DÖW.

Weitere private Bildquellen aus dem Stalag XVII A

Neben dem vorliegenden Film haben sich weitere private Quellen zum Stalag XVII A Kaisersteinbruch erhalten, die von im Lager tätigen Personen angefertigt wurden. Das Bataillonstagebuch des Landesschützenbataillons 892 wurde bereits mehrfach erwähnt. Es wurde von Angehörigen für Angehörige des Bataillons verfasst. Da diese Einheit aus sechs Kompanien bestand, kann man in etwa von einer Zahl von 600 potenziell Interessierten für diese mit zahlreichen Fotos illustrierte Broschüre ausgehen, die in Eigenregie hergestellt und gedruckt wurde.[73]

1940 untersuchten Mitarbeiter der anthropologischen Abteilung des Naturhistorischen Museums unter dessen wissenschaftlichem Leiter Josef Wastl insgesamt 4.795 Kriegsgefangene im Stalag XVII A, wobei besonders Soldaten aus den französischen Kolonien in Westafrika und Indochina ihr Interesse erregten. In dieser Zwangssituation wurden Gesichter und Körper der gefangenen Soldaten vermessen. Zusätzlich wurde eine umfassende Sammlung von Fotografien, Hand- und Fußabdrücken, Haarproben und Gipsmasken angelegt. Entsprechend der nationalsozialistischen Ideologie wurde versucht, „Rasseunterschiede" durch pseudowissenschaftliche Messmethoden statistisch erfassbar zu machen. Zusätzlich wurden diese anthropologischen Untersuchungen vom selbsternannten Reiseschriftsteller und Lebemann Albert Messany, einem engen Freund von Wastl, auch auf Farbfilm festgehalten. Es war geplant, später daraus einen Kulturfilm zu gestalten.[74]

---

73 In der Bibliothek des DÖW befindet sich unter der Signatur 21752-10 eine Schwarz-weiß-Kopie des Bataillons-Tagebuchs. Da es sich dabei mindestens um die dritte Kopiengeneration handeln muss, sind Teile der Schrift nur mehr schwer lesbar. Bislang ist kein originales Tagebuch bekannt geworden.
74 Der Film befindet sich in der Sammlung des Filmarchiv Austria. Vgl. Rassenkundliche Untersuchungen an gefangenen Franzosen und Belgiern im Kriegsgefangenenlager Kaisersteinbruch (Niederdonau), in: Michael Achenbach, Historisches Burgenland (DVD), Wien 2012. Außerdem Margit Berner, Die

In der Sammlung des DÖW befinden sich etwa 250 Einzelfotos, die von verschiedenen Amateurfotografen stammen, die im Stalag XVII A Kaisersteinbruch stationiert waren.[75]

Gemeinsam ist all diesen Quellen, dass sie aus der ersten Kriegshälfte stammen. Bei der Durchsicht von Amateurfotos und Fotoalben von Wehrmachtssoldaten oder auch bei der Durchsicht von Publikationen über Amateuraufnahmen des Zweiten Weltkrieges fällt auf, dass darin der Anteil an Fotos überwiegt, die bis Ende 1942 entstanden. Spätestens mit der verlorenen Schlacht um Stalingrad zur Jahreswende 1942/43 und dem beginnenden Rückzug der Wehrmacht nahm die Anzahl der angefertigten Amateurfotos auffallend ab. Ein Grund dafür war, dass das Anfertigen von Fotos während des Vormarsches und bei halbwegs sicherer Frontlinie wesentlich einfacher war als während eines teilweise chaotischen Rückzuges mit all seinen Unwägbarkeiten, der zudem oft in eine regelrechte Flucht ausartete. Ein weiterer Grund mag auch sein, dass unter den Soldaten mittlerweile das Verlangen nach Bildern vom Krieg und den besetzten Gebieten nicht mehr so stark ausgeprägt war wie zu Beginn der Auseinandersetzung und dementsprechend weniger fotografiert wurde. Sowohl die Sehenswürdigkeiten der besetzten Länder im Westen als auch die weiten Landschaften und pseudo-ethnografischen Aufnahmen von der Ostfront wurden oft genug wiedergegeben und es gab schlichtweg nicht mehr so viel Neues, das zu fotografieren lohnte.[76] Vor allem wurde im Verlauf des Krieges Rohfilm ein Mangelmaterial, was ab Ende 1943 die Amateurfotografie und die Herstellung von Amateurfilmen beinahe zum Erliegen brachte.[77]

Zwischen den unterschiedlichen Quellen aus Kaisersteinbruch gibt es zahlreiche Überschneidungen. So findet sich im Bataillonstagebuch beispielsweise der Bericht „Kriegsgefangene Rasseforschung" [sic!] von Oberst Franz Mühlhofer[78], der vor stereotypen NS-Phrasen übergeht. Der Bericht bezog sich direkt auf die Arbeit der anthropologischen Kommission des Naturhistorischen Museums in Kaisersteinbruch. Weitere Texte der Broschüre transportieren ebenfalls die NS-Diktion, beispielsweise, wenn

Kriegsgefangenenuntersuchungen der Anthropologischen Abteilung des Naturhistorischen Museums Wien, in: Andre Gingrich/Peter Rohrbacher (Hrsg.), Völkerkunde zur NS-Zeit aus Wien (1938–1945), Wien 2021, S. 1083–1112.

75 Entgegen bisheriger Annahmen handelt es sich dabei nicht um einen zusammengehörigen Bestand. Vielmehr wurden, vermutlich in den 1970er Jahren, Fotos aus unterschiedlichen Provenienzen aufgrund inhaltlicher Übereinstimmungen fälschlich als Gesamtbestand „Kaisersteinbruch" unter einer Archivsignatur abgelegt. Das Konvolut befindet sich derzeit in Überarbeitung.

76 Vgl. Ulrike Schmiegelt, „Macht Euch um mich keine Sorgen...", in: Peter Jahn/Ulrike Schmiegelt (Hrsg.), Foto-Feldpost. Geknipste Kriegserlebnisse 1939–1945, Berlin 2000, S. 23–31, hier S. 26.

77 Rolf Sachsse, Die Erziehung zum Wegsehen. Fotografie im NS-Staat, Hamburg 2003, S. 224.

78 Franz Mühlhofer (1881–1955) war ein österreichischer Höhlenforschungspionier und Offizier der k.u.k. Armee im Ersten Weltkrieg. Teile seiner paläontologischen Sammlung gingen an das Naturhistorische Museum. Er war im Zweiten Weltkrieg Mitarbeiter bei der „Karstwehrtruppe" des SS-Ahnenerbes. STA, AdR, Gauakt 110087, und WStLA, NS-Registrierung Mühlhofer. Der ehemalige Offizier Mühlhofer unterstützte die anthropologische Abteilung des Naturhistorischen Museums vor Ort im Kriegsgefangenenlager bei der Vorbereitung der Untersuchungen.

Fotos westafrikanischer Gefangener mit Texten wie „verhinderte Kulturbringer" und Ähnlichem unterlegt werden. Die Schilderungen der sportlichen und kulturellen Aktivitäten der Landesschützen ähneln sehr den entsprechenden Bildern aus dem Film der Abwehrstelle. Auch der Heldengedenktag 1941 ist Thema im Bataillonstagebuch.

Einige Fotos aus der Sammlung des DÖW zeigen dieselben Gruppen an Kriegsgefangenen, die auch im vorliegenden Amateurfilm und in den Filmaufnahmen des Naturhistorischen Museums zu sehen sind, wurden also zeitnah zueinander hergestellt. Mindestens in einem Fall wurde sogar dieselbe Situation sowohl im Film als auch auf Foto aufgenommen. Selbstverständlich finden sich auch unter dem Wehrmachtspersonal in all diesen Bildquellen immer wiederkehrende Gesichter.

Was der Film nicht zeigt

Der vorliegende Film ist ein wichtiges zeitgeschichtliches Dokument, und zwar nicht nur im Speziellen zum Kriegsgefangenenlager Stalag XVII A, sondern darüber hinaus auch allgemein zu deutschen Kriegsgefangenenlagern während des Zweiten Weltkrieges, da viele Vorgänge standardisiert abliefen. Vor allem für die Forschung über sowjetische Kriegsgefangene in den Lagern auf Reichsgebiet sind die detaillierten Filmaufnahmen von ihrer Ankunft und Registrierung im Lager äußerst wertvoll.

Dennoch darf nicht übersehen werden, dass der Film einige Dinge ausklammerte. Auf den problematischen Umgang des Films mit dem schlechten Gesundheitszustand der sowjetischen Gefangenen wurde schon weiter oben hingewiesen. Aus dem Dezember 1941 datiert ein Erlass des OKW[79], der eine verbesserte Versorgung der Sowjets anordnete, da sie als Arbeitskräfte in der deutschen Kriegsindustrie und Landwirtschaft gebraucht wurden. Dies und der Einsatz der Sowjets in der Kriegswirtschaft ist völlig ausgespart. Auch Aufnahmen zu den Kriegsgefangenen in ihren Lagerbereichen und Baracken fehlen völlig. Der unbekannte Filmgestalter hatte ganz sicher nicht den Anspruch, die Lebensverhältnisse der Kriegsgefangenen einzufangen. Wichtiger war ihm eindeutig die Situation im Lager aus Sicht seiner eigenen Einheit. Nur solange es die dienstlichen Obliegenheiten der Abwehrstelle betraf, waren die Kriegsgefangenen für ihn von Interesse. Im Fotokonvolut des DÖW finden sich auch einige Aufnahmen, auf denen Bewacher und Kriegsgefangene gemeinsam für ein Foto posieren. Manchmal war damit die direkte Absicht verknüpft, ein Erinnerungsfoto anzufertigen.[80] An solchen Punkten wird ein völlig anderes Verhältnis zwischen Wachen und Gefangenen greifbar, als es der Film zu bieten vermag. Vergleichbare Aufnahmen sind

---

79 Osterloh, Das Schicksal der sowjetischen Kriegsgefangenen, S. 21.
80 Diese Art von Aufnahmen sind für Kaisersteinbruch bisher nur mit belgischen und französischen Kriegsgefangenen nachweisbar, Soldaten aus den Kolonien ausgenommen. Zu den sowjetischen Gefangenen gab es ein weitaus größeres Distanzverhältnis, das auch in den Fotos von ihnen deutlich spürbar ist.

hier nicht vorhanden, da im Gegensatz zu den Landesschützen die „Ast"-Belegschaft kaum im beständigen direkten Kontakt zu den Gefangenen stand. Zu den tausenden toten Sowjets äußert sich der Film ebenfalls nicht. Einerseits mag das in einem gewissen Umfang daran gelegen haben, dass die „Ast" auch hier nicht direkt beteiligt war. Trotzdem dürften die Zustände im Lagerteil für die sowjetischen Gefangenen für jeden Wehrmachtsangehörigen in Kaisersteinbruch deutlich sichtbar gewesen sein. Als Hauptgrund für das Verschweigen dieses dunklen Kapitels kann angenommen werden, dass man seine eigene Tätigkeit im Lager nicht mit diesen sehr negativen Aspekten verknüpfen und erst recht nicht in eine verklärende Erzählung über die eigene Dienstzeit aufnehmen wollte. Das war ein Kapitel des Krieges, das man verdrängen und auch seinen Angehörigen Zuhause nicht zeigen wollte.

Damit kommen wir zu einer zentralen Frage, die direkt daran anknüpft. Bei Durchsicht des Filmes fällt dem heutigen Betrachter vor allem der ausgeprägte Gegensatz zwischen den erschütternden Aufnahmen völlig erschöpfter sowjetischer Kriegsgefangener und den gänzlich unbeschwerten Bildern von den Freizeitaktivitäten der Wehrmachtssoldaten ins Auge. Wie konnten die Soldaten diese so konträren Erfahrungswelten in Einklang bringen? Wir sehen Freizeitaktivitäten, Aufnahmen von entspannt lesenden oder ruhenden Männern, Theateraufführungen und Späße untereinander. Dem stehen Bilder von achtlos in Massengräber geworfenen sowjetischen Gefangenen im Winter 1941/42 gegenüber. Die im Film zu sehenden deutschen Soldaten scheinen keine Massenmörder oder Verrückte zu sein. Vielmehr machen sie den Eindruck von völlig durchschnittlichen Menschen, die es durch die Extremsituation des Krieges an diese Stelle verschlagen hatte. Sie gingen beflissen ihrer Arbeit im Lager nach und arrangierten sich auch mit deren unangenehmen Seiten. Davon erholte man sich bei Sport, Ausflügen und Festen. Vermutlich sahen sie sich im Gesamtgefüge des Kriegsgefangenenlagers auch durchaus als moralisch einwandfrei und rational handelnde Personen. Nach Harald Welzer kommt es darauf an, innerhalb welchen „Referenzrahmens" sich eine Annahme der moralischen Integrität bewegt. Dieser Rahmen und damit die Normen des Zusammenlebens wurden durch das NS-System ganz entscheidend verschoben.

> Die Deutschen fühlten sich zur Zeit des Nationalsozialismus einem normativen Modell verpflichtet, das die Erniedrigung und Verfolgung anderer Menschen nicht verurteilte, sondern forderte, und das im letzten Drittel des ‚Dritten Reiches' auch vorsah, dass es notwendig und gut sei, zu töten.[81]

---

[81] Harald Welzer, Täter. Wie aus ganz normalen Menschen Massenmörder werden, Frankfurt/M. 2005, S. 69. Vergleiche dazu auch Christophe Busch/Stefan Hördler/Robert Jan van Pelt (Hrsg.), Das Höcker-Album. Auschwitz durch die Linse der SS, Darmstadt 2020, S. 60–69. Die Autoren beschreiben die Verschiebung dieses Referenzrahmens anhand des Personals im KL Auschwitz und thematisieren den Wandel vom „normalen" Bürger zum NS-Massenmörder und die Rückkehr in die Gesellschaft der Nachkriegszeit.

Anordnungen des OKW, wie mit sowjetischen Kriegsgefangenen umzugehen sei, verschoben diesen Referenzrahmen für das Personal der Kriegsgefangenenlager.[82] Die Gefangenen waren keine gleichwertigen Personen mehr, sondern wurden zu „Untermenschen" degradiert, deren Tod in Kauf genommen wurde. Für die Soldaten im Kriegsgefangenenlager bedeutete das, dass man eine unangenehme Arbeit erledigte, die aber gemacht werden musste und deren inhumane Ausformungen aus der Innensicht des NS-Systems heraus keineswegs verwerflich waren. Das soll nicht heißen, dass alle Soldaten im Kriegsgefangenenlager gewaltbereit waren und Gefangene quälten. Aber im Rahmen der NS-Herrschaft konnten unbescholtene Bürger und Bürgerinnen Verbrechen begehen und nach dem Krieg wieder in ein „normales" Leben mit einem erneut revidierten Referenzrahmen zurückkehren.

Literaturverzeichnis

Achenbach, Michael, Das Jahr 1940 in historischen Filmdokumenten (DVD), Wien 2014.

Berner, Margit, Die Kriegsgefangenenuntersuchungen der Anthropologischen Abteilung des Naturhistorischen Museums Wien, in: Andre Gingrich/Peter Rohrbacher (Hrsg.), Völkerkunde zur NS-Zeit aus Wien (1938–1945), Wien 2021, S. 1083–1112.

Bopp, Petra/Starke, Sandra, Fremde im Visier, Fotoalben aus dem Zweiten Weltkrieg. Bielefeld 2009.

Busch, Christophe/Hördler, Stefan/Van Pelt, Robert Jan (Hrsg.), Das Höcker-Album. Auschwitz durch die Linse der SS, Darmstadt 2020.

Furch, Helmuth (Hrsg.), Mitteilungen des Museums- und Kulturvereines Kaisersteinbruch, Ein Kaisersteinbrucher Leben – Josef Wolf, Kaisersteinbruch 2005.

Hartmann, Christian, Massensterben oder Massenvernichtung? Sowjetische Kriegsgefangene im „Unternehmen Barbarossa". Aus dem Tagebuch eines deutschen Lagerkommandanten, in: Vierteljahreshefte für Zeitgeschichte, 49. Jg, H. 1, München 2001, S. 97–158.

Hüser, Karl/Otto, Reinhard, Das Stammlager 326 (VI K) Senne 1941–1945, Bielefeld 1992.

Joffé, Constantin, We were free, New York 1943, unveränderter Nachdruck 2013 bei Literary Licensing.

Keller, Rolf/Otto, Reinhard, Das Massensterben der sowjetischen Kriegsgefangenen und die Wehrmachtsbürokratie. Unterlagen zur Registrierung der sowjetischen Kriegsgefangenen 1941–1945 in deutschen und russischen Institutionen, in: Militärgeschichtliche Mitteilungen, Jg. 57, H. 1, Potsdam 1998, S. 149–180.

Kirchner, Friedrich, Mit der S.M.S. Kaiserin Elisabeth in Ostasien. Das Tagebuch eines Unteroffiziers der k.u.k. Kriegsmarine, bearb. u. hrsg. v. Peter Pantzer u. Nana Miyata, Wien–Köln–Weimar 2019.

Osterloh, Jörg, Das Schicksal der sowjetischen Kriegsgefangenen in Deutschland 1941/42. Das Beispiel des Stalag 304 (IV H) Zeithain, in: Einsicht 2022, Bulletin des Fritz Bauer Instituts, 14. Jg., Ausg. 23, Frankfurt/M. 2022, S. 16–25.

---

82 Siehe „Merkblatt für die Bewachung sowjet. Kriegsgefangener". Darin heißt es u. a.: „Der Bolschewismus ist der Todfeind des nationalsozialistischen Deutschland". Abgedruckt in: Hüser/Otto, Das Stammlager 326 (VI K) Senne, S. 65. Dazu auch aus einer Rede des Generalstabchefes Halder: „Der Kommunist ist vorher kein Kamerad und nachher kein Kamerad. Es handelt sich um einen Vernichtungskampf." Zitiert nach: Christian Streit, Keine Kameraden. Die Wehrmacht und die sowjetischen Kriegsgefangenen 1941–1945, Bonn, Neuausg. 1997, S. 34.

Otto, Reinhard/Keller, Rolf/Nagel, Jens, Sowjetische Kriegsgefangene in deutschem Gewahrsam 1941–1945, in: Vierteljahreshefte für Zeitgeschichte, 56. Jg., H. 4, München 2008, S. 557–602.

Pelnöcker, Ava, Das Waldgasthaus „Zur Hinterbrühl" – Von Mördern und Freischützen im Leithagebirge. www.themenjahr2023.at/online-gschichtln-nr-181/online-gschichtl-nr-194/ [14. 5. 2023].

Pohl, Dieter, Die Herrschaft der Wehrmacht. Deutsche Militärbesatzung und einheimische Bevölkerung in der Sowjetunion 1941–1944, München 2008.

Rassenkundliche Untersuchungen an gefangenen Franzosen und Belgiern im Kriegsgefangenenlager Kaisersteinbruch (Niederdonau), in: Michael Achenbach, Historisches Burgenland (DVD), Wien 2012.

Sachsse, Rolf, Die Erziehung zum Wegsehen. Fotografie im NS-Staat, Hamburg 2003.

Scheck, Raffael, Keine Kameraden, in: Die Zeit, 12. 1. 2006, S. 88.

Schmiegelt, Ulrike, „Macht Euch um mich keine Sorgen...", in: Peter Jahn/Ulrike Schmiegelt (Hrsg.), Foto-Feldpost. Geknipste Kriegserlebnisse 1939–1945, Berlin 2000, S. 23–31.

Speckner, Hubert, Stalag XVII A Kaisersteinbruch, in: Helmuth Furch (Hrsg.), Mitteilungen des Museums- und Kulturvereins Kaisersteinbruch, Jg. 6, Nr. 39, Kaisersteinbruch 1995, S. 1–23.

Speckner, Hubert, In der Gewalt des Feindes. Kriegsgefangenenlager in der „Ostmark" 1939 bis 1945, Wien-München 2003.

Speckner, Hubert, Kriegsgefangenenlager in der „Ostmark", in: Günter Bischof/Stefan Karner/Barbara Stelzl-Marx (Hrsg.), Kriegsgefangene des Zweiten Weltkrieges. Gefangennahme – Lagerleben – Rückkehr, München 2005, S. 329–351.

Starl, Timm, Knipser. Die Bildgeschichte der privaten Fotografie in Deutschland und Österreich von 1880 bis 1980, München 1995.

Streit, Christian, Keine Kameraden. Die Wehrmacht und die sowjetischen Kriegsgefangenen 1941–1945, Bonn, Neuausg. 1997.

Unser Bataillon 892, Kompanie-Tagebuch, o. A., o. O., o. D. [1942].

Welzer, Harald, Täter. Wie aus ganz normalen Menschen Massenmörder werden, Frankfurt/M. 2005.

Mathias Lichtenwagner

Das vergessene Partisan*innen-Denkmal am Wiener Zentralfriedhof

Am 9. Mai 1986 wurde am Wiener Zentralfriedhof ein antifaschistisches Denkmal eröffnet. Es erinnert seither an die im Widerstand gegen den Nationalsozialismus und bei der Befreiung Österreichs gefallenen Partisan*innen. Das Denkmal ist rasch nach seiner Eröffnung weitgehend in Vergessenheit geraten und ist heute wenig bekannt. Der folgende Artikel soll die Entstehung anhand von österreichischen Archivquellen so gut es geht nachzeichnen, die Errichtung anhand von Zeitungsberichten in einen zeitlichen Kontext setzen und die Bedeutung für die österreichische antifaschistische Erinnerungslandschaft untersuchen.

Der Widerstand der Partisan*innen in Kärnten/Koroška war der effizienteste und militärisch wichtigste für ganz Österreich.[1] Er band tausende Soldaten der Wehrmacht und SS sowie Polizisten in der Heimat, die damit an der Front, in Lagern und den besetzten Gebieten fehlten. Für die Zweite Republik lieferte er den von den Alliierten in der Moskauer Deklaration geforderten und für den Staatsvertrag relevanten „eigenen Beitrag" an der Befreiung.[2] Keineswegs führte dies zu einer nachhaltigen Würdigung des Widerstands, auch die im Staatsvertrag gegebenen Versprechen löste die Republik nur halbherzig ein (Minderheitenrechte, Pflege alliierter Gräber, usw.). Das Partisan*innen-Denkmal am Zentralfriedhof, das viel zu spät errichtet und dann vergessen wurde, ist Kennzeichen davon.

1 Widerstandsdenkmal oder doch keines? Offenlegung einer persönlichen Annäherung

Im Zuge eines Forschungsprojekts zu antifaschistischer Erinnerungskultur[3] an der Universität Wien war es im Sommer 2014 meine Aufgabe, alle nach 1945 errichteten Erinnerungszeichen in der Stadt mit Bezug auf die Gewalt des Austrofaschismus oder Nationalsozialismus zu suchen, zu beschreiben und in einer Karte und Datenbank einzutragen. Bedient haben wir uns verschiedener Listen und Dokumentationen zu Erinnerung an Widerstand und Verfolgung in Wien, nicht zuletzt der im DÖW

---

1 Vgl. Wolfgang Neugebauer, Vorwort. Zur Bedeutung des slowenischen Widerstandes in Kärnten, in: Dokumentationsarchiv des österreichischen Widerstandes/Klub Prežihov/Institut za proučevanje prostora Alpe-Jadran (Hrsg.), Spurensuche. Erzählte Geschichte der Kärntner Slowenen, Wien 1990, S. 7–8, hier S. 7.
2 Wolfgang Neugebauer, Der österreichische Widerstand 1938–1945, Wien 2008, S. 184.
3 Politics of Remembrance and the Transition of Public Spaces POREM. porem.univie.ac.at [30. 1. 2023].

erschienenen Grundlagenarbeiten[4] sowie Listen der Stadt Wien. Manche Denkmäler waren verschwunden, manche waren versteckt oder zugewachsen, einige waren in den letzten Jahren dazugekommen. Beim gegenständlichen Denkmal stellte sich folgendes Problem: In der Widerstandsliteratur war es als Denkmal verzeichnet, das an den Widerstand der Partisan*innen erinnert. Hingegen führten es die städtische Friedhofsverwaltung und die mit der Kriegsgräberfürsorge befassten Stellen als Denkmal für im Ersten Weltkrieg gefallene serbische Soldaten. Das Denkmal selbst verriet dazu bei meinem Besuch 2014 nichts, denn die entscheidende Widmungstafel war von einer Hecke komplett überwachsen. Erst zusätzliche Recherchen – vor allem der Blick in österreichische konservative Zeitungen, die die Errichtung des Denkmals im Mai 1986 scharf kritisierten – brachten Gewissheit, dass es sich um ein antifaschistisches Denkmal handelte. Für das seinerzeitige Forschungsprojekt, das vor allem einem quantitativen Zugang folgte, musste ich es dabei belassen. Aber ich hatte mir damals vorgenommen, die Geschichte dieses Denkmals in einem Artikel zu beschreiben und das Denkmal durch eine Gedenkfeier wiederzubeleben: Diese fand am 8. Mai 2022 statt, den Beitrag halten Sie in Händen.[5]

2 Einweihung des Denkmals

Die offizielle Einweihung des Denkmals fand am 9. Mai 1986 am Zentralfriedhof statt. Für die Republik Österreich nahm Ferdinand Lacina, Bundesminister für Wirtschaft und Verkehr,[6] teil.[7] Für die Sozialistische Föderative Republik Jugoslawien (SFRJ) wohnte

4 Dokumentationsarchiv des österreichischen Widerstandes (Hrsg.), Gedenken und Mahnen in Wien 1934–1945. Gedenkstätten zu Widerstand und Verfolgung, Exil, Befreiung. Eine Dokumentation, bearbeitet von Herbert Exenberger, Heinz Arnberger und Claudia Kuretsidis-Haider, Wien 1998. Ergänzungsband 2001.
5 Viele Personen haben zu diesem Artikel beigetragen, durch Hinweise, Diskussion, Übersetzung, Feedback, Korrektorat, Fotos, ihnen allen gilt mein lieber Dank. Danke auch dem DÖW für die Veröffentlichung des Artikels. Danke dem KSŠŠD, dem ZKP und dem ZSO mir bereitwillig und vertrauensvoll Zutritt zu ihren Archiven zu geben, dem BMI und BMEIA für die gewährte Akteneinsicht, den Kolleg*innen im WStLA und ÖStA für die Unterstützung bei der Recherche.
6 Ferdinand Lacina, seit 1984 Bundesminister für öffentliche Wirtschaft und Verkehr, wurde kurz darauf, am 16. Juni 1986, Finanzminister (bis 1995).
7 Ursprünglich stand auch die Teilnahme von Innenminister Karl Blecha (SPÖ) im Raum. Da dieser am gleichen Tag an einer Gedenktafelenthüllung für niederländische Opfer im ehemaligen KZ Mauthausen teilnehmen musste, er hatte dies „Prinz Bernhard" bereits zugesagt, war seine Teilnahme nicht möglich. Auch die Teilnahme von Außenminister Leopold Gratz stand Anfang April 1986 zur Debatte, es kam dann aber nicht dazu, wobei Gründe den Akten nicht zu entnehmen sind. Vgl. Archiv BMEIA, Sign. 0.18.21/4-IV.1/86, Denkmal für die in Österreich bestatteten jugosl. Opfer des 2. Weltkrieges, Aktenvermerk vom 9. 4. 1986.

Abb. 1: Eröffnung des Denkmals am 9. Mai 1986, zahlreiche Kränze in der Mitte des Denkmals, davor Ehrenwachen des Österreichischen Bundesheeres, im Hintergrund einige Festgäste. © Robert Jäger, APA-Archiv, picturedesk.com.

Jovko Jovkovski, Mitglied der jugoslawischen Bundesregierung[8] („Veteranenminister"[9]) und gleichzeitig Präsident des Bundeskomitees für Angelegenheiten von Kämpfern und Militärinvaliden,[10] der Feier bei. Svetozar Simović, Stellvertreter des genannten Bundeskomitees, und der jugoslawische Botschafter in Wien, Miloš Krstić, waren ebenso anwesend. Der jugoslawischen Delegation gehörten weiters Tone Turnher, Abgeordneter im Bundesparlament und Vertreter des Bundes der Kämpfervereinigungen des Volksbefreiungskriegs (SUBNOR), und Dragan Vulić als Vertreter der jugoslawischen Bundesjugendkonferenz an.[11] Die kärntner-slowenischen Verbände waren durch Feliks Wieser für den Zentralverband slowenischer Organisationen in Kärnten (ZSO, Zveza slovenskih organizacij na Koroškem), Janez Wutte-Luc für den Verband der Kärntner Partisanen und Freunde des antifaschistischen Widerstands (ZKP, Zveza koroških par-

---

8 Bundesvollzugsrat der Versammlung der Sozialistischen Föderativen Republik Jugoslawien.

9 Vgl. Archiv BMEIA, Sign. 0.18.21/12-IV.1/86, Denkmal für die jugoslawischen Opfer des 2. Weltkrieges am Wiener Zentralfriedhof, Aktenvermerk vom 31. 7. 1986.

10 Anderswo: Bundeskomitee für die Veteranen und Militärinvaliden. Vgl. Archiv BMEIA, Sign. 0.18.21/6-IV.1/86, Jugosl. Mahnmal am Wr. Zentralfriedhof, Anhang zum Schreiben des BMI Zl. 4.529/63-IV/86 vom 30. 4. 1986 an BMAA.

11 Vgl. Archiv BMEIA, Sign. 0.18.21/8-IV.1/86, Schreiben der Österreichischen Botschaft in Belgrad vom 22. 4. 1986 an das BMAA, Zl. 02.16.05/3-A/86.

tizanov in prijateljev protifašistilčnega odpora)[12] und ein Mitglied des Klubs der slowenischen Studentinnen und Studenten in Wien (KSŠŠD, Klub slovenskih študentk in študentov na Dunaju)[13] vertreten. Abseits des Bundesministers war eine Abordnung des Bundesheeres zur Feier beordert (was im Heer und der konservativen Presse einige Irritation auslöste): General Karl Schaffer[14] für das Bundesministerium für Landesverteidigung (BMLV), eine Ehrenkompanie, eine Militärblaskapelle, sechs Kranzträger und zwei Ehrenposten, die vor dem Denkmal postiert wurden.[15] Zusätzlich war zur musikalischen Gestaltung ein Chor aus Belgrad (Collegium musicum)[16] angereist.[17] Wie viele Personen insgesamt der Einweihung beiwohnten, lässt sich nicht sagen, einem Bericht einer jugoslawischen Zeitung nach „mehr als tausend"[18].

3 Widmung, Beschreibung und Bezeichnung

Folgende Textblöcke sind auf Gedenktafeln beim Zugangsweg zum Denkmal angebracht, jeweils auf Serbokroatisch (BKS) und Deutsch.

Erster Sockel („Eingangsstein"[19]):

> Borcima / Narodnooslobodilačkog rata Jugoslavije / palim umrlim i nestalim na teritoriji / Republike Austrije 1941 – 1945 godine / Socijalistička Federativna Republika Jugoslavija. /

> Den Kämpfern / des Volksbefreiungskrieges Jugoslawiens / Gefallenen, Gestorbenen und Vermissten / Auf dem Gebiet der Republik Österreich / In den Jahren 1941 – 1945 / Sozialistische Föderative Republik Jugoslawien.

---

12 Vgl. Slovenski vestnik, 16. 5. 1986: Na Dunaju odkrit spomenik jugoslovanskim žrtvam nacizma.
13 Vgl. Archiv des Klub slovenskih študentk in študentov na Dunaju (KSŠŠD), Mappe „Tajništvo 1986/1987", Protokoll der Sitzung vom 21. 4. 1986
14 Zu diesem Zeitpunkt Kommandant der Landesverteidigungsakademie (LVAk).
15 Vgl. Archiv BMEIA, Sign. 0.18.21/6-IV.1/86, Jugosl. Mahnmal am Wr. Zentralfriedhof, Anhang zum Schreiben des BMI Zl. 4.529/63-IV/86 vom 30. 4. 1986 an BMAA.
16 Vgl. DÖW, Mappe Gedenken und Mahnen, Zentralfriedhof, Gruppe 88: Programm der feierlichen Enthüllung des Denkmals für die auf dem Gebiet der Republik Österreich gefallenen, verstorbenen und vermißten Kämpfer des Volksbefreiungskrieges Jugoslawiens 1941–1945.
17 Ursprünglich war der Chor der Kärntner Partisan*innen (Koroški Partizanski Pevski Zbor, KZZP) angefragt gewesen, welcher aber aus terminlichen Gründen absagen musste. Vgl. Archiv ZKP, Mappe ohne Beschriftung, offensichtlich Koroški Partizanski Pevski Zbor, Antwortschreiben des Chors vom 3. 4. 1986.
18 Borba, Enthüllung des Denkmals für die Kämpfer des Volksbefreiungskrieges, 11. 5. 1986. In: Archiv BMEIA, Sign. 0.18.21/6-IV.1/86, Jugosl. Mahnmal am Wr. Zentralfriedhof, Schreiben der Österreichischen Botschaft Belgrad an BMAA vom 2. 6. 1986, Zl. 02.16.05/6-A/86, Artikelkopie und Arbeitsübersetzung.
19 Archiv BMEIA, Sign. 0.18.21/5-IV.1/86, Verbalnote der Jugoslawischen Botschaft vom 9. 4. 1986, Zl. P.2/86 an BMAA.

Zweiter Sockel:

Ovaj Spomenik / Čuva Uspomenu / Na 1022 Jugoslovenska Borca / Čiji su Grobovi / Rasuti Širom Austrija / Zahvalna domovina. /

Dieses Denkmal / hütet die Erinnerung / an 1022 gefallene / jugoslawische Kämpfer, / deren Gräber / über ganz Österreich / verstreut liegen. / Das dankbare Vaterland.

In Berichten, Akten und der Literatur finden sich verschiedene Bezeichnungen für das Denkmal: Im offiziellen Programm zur Eröffnung wurde es „Denkmal für die auf dem Gebiet der Republik Österreich gefallenen, verstorbenen und vermißten Kämpfer des Volksbefreiungskrieges Jugoslawiens 1941–1945" genannt,[20] auch das DÖW übernahm diesen Titel 1998 in sein Standardwerk zur Wiener Erinnerungskultur.[21] Der Botschafter lud „zur Enthüllung des Denkmals für in Österreich ruhende Kämpfer des Volksbefreiungskampfes Jugoslawiens 1941–1944"[22]. Im Schriftwechsel zwischen österreichischen und jugoslawischen Stellen nutzte man meist die Bezeichnungen „Denkmal für die in Österreich ruhenden jugoslawischen Opfer des 2. Weltkrieges" bzw. „des jugoslawischen Volksbefreiungskrieges" oder Varianten davon.[23] In österreichischen Presseberichten finden sich folgende Bezeichnungen: „Denkmal für die slowenischen Partisanen" (Volksstimme)[24], „Denkmal für Jugoslawen" (AZ)[25], „Ehrenmal für die jugoslawischen Partisanen" (Krone)[26], „Partisanen-Denkmal"[27], in jugoslawischen Medien unter anderem „Denkmal der Kämpfer des Volksbefreiungskrieges"[28]. Eine allgemeine Kurzbezeichnung etablierte sich nie.

Als Eröffnungsdatum wurde der 9. Mai gewählt – der Tag der bedingungslosen Kapitulation der Wehrmacht am 8. bzw. 9. Mai 1945, der als „Tag der Befreiung", „Tag des Sieges" oder „Victory-Day" in verschiedenen Ländern gefeiert wurde, teils am 8. oder am 9. Mai. Der 8./9. Mai wurde zu diesem Zeitpunkt in Österreich kaum (mehr) gefeiert oder wahrgenommen, antifaschistische Verbände in Österreich stellten vor allem den 27. April (Tag der österreichischen Unabhängigkeitserklärung) ins Zentrum.

---

20 Vgl. DÖW: Mappe Gedenken und Mahnen, Zentralfriedhof, Gruppe 88, Programmheft der feierlichen Enthüllung des Denkmals für die auf dem Gebiet der Republik Österreich gefallenen, verstorbenen und vermißten Kämpfer des Volksbefreiungskrieges Jugoslawiens 1941–1945.
21 Vgl. DÖW (Hrsg.), Gedenken und Mahnen in Wien, S. 270–271.
22 Archiv des Klub slovenskih študentk in študentov na Dunaju (KSŠŠD), Mappe „Tajništvo 1986/1987", Einladungsschreiben des Botschafters.
23 Vgl. Archiv BMEIA, Sign. 0.18.21/11-IV.1/86.
24 Volksstimme, Um die Ehre der Partisanen, 24. 5. 1986, S. 3.
25 Arbeiter-Zeitung, Denkmal für Jugoslawen, 10. 5. 1985, S. 5.
26 Kronen Zeitung, 11. 5. 1986, S. 2.
27 DÖW: Mappe Gedenken und Mahnen, Zentralfriedhof, Gruppe 88: „Kärnten berichtet – Mitteilungsblatt des Vereins der Freunde Kärntens", Ausgabe Juni 1986.
28 Politika, 10. 5. 1986: In Wien wurde das Denkmal der Kämpfer des Volksbefreiungskrieges enthüllt. In: Archiv BMEIA, Sign. 0.18.21/11-IV.1/86, Beilage samt Übersetzung zum Schreiben der österreichischen Botschaft Belgrad vom 2. 6. 1986 ans BMAA, Zl. 02.16.05/6-A/86.

4 Zahlen und Listen

Unter dem Denkmal liegen 73 Personen begraben, das Denkmal erinnert an 1.022 „jugoslawische Kämpfer". Da nicht klar ist, wie man im Zuge der Errichtung auf diese Zahlen kam, und verschiedene Deutungen denkbar sind, sollen diese im Folgenden diskutiert werden.

4.1 Grabstätte von 73 Kriegsgefangenen

Die Gruppe 88 ist eine Anlage, in der Kriegsgefangene während des Nationalsozialismus begraben wurden. In der Sprache der Friedhofsverwaltung wird die Gruppe mal als „Kriegsgefangenen-Anlage"[29], mal als „Gräberanlage ‚Alliierte Soldaten'"[30] bezeichnet. In ihr wurden bis 1945 Kriegsgefangene begraben, darunter solche aus Frankreich, Serbien, Jugoslawien, Polen, Italien, den USA und der UdSSR. Bis ca. 1960 kam es zu etlichen Exhumierungen und Umbettungen in der Anlage, die Gräber mancher Nationen (z. B. USA, Italien) wurden gänzlich aufgelöst und die Markierungen entfernt, da alle Gebeine exhumiert worden waren. Zum Teil kamen nach 1945 auch Personen hinzu, etwa wenn anderswo in Wien Gräber aufgelassen wurden.[31] Im Folgenden wird es aus Platzgründen nur um den die jugoslawischen Opfer betreffenden Teil gehen.

Es existieren mehrere Listen für die in der Anlage begrabenen Personen mit Bezug zu Jugoslawien.[32] Zum größten Teil sind die Namen der Personen (Nachname, Vorname) bekannt, zum Teil auch Geburtsdatum, Todesdatum, Todesort und Herkunft (Geburtsort bzw. Heimatzuständigkeit). Die Listen enthalten zudem teilweise nationale Zuschreibungen (z. B. Serbe) und militärische Funktionen (z. B. Grenzpolizist).[33] Die in der Gruppe 88 begrabenen Personen sind alle in den Jahren 1941 bis 1945 gestorben. Für knapp ein Drittel der in der Anlage begrabenen Personen sind konkrete Sterbeorte

---

29 WStLA, M.Abt. 231a, A4-19, Bundesvoranschlag 1986, Einrichtungen der Kriegsgräberfürsorge, 1985, S. 7.

30 WStLA, M.Abt. 231a, A4-23, Gräberanlage für Alliierte Soldaten, Plan der Abt. IV/12-Friedhöfe vom Dezember 1945 (in Kopie auch in: DÖW-Archiv: Mappe Gedenken und Mahnen, Zentralfriedhof, Gruppe 88).

31 Es gab Umbettungen aus anderen Gräberanlagen am Zentralfriedhof (z. B. aus der Gruppe 23) in die Gruppe 88, aber auch von anderen Orten in Wien (z. B. 2., Hollandstraße 7, oder 11., Kaiserebersdorferstraße 38).

32 Im entsprechenden Akt des BMI befinden insgesamt vier verschiedene Listen, im DÖW befindet sich eine Liste aus 1986. Vgl. Sammlung des Bundesministeriums für Inneres, Abt. Kriegsgräberfürsorge, Alliierte Kriegsgräber, Gruppe 88, GZ. 10.011, Liste 1a (o. D.), Liste 1b (o. D.), Liste 2 (o. D.), Liste 3 (1977). Vgl. auch DÖW, Mappe Gedenken und Mahnen, Zentralfriedhof, Gruppe 88, Wiener Zentralfriedhof – Jugoslawische Kriegstote (Liste aus 1986).

33 Darunter: „Kriegsgefangener Serbe", „Kriegsgefangener Jugoslawe", „jugoslawischer Soldat", „jugoslawischer Grenzpolizist", etc. Wie (und ob) sich „serbisch" von „jugoslawisch" unterscheidet, ist unbekannt.

in Wien, darunter Kasernen bzw. Lazarette, angegeben.[34] Die meisten Vornamen auf der Liste sind männliche Vornamen, manche aber nicht eindeutig. Die Listen unterscheiden sich minimal, meist ist die Anzahl der (jugoslawischen) Begrabenen mit 73 angegeben, manchmal finden sich auch 75 bzw. 76 Personen auf den Listen.[35] Bei den hier Begrabenen handelt es sich demnach um Kriegsgefangene, die nach dem Überfall der Deutschen Wehrmacht auf das Königreich Jugoslawien im April 1941 gefangen genommen und nach Wien verschleppt worden waren. Bei manchen Opfern ist angeführt, dass diese durch Bomben zu Tode gekommen waren; ob die restlichen Kriegsgefangenen durch Hunger, wegen einer Verwundung, durch Krankheit oder im Zuge eines Arbeitsdienstes (bzw. Zwangsarbeit) umgekommen waren, ist unbekannt.

4.2 „Denkmal für 1.022 Kämpfer"

Der Gedenktafel nach ist das Denkmal „1022 Kämpfern" gewidmet. Das Denkmal nennt nur Männer, sowohl im Deutschen („1022 Kämpfer") als auch auf BKS („1022 Borca"). Dass die Stifter*innen des Denkmals bei der Errichtung nicht nur Männer gemeint haben, muss angenommen werden – alles andere würde in Hinblick auf die große Anzahl an Partisaninnen im Widerstand und die gleichberechtigte Verfasstheit des Partisan*innenheeres nicht die Realität abbilden.[36] Ich gehe daher davon aus, dass Frauen* mitgemeint und vor allem auch mitgezählt wurden.

Relevante Einschränkungen finden sich auf den Gedenktafeln beim Denkmal: „Gefallene, Gestorbene und Vermisste / Auf dem Gebiet der Republik Österreich / In den Jahren 1941–1945". Und: „Erinnerung an 1.022 gefallene jugoslawische Kämpfer". Damit ist die Art des Sterbens aufgehoben und stellt somit all jene gleich, die im Kampf gefallen sind, und jene, die an einer Verwundung oder in Kriegsgefangenschaft gestorben sind. Dass Kriegsgefangene, egal wie diese zu Tode gekommen sind, mitgemeint sein müssen, ergibt sich schon alleine daraus, dass das Denkmal auf einer Grabanlage für Kriegsgefangene errichtet wurde. Die geografische Einschränkung ist komplizierter – eigentlich ein Widerspruch. Das „Gebiet der Republik Österreich" gab es zwischen 1938 und 1945 nicht, also muss man dafür die Staatsgrenze nach 1945 (bzw. jene vor 1938) heranziehen – dem steht jedoch der zeitliche Bezug (1941–1945) entgegen. Die Grenzen der „Ostmark", vor allem der beiden für den Widerstand der Partisan*innen

---

34 Darunter das „Reservelazarett II" (Res.Laz. II, 6. Bezirk, Stumpergasse 13) bzw. die Schule/Kaserne in der Stumpergasse 56 (6. Bezirk).

35 Vgl. Sammlung des Bundesministeriums für Inneres, Abt. Kriegsgräberfürsorge, Alliierte Kriegsgräber, Gruppe 88, GZ. 10.011, Schreiben des Amts der Wiener Landesregierung vom 25. 3. 1977 an das BMI, Zl. MD-593-1/77. In manchen Akten ist auch von 80 dort Begrabenen die Rede, wobei es sich dabei wohl um die Anzahl der Begrabenen vor der Exhumierung handelt. Vgl. Archiv BMEIA, Sign. 0.18.21/4-IV.1/86, Denkmal für die in Österreich bestatteten jugosl. Opfer des 2. Weltkrieges, Aktenvermerk vom 9. 4. 1986.

36 Vgl. Barbara N. Wiesinger, Partisaninnen. Widerstand in Jugoslawien (1941–1945), Wien–Köln–Weimar 2008 [= L'Homme. Reihe zur Feministischen Geschichtswissenschaft, Schriften, Bd. 17], S. 32.

relevanten „Reichsgaue" Steiermark und Kärnten, waren bis 1945 massiv verschieden von der heutigen Grenze: Beide Reichsgaue waren damals um von Nazi-Deutschland annektierte Gebiete erweitert,[37] die heute zur Republik Slowenien gehören und 1986 zur Sozialistischen Republik Slowenien als Teil der SFRJ gehörten. Diese Grenzziehung bedingt einige Probleme und Unschärfen, die vorerst nicht aufgelöst werden können, die aber auch vernachlässigbar sind. Schlussendlich bleibt noch die Frage, wer alles als „jugoslawische Kämpfer*in" zählt. Bezog man sich hier auf das „erste" Jugoslawien (bis 1941) oder jenes ab 1945? Sind auch Österreicher*innen, die im 1. Österreichischen Freiheitsbataillon im Rahmen der Jugoslawischen Volksbefreiungsarmee gekämpft haben und gefallen sind, mitgezählt? Schlussendlich: Sind Kärntner Slowen*innen, die im Widerstand gefallen sind, „jugoslawische Kämpfer"? Klar ist, dass diese heiklen Fragen um Grenzziehung und nationale Zugehörigkeit damals wie heute politisch aufgeladen sind. 1986 hatte sicher weder die österreichische noch jugoslawische Seite Interesse, entlang dieser Fragen Konflikte zu Grenze und Zugehörigkeit anzuzetteln, weswegen eine exakte Bestimmung damals wohl unterblieben ist. Für die Konzeption waren der örtliche und organisatorisch-militärische Bezug sowie die Frage, gegen wen gekämpft worden war, wohl die entscheidenden Kategorien. Kurzum: Die „1022 Kämpfer" sind Partisan*innen, die im Kampf gegen den Nationalsozialismus gefallen waren, Kriegsgefangene, die in der Verfügungsgewalt der Wehrmacht gestorben waren, möglicherweise auch Kärntner Slowen*innen, die Opfer nationalsozialistischer Verfolgung geworden waren (KZ, Hinrichtungen). Dies wird durch die die Denkmaleröffnung begleitenden Presseberichte und Lacinas Rede unterstrichen, in der „mehr als hundert" Grabstätten genannt werden, in denen die 1.022 durch das Denkmal geehrten Personen begraben liegen.[38] Da diese Zahlenangabe die Anzahl der Gräber für Partisan*innen in Kärnten/Koroška (rund 50[39]) bei weitem übersteigt, ist klar, dass damit noch viele weitere Gräber und Todesstätten mitgerechnet sein mussten.

4.3 Widerstand und Verfolgung in Zahlen

Der Frage, wie die „1.022 Kämpfer*innen" gemeint sind (bzw. waren), kann man sich auch mithilfe der Forschung zu Widerstand und Verfolgung nähern. Dabei stellt sich das Problem, dass der Stand der Forschung in der für die Denkmalserrichtung relevan-

---

37 Kärnten zudem um einen Tiroler Bezirk, die Steiermark um Bezirke des Burgenlands.
38 Vgl. Bund Sozialistischer Freiheitskämpfer, Der Sozialistische Kämpfer, Mai/Juni 1986, S. 7. Sowie Borba, Enthüllung des Denkmals für die Kämpfer des Volksbefreiungskrieges, 11. 5. 1986. In: Archiv BMEIA, Sign. 0.18.21/6-IV.1/86, Jugosl. Mahnmal am Wr. Zentralfriedhof, Schreiben der Österreichischen Botschaft Belgrad an BMAA vom 2. 6. 1986, Zl. 02.16.05/6-A/86, Artikelkopie und Arbeitsübersetzung.
39 Vgl. Lisa Rettl, PartisanInnendenkmäler, Innsbruck 2006, S. 176–208. Laut Rettl 51 Aufstellungsorte, 43 Grabdenkmäler plus 8 Denkmäler ohne Friedhofsbezug.

ten Zeit (1970–1986) ein anderer als heute ist. Beides, Stand damals und heute, soll kurz dargestellt werden.[40]

Marjan Linasi geht in aktuellen Untersuchungen davon aus, dass rund 3.000 Partisan*innen in Kärnten/Koroška gekämpft haben.[41] Von diesen sind rund 600 gefallenen,[42] rund 1.000 der 3.000 stammten aus Kärnten/Koroška.[43] Der ZKP führt in einer undatierten Liste 583 „Partisanen und deren Mitarbeiter" an,[44] Wolfgang Neugebauer geht von ca. 600 bis 800 „slowenischen WiderstandskämpferInnen"[45] aus. In einer Liste aus 1970 werden 359 Personen genannt, die in 39 Gräbern der Kärntner Partisan*innen liegen.[46] In einer Publikation aus dem Umfeld der kärntner-slowenischen Verbände[47] aus dem Jahr 1987 – und damit nur ein Jahr nach der Denkmalseröffnung – ist von „ca. 500 begrabenen Partisanen und Aktivisten"[48] die Rede. Laut Wilhelm Baum sind es 410 „KZ- und Widerstandsopfer der Kärntner Slowenen"[49] und rund 260 „in Kärnten gefallene Partisanen aus Slowenien"[50].

Aktuelle Untersuchungen zur Verfolgung von (und zu den Opfern unter den) Kärntner Slowen*innen gehen von weit höheren Zahlen aus, als dies bis in die 1980er Jahre der Fall war: Wo man zuvor von rund 360 Opfern ausgegangen war,[51] nennt Augustin Malle auf Basis aktueller Untersuchungen 937 Personen, darunter direkt Geschädigte (Häftlinge, Umgekommene, sog. Schwergemaßregelte, gefallene und invalide Partisanen*innen) als auch Angehörige.[52] Linasi gibt 917 in Lagern und Gefängnissen

---

40 Mit der gravierenden Einschränkung, dafür nur deutschsprachige Literatur und nur Archive in Österreich heranziehen zu können.

41 Vgl. Marjan Linasi, Die Kärntner Partisanen. Der antifaschistische Widerstand im zweisprachigen Kärnten unter Berücksichtigung des slowenischen und jugoslawischen Widerstandes, Klagenfurt/Celovec 2013, S. 389.

42 Vgl. ebenda.

43 Vgl. ebenda, S. 390.

44 DÖW, Sign. 13.095, Namensliste der Kärntner Partisanen und deren Mitarbeiter im bewaffneten antifaschistischen Volksbefreiungskampf während des 2. Weltkrieges. Siehe dazu auch Augustin Malle, Widerstand unter schwersten Bedingungen. Kärntner Slowenen im Widerstand, in: Stefan Karner/Karl Duffek (Hrsg.), Widerstand in Österreich 1938–1945, Wien–Graz 2007 [= Veröffentlichungen des Ludwig-Boltzmann-Instituts für Kriegsfolgen-Forschung, Sonderbd. 7], S. 111–123, hier S. 122.

45 Neugebauer, Der österreichische Widerstand, S. 184.

46 Die Liste listet 40 Gräber auf, der Eintrag zu Šentrupert pri Velikovcu (St. Ruprecht bei Völkermarkt) nennt jedoch keine Zahl. Vgl. Archiv ZKP, Mappe „Spomeniki (splošno)", o. D., Zadeva: partizanska grobišča na Slovenskem Koroškem, Protokoll von Tone Turnher vom 23. 4. 1970.

47 Das Buch enthält ein gemeinsames Vorwort des ZSO, des ZKP und des Rats der Kärntner Slowenen (Narodni svet koroških Slovencev, NSKS).

48 Borut Marjan Sturm/Črtomir Zorec, Padlim za Svobodo / Den Gefallenen für die Freiheit, Klagenfurt/Celovec 1987, S. 9.

49 Vgl. Wilhelm Baum/Peter Gstettner (Hrsg.), Das Buch der Namen. Die Opfer des Nationalsozialismus in Kärnten, Klagenfurt/Celovec–Wien 2010, S. 164–222.

50 Vgl. ebenda, S. 225–230.

51 Vgl. Malle, Widerstand unter schwersten Bedingungen, S. 122–123.

52 Augustin Malle et al., Vermögensentzug, Rückstellung und Entschädigung am Beispiel von Angehörigen der slowenischen Minderheit, ihrer Verbände und Organisationen, Wien–München 2004 [= Veröffentlichungen der Österreichischen Historikerkommission. Vermögensentzug während der NS-Zeit

inhaftierte Kärntner Slowen*innen an, von denen 199 ermordet wurden.[53] Fraglich bleibt, ob man für die Berechnung auch die Zahl jener Kärntner Slowen*innen herangezogen hat, die im April 1942 (und 1944/1945[54]) nach Deutschland deportiert („ausgesiedelt") wurden; es waren rund 1.000 Personen, von denen 58 starben, 63 weitere wurden in KZs deportiert.[55] Unklar ist weiters auch, ob man die in Wien hingerichteten Jugoslaw*innen bzw. Kärntner Slowen*innen einbezogen hat: So befinden sich in der Gruppe 40, wo fast alle im Landgericht Wien wegen politischer oder krimineller Delikte Hingerichteten begraben wurden, auch sechs „Jugoslawen", die zwischen Juli 1942 und August 1944 exekutiert worden waren.[56] Die 13 Kärntner Slowen*innen, die am 29. 4. 1943 im Landgericht Wien hingerichtet und in der Gruppe 40 begraben worden waren, wurden am 3. 11. 1949 exhumiert und nach Zell/Sele verlegt und sind damit sicher eingerechnet.[57]

Dass man bei der Berechnung der Opfer und Kämpfer in Jugoslawien oder Slowenien auf gänzlich andere Zahlen gekommen wäre, als diese in Österreich vorlagen, ist unwahrscheinlich: Spätestens ab den 1970ern ist ein reger Austausch zwischen den Verbänden in Kärnten/Koroška (ZKP, ZSO) diesseits und den staatlichen Kommissionen für Kriegsgräberpflege sowie Verbänden der Partisan*innen jenseits der Karawanken dokumentiert. So ist nicht nur das Abgleichen von Gefallenenlisten und Schicksalen einzelner Partisan*innen in dieser Zeit nachweisbar, sondern gab es in den Jahren 1970 und 1978 mehrtägige Besuche staatlicher, jugoslawischer (bzw. slowenischer) Kommissionen in Österreich (in der Steiermark und in Kärnten/Koroška).[58] Wenn also die Kärntner Partisan*innen Mitte der 1980er von rund 500 gefallenen Partisan*innen ausgegangen sind, dann ist das sicherlich auch die Zahl, mit der die jugoslawischen Verbände gearbeitet haben.

Zahlen für nach Wien gebrachte serbische/jugoslawische Kriegsgefangene (ab 1941) fehlen. Anna Maria Grünfelder führt für 1941 330.000 Soldaten an, die in deutsche Gefangenschaft geraten waren und ins Deutsche Reich verbracht wurden.[59] Wie viele davon, abseits der bekannten 73 in der Gruppe 88 Begrabenen, in Österreich starben, ist unbekannt.

---

sowie Rückstellungen und Entschädigungen seit 1945 in Österreich, Bd. 23/1], S. 53. Vgl. auch Malle, Widerstand unter schwersten Bedingungen, S. 123.

53 Vgl. Linasi, Kärntner Partisanen, S. 392.
54 Vgl. Malle et al., Vermögensentzug, Rückstellung und Entschädigung, S. 41 ff.
55 Vgl. Linasi, Kärntner Partisanen, S. 393.
56 Vgl. WStLA, M.Abt. 231a, A4-23 Liste Justifizierte, T-231/2, ca. 1952.
57 Vgl. Willi Weinert, Mich könnt ihr löschen, aber nicht das Feuer, 3. Aufl., Wien 2011, S. 51.
58 Vgl. Archiv ZKP, Mappe „Spomeniki (splošno)", o. D., Zadeva: partizanska grobišča na Slovenskem Koroškem, Protokoll von Tone Turnher vom 23. 4. 1970. Sowie Archiv ZKP, Mappe „Zveza koroških partizanov", o. D., Besuch der Gräber jugoslawischer Kriegstoter und Partisanendenkmäler durch eine jugoslawische Regierungskommission vom 23. bis 25. 4. 1978.
59 Vgl. Anna Maria Grünfelder, Arbeitseinsatz für die Neuordnung Europas, Wien 2010, S. 38.

Abb. 2–4: Zustand des Denkmals heute, Stand Herbst 2022. © Alexander Wallner.

Es kann davon ausgegangen werden, dass in die Zahl 1.022 all jene Personen eingerechnet wurden, die sich auf den in Jugoslawien und Kärnten/Koroška vorhandenen Liste für die in Österreich gefallenen Partisan*innen (rund 500), sonstigen Opfer politischer und anti-slowenischer Verfolgung und jugoslawischen Kriegsgefangenen befanden.[60] Die Liste ist in den von mir in Österreich eingesehenen Archiven nicht zu finden, vermutlich aber in Archiven in Ljubljana oder Belgrad. Die Zahl ist aus heutiger Sicht mit Sicherheit zu niedrig angesetzt.

5 Beschreibung des Denkmals und seiner Lage

Die Anlage des „Jugoslawischen Denkmals" ist Teil der Gruppe 88 und befindet sich, vom Haupttor (Tor 2) aus gesehen, im hinteren Teil des Wiener Zentralfriedhofs. Das nächstgelegene Zugangstor ist das Tor 9, nicht unweit befindet sich die Kriegsgräberanlage für die gefallenen Soldaten der Wehrmacht (Gruppe 97). Die gesamte Gruppe besteht aus zwölf gleich großen Feldern, zwei dieser Felder bilden zusammen die sog. „Kriegsgefangenen-Anlage". Die ganze Anlage hat rund 3.200 Quadratmeter[61], das „Jugoslawische Denkmal" nimmt davon knapp die Hälfte ein (nur ein kleiner Teil ist davon abgetrennt und bildet das „Polnische Denkmal"). Die Anlage besteht zum größten Teil aus Rasen und einigen Bäumen.[62] In der Mitte der Anlage steht eine Metall-Skulptur, die aus der Ferne einer Halbkugel ähnelt und in fünf Segmente zerfällt. Die Skulptur wird von einem Pfad durchzogen (weißer Marmor), in der Mitte befindet sich ein Kreis aus roten Glasfliesen.[63] Die fünf Elemente der Skulptur selbst sind hohl und werden von Metallstützen getragen, die in einem Fundament aus Beton verankert sind. Im Abstand von ein paar Metern sind in konzentrischen Halbkreisen 43 weiße, flache Steinpulte angebracht. Darauf sind keine Namen, Worte oder Symbole angebracht, obwohl sie das auf den ersten Blick (nicht zuletzt durch teilweisen Bewuchs) suggerieren. Es war geplant, die Namen der 73 vor Ort begrabenen Personen auf den das Denkmal umgebenden Steinpulten anzubringen.[64] Es lässt sich nicht rekonstruieren, wann und warum dieses

---

60 Auffallend ist, dass das „Internationale Denkmal" am Grazer Zentralfriedhof „1228 jugoslawische Staatsbürger" nennt. Das Grazer Denkmal wurde 1961 eröffnet, also 15 Jahre früher als jenes am Zentralfriedhof. Ob sich der Unterschied (1.022 statt 1.228 Personen) aus der unterschiedlichen Kategorie (hier Kämpfer, dort Staatsbürger) oder dem Zeitpunkt der Errichtung (hier 1986, dort 1961) erklären lässt, bleibt offen.
61 Vgl. Sammlung des Bundesministeriums für Inneres, Abt. Kriegsgräberfürsorge, Alliierte Kriegsgräber, Gruppe 88, GZ. 10.011, Beschreibung der Anlage.
62 Die Reste einer 1986 eingesetzten Hecke und die Sträucher neben den Widmungstafeln wurden 2023 vom BMI entfernt.
63 Laut Technischer Beschreibung (s. u.) sind die Fliesen im sog. Zentralteil aus Murano-Glas.
64 Vgl. Archiv BMEIA, Sign. 0.18.21/8-IV.1/86, Technische Beschreibung des Hauptbauprojekts des Denkmals den [sic] jugoslawischen Kämpfern des Volksbefreiungskrieges in Wien, o. D. [vermutlich November 1985], Übersetzung aus BKS.

Vorhaben nie umgesetzt wurde – möglicherweise aus Zeitmangel oder weil nicht alle Namen vorlagen. Die Zahl der 43 Steinpulte geht wohl darauf zurück, dass die Stadt Wien der jugoslawischen Botschaft zu einem sehr frühen Zeitpunkt des Projekts mitgeteilt hat, dass die Kriegsgefangenen in 43 Gräbern begraben liegen.[65] Am Rande der Anlage befinden sich zwei massive, weiße Sockel aus Marmorplatten mit Widmungstafeln und eingelassenem Text. Die Buchstaben sind versenkt und schwarz ausgemalt.

Gestaltet hat das Denkmal Miodrag Živković (1923–2020). Sein Name und das Jahr 1986 sind am Denkmal selbst angebracht. Živković hat seit den 1960ern eine Vielzahl von jugoslawischen Denkmälern, zahlreiche mit einem Bezug zu Widerstand und Verfolgung, geschaffen. Ab den 1990ern entwarf er mehrere serbisch-nationalistische Denkmäler. Den Akten des Außenministeriums liegt eine „Technische Beschreibung" des Denkmals bei. Die Beschreibung ist undatiert, enthält leider keinen Plan und ist eine Übersetzung aus dem BKS. Als Projektträger wird darin das „Bundeskomitee für Fragen der Kämpfer und Kriegsinvaliden" genannt, unterzeichnet hat es „Dipl. Ing. Arh. Slobodan Dragović".[66] Ob das Denkmal für diesen Zweck geschaffen wurde oder schon zu einem früheren Zeitpunkt, ist unbekannt. Einer Internet-Datenbank lässt sich entnehmen, dass das Denkmal schon 1984 fertiggestellt war.[67] Laut einem Bericht vom 11. März 1986 war man sich zu diesem Zeitpunkt nicht sicher, ob die Errichtung des Denkmals bis Mai 1986 abgeschlossen sein würde – weswegen man als Ersatztermin für die Eröffnung den 4. Juli („Tag der Kämpfer"[68]) festgelegt hatte. Aus einem Bericht samt Lokalaugenschein eines Bezirksblatts von Anfang Mai 1986 lässt sich schließen, dass die Bauarbeiten am Denkmal Anfang Mai 1986 noch nicht abgeschlossen waren.[69]

Ursprünglich war nur ein Sockel mit Widmung geplant – von der jugoslawischen Botschaft „Eingangsstein" genannt. Erst am 9. April 1986 wurde dem Bundesministerium für Auswärtige Angelegenheiten (BMAA) von der Botschaft mitgeteilt, dass auch ein zweiter Stein errichtet wird, und der Text dafür übermittelt.[70] Wofür die fünf Segmente stehen, ist unbekannt. Im erwähnten Bezirksblatt wird behauptet, Živković hätte damit „die fünf Kontinente" und „die fünf Hauptnationen Jugoslawiens, Slowenen, Kroaten, Serben, Montenegriner und Mazedonier" gemeint.[71] Das macht weder für die

65 Vgl. Sammlung des Bundesministeriums für Inneres, Abt. Kriegsgräberfürsorge, Alliierte Kriegsgräber, Gruppe 88, GZ. 10.011, Schreiben des Amts der Wiener Landesregierung vom 25. 3. 1977 an das BMI, Zl. MD-593-1/77.
66 Archiv BMEIA, Sign. 0.18.21/8-IV.1/86, Technische Beschreibung des Hauptbauprojekts des Denkmals den jugoslawischen Kämpfern des Volksbefreiungskrieges in Wien, o. D. [vermutlich November 1985], Übersetzung aus BKS.
67 www.spomenikdatabase.org/miodrag-zivkovic [30. 1. 2023].
68 „Dan borca" (BKS) bzw. „Dan borcev" (slowenisch) war ein jugoslawischer Staatsfeiertag („Tag der Kämpfer[*innen]").
69 Vgl. Bezirksjournal Simmering, Jugoslawien setzt seinen Partisanen ein Denkmal auf dem Zentralfriedhof, Mai 1986.
70 Vgl. Archiv BMEIA, Sign. 0.18.21/5-IV.1/86, Verbalnote der Jugoslawischen Botschaft vom 9. 4. 1986, Zl. P.2/86 an BMAA.
71 Bezirksjournal Simmering, Jugoslawien setzt seinen Partisanen ein Denkmal auf dem Zentralfried-

Kontinente noch (im Jahr 1986) für die Hauptnationen Jugoslawiens wirklich Sinn, lässt sich mit etwas Nachsicht aber nachvollziehen.[72] Da die Skulpturen tatsächlich abstrakt eine Gruppe von Personen, deren Köpfe und Rümpfe man erahnen kann, darstellen, ist der zweite Bedeutungsinhalt („alle Teile Jugoslawiens") wahrscheinlich.

6 Pflege und Zuständigkeit

Das Denkmal wurde zum Zeitpunkt der Abgabe dieses Artikels (Mai 2023) gerade umfassend in Stand gesetzt. Es war davor seit Jahren in einem desolaten Zustand, wurde nicht gepflegt, geputzt oder renoviert. Die Widmungstafeln waren schwer lesbar, der Pfad durch das Denkmal war verwittert, die Marmorplatten und die roten Fliesen im Zentrum sind teils gesprungen. Einer der Sockel (Widmungstafeln) war über Jahre gar nicht zugänglich, weil er von einem Busch komplett überwachsen war. Dies, obwohl zwei Bundesgesetze[73] und nicht zuletzt der Staatsvertrag Österreich zur Pflege verpflichtet: Im Staatsvertrag von Wien (1955) bekannte sich die Republik in Artikel 19 dazu, „die auf österreichischem Gebiet befindlichen Gräber von Soldaten, Kriegsgefangenen und zwangsweise nach Österreich gebrachten Staatsangehörigen der Alliierten Mächte und jener der anderen Vereinten Nationen, die sich mit Deutschland im Kriegszustand befanden, zu achten, zu schützen und zu erhalten; desgleichen die Gedenksteine und Embleme dieser Gräber sowie Denkmäler, die dem militärischen Ruhm der Armeen gewidmet sind, die auf österreichischem Staatsgebiet gegen Hitler-Deutschland gekämpft haben."[74]

Die Akten des BMI zeigen, dass man die Zuständigkeit für die Pflege der Kriegsgräberanlage samt Denkmal durchgängig als Aufgabe der öffentlichen Hand sah – sowohl vor als auch nach Errichtung des Denkmals. Konkret ist dort für die Zeit ab 1. Jänner

---

hof, Mai 1986.

72 Wenn man als Kontinente nur Afrika, Asien, Australien, Europa, Amerika (Süd- und Nordamerika) zählt und die Antarktis ausspart, ist das für die Kontinente möglich. Jugoslawien bestand aus acht Teilen (sechs Teilrepubliken und zwei Provinzen), keineswegs fünf. Falls damit wirklich die „Nationen"/„Völker" Jugoslawiens gemeint gewesen sein sollten, wäre dies für die Zeit vor der neuen jugoslawischen Verfassung (1963) richtig, für die Zeit danach aber falsch, und in Hinblick auf den damit einhergehenden Ausschluss der Bosnier*innen problematisch.

73 Bundesgesetz vom 7. Juli 1948 über die Fürsorge und den Schutz der Kriegsgräber und Kriegsdenkmäler aus dem zweiten Weltkrieg für Angehörige der Alliierten, Vereinten Nationen und für Opfer des Kampfes um ein freies, demokratisches Österreich und Opfer politischer Verfolgung, BGBl. Nr. 176/1948. www.ris.bka.gv.at/GeltendeFassung.wxe?Abfrage=Bundesnormen&Gesetzesnummer=10005218 [30. 1. 2023], sowie Bundesgesetz vom 7. Juli 1948 über die Fürsorge für Kriegsgräber aus dem ersten und zweiten Weltkrieg, BGBl. Nr. 175/1948. www.ris.bka.gv.at/GeltendeFassung.wxe?Abfrage=Bundesnormen&Gesetzesnummer=10005217 [30. 1. 2023].

74 Staatsvertrag betreffend die Wiederherstellung eines unabhängigen und demokratischen Österreich, BGBl. Nr. 152/1955. www.ris.bka.gv.at/GeltendeFassung.wxe?Abfrage=Bundesnormen&Gesetzesnummer=10000265 [30. 1. 2023].

1988 vermerkt: „Pflege: ÖSK, Instandsetzung: Bund".[75] Wann und warum die Pflege des Denkmals eingestellt wurde, ist unbekannt. Die für Kriegsgräber zuständige Abteilung des BMI hat als Reaktion auf einen gemeinsamen Brief von KZ-Verband, KSŠŠD und ZKP[76] vom Sommer 2022 die Instandsetzung des Denkmals zugesagt, bis Mai 2023 wurden erste Verbesserungen vorgenommen.

7 Entstehung des Denkmals

Zentraler Schritt zur Errichtung des Denkmals im Mai 1986 war eine Besprechung am 7. Juni 1979 zur „beabsichtigten Errichtung eines Denkmals für alle in Österreich ruhenden jugoslaw. Opfer des 2. Weltkrieges"[77] zwischen einer jugoslawischen Regierungsdelegation, dem Bundesministerium für Inneres als für die Kriegsgräberfürsorge zuständige Behörde und dem Magistrat der Stadt Wien ob seiner Zuständigkeit für den Zentralfriedhof. Auf dieses Treffen und die dort getroffenen Vereinbarungen beruft sich jedenfalls die jugoslawische Botschaft in einem Schreiben von Ende 1985, in dem es die konkrete und zeitnahe Umsetzung einmahnte. Unklar bleibt, was zwischen 1979 und 1985 geschah.[78] Die Besprechung im Jahr 1979 stand wohl in Verbindung mit den Versuchen der Partisan*innenverbände in Jugoslawien und Kärnten/Koroška die genaue Anzahl der Opfer bzw. Gefallenen festzustellen und eine würdige Kennzeichnung aller Gräber zu erreichen. Zu diesem Zweck besuchten (zumindest) 1970 und 1978 staatliche Kommissionen aus Jugoslawien Kärnten/Koroška.[79] Auch findet sich in den Akten der Hinweis, dass es offenbar den Wunsch gab, „in Kärnten eine zentrale Partisanengedächtnisstätte zu errichten".[80] Interessanterweise findet sich im Archiv der kärntner-slowenischen Verbände (ZKP, ZSO) kein Hinweis auf einen solchen Plan. Die damit befasste Abteilung

---

75 Vgl. Sammlung des Bundesministeriums für Inneres, Abt. Kriegsgräberfürsorge, Alliierte Kriegsgräber, Gruppe 88, GZ. 10.011, Beschreibung der Anlage.

76 Brief vom 8. 8. 2022, im Archiv des Autors.

77 Archiv BMEIA, Sign. 0.18.21/8-IV.1/86, 29. 4. 1986, Enthüllung eines Denkmals für die Teilnehmer am jugosl. Volksbefreiungskrieg am Wiener Zentralfriedhof, Schreiben des BMI vom 3. 12. 1985 an die Botschaft der SFRJ, Zl. 4.529/61-IV/4/85.

78 Eventuell begannen die Vorarbeiten sogar schon 1977, zumindest übermittelte am 9. 3. 1977 die Friedhofsverwaltung (Stadt Wien, MA 43) der jugoslawischen Botschaft auf deren Ersuchen hin alle Daten zur Anlage. Vgl. Sammlung des Bundesministeriums für Inneres, Abt. Kriegsgräberfürsorge, Alliierte Kriegsgräber, Gruppe 88, GZ. 10.011, Schreiben des Amts der Wiener Landesregierung vom 25. 3. 1977 an das BMI, Zl. MD-593-1/77.

79 Vgl. Archiv ZKP, Mappe „Spomeniki (splošno)", o. D., Zadeva: partizanska grobišča na Slovenskem Koroskem, Protokoll von Tone Turnher vom 23. 4. 1970. Sowie Archiv ZKP, Mappe „Zveza koroških partizanov", o. D., Besuch der Gräber jugoslawischer Kriegstoter und Partisanendenkmäler durch eine jugoslawische Regierungskommission vom 23. bis 25. April 1978.

80 Archiv BMEIA, Sign. 0.18.21/8-IV.1/86, 29. 4. 1986, Enthüllung eines Denkmals für die Teilnehmer am jugosl. Volksbefreiungskrieg am Wiener Zentralfriedhof, Schreiben des BMI vom 3. 12. 1985 an die Botschaft der SFRJ, Zl. 4.529/61-IV/4/85.

im Außenministerium vermerkt jedenfalls mit einiger Zufriedenheit, dass „durch die Errichtung dieses Denkmals [in Wien] für alle in Österreich begrabenen jugosl. Opfer des 2. Weltkrieges das seinerzeit (1979) jugosl. Bestreben gegenstandslos wird".[81]

Ins Auge springt, dass (der weiter oben bereits genannte) Tone Turnher an all diesen Wegmarken beteiligt war: 1970, als der Bedarf erhoben wurde, um an allen Grabstätten von Partisan*innen in Kärnten/Koroška würdige Gedenkstätten zu errichten; 1978, als eine jugoslawische Regierungskommission nach Kärnten/Koroška reiste, um Denkmäler für Partisan*innen zu begutachten; schließlich 1986 bei der Eröffnung des Denkmals in Wien als Delegierter.[82]

An der Errichtung des Denkmals waren auf österreichischer Seite das Innen- (BMI) und Außenministerium (BMAA) beteiligt, am Rande auch das Verteidigungsministerium (BMLV) und das Bundesministerium für öffentliche Wirtschaft und Verkehr (BMöWV). Für das BMI ergab sich die Involvierung aus der dort ressortierenden Kriegsgräberfürsorge, für das BMAA aus den relevanten bilateralen Erwägungen – wobei zwischen den Ministerien die Zuständigkeit nicht immer ganz klar war.[83] Ende 1985 wurden die Pläne zur Errichtung des Denkmals konkret und ein Textentwurf für den Widmungstext übermittelt.[84] Mitte Februar 1986 wurde ein Abkommen zur Errichtung unterzeichnet[85] und von jugoslawischer Seite eine detaillierte Beschreibung des Bauvorhabens vorgelegt.[86] Im April 1986 wurde geklärt, dass das BMI für die Organisation der Feier zuständig ist,[87] eine Abordnung des Bundesheeres im BMLV erbeten und Minister Lacina als Regierungsvertreter festgelegt.[88] Von Anfang an war klar, dass die

---

81 Ebenda, Hervorhebung im Original.
82 Vgl. Archiv ZKP, Mappe „Spomeniki (splošno)", o. D., Zadeva: partizanska grobišča na Slovenskem Koroskem, Protokoll von Tone Turnher vom 23. 4. 1970. Archiv ZKP, Mappe „Zveza koroških partizanov", o. D., Besuch der Gräber jugoslawischer Kriegstoter und Partisanendenkmäler durch eine jugoslawische Regierungskommission vom 23. bis 25. April 1978. Archiv BMEIA, Sign. 0.18.21/8-IV.1/86, Schreiben der Österreichischen Botschaft in Belgrad vom 22. 4. 1986 an das BMAA, Zl. 02.16.05/3-A/86.
83 So wird die jugoslawische Botschaft vom BMI darüber belehrt, dass das Ansinnen eigentlich in die Zuständigkeit des Außenministeriums fallen würde, auch gibt es offenbar Unklarheit, welches Ministerium das BMLV um Entsendung der Ehrengarde anfragen soll. Archiv BMEIA, Sign. 0.18.21/8-IV.1/86, 29. 4. 1986, Enthüllung eines Denkmals für die Teilnehmer am jugosl. Volksbefreiungskrieg am Wiener Zentralfriedhof, Schreiben des BMI vom 3. 12. 1985 an die Botschaft der SFRJ, Zl. 4.529/61-IV/4/85. Sowie Archiv BMEIA, Sign. 0.18.21/6-IV.1/86, Aktenvermerk vom 16. 4. 1986.
84 Archiv BMEIA, Sign. 0.18.21/3-IV.1/86, Verbalnote der Jugoslawischen Botschaft vom 27. 12. 1985, Zl. P.28/3-85 an BMAA.
85 Archiv BMEIA, Sign. 0.18.21/4-IV.1/86, Amt der Kärntner Landesregierung, Landespressebüro, Übersetzung aus der slowenischen Presse, Artikel „Denkmal für Jugoslawen" in Večer vom 18. 2. 1986.
86 Archiv BMEIA, Sign. 0.18.21/8-IV.1/86, Technische Beschreibung des Hauptbauprojekts des Denkmals den jugoslawischen Kämpfern des Volksbefreiungskrieges in Wien, o. D. [vermutlich November 1985], Übersetzung aus BKS.
87 Archiv BMEIA, Sign. 0.18.21/3-IV.1/86, Schreiben des BMAA vom 9. 4. 1986 an die Jugoslawische Botschaft.
88 Archiv BMEIA, Sign. 0.18.21/5-IV.1/86, Schreiben des BMAA vom 25. 4. 1986 an die Jugoslawische Botschaft.

Kosten für die Errichtung des Denkmals (samt der Kosten für die Umbettungen) von Jugoslawien getragen werden.[89]

Bemerkenswert ist, dass das Denkmal beim Staatsbesuch der jugoslawischen Ministerpräsidentin Milka Planinc in Wien im März 1986 kein Thema war, obwohl dieses Treffen auf diplomatischer Ebene sehr umfangreich vorbereitet wurde und dutzende Themen im Detail ausgearbeitet wurden.[90] Erst nach der erfolgten Enthüllung des Denkmals fand dieses Niederschlag in den Protokollen – so wurde „[d]ie Errichtung des jugoslawischen Soldatendenkmals auf dem Zentralfriedhof [...] als sehr positiver österreichischer Beitrag für die bilateralen Beziehungen gewertet"[91] und auch beim Antrittsbesuch von (Kurzzeit-)Außenminister Peter Jankowitsch (SPÖ) Anfang Juli 1986 in Jugoslawien kam das Denkmal zur Sprache.[92]

Die kärntner-slowenischen Verbände waren, sofern aus den Akten ersichtlich, spätestens ab März 1986 über die Eröffnung informiert, zum Teil auch involviert. Dabei ist auffällig, dass die Denkmalseröffnung bei den Jahresplanungen für 1986 nicht auftauchte, was aber damit zusammenpasst, dass das Projekt den Akten nach erst wieder im November 1985 an Fahrt aufnahm. Erster Beleg für die Involvierung der kärntner-slowenischen Verbände ist eine Einladung von Anfang März 1986 vom in die Planung der Denkmalsenthüllung involvierten (jugoslawischen) Partisanenverband, der den Chor der Kärntner Partisan*innen (Koroški Partizanski Pevski Zbor, KPPZ) kontaktierte und um Teilnahme ersuchte.[93] Lipej Kolenik, selbst ehemaliger Partisan und seinerzeit Chorleiter des KPPZ, musste die Einladung ablehnen, da am 9. Mai 1986 – einem Freitag und damit Werktag – alle Chormitglieder in der Arbeit oder Schule wären.[94] Schlussendlich nahmen Feliks Wieser (ZSO) und Janez Wutte-Luc (ZKP) an der Feier teil.[95] Der KSŠŠD war offenbar nicht in die Vorbereitung eingebunden: Nicht nur scheint die Denkmalseröffnung in der Jahresplanung des KSŠŠD für 1986 nicht auf, auch die Liste der Veranstaltungen vom April 1986 für den Folgemonat listet zwar einige Veranstaltungen auf, nicht aber die Denkmalseröffnung.[96] Der Klub erhielt im April 1986 die Einladung zur Feier (und zum anschließenden Empfang), die von der jugoslawischen Botschaft in

89 Archiv BMEIA, Sign. 0.18.21/8-IV.1/86, 29. 4. 1986, Enthüllung eines Denkmals für die Teilnehmer am jugosl. Volksbefreiungskrieg am Wiener Zentralfriedhof, Schreiben des BMI vom 3. 12. 1985 an die Botschaft der SFRJ, Zl. 4.529/61-IV/4/85.

90 ÖStA/AdR, BMAA, GZ 112.010/13-I/1/86, Amtsvermerk vom 10. 3. 1986.

91 ÖStA/AdR, BMAA, GZ 101.14.06/13/86, Amtsvermerk vom 18. 6. 1986.

92 ÖStA/AdR, BMAA, GZ 101.14.06/13/86, Beilage zu ÖB-Belgrad-GZ 198-Res/86, Résumé-Protokoll über die Delegationsgespräche vom 1. 7. 1986, S. 3.

93 Vgl. Archiv ZKP, Mappe ohne Beschriftung, offensichtlich Koroški Partizanski Pevski Zbor, Notiz (Zabeležka), GZ 90-2/86-B, o. D., über eine Besprechung am 11. 3. 1986.

94 Vgl. Archiv ZKP, Mappe ohne Beschriftung, offensichtlich Koroški Partizanski Pevski Zbor, Antwortschreiben des Chors vom 3. 4. 1986.

95 Vgl. Slovenski vestnik, Na Dunaju odkrit spomenik iugosiovanskim žrtvam naciima [In Wien wurde ein Denkmal für die jugoslawischen Opfer des Nationalsozialismus enthüllt], 16. 5. 1986, S. 1.

96 Vgl. Archiv des Klub slovenskih študentk in študentov na Dunaju (KSŠŠD), Mappe „Tajništvo 1986/1987", Protokoll der Sitzung vom 21. 4. 1986.

Wien verschickt wurde. Es war dann zumindest ein Funktionär des KSŠŠD bei der Feier anwesend – und schrieb kurz darauf einen ausführlichen Artikel über die Eröffnung.

Eben diesem Artikel in der Volksstimme von Mitte Mai 1986 lässt sich entnehmen, dass die zahlreichen gesprengten Denkmäler für Partisan*innen in Kärnten/Koroška „letztendlich auch der Ausgangspunkt für die Projektierung einer zentralen Gedenkstätte für alle jugoslawischen Kriegsopfer des zweiten Weltkrieges" waren und dass der „[Verband der Kärntner Partisanen/Zveza koroških partizanov] dann auch den jugoslawischen Stellen und Widerstandsorganisationen bei der Konzeption einer zentralen Gedenkstätte für die jugoslawischen Opfer des Kampfes gegen den Faschismus auf österreichischem Boden behilflich"[97] war. Der Volksstimme-Artikel verweist zwar auf den Plan eine „zentrale Gedenkstätte" zu errichten, lässt aber den Ort offen – und somit, ob diese für Kärnten/Koroška oder Wien geplant war. Im Archiv des ZKP finden sich leider entsprechende Unterlagen nicht oder nicht mehr. Einem Bericht in einem Wiener Lokalblatt lässt sich die Information entnehmen, dass für das Denkmal „das jugoslawische ‚Komitee für Veteranen und Kriegsinvalide' organisatorisch tätig" gewesen war und dass der Ort „in Zusammenarbeit mit der MA43 und dem Außenamt" gewählt wurde".[98] Auf Basis der bisherigen Recherchen kann gesagt werden, dass das Vorhaben zur Denkmalserrichtung eine recht lange Vorlaufzeit hatte, die zumindest auf 1977/1979, eventuell sogar auf 1970 zurückging. Das Denkmal war damit keineswegs eine spontane, außenpolitische Aktion (in Hinblick auf Reder, Löhr oder Waldheim), das Maß der Involvierung Frischenschlagers bleibt mangels Akten unbekannt. Es gibt einige Hinweise, dass das Denkmal ursprünglich (vor 1979) für Kärnten/Koroška geplant war. Es wäre denkbar, dass das Vorhaben wegen der starken deutschnationalen, antislowenischen Stimmung oder schlicht am Veto des neuen Landeshauptmannes Leopold Wagner (SPÖ, 1974–1988) gescheitert ist und deswegen nach Wien verlegt wurde. Das würde jedenfalls die geringe Involvierung und verhaltene Begeisterung der kärntner-slowenischen Verbände erklären. Die Gestaltung wurde maßgeblich von jugoslawischen Stellen angeleitet, auch was den Inhalt und die Widmung anbelangt.

8 Tschernobyl, Waldheim und zwei Kriegsverbrecher – Medienberichte und politische Diskussionen 1986

Zur Denkmalseinweihung erschien eine ganze Reihe von Berichten und Kommentaren. Sie sind eine wesentliche Ergänzung zu den Akten, was die Beforschung des Denkmals angeht, und werfen ein Schlaglicht auf innen-, außen- und vergangenheitspolitische Debatten der Zeit. Die Monate vor und nach dem Mai 1986 waren politisch aufgeladen:

---

97 Volksstimme, Um die Ehre der Partisanen, 24. 5. 1986, S. 3.
98 Bezirksjournal Simmering, Jugoslawien setzt seinen Partisanen ein Denkmal auf dem Zentralfriedhof, Mai 1986.

Am 4. Mai 1986 stand die Wahl des Bundespräsidenten bzw. der Bundespräsidentin an, um die Nachfolge von Rudolf Kirchschläger zu klären. Zur Wahl stand unter anderem Kurt Waldheim (ÖVP), zu dem ab März 1986 Medien und Aktivist*innen Informationen zu einer möglichen Involvierung in Kriegsverbrechen veröffentlicht hatten, wobei die Debatte dazu noch nicht am Höhepunkt angekommen war. Nebst Freda Meissner-Blau (Grüne) und Kurt Steyrer (SPÖ) stand mit Otto Scrinzi (FPÖ) auch ein stramm Deutsch-nationaler zur Wahl, was zu zahlreichen Protesten durch Antifaschist*innen führte. Die Nuklearkatastrophe in Tschernobyl passierte am 26. April 1986, die Nicht-Kommunikation der UdSSR ließ Anfang Mai 1986 aber nicht mehr als Spekulationen und halbherzige Maßnahmen zu. Die noch zersplitterten Grünen waren gerade dabei sich zu einigen, in der FPÖ sägte Jörg Haider am Sessel des Parteivorsitzenden. Die Probleme der 1983 angelobten SPÖ-FPÖ-Bundesregierung unter Fred Sinowatz waren groß. Als sich Waldheim im Juni 1986 in der Stichwahl durchsetzte, löste Franz Vranitzky Sinowatz als Kanzler ab.

Aus vergangenheitspolitischer Perspektive zentral ist die gesamtgesellschaftliche und innerkoalitionäre Debatte im Zuge der „Frischenschlager-Reder-Affäre"[99]: Verteidigungsminister Friedhelm Frischenschlager (FPÖ) hatte im Jänner 1985 den soeben aus der italienischen Haft entlassenen Kriegsverbrecher Walter Reder am Grazer Flughafen persönlich abgeholt und mit Handschlag begrüßt. Das zog nicht nur eine Regierungskrise und internationalen Protest nach sich, sondern führte auch zu einer breit geführten Debatte zu Krieg und Pflichterfüllung, Opferthese und Täter*innenschaft. Schlussendlich trat Frischenschlager am 12. Mai 1986 als Minister zurück, drei Tage nach der Denkmaleröffnung. Das hatte tatsächlich keinerlei Zusammenhang, er wurde bei seiner Abschiedspressekonferenz im Heeresgeschichtlichen Museum (HGM) aber kritisch zum Denkmal befragt.

Eine recht ähnliche Debatte wurde in Hinblick auf die in der Wiener Stiftskaserne angebrachte Gedenktafel für den Wehrmachtsgeneral Alexander Löhr geführt. Löhr wurde 1947 in Jugoslawien wegen Kriegsverbrechen zum Tode verurteilt und hingerichtet, eine ihm in der Stiftskaserne gewidmete Gedenktafel wurde 1986 entfernt – was zwar in der breiten Öffentlichkeit kaum jemanden interessierte, aber im Bundesheer für Unmut sorgte.

Rund um die Eröffnung des Denkmals erschienen mehrere kurze, neutrale Berichte, basierend auf einer Agenturmeldung der APA. Exemplarisch[100] und am ausführlichsten berichtete die Wiener Zeitung:

> Auf dem Wiener Zentralfriedhof wurde gestern ein Denkmal besonderer Art enthüllt. Es ist jenen 1022 jugoslawischen Kriegsopfern aus dem zweiten Weltkrieg gewidmet, deren Gräber sich in mehr als 100 Ortschaften in Österreich finden. Es handelt sich um gefallene Partisanen, Kriegsgefangene, Jugoslawen, die zwangsweise nach Österreich deportiert wurden, und andere Opfer

---

99 Vgl. Walter Manoschek/Thomas Geldmacher, Vergangenheitspolitik, in: Herbert Dachs et al. (Hrsg.), Politik in Österreich. Das Handbuch, Wien 2006, S. 577–593, hier S. 584.
100 Ganz ähnliche Artikel, meist kürzer, in: Neue Volkszeitung Kärnten/Osttirol, 10. 5. 1986, S. 4; Kronen Zeitung, 10. 5. 1986, S. 5.

des Faschismus. Das Denkmal ist auf einem Platz errichtet, wo 73 jugoslawische Kriegsgefangene begraben liegen. Verkehrsminister Ferdinand Lacina, der namens der österreichischen Bundesregierung sprach, erinnerte auch an die im Widerstand gegen das Naziregime gefallenen Österreicher und gab dem Wunsch Ausdruck, das Denkmal möge dem Frieden und der Zusammenarbeit gewidmet sein. Das jugoslawische Regierungsmitglied Jovo Jovkovski [richtig: Jovko] erinnerte daran, daß jeder neunte Jugoslawe (im ganzen 1,7 Millionen Menschen) im zweiten Weltkrieg sein Leben verlor. Die Denkmalenthüllung rufe die Erinnerung an all jene Opfer wach, die in Verteidigung von Freiheit und Menschenwürde ihr Leben opferten. Er erinnerte auch daran, daß die Minderheiten einen besonderen Beitrag zur Verständigung der Völker leisten.[101]

In konservativen und rechten Zeitungen gab es sehr klare Kommentare dagegen. Aufschlussreich war der Kommentar in der auflagenstarken Kronen Zeitung von Herausgeber Hans Dichand (unter dem Pseudonym Cato) zwei Tage nach der Einweihung unter dem Titel „Fäulnis":

> Frühjahr 1945: Jugoslawiens Partisanen drängen nach Kärnten und wollen große Teile des Landes der Diktatur Titos einverleiben. Die britische Besatzungsmacht, eigentlich mit den Partisanen verbündet, fordert diese dennoch sehr hart auf, sich den im Oberkommando der Alliierten getroffenen Vereinbarungen zu fügen. Die jugoslawischen Verbände stellen sich taub. Da drohen die Briten den außer Rand und Band geratenen jugoslawischen Verbänden ultimativ mit militärischem Eingreifen. So retteten sie damals Kärnten aus einer gefährlichen Lage.

> 9. Mai 1986: Auf dem Wiener Zentralfriedhof wird ein imposantes Ehrenmal für die jugoslawischen Partisanen von damals feierlich enthüllt. Ein österreichischer Minister und das Fernsehen sind erschienen, das Bundesheer marschiert auf.

> Die auf diese Weise geehrten Partisanen sind für ihre kommunistische Idee, die sie mit Gewalt nach Österreich tragen wollten, gefallen. Wir neigen uns [sic] vor allen Opfern eines schrecklichen Krieges, aber daß unser Bundesheer, eingeschworen auf die Verteidigung der österreichischen Grenzen, heute den Befehl bekommt, jene zu ehren, die 1945 in unser Land – in das wiedererstehende Österreich – eingefallen waren, ist ein treffliches Abschiedsgeschenk Frischenschlagers, dieser Karikatur eines Verteidigungsministers, dieser Symbolfigur einer ihrem Ende entgegenfaulenden Koalition.[102]

Der Kommentar bringt die zu dieser Zeit dominante Sicht auf das Kriegsende 1945 und die Österreich befreienden alliierten Armeen zum Ausdruck. Der über Jahre aufgebaute und durchgehaltene Widerstand der Partisan*innen in Kärnten/Koroška wurde negiert und verdreht („1945 eingefallen"). Dichand konzentrierte sich in seiner Kritik auf die Teilnahme des Bundesheeres und von Verteidigungsminister Frischenschlager (der tags darauf zurücktrat), den tatsächlich teilnehmenden Verkehrsminister Lacina erwähnte er nicht.

In einem langen Kommentar in der Tageszeitung Die Presse setzte sich Peter Zehrer unter dem Titel „Der Totenmarsch der Proletarier – Warum das Bundesheer Partisanen

---

101 Vgl. Wiener Zeitung, Jugoslawische Kriegsopfer geehrt, 10. 5. 1986, S. 3.
102 Kronen Zeitung, 11. 5. 1986, S. 2.

ehrt" mit der Denkmalserrichtung auseinander.[103] Für seinen Artikel wurde ihm offensichtlich der Schriftverkehr zwischen den Ministerien zur Verfügung gestellt, aus dem er ausführlich zitiert. In seiner Darstellung waren Innenministerium und Außenministerium die aktiven Betreiber hinter dem Denkmal. Das Bundesheer wäre hingegen zum Spielball außenpolitischer Interessen geworden, „während sich in der Armee längst Unmut und Besorgnis über das unglückliche Vorhaben breitmachten". Das Bundesheer zur Ehrung von Partisan*innen einzusetzen stand Zehrers Meinung nach im Widerspruch zur „geltenden Rechtsauffassung" des Verteidigungsministeriums, dernach diese „als Meuchelmörder einzustufen sind". Schlussendlich kommentierte der Artikel, dass Ferdinand Lacina („völlig unzuständig") statt anderer Minister zum Einsatz kam und dass die „Verabschiedungs-Fete Friedhelm Frischenschlagers im Heeresgeschichtlichen Museum" „just am Tag der Denkmalenthüllung stattfand" und Frischenschlager dazu zwang, zum Vorgang Stellung zu beziehen.

Noch aufgebrachter reagierte die deutschnationale bzw. rechte Presse, vor allem in Kärnten/Koroška: „Kärnten berichtet" wetterte im Juni 1986 gegen „das Partisanen-Denkmal in Wien, ein Skandal", da damit „von Österreich Leute geehrt [würden], die gegen Österreich, gegen die Unversehrtheit seines Staatsgebietes gekämpft haben".[104] Die Kritik am Denkmal zog durchaus auch geografisch weite Kreise: So wandte sich im Juli 1986 ein in Brasilien ansässiger, donauschwäbischer Verband mit scharfem Protest an die dortige österreichische Botschaft.[105]

Wohlwollende Berichte fanden sich in den Zeitungen der drei Opferverbände, die jeweils ausführlich über die Eröffnung berichteten.[106] Der Zeitung des BSF, dem „Sozialistischen Kämpfer", verdanken wir, dass die Rede von Minister Lacina überliefert ist, die dort in der Ausgabe Mai/Juni 1986 unter dem Titel „Dem Frieden gewidmet" abgedruckt ist:

> In mehr als 100 Ortschaften Österreichs befinden sich Grabstätten und Einzelgräber von mehr als 1000 jugoslawischen Kriegsopfern aus dem Zweiten Weltkrieg, gefallenen Partisanen, Kriegsgefangenen, zwangsweise nach Österreich gebrachten Staatsangehörigen und anderen Opfern des Faschismus. Denkmäler, die an den Krieg erinnern, sind eine Erinnerung an die Opfer. Sie sollen auch Stätten der Versöhnung sein. Aber sie waren in der Vergangenheit auch zu oft eine Gelegenheit, um Revanche anzukündigen, um neue Zwietracht zu säen. Dieses Denkmal ist dem Frieden gewidmet. Der Zweite Weltkrieg war keine Auseinandersetzung wie jede andere. Er war ein Angriffskrieg, geführt vom Nazi-Regime, nicht nur gegen andere Völker, sondern auch gegen

---

103 Vgl. Die Presse: Der Totenmarsch der Proletarier – Warum das Bundesheer Partisanen ehrt, 16. 5. 1985, S. 3.

104 Vgl. Kärnten berichtet – Mitteilungsblatt des Vereins der Freunde Kärntens, Juni 1986.

105 Vgl. Archiv BMEIA, Sign. 0.18.21/14-IV.1/86, Denkmal für die jugoslawischen Opfer des 2. Weltkrieges am Wiener Zentralfriedhof, Protestschreiben der Siedlung Entre Rios vom 20. 6. 1986.

106 Vgl. Kuratorium der ÖVP-Kameradschaft der politisch Verfolgten, Der Freiheitskämpfer. Organ der Kämpfer für Österreichs Freiheit, Juni 1986, S. 7; Bundesverband Österreichischer Widerstandskämpfer und Opfer des Faschismus (KZ-Verband), Der neue Mahnruf, Juni/Juli 1986, S. 15; Bund Sozialistischer Freiheitskämpfer, Der Sozialistische Kämpfer, Mai/Juni 1986, S. 7.

die Prinzipien der Menschlichkeit, gegen die Zivilisation selbst. Er war ein Krieg, geführt unter den Zeichen des aggressivsten Nationalismus und des Rassenwahns. Er brachte eine millionenweise Vernichtung von Menschen, denen diese Eigenschaft abgesprochen wurde, wie etwa Juden und Zigeuner. Er war ein Krieg gegen Feinde, die nicht nur einer anderen Nationalität angehörten, sondern die deshalb als Untermenschen klassifiziert wurden. Er war aber auch ein Krieg gegen den inneren Feind. Gegen jene, die aus verschiedensten Motiven Gegner des Nationalfaschismus waren und wurden. Er war ein Krieg gegen Schwache, Hilflose und Minderheiten. Aus dieser Natur des Krieges ergibt sich auch, daß der Widerstand gegen Hitler nicht nur nationale Motive hatte. Er war gerichtet gegen Verbrechen an der Menschlichkeit, ja an der ganzen Menschheit. Jugoslawien hat einen hohen Blutzoll in diesem Widerstand entrichtet. Erlauben Sie mir aber, nicht nur Ihrer Landsleute zu gedenken, sondern auch der Österreicher, die in diesem Kampf gestanden sind. Jener Österreicher, die in unserem Land in Verbindung mit dem jugoslawischen Widerstand gekämpft und ihr Leben gelassen haben. Jener Österreicher, die im Freiheitsbataillon, das auf jugoslawischem Boden aufgestellt wurde, für die rasche Beendigung des Krieges und der Nazi-Herrschaft gekämpft haben. Wenn die Lehren und Mahnungen von der Nachwelt verstanden werden, waren die Opfer der Gefallenen nicht vergeblich. Diese Lehren sind: Wir müssen gute Nachbarschaft halten. Minderheiten, Menschen anderer Kulturen, Sprache oder Religion sollen nicht trennen, sondern als eine Brücke zu anderen Menschen und Völkern angesehen werden. Schließlich aber geht es darum, zu verhindern, daß gesellschaftliche Zustände wieder entstehen, die den Faschismus erst möglich gemacht haben. Nur dann wird Wachsamkeit gegen antihumanitäreTendenzen, gegen alle Formen nazistischen und faschistischen Ungeists in Gegenwart und Zukunft erfolgreich sein. Ich schließe mit dem traditionellen Gruß der österreichischen Freiheitskämpfer: Niemals vergessen![107]

Hervorzuheben ist hier, dass Ferdinand Lacina darin 1986 die „Österreicher" erwähnt und würdigt, die im Rahmen der jugoslawischen Verbände kämpften oder dort organisiert waren (Freiheitsbataillon, OF, etc). Damit wird die enge Widmung des Denkmals („1022 jugoslawische Kämpfer") zumindest durch die Rede während der Eröffnung erweitert, wobei das keine Antwort darauf gibt, ob dies so intendiert war.

Interessant war auch die Berichterstattung in der Volksstimme, wo am 17. 5. 1986 ein kleiner Kommentar erschien[108], der sich vor allem an der Kritik an der Denkmalseröffnung abarbeitete. Konkret wurden die Artikel in Kronen Zeitung (11. 5.) und Die Presse (16. 5.) kritisiert und die Formierung einer „Anti-Partisanen-Einheit" festgestellt sowie thematisiert, dass in der Presse Partisanen als „Meuchelmörder" und Reder umgekehrt als „Partisanenbekämpfer" bezeichnet werde. Am 24. 5. 1986 erschien dann ein ausführlicher Artikel samt grundlegender Einbettung und Beurteilung in der Volksstimme („Um die Ehre der Partisanen"):

> Vor kurzem wurde auf dem Wiener Zentralfriedhof ein Denkmal besonderer Art enthüllt. Es ist den 1022 jugoslawischen Staatsangehörigen gewidmet, die während des zweiten Weltkrieges in Konzentrationslagern, in Kriegsgefangenschaft und im antifaschistischen Partisanenkampf ihr Leben ließen und auf österreichischem Boden ihre letzte Ruhe fanden. Das Besondere an diesem Denkmal ist sicherlich die Vorgeschichte seiner Entstehung. Es muß ja schon verwundern, daß es

---

107 Bund Sozialistischer Freiheitskämpfer, Der Sozialistische Kämpfer, Mai/Juni 1986, S. 7.
108 Vgl. Volksstimme, Partisanen – ein Greuel, 17. 5. 1986, S. 2.

erst 41 Jahre nach Kriegsende zu einer offiziellen und feierlichen Enthüllung kam. Die Grabstätten der jugoslawischen Kriegsopfer sind recht verstreut. Die meisten findet man in Südkärnten – dort ruhen auf fast allen Friedhöfen des zweisprachigen Gebietes im Freiheitskampf gefallene Partisanen. [...] Doch bei der bloßen Stimmung blieb es nicht. Am 10. September 1953 wurde in Völkermarkt/Velikovec das zentrale Denkmal für den Kärntner Partisanenkampf durch ein Bombenattentat zerstört. In den darauffolgenden Jahrzehnten gab es noch einige weitere Anschläge auf Denkmäler von Widerstandskämpfern sowie unzählige Schändungen von Grab- und Gedenkstätten. Der vorerst letzte Sprengstoffanschlag zerstörte das Denkmal auf dem Kömmelgupf/Komelj im Jahre 1976. Dies war letztendlich auch der Ausgangspunkt für die Projektierung einer zentralen Gedenkstätte für alle jugoslawischen Kriegsopfer des zweiten Weltkrieges. Der Verband der Kärntner Partisanen/Zveza koroskih partizanov hatte währenddessen schon etliche der zerstörten Denkmäler wieder errichtet sowie weitere neue an anderen Örtlichkeiten aufgestellt. Er war dann auch den jugoslawischen Stellen und Widerstandsorganisationen bei der Konzeption einer zentralen Gedenkstätte für die jugoslawischen Opfer des Kampfes gegen den Faschismus auf österreichischem Boden behilflich. [...] Nun steht sie doch, die Gedenkstätte. Und es gab auch schon einen ersten Anschlag. Die Haßtiraden des ‚Kronen-Zeitung'-Bonzen ‚Cato' konnten das Denkmal zwar nicht zum Bersten bringen, doch sie transportieren genau dieselbe Kalte Krieg-Stimmung und ‚herrenmenschliche' Verachtung, die in Kärnten einige Ewiggestrige die Widerstandskampf-Gedenkstätten mit Bomben beseitigen ließ. Die Partisanen von heute, das sind die Linken und Kommunisten; und auch Frischenschlager, der sein Heer zur feierlichen Enthüllung der Gedenkstätte auf dem Zentralfriedhof Ehrenwache stehen ließ – so darf man wohl zwischen den erzürnten Zeilen des ‚Cato' lesen. Er sagt es ja auch, daß es nicht um den Kampf der Alliierten (und zu denen zählten selbstverständlich auch die Partisanenarmeen!) gegen den Faschismus ging, sondern vor allem gegen die Partisanen. Und was Hitler seinerzeit nicht gelang, da soll heute eben die ‚freie Welt' vollbringen. Die Reaktion verwischt ihre Spuren und verpflanzt ihre Wurzeln aus der braunen in eine andere Erde... Angemessene Worte durfte man anläßlich der Enthüllungsfeier von Minister Lacina vernehmen, der unter anderem auch die hervorragende Rolle der österreichischen Freiheitsbataillone, die in Titos Partisanenarmee eingegliedert waren, hervorhob. ‚Alle Achtung diesen seinen Äußerungen', meinte dazu DI Feliks Wieser vom Zentralverband slowenischer Organisationen. ‚Ein Jammer ist einzig und allein die Partei, der er angehört. Wenn ich mich da an Äußerungen von SP-Politikern bei uns in Kärnten erinnere...'[109]

Der Vergleich der Denkmalseröffnung in Wien mit der Lage in Kärnten/Koroška, wo Denkmäler für bzw. Gräber von Partisan*innen politisch bekämpft und tatsächlich gesprengt wurden,[110] ist besonders spannend. Der Kommentar drückte Verwunderung aus, dass man im fernen Wien nach so langer Zeit den Beitrag der Partisan*innen würdigte, während der Staat und auch die SPÖ in Kärnten/Koroška tolerierten, dass deutschnationale Verbände gegen Denkmäler für Partisan*innen vorgingen. Auch der Hinweis, dass SP-Minister Lacina in Wien die Partisan*innen würdigte, während der SP-Landeshauptmann Wagner in Kärnten sich immer klar auf Seiten der Wehrmacht und HJ verortete, ist aus der Zeit heraus spannend und zeigt Widersprüche in der österreichischen post-nazistischen Gesellschaft und konkret in der SPÖ auf. Eine Woche

---

109 Vgl. Volksstimme, Um die Ehre der Partisanen, 24. 5. 1986, S. 3.

110 Der Kärntner Partisan*innenverband betreut in Kärnten/Koroška etwa rund 50 Denkmäler (vor allem auf Friedhöfen, aber auch alleinstehende), viele davon wurden insbesondere in den 1950er bis 1970er Jahren (teils mehrfach) geschändet. Vgl. Rettl, PartisanInnendenkmäler, S. 176–208.

später trat der Widerspruch gleich nochmal zu Tage: LH Wagner nahm in Spittal/Drau an einem Treffen der Ordensgemeinschaft der Ritterkreuzträger (höchster Nazi-Orden) teil und kritisierte dort das Partisanen-Denkmal in Wien, was ihm viel Applaus einbrachte. Die Volksstimme kritisierte wiederum Wagners Rede in einem Bericht über das OdR-Treffen.[111]

9 Vergessene Partisan*innen, vergessenes Denkmal

Alljährlich legt das Österreichische Schwarze Kreuz (ÖSK) zu Allerseelen einen Kranz beim Denkmal ab, der Rasen wird regelmäßig akkurat geschnitten. Dass das Denkmal im Friedhofsplan falsch bezeichnet und die Widmungssteine überwuchert waren, ist jahrelang niemandem aufgefallen. Festhalten lässt sich, dass Wiens einziges dezidiertes Partisan*innen-Denkmal einem umfassenden Vergessen anheimgefallen ist. Gründe dafür sind wohl, dass kurz nach der Errichtung des Denkmals 1986 Jugoslawien zu zerfallen begann. Damit ist nicht nur der Stifter als Rechtssubjekt verschwunden, sondern überhaupt ein wichtiger Akteur, der Österreich 45 Jahre lang an seine historischen Verpflichtungen erinnerte: Dazu zählte der Schutz der Minderheiten und die Bemühungen zur Entnazifizierung und Bekämpfung des (Neo-)Nazismus/Faschismus, aber eben auch die Würdigung des Beitrags der Partisan*innen an der Niederringung des Nationalsozialismus. Ohne Jugoslawien gab es keinen Akteur mehr, der das Denkmal bespielte, und in Österreich fand sich kein Ersatz: Für Personen aus Jugoslawien – darunter Gastarbeiter*innen, Kriegsflüchtlinge, usw. – war das Denkmal entweder zu versteckt oder aus politischen Gründen uninteressant. Verbände österreichischer Antifaschist*innen hatten nicht nur genug eigene Denkmäler – nicht zuletzt auch am Zentralfriedhof – zu pflegen und zu erstreiten, auch brachte die klar jugoslawische Widmung das Problem mit sich, dass sich der österreichpatriotische Antifaschismus schwer positiv darauf beziehen konnte. Wie dargestellt waren auch die kärntner-slowenischen Verbände, vor allem der ZKP, weder in die Errichtung des Denkmals in Wien wirklich eingebunden noch wirklich glücklich – hätten sie entsprechende Akzente in Kärnten/Koroška viel eher gebraucht und gewünscht.

Für die österreichische Mehrheitsbevölkerung und breite Gesellschaft erfüllte das Denkmal keine Funktion und bot keine Bezugspunkte. Dass die Denkmalserrichtung in die für Österreich vergangenheitspolitisch so relevante und virulente Zeit (Waldheim, Löhr, Reder–Frischenschlager) fiel, ist wohl Zufall, es fand also auch hier keine Aufladung statt, die ein Vergessen verhindern hätte können. Schlussendlich ist der Missstand zu nennen, dass die mit der Verwaltung und Pflege des Denkmals betrauten staatlichen Stellen dieses fälschlich dem Ersten Weltkrieg zugeschlagen haben, womit auf

---

111 Volksstimme, Wagner-Kritik an Partisanendenkmal vor Treffen von Ritterkreuzträgern, 27. 5. 1986, S. 2.

dem Papier aus einem antifaschistischen Denkmal ein Kriegerdenkmal wurde. Zusammengenommen sind dies die Gründe für das umfassende Vergessen und gleichzeitig ein Kennzeichen, wie grundlegend und allumfassend das Verdrängen des bewaffneten Widerstandes ist: Das 40 Jahre nach Kriegsende (und damit viel zu spät) an einem an der Peripherie der Bundeshauptstadt gelegenen Ort – weitab jedes Publikums, für das es eine Bedeutung haben könnte – platzierte Denkmal war kurz nach seiner Errichtung wieder vergessen und ist damit ein Sinnbild für den Umgang mit dem antifaschistischen Widerstand in Österreich.

Wien bietet eine große Bandbreite an Denkmälern, die sich mit Krieg, Nationalsozialismus und Widerstand auseinandersetzen.[112] Doch nur wenige Denkmäler in Wien erinnern so konkret und explizit an den bewaffneten Kampf gegen den Nationalsozialismus und den Beitrag der Partisan*innen an der Niederringung des Dritten Reichs. Die klaren Bezüge auf und die Stiftung durch Jugoslawien müssen dabei keine Hürde darstellen, allgemein an den Widerstand zu erinnern, zumal das Denkmal etliche Deutungen zulässt und der Denkmalstifter nicht mehr existiert. Das Denkmal eröffnet auch die Möglichkeit an den transnationalen, antifaschistischen Widerstand der Partisan*innen zu erinnern, über nationale, ethnische, religiöse, ideologische Zuschreibungen hinweg. Gerade das 1. Österreichische Freiheitsbataillon bietet sich dabei als Verbindungsglied an, wie von Ferdinand Lacina 1986 in seiner Rede schon erwähnt. Die Frage, wofür Partisan*innen gekämpft haben, ist bekanntlich umstritten. Klar ist, wogegen sie gekämpft haben: Gegen das nationalsozialistische Regime sowie gegen den kroatischen, deutschen, italienischen Faschismus.

10 Ausblick

Die Recherchen zur Genese des Denkmals konnte ich keineswegs zufriedenstellend abschließen, auf manche Fragen lassen sich nur vorläufige Antworten geben, manche bleiben vorerst unbeantwortet. Eine Recherche in Archiven in Ljubljana und Belgrad ist jedenfalls notwendig, ebenso eine Heranziehung der jugoslawischen Forschung zu Gefallenen und Opfern sowie der Literatur auf Slowenisch und BKS. Erste Schritte zur Instandsetzung des Denkmals wurden im Frühjahr 2023 seitens der zuständigen Stellen gesetzt.

---

112 Eine interaktive Karte der Erinnerung des eingangs erwähnten Projekts „Politics of Remembrance and the Transition of Public Spaces" (POREM) findet sich unter: www.porem.wien und www.geschichtewiki.wien.gv.at/Karte_der_Erinnerung [30. 1. 2023].

Literaturverzeichnis

Baum, Wilhelm/Gstettner, Peter (Hrsg.), Das Buch der Namen. Die Opfer des Nationalsozialismus in Kärnten, Klagenfurt/Celovec–Wien 2010.

Dokumentationsarchiv des österreichischen Widerstandes (Hrsg.), Gedenken und Mahnen in Wien 1934–1945. Gedenkstätten zu Widerstand und Verfolgung, Exil, Befreiung. Eine Dokumentation, bearbeitet von Herbert Exenberger, Heinz Arnberger und Claudia Kuretsidis-Haider, Wien 1998.

Dokumentationsarchiv des österreichischen Widerstandes (Hrsg.), Gedenken und Mahnen in Wien 1934–1945. Gedenkstätten zu Widerstand und Verfolgung, Exil, Befreiung. Ergänzungen I, Wien 2001.

Grünfelder, Anna Maria, Arbeitseinsatz für die Neuordnung Europas, Wien 2010.

Linasi, Marjan, Die Kärntner Partisanen. Der antifaschistische Widerstand im zweisprachigen Kärnten unter Berücksichtigung des slowenischen und jugoslawischen Widerstandes, Klagenfurt/Celovec 2013.

Malle, Augustin et al., Vermögensentzug, Rückstellung und Entschädigung am Beispiel von Angehörigen der slowenischen Minderheit, ihrer Verbände und Organisationen, Wien–München 2004 [= Veröffentlichungen der Österreichischen Historikerkommission. Vermögensentzug während der NS-Zeit sowie Rückstellungen und Entschädigungen seit 1945 in Österreich, Bd. 23/1].

Malle, Augustin, Widerstand unter schwersten Bedingungen. Kärntner Slowenen im Widerstand, in: Stefan Karner/Karl Duffek (Hrsg.), Widerstand in Österreich 1938–1945, Wien–Graz 2007 [= Veröffentlichungen des Ludwig-Boltzmann-Instituts für Kriegsfolgen-Forschung, Sonderbd. 7], S. 111–123.

Manoschek, Walter/Geldmacher, Thomas, Vergangenheitspolitik, in: Herbert Dachs et al. (Hrsg.), Politik in Österreich. Das Handbuch, Wien 2006, S. 577–593.

Neugebauer, Wolfgang, Vorwort. Zur Bedeutung des slowenischen Widerstandes in Kärnten, in: Dokumentationsarchiv des österreichischen Widerstandes/Klub Prežihov/Institut za proučevanje prostora Alpe-Jadran (Hrsg.), Spurensuche. Erzählte Geschichte der Kärntner Slowenen, Wien 1990, S. 7–8.

Neugebauer, Wolfgang, Der österreichische Widerstand 1938–1945, Wien 2008.

Politics of Remembrance and the Transition of Public Spaces (POREM). porem.univie.ac.at [30. 1. 2023].

Rettl, Lisa, PartisanInnendenkmäler, Innsbruck 2006.

Sturm, Borut Marjan/Zorec, Črtomir, Padlim za Svobodo/Den Gefallenen für die Freiheit, Klagenfurt/Celovec 1987.

Weinert, Willi, Mich könnt ihr löschen, aber nicht das Feuer, 3. Aufl., Wien 2011.

Wiesinger, Barbara N., Partisaninnen. Widerstand in Jugoslawien (1941–1945), Wien–Köln–Weimar 2008 [= L'Homme. Reihe zur Feministischen Geschichtswissenschaft, Schriften, Bd. 17].

Uwe Meusel

Evi Bodo – der Kinderstar aus Wien

Evi Bodo war ein Wiener Mädchen jüdischer Herkunft mit einem außergewöhnlichen Gesangs- und Tanztalent.[1] Ihr bürgerlicher Name lautete Eva Bodenstein.[2] Ihre Mutter Margarete Bodenstein wurde am 15. März 1901 in Wien als Tochter von Deborah und Eduard Goldhammer geboren. Ihre Schwestern hießen Gertrud, Lilli und Alma Goldhammer. Evis Vater Moritz Bodenstein, geboren am 21. April 1889 in Wien, war der Sohn von Josefine und Otto Siegfried Bodenstein, seine Schwester hieß Charlotte. Moritz Bodenstein war Kaufmann und gründete im November 1913 zusammen mit G. Jakob Fluß die Firma Fluß & Bodenstein, einen Großhandel für Fette und Öle im 9. Bezirk, Nußdorfer Straße 60. 1927 heiratete er Margarete Goldhammer im Wiener Stadttempel. 1930/1931 fungierte Moritz Bodenstein zusammen mit Fritz Reitler als Geschäftsführer der „Colorit Schallplatten Gesellschaft" in der Neutorgasse 17, 1. Bezirk, die im Juli 1931 liquidiert werden musste.

Eva Bodenstein wurde am 23. Februar 1929 in Wien geboren. Im 4. Bezirk besuchte sie die Volksschule in der Pressgasse 24 bzw. in der Waltergasse 16, wohin die Schule 1937 übersiedelte. Mit ihren Eltern lebte sie in der Pressgasse 1. Evi wuchs offenbar in einem musikalischen Haushalt auf, lernte von klein auf Ballett und Stepptanz bei Bianka Schönfeld und nahm Unterricht bei der bekannten Gesangslehrerin Maria Brossement[3], die auch die Opernsängerin Lotte Lehmann ausgebildet hatte. Als Erstklässlerin hatte Eva Bodenstein – sie trat von Anfang an unter dem Künstlernamen Evi Bodo auf – einen ersten Erfolg im Wiener Ronacher-Theater, wo sie das Publikum mit ihrem Lied vom „Juchuhüterl" begeisterte. Evi entwickelte ihr Bühnenhandwerk am Kinderseminar der Schauspielerin Erika Dannbacher[4] weiter, die speziell für Kinder Theaterproduktionen inszenierte und im Volksmund als „Märchentante" bekannt war. Evi trat bald auch solistisch in Erscheinung. Am Samstag, den 5. Dezember 1936, fand im großen Saal des Wiener Konzerthauses eine „Nikolo-Feier" der Tageszeitung „Neues Wiener Journal" statt. Ein Programmpunkt hieß: „Evi Bodo singt und tanzt im Puppenladen (Zusammenstellung: Blanka Krasnopolska)".[5]

---

1 Der Aufsatz ist Teil der bevorstehenden englischsprachigen Publikation „The Sound of Tap – Tap Dancing on Record – Volume 1: The Swing Years 1926–1945". Der Autor publizierte zum Thema bereits in diversen deutschsprachigen Fachzeitschriften und Foren. Für das Jahrbuch 2023 des DÖW wurde der Text nochmals überarbeitet und mit zahlreichen biografischen Informationen zu den im Text Genannten ergänzt. Ohne die freundliche Unterstützung von Mitarbeiter*innen des Wiener Stadt- und Landesarchivs (WStLA), des Wiener Theatermuseums und der Historikerin Claudia Kuretsidis-Haider vom Dokumentationsarchiv des österreichischen Widerstandes wäre dies nicht möglich gewesen.
2 Die biografischen Daten der Familie Bodenstein wurden recherchiert in www.genteam.at, www.geni.com und www.filae.com. Alle Interneteinträge dieses Beitrages wurden am 17. 2. 2023 überprüft.
3 biografia.sabiado.at/brossement-maria
4 biografia.sabiado.at/dannbacher-erika
5 konzerthaus.at/concert/eventid/11408

https://doi.org/10.1515/9783111323701-004

Am 6. Januar 1937 schrieb die Kleine Volkszeitung in Wien:

> Direktor Bachmeier hat für die österreichische Uraufführung der Operette Rosemarie, die er am 16. Januar im Stadttheater herausbringt, ein Theaterkind entdeckt. Die sechsjährige Evi Bodo soll eine wienerische Ausgabe der Shirley Temple[6] sein, erstaunlich gut singen und tanzen können und überhaupt ungewöhnliche künstlerische Fähigkeiten haben.[7]

„Rose-Marie"[8] war eine überaus erfolgreiche Operette aus dem Jahr 1924 mit Musik von Rudolf Friml[9] und Herbert Stothart[10] und Text von Otto Harbach[11] und Oscar Hammerstein II[12]. Die Operette hatte weltweit bereits über 15.000 Aufführungen erlebt und war gerade das zweite Mal verfilmt worden. Eine Woche später, am 13. Januar, berichtete die Kleine Volkszeitung euphorisch von den Proben:

> [...] und noch das Kleinchen Evi Bodo, von dem man nicht zu viel sagt, wenn man es die Wiener Shirley Temple nennt. Dass man mit sechs Jahren sein Debüt feiert, wird einem jedermann glauben, dass dieses Kindchen zum ersten Mal auf den Brettern steht, wird kaum jemand glauben, und dennoch ist es so. Diese Degagiertheit! Dieses liebe- und verständnisvoll geführte Stimmchen, dieses unerhört sichere Steppen.[13]

Am 16. Januar 1937 fand die Wiener Premiere von Rosemarie mit 250 Mitwirkenden und 300 Kostümen statt. Neben Evi Bodo spielten unter der musikalischen Leitung des Komponisten Heinrich Krips[14] die Soubrette und Operettensängerin Rita Georg[15], der

---

6 Shirley Jane Temple (1928–2014) war eine US-amerikanische Schauspielerin, Sängerin, Tänzerin und Diplomatin. Sie war eine der erfolgreichsten Kinderdarstellerinnen der Filmgeschichte. Nach dem Ende ihrer künstlerischen Karriere war sie US-Botschafterin in Ghana und der Tschechoslowakei.
7 Kleine Volkszeitung, 16. 1. 1937, S. 15.
8 www.concordtheatricals.de/rose-marie.html
9 www.britannica.com/biography/Rudolf-Friml
10 www.allmusic.com/artist/herbert-stothart-mn0000679777
11 www.songhall.org/profile/Otto_Harbach
12 www.britannica.com/biography/Oscar-Hammerstein-II
13 Kleine Volkszeitung, 13. 1. 1937, S. 7.
14 Später Henry Krips (1912–1987). Nach dem „Anschluss" im März 1938 aufgrund der Nürnberger Gesetze verfolgt, gelang Krips die Flucht nach Australien. Siehe Marta Halpert, Bis nach Down Under. Die Krips-Familie oder ein ganz einfacher jüdischer Lebenslauf aus dem Wien vor 1938 und die weit verzweigten Wege danach. www.wina-magazin.at/bis-nach-down-under
15 Rita Georg (1900–1973) durfte ab 1933 aus politischen Gründen nicht mehr in Deutschland auftreten und hatte in den folgenden Jahren zahlreiche Engagements in Frankreich, der Schweiz, in der UdSSR und in Schweden. 1938 emigrierte sie in die Niederlande. Nach der Befreiung durch die Alliierten kehrte sie kurzfristig nach Wien zurück und lebte später in Kanada. biografia.sabiado.at/georg-rita

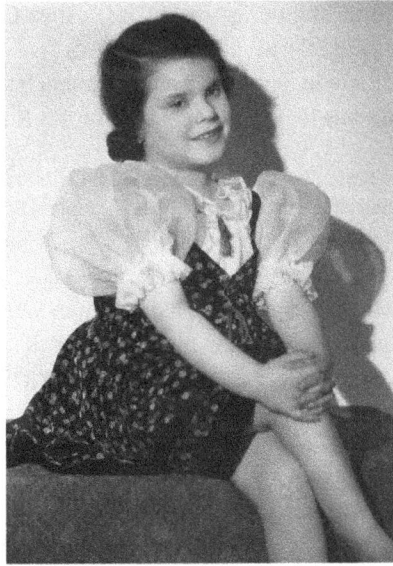

Abb. 1–3: Evi Bodo vor 1938. © KHM-Museumsverband, Theatermuseum, Wien.

Sänger und Komponist Josef Graf[16], Inez Casserini[17], die Schauspielerin Maria West[18], die Tanzkünstlerin Sonja Lewkowa[19], der Schauspieler und Operettenbuffo Fritz Steiner[20] sowie der Schauspieler Hans Fleischmann. Die Tageszeitung Der Wiener Tag bejubelte am 19. Januar den Auftritt des Kinderstars:

> Eine besondere Überraschung ist Evi Bodo: sie tanzt und singt und plappert wie eine Große, die ein kleiner Star sein möchte. Shirley Temple würde zerspringen, wenn sie sähe, wie ihr diese kleine Dame ihre Rolle wegspielt.[21]

In der Mittagausgabe Nr. 15 des Neuen Wiener Tagblatt vom 20. Januar erschien unter der Rubrik „Der bissige Bleistift" eine Karikatur des Illustrators Bil Spira[22] mit dem Titel: „Zur Premiere von Rosemarie – Fritz Steiner und die kleine Evi Bodo".

Der Erfolg der siebenjährigen Evi Bodo fiel der Columbia Schallplattengesellschaft in Österreich auf, und sie wurde mit einem zweijährigen Plattenvertrag ausgestattet. Schon im Februar 1937 nahm Evi ihre ersten vier Lieder mit Kinderchor und Orchester auf: „Auf dem Spielplatz"[23] und „Hinaus ins Freie"[24] sowie „Bei der Jause"[25] und „Von Kinderherz und Vaterland"[26]. Die Kinderlieder-Medleys wurden von Josef Drexler arrangiert, einem Schullehrer, der Anfang der 1930er Jahre als Kapellmeister des

---

16 Josef Graf (1904–1984) wurde 1940 in die Deutsche Wehrmacht eingezogen und geriet in Rumänien in sowjetische Kriegsgefangenschaft, von der er 1947 nach Wien zurückkehrte. www.musiklexikon.ac.at/ml/musik_G/Graf_Josef.xml

17 www.kulturpool.at/plugins/kulturpool/showitem.action?itemId=64424622495&kupoContext=default

18 Später Maria West-Crone (1900–1990). Von der nationalsozialistischen Reichsfilmkammer auf eine „Judenliste" gesetzt und als „gefährlich" eingestuft musste sie nach Dänemark flüchten. biografia.sabiado.at/west-maria

19 www.theatermuseum.at/online-sammlung/detail/821985

20 Der in Sachsen geborene Fritz Steiner (1913–1977) wurde aufgrund seiner jüdischen Vorfahren verfolgt und floh 1933 in die Tschechoslowakei, wo er der kommunistischen Partei beitrat und eine Jüdin heiratete, deretwegen er zum mosaischen Glauben konvertierte. Nach dem Tod seiner Frau heiratete er ein weiteres Mal. Er wurde zur Gestapo vorgeladen und seine Gattin der „Rassenschande" bezichtigt. Dem Ehepaar gelang die Flucht in die Schweiz, wo Steiner in einem Lager interniert wurde. 1945 kehrte er mit seiner Frau nach Deutschland zurück und trat der KPD bei. theaterarchiv-dresden.de/fritz_steiner.html

21 Der Wiener Tag, 19. 1. 1937, S. 8.

22 Bil Spira (1913–1999) wurde nach dem „Anschluss" im März 1938 inhaftiert. Danach gelang ihm die Flucht nach Frankreich, wo er unter dem Pseudonym Bil Freier als Zeichner tätig war. Nach dem Beginn des Zweiten Weltkrieges wurde Spira 1939 als feindlicher Ausländer interniert und musste in einer Waffenfabrik arbeiten. Er floh nach Südfrankreich, wo er Pässe und Visa für Flüchtlinge fälschte. 1941 wurde er im Internierungslager Le Vernet inhaftiert und im September 1942 an Deutschland ausgeliefert. Er überlebte Außenlager der Konzentrationslager Auschwitz und Buchenwald und wurde 1945 in Theresienstadt befreit. www.juedische-allgemeine.de/kultur/bil-spira

23 www.youtube.com/watch?v=mGYOUuitkLQ

24 www.youtube.com/watch?v=eK5VJeaiPZs

25 www.youtube.com/watch?v=JlVDfRKMN2Y

26 www.youtube.com/watch?v=9RQTh7LHC24

Bohème-Quartetts[27] in Wien große Erfolge gefeiert hatte und der vermutlich auch das Orchester vom Klavier aus leitete. Diese vier Aufnahmen wurden regelmäßig im Radio gespielt. Evi wirkte in weiterer Folge im Programm „Rendezvous am Broadway" mit, das am 6. März 1937 im Verein Ferienheim aufgeführt wurde. Durchs Programm führte die Leiterin des Kabaretts „Kleinkunst in den Colonnaden" Renée von Bronneck[28].

Abb. 4: Die österreichische Columbia Schallplattengesellschaft stattete die siebenjährige Evi Bodo mit einem zweijährigen Plattenvertrag aus.
Uwe Meusel privat.

Am 17. August 1937 nahm die mittlerweile achtjährige Evi an einer „Akademie der Jüngsten" teil, die als Talenteshow viel Aufmerksamkeit hervorrief. Veranstalter und Direktor Hugo Urban vom Filmverband „Austria" hatte in den Wiedhalm-Garten im Helenental in der Nähe der Kurstadt Baden bei Wien eingeladen. Dazu hieß es in der Badener Zeitung vom 21. August:

---

27 musiklexikon.ac.at/ml/musik_B/Boheme-Quartett.xml
28 Siehe: Herbert Exenberger, Walter Lindenbaum – ein jüdisches Schicksal, in: Walter Lindenbaum, Von Sehnsucht wird man hier nicht fett. Texte aus einem jüdischen Leben, hrsg. v. Herbert Exenberger u. Eckart Früh, Wien 1998, S. 11–23, hier S. 4. www.doew.at/cms/download/c7gvl/exenberger_linden-baum.pdf

Es war erstaunlich, auf welcher Höhe die Leistungen der Vier- bis Vierzehnjährigen standen, mehrere von diesen schon in der Staatsoper und anderen Wiener Theatern engagiert. [...] Besondere Erwähnung verdient aber auch Kapellmeister Oskar Heintze, der seinen kleinen Schutzbefohlenen ein liebevoller und diskreter Begleiter am Flügel war. Das zahlreiche Publikum, überrascht und entzückt, spendete reichlich Beifall.[29]

Ende August 1937 erhielt Evi Bodo von Columbia die Möglichkeit, mit Kapellmeister Heinz Sandauer[30], der gerade das Wiener Rundfunkorchester gegründet hatte, zwei Titel aufzunehmen, die sie nicht nur als Sängerin, sondern auch stepptanzend präsentierte: „Kinderball bei Shirley"[31] – als Beitrag zur Shirley Temple-Welle, die auch Wien erfasst hatte – und „Heut bin ich so gut aufgelegt"[32]. Ihr Stepptanz im mittleren Swing-Tempo ist in den Tonaufnahmen klar und deutlich zu hören. Evi Bodo war mit ihren sechs Titeln nun öfter im Radio vertreten und sie wurde ab und zu auch zu Live-Sendungen eingeladen, wenn sie die Erlaubnis ihrer Schule dazu bekam. Trotz ihres Erfolges wurden von Columbia allerdings keine weiteren Aufnahmen mehr gemacht. Am 13. November 1937 gab es einen „Bunten Abend" in der Volkshochschule Ottakring, bei dem Evi als „der kleine Columbia-Star" angekündigt wurde. Außerdem traten der Burgschauspieler Richard Eybner, „das heitere Mandl-Quartett", „das Wiener Schubertbund-Duett" sowie der Tänzer Gerth Valentin und die nach 1945 als Schauspielerin bekannte Mizzi Tesar auf.

Vom 11. bis 26. Dezember 1937 spielte Evi Bodo schließlich mit dem „Theater für junge Leute" im Theater an der Wien die Hauptrolle im Weihnachtsstück „Wir spielen Max und Moritz". Der Regisseur Hans Burger[33] hatte Texte von Wilhelm Busch mit einer Rahmengeschichte versehen. Die Musik wurde von Gino Smart[34] komponiert. Evi spielte „Helene", die sich mit ihren Weihnachtsgästen die Zeit bis zur Bescherung vertrieb, indem sie zusammen einzelne Szenen aus „Max und Moritz" nachspielten. Ein Kritiker der Zeitschrift Der Wiener Tag schwärmte am 15. Dezember:

Frei von allen Staralüren bewegt sich diese hochbegabte Siebenjährige [recte: Achtjährige] (deren Stimme bereits auf Schallplatten zu hören ist) auf der Bühne. Das kleine Mädchen, das bereits im

---

29 Badener Zeitung, 21. 8. 1937, S. 3.

30 musik-austria.at/mensch/heinz-sandauer

31 www.youtube.com/watch?v=Qt1eIv_HlH4

32 www.youtube.com/watch?v=pfsHPmhtanE

33 Auch Hanuš Burger (1909–1990). Der Theater-, Film- und Fernseh-Regisseur, Dramaturg und Autor flüchtete 1938 vor den Nationalsozialisten aus der Tschechoslowakei über Frankreich in die USA. Nach seinem Eintritt in die US-Army wirkte er bei einem von den Amerikanern betriebenen Propagandasender in Luxemburg mit. Unmittelbar nach Kriegsende führte er im Film „Die Todesmühlen" Regie (englisch: Death Mills unter der Regie von Billy Wilder), dem ersten durch die USA produzierten Dokumentarfilm über die Konzentrationslager. www.defa-stiftung.de/defa/biografien/kuenstlerin/hanus-burger

34 Der als Gino Schmerz (1911–1959) geborene Pianist, Dirigent, Komponist und Arrangeur musste 1938 nach Shanghai flüchten. www.musiklexikon.ac.at/ml/musik_S/Smart_Gino.xml

Stadttheater in ‚Rosemarie‘ auffiel, singt, tanzt und steppt mit bezaubernder natürlicher Grazie. Hoffentlich wird man sie nicht zum Wunderkind hochzüchten wollen.[35]

Das Neue Wiener Tagblatt schrieb am 24. Dezember in seiner Abendausgabe: „Evi Bodo war ein putziger, herziger, degagiert sprechender und tanzender ‚Fratz‘ von sieben [recte: acht] Jahren. [...] Dem jugendlichen Publikum hat‘s sehr gefallen.“[36]

Am 8. Januar 1938 trat Evi unter anderen mit der Sängerin Christl Giampietro[37] und dem Zauberkünstler Alfred Keller bei einem vom Verein „Volkshochschule Wien Volksheim“ organisierten Bunten Abend auf. Die künstlerische Leitung hatte Dr. Otto Götz[38]. Doch die kommenden politischen Umwälzungen warfen ihre Schatten voraus. Zweimal konnte Evi Bodo noch auftreten, allerdings nur mehr innerhalb der jüdischen Gemeinde. Die Wiener Zeitschrift Die Stimme berichtete in ihrer Ausgabe vom Freitag, dem 21. Jänner 1938:

> Vorigen Sonntag fand im Festsaale des Hotel Post die diesjährige Chamischa-Assar-Feier des Jüdisch-Kulturellen Elternbundes vor gänzlich ausverkauftem Hause statt. Für das Fest stellten sich die Tanzgruppe der Turn- und Gymnastikschule Else Scharf, Klaviervirtuosin Hertha Fischer, Willy Warrik, Martin Tossi, die kleine Evi Bode [sic], Kurt Spiegler, Alexander Grünberg, die Sängergruppe des Chordirigenten Heimann und Hilda Dulitzkaja[39] in uneigennütziger Weise zur Verfügung. Nach Begrüßung durch den Obmann des Jüdisch-Kulturellen Elternbundes, Dr. Isidor Klaber, hielt Dr. A. Weiner eine großangelegte Festrede, in der es unter anderem hieß: ‚Wir können erhobenen Hauptes sagen: So, wie wir uns nach der Natur und der Arbeit auf dem Boden Erez-Israels sehnen, so lieben wir die Natur und ehren wir den Boden des Vaterlandes, in dem wir wohnen. Und so, wie wir von ganzem Herzen wünschen, dass das Land unserer Väter in neuer Herrlichkeit erblühe, so wünschen wir uns von ganzem Herzen, dass unser Vaterland Österreich stark und frei sein, blühen und gedeihen möge. Der gläubige Jude richtet in seinem Sinne keine Scheidewand auf zwischen Land und Land oder Volk und Volk, sondern vereinigt in seinem Herzen die Liebe zu seinem faktischen Vaterlande mit der Liebe zum Lande seiner Väter und seiner Zukunft.‘ Sodann wurde das unter künstlerischer Leitung von Simon Advokat stehende Programm durchgeführt.[40]

Erwähnt wird die Mitwirkung von Evi Bodo letztmalig bei einer „Zionistischen Veranstaltung“ am 19. Februar 1938, einem Gesellschaftsabend in der Stuwerstraße 1 nahe dem Prater. In der März-Ausgabe der Wiener Musik- und Theaterzeitung Tonfilm, Theater, Tanz war dann auf Seite 13 zu lesen:

> Die 8-jährige Evi Bodo, die jüngste Soubrette Österreichs, bei uns durch ihre Schallplatten und ihre Akademien bestens bekannt, wird demnächst eine größere Tournee in die nordischen Staaten

---

35 Der Wiener Tag, 15. 12. 1937, S. 9.
36 Neues Wiener Abendblatt – Abendausgabe des Neuen Wiener Tagblattes, 24. 12. 1937, S. 4.
37 Christl Giampietro (1888–1974) floh nach dem „Anschluss“ im März 1938 mit ihrem Ehemann Ernst Falk in die Niederlande und von dort in die Schweiz. Falk wurde nach Auschwitz deportiert und ermordet. biografia.sabiado.at/giampietro-christl
38 www.musiklexikon.ac.at/ml/musik_G/Goetz_Ehepaar.xml
39 biografia.sabiado.at/dulitzkaja-hilda
40 Die Stimme, 21. 1. 1938.

unternehmen. Wir wünschen der kleinen Künstlerin, die nicht nur eine entzückende Singstimme hat, sondern auch schon bravourös steppt, viel Erfolg.[41]

Ein ähnlicher Pressetext findet sich auf der Rückseite von drei Bildern, die Evi Bodo 1937 vom Atelier Willinger in Wien anfertigen ließ und die sich heute im Theatermuseum Wien befinden. Dort heißt es unter der Überschrift „Jüngste Wiener Artistin geht ins Ausland":

> Die 8-jährige Evi Bodo, die jüngste mit Erfolg geprüfte Wiener Artistin, die bei der Gewerkschaft als einzige ‚Miniatur-Soubrette' Wiens geführt wird, macht eine Skandinavien-Tournee. Für die kleine Künstlerin, die bereits mit einer der größten Schallplattenfirmen der Welt einen Zweijahresvertrag hat, fließend Englisch spricht, Fußspitzen tanzen kann, steppt und singt, interessiert sich eine der bekanntesten amerikanischen Filmproduktionen, sodass möglicherweise eine Wienerin Kinderfilmstar in Hollywood wird.[42]

Wahrscheinlich verbrachte Evi die folgende Zeit tatsächlich mit ihren Eltern in Skandinavien. Anfang 1939 absolvierte sie jedenfalls in Paris einen Auftritt und erlangte rasch einen gewissen Bekanntheitsgrad. Die deutschsprachige Exilzeitung Pariser Tageszeitung berichtete über ihre Aktivitäten.[43] Im Januar 1939 trat Evi in der „Mélodie Viennoise", einem Kabarett-Restaurant in der Rue Beaujolais 5, zusammen mit den Komikern Franz Engel[44] und Erwin Saldern[45] in einem Programm mit dem Titel „Schaut her, wir sind's" auf. Das Trio war eine beliebte Attraktion im Restaurant und im Februar 1939 hieß ihr neues Programm: „Herz ist kaputt". Im März 1939, kurz nach Evis zehntem Geburtstag, kamen der Schauspieler Fred Berger[46] und der Kabarettist Karl Farkas[47] dazu und sie gründeten das Kabarett-Ensemble „Vienne à Paris"[48], das im Théâtre des Capucines in Paris auftrat. Ende des Monats kehrten Evi und ihr Ensemble mit dem Programm „Kaufhaus des Lachens" zur „Mélodie Viennoise" zurück. Im Pariser Tageblatt

---

41 Tonfilm, Theater, Tanz, März 1938, S. 13.
42 www.theatermuseum.at/online-sammlung/detail/513411
43 Die Deutsche Nationalbibliothek bietet eine Online-Version des Pariser Tageblatts an: www.dnb.de/ DE/Sammlungen/DEA/Exilpresse/_content/pariserTageszeitung.html?nn=57142
44 Franz Engel (geb. 16. 9. 1898) flüchtete nach dem „Anschluss" im März 1938 nach Paris, später in die Niederlande, wo er nach der deutschen Besetzung im Durchgangslager Westerbork interniert wurde, in der Folge nach Theresienstadt und Auschwitz deportiert und am 16. Oktober 1944 ermordet wurde. www.kabarettarchiv.at/Biografie-Franz-Engel; DÖW-Datenbank der Shoah-Opfer www.doew.at
45 Erwin Saldern (1895–1955) floh nach dem „Anschluss" im März 1938 nach Frankreich und 1940 weiter nach Großbritannien. 1945 kehrte er nach Österreich zurück. teplitz-theatre.net/saldern-erwin
46 Frithjof Trapp/Bärbel Schräder/Dieter Wenk/Ingrid Maaß (Hrsg.), Biographisches Lexikon der Theaterkünstler, Teil 1 A–K, München 1999, S. 71.
47 Karl Farkas (1893–1971) floh am 17. März 1938 über die Tschechoslowakei, Frankreich, Spanien und Portugal in die USA. 1946 kehrte er nach Österreich zurück. www.kabarettarchiv.at/Biografie-Karl-Farkas
48 www.kabarettarchiv.at/Biografie-Franz-Engel

vom 1. April 1939 hieß es dazu: „Evi Bode, das Wunderkind, tanzt wie eine Rokoko-Puppe am Klavier und singt sich in jedes Herz".

Ende April war „Vienne à Paris" mit Evi Bodo dann erneut im Théâtre des Capucines zu sehen, und zwar mit dem Programm „Paris Alles Aussteigen". Im Mai wurde das Theater für kurze Zeit geschlossen und als „Club Allemande" wiedereröffnet. Im Juni und Juli spielten Evi und das Ensemble dort in „Alles Für Sie", und ab August hieß das Programm: „Wir Sind Crazy". Hier enden die Berichte in der Presse über Evis Aktivitäten. Am 3. September 1939 erklärte Frankreich, aufgrund seiner Garantieerklärung für Polen, Deutschland den Krieg und die französische Regierung ordnete an, alle in Frankreich lebenden Deutschen und ÖsterreicherInnen zu internieren.

Um der Internierung zu entgehen, floh Evi mit ihren Eltern nach Südfrankreich, wo viele Jüdinnen und Juden aus Mitteleuropa Zuflucht suchten. Womit sie dort zu Beginn des Krieges ihren Lebensunterhalt bestritten, ist nicht bekannt. Vom 10. März bis September 1943 war die Region um Nizza von Italien besetzt. Als ab dem 8. September 1943 das Gebiet in deutsche Hände fiel, versteckte sich Evi mit ihren Eltern unter dem Namen „Bernard" in St. André-Les Alpes in der Provence. Sie bewohnten – in der ständigen Lebensgefahr, von der Gestapo entdeckt zu werden – außerhalb von St. André eine Hütte ohne Wasser und Licht, die auf einer Anhöhe gelegen als Werkzeugdepot diente. Am 28. August 1944 beendete die Résistance die deutsche Herrschaft in Nizza und die Familie Bodenstein konnte Ende September die Hütte wieder verlassen.[49] Ob sie nach dem Ende der NS-Herrschaft noch einmal nach Wien zurückkehrten, ist nicht bekannt. Laut der österreichischen Tageszeitung Neues Österreich vom 19. Juni 1945 wurden ihre Schallplatten wieder im Wiener Rundfunk gespielt.

Die Bodensteins beantragten in weiterer Folge die französische Staatsbürgerschaft. Am 6. April 1948 wurde Lotte Bodenstein, die Schwester von Moritz Bodenstein, eingebürgert. Am 5. November 1950 erhielt Eva Bodenstein ihre Dokumente. Ihr Vater, der sich nun Maurice nannte, und ihre Mutter Margarete beantragten die französische Staatsbürgerschaft kurz darauf am 5. Januar 1951. Ob Eva weiterhin künstlerisch tätig war, ist nicht dokumentiert. 1958 lautete ihre Adresse Paris, 3 Rue Mayran. Am 29. März flog sie von dort nach New York, mit einer Aufenthaltserlaubnis bis 30. April 1958, jedoch ist über den Zweck der Reise nichts bekannt. 1962 waren die Bodensteins schließlich in Nizza in 15 Rue de France gemeldet. 1967 suchte die Familie in Wien um Entschädigung im Rahmen der Opferfürsorge für Opfer des Nationalsozialismus an und erhielt einen positiven Bescheid. Dabei gab Eva an, inzwischen geheiratet zu haben und nunmehr den Namen Gréau zu tragen.[50] Dann verliert sich ihre Spur. Evas Vater verstarb am 10. Juni 1978 in Nizza.[51]

---

49 WStLA Serie 1.3.2.208.A36, Opferfürsorgeakt Maurice Bodenstein; DÖW 20.000/B456, Opferfürsorgeakt Eva Bodenstein; sowie DÖW 20.000/B455, Opferfürsorgeakt Margarete Bodenstein (Kopie, Originalarchiv WStLA).
50 Ebenda.
51 Auskunft Etat Civil de Nice (Mairie de Nice).

Literaturverzeichnis

Exenberger, Herbert, Walter Lindenbaum – ein jüdisches Schicksal, in: Walter Lindenbaum, Von Sehnsucht wird man hier nicht fett. Texte aus einem jüdischen Leben, hrsg. v. Herbert Exenberger und Eckart Früh, Wien 1998, S. 11–23, hier S. 4. www.doew.at/cms/download/c7gvl/exenberger_lindenbaum.pdf [17. 2. 2023].

Halpert, Marta, Bis nach Down Under. Die Krips-Familie oder ein ganz einfacher jüdischer Lebenslauf aus dem Wien vor 1938 und die weit verzweigten Wege danach. www.wina-magazin.at/bis-nach-down-under [17. 2. 2023].

Trapp, Frithjof/Schräder, Bärbel/Wenk, Dieter/Maaß, Ingrid (Hrsg.), Biographisches Lexikon der Theater-künstler, Teil 1 A-K, München 1999.

Peter Steinbach

Widerstand gegen den Nationalsozialismus – eine Grundlage demokratischer Menschenrechtserziehung

Die Geschichte des Widerstands gegen den Nationalsozialismus gehört zu den wichtigsten Narrativen einer demokratischen Gesellschaft. Denn die Demokratie ist nach der nationalsozialistischen Herrschaft durch die Befreiung von außen, durch alliierte Truppen, etabliert worden. Zunächst gab es Widerstände, diese Ordnung innerlich, von ganzem Herzen, zu akzeptieren, denn die Regimegegner und -gegnerinnen, die gegen die Diktatur innen und von außen gekämpft hatten, standen zunächst den Vertretern und Vertreterinnen der beharrenden, der alten und nicht zuletzt historisch uneinsichtigen gesellschaftlichen Kräfte gegenüber. Die Anerkennung des Widerstands war dabei das Ergebnis eines langen Prozesses. Er korrigierte nicht nur das überkommene Geschichtsbild nationalistischer Gesellschaftskreise, sondern etablierte in den Auseinandersetzungen mit den beharrlichen Vorbehalten gegenüber der Demokratie nicht zuletzt jene Prinzipien, die sich auf Menschenrechte, Begrenzung der Staatsgewalt und Berufung auf das Recht zum Widerstand beriefen.

In der unmittelbaren Nachkriegszeit ging es um Selbstentlastung und Selbsterklärung, zunächst nicht um Aufarbeitung der Vergangenheit im Sinne Adornos.[1] Die Entnazifizierung unterstützte die individuelle Selbst(v)erklärung durch „Persilscheine", durch die Behauptung, jede Auflehnung sei angesichts des drohenden Gestapo-Terrors mit dem Tode bestraft worden, schließlich durch den Hinweis auf die Allmacht und Allgegenwärtigkeit der Gestapo, auf Eid und Verantwortung gegenüber den eigenen Angehörigen. Die Anerkennung der mörderischen Realität des NS-Staates, der Makroverbrechen veranlasst hatte, wurde hingegen geradezu verweigert, in – wie Hannah Arendt damals feststellte – Meinungen aufgelöst.[2] Erst seit den späten fünfziger und frühen sechziger Jahren, mit den NS-Strafverfahren, mit Eichmann- und Auschwitz-Prozess, wuchs die Bereitschaft einer wachsenden Zahl, sich der Vergangenheit zu stellen. Vor allem die Verjährungsdebatten der sechziger und siebziger Jahre veränderten die Grundstrukturen geschichtspolitisch relevanter Kommunikation.

Es dauerte in der Bundesrepublik auf den Tag genau vierzig Jahre, bis Richard von Weizsäcker als Bundespräsident die NS-Epoche nicht mehr entlastend deutete. Mehr als zehn Jahre später wurde 1996 der 27. Januar als Jahrestag der Befreiung des Vernichtungslagers Auschwitz zum Gedenktag, um alle Opfer der NS-Zeit in den Blick der Nachlebenden zu rücken. Selbstkritische Reflexionen waren nun nicht mehr die Ausnahme,

---

1 Theodor W. Adorno, Eingriffe. Neun kritische Modelle, Frankfurt/M. 1963; Theodor W. Adorno, Ohne Leitbild. Parva Aesthetica, Frankfurt/M. 1967.
2 Hannah Arendt, Organisierte Schuld, in: Hannah Arendt, Die verborgene Tradition. Acht Essays. Frankfurt/M. 1976.

sondern die Regel, trotz häufiger Versuche, den Kurs deutscher Gedenk- und Erinnerungspolitik zu verändern. Dies machten der Historikerstreit, die Goldhagen-Debatte, der Streit um Martin Walsers Frankfurter Rede, um Sebastian Haffners „Anmerkungen zu Hitler" und jüngst die Kritik der Behauptungen einiger Funktionäre der „Alternative für Deutschland" (AfD) deutlich.

Wenn Auschwitz, wie vor einigen Jahren ein bundesdeutscher Sozialminister behauptete, auch an der Ostfront „verteidigt" und auf diese Weise ermöglicht wurde, dann zeigte diese Bemerkung, wie sich seit den siebziger Jahren die Bewertungsmaßstäbe von Verhalten und Haltung der Menschen im NS-Staat verwandelt hatten. Das musste auch Folgen für die Bewertung widerständigen Verhaltens haben. Immer häufiger wurde betont, dass Regimegegner und -gegnerinnen in die nationalsozialistische Politik verstrickt gewesen seien, mithin schuldig geworden wären. In der Regel reichte eine moralisch scharfkantige Verstrickungsthese, um ein Verdikt zu fällen.

„Leben heißt schuldig werden", schrieb einer der bekanntesten Freiburger Widerständigen, der heute fast vergessene Schriftsteller Reinhold Schneider.[3] So gesehen, gibt es vermutlich für keinen Zeitgenossen, der im Dritten Reich lebte, das berühmte „Alibi"[4], das sich unmittelbar nach seiner Befreiung aus der Lagerhaft der führende Vertreter der Bekennenden Kirche Martin Niemöller abverlangt hatte. Jaspers hatte erstmals „Schuld" differenziert und dabei auch Schuldige benannt, die nicht unmittelbar an Verbrechen der Nationalsozialisten beteiligt waren.

Damit begründete er die Gewichtung von Schuld. Andererseits sind „Schuld", „Versagen", „Verantwortung" ebenso zu differenzieren wie „Widerstand", denn wenn alle in gleicher Weise in die NS-Zeit verstrickt waren, bedeutet dies nicht, dass sie alle in gleicher Weise schuldig geworden oder ihrer Verantwortung ausgewichen sind bzw. generell versagt haben? Wie lassen sich dann angemessene Kriterien finden, die Verhalten beschreiben und bewerten? Bezeichnet moralisches Versagen auf der einen, die aktive und tatsächliche Beteiligung an nationalsozialistischen Gewaltverbrechen auf der anderen Seite nicht einen Spannungsbogen, der reflexiv im Nachhinein, mithin erst in der Rückschau aufzulösen ist? Lässt sich Widerstand als Reaktion auf die Bezweiflung der Würde des Menschen erklären? Zog Widerstand Kraft aus der Bereitschaft, Mitmenschlichkeit auch stellvertretend für jene zu praktizieren, die dazu nicht in der Lage waren? Erklärt sich Widerstand aus dem Willen zur Verteidigung von Ordnungsprinzipien des freiheitlichen Verfassungsstaates und verweist so auf die Zukunft einer menschenwürdigen Ordnung? Stellt er nicht ein Zeichen der konsequenten Verteidigung von Freiheit und Menschenwürde dar und spiegelt das Bekenntnis zum politischen Pluralismus und zur Toleranz?

Wenn Widerstand auf das Ziel verweist, durch Diktaturen verdrängte, aus den „Herzen der Mitbürger" (so Helmuth James Graf von Moltke in einem Brief an seine

---

3 Vgl. Hans Maier, Nach fünfzig Jahren. Zu Reinhold Schneiders Leben und Werk. Vortrag 2008, auf: http://hhmaier.de/?page_id=20 [19. 3. 2017].
4 Martin Niemöller, Der Weg ins Freie, in: Martin Niemöller, Reden 1945–1954, Darmstadt 1958, S. 31.

Frau Freya) entfernte Wertvorstellungen erneut bewusst zu machen und so durch den Kampf gegen den Nationalsozialismus zum kulturellen Neuaufbau – zu einer Art „Wiedererziehung" nach der Befreiung von Diktaturen – beizutragen, wirft es die Frage nach dem Wesen der bekämpften Diktatur als dem Gegenbild einer freiheitlichen Gesellschaft auf.

Im Folgenden sollen Merkmale der Diktatur beschrieben werden, die sich immer als im Spannungsfeld zur verfassungsstaatlichen, politische Freiheit garantierenden Demokratie verstand. In Europa formiert sich augenblicklich länderübergreifend eine rechtspopulistische politische Bewegung, die sich gegen die europäische Werteordnung wendet, die Prinzipien des politischen Liberalismus relativiert, autoritäre Denkmuster verbreitet und in der Fremdenfeindlichkeit antipluralistische und intolerante Denkvorstellungen propagiert. Deshalb sollen nachstehend Kriterien einer modernen Diktaturforschung bewusst gemacht werden, die helfen können, Grundmuster des modernen Autoritarismus zu erkennen.

Seit Hannah Arendts grundlegenden Arbeiten lassen sich verschiedene Ebenen einer Auseinandersetzung mit totalitären Systemen, individueller Selbstbehauptung und aktiver Widerständigkeit miteinander verschränken. Die Kraft zur individuellen Selbstbehauptung ist die Folge einer moralischen Entscheidung, Grundlagen des Denkens und Urteilens sind nicht einem weltanschaulichen Führungsanspruch zu opfern. Handeln und Verhalten bleiben auf Gesellschaft und politische Rahmenbedingungen orientiert. Politik bleibt dabei ambivalent. Sie kann freiheitliche Grundlagen festigen, aber auch durch repressiv operierende staatliche Institutionen Handlungsspielräume einengen. Stufenweise eskaliert die Unterdrückung der Einzelnen, verstärkt sich die „Präparierung der Opfer" durch die Zerstörung eines rechtlich definierten Schutzraumes.[5] Allgemein lässt sich dieser Prozess wie folgt beschreiben:

1. Wesentlich ist die Umwandlung eines Rechtsstaates in den – in der Tat: „den" – Polizeistaat. Die Folgen dieser Transformation für die Einzelnen sind unübersehbar: „Die Herrschaft des Rechts ist" nach Franz Neumann[6] „eine Vermutung für die Rechte des Bürgers und gegen die Zwangsgewalt des Staates" und kehrt sich in modernen, totalitären Diktaturen um in eine Vermutung für die Zwangsgewalt des Staates gegen die Rechte der Bürger und Bürgerinnen.

2. Kennzeichen moderner Diktaturen ist die Machtkonzentration. Dadurch unterscheiden sie sich vom Postulat der Machtaufteilung in liberalen Staaten, ähneln aber absoluten Monarchien. Machtkonzentration stoppt den Prozess einer Differenzierung in Institutionen und intermediäre Prozesse und führt zu einer Entdifferenzierung, die Diktaturen letztlich an der Wirklichkeit scheitern lässt.

3. Ein spezifisches Kennzeichen moderner Diktaturen ist nach Neumann die Existenz einer monopolistischen Staatspartei. Dieser Parteityp sei notwendig, weil traditionelle Zwangsinstrumente die Kontrolle der industriellen Gesellschaft nicht

---

5 Hannah Arendt, Elemente und Ursprünge totaler Herrschaft, Frankfurt/M. 1975 (zuerst 1951).
6 Franz Neumann, Demokratischer und Autoritärer Staat, Frankfurt/M. 1997.

gewährleisten könnten. Neumann gilt die monopolistische Partei geradezu als eine „Entsprechung" der Massengesellschaft. Mit diesem Begriff von Partei wird übrigens ein weiteres Kennzeichen der modernen Diktatur verbunden, der Begriff der umfassenden Kontrolle der Gesellschaft. Umfassende Kontrolle ist für Neumann Ausdruck fehlender Differenz zwischen Staat und Gesellschaft. Stoßrichtung und Konsequenz „umfassender Kontrolle" sind antipluralistisch und somit totalitär. Herrschaft über die Gesellschaft ist dabei ebenso wichtig wie Herrschaft über den Staat.

4. Zum Zweck der Kontrolle bedient sich die moderne Diktatur bestimmter Techniken. Sie proklamiert das Führerprinzip und setzt so eine zentralistische Steuerung der Gesellschaft durch eine politische Führung durch. Verantwortlichkeit von Funktionsträgern wird nicht gegenüber der gesamten Bevölkerung, sondern gegenüber dieser Führung proklamiert. Stabilität soll die Konsequenz einer politischen und kulturellen Homogenisierung sein, die auf die Gleichschaltung „aller sozialen Organisationen" zielt. Autonome Institutionen, Parteien, Verbände, Kirchen werden so nicht nur kontrolliert, sondern sie werden dem „Staat" dienstbar gemacht.

5. Schließlich wird nach Neumann ein System „gestufter Eliten" geschaffen. Gestufte Eliten werden durch Privilegierungen gebunden; sie haben nicht mehr die Aufgabe, in die Konkurrenz um die Durchsetzung von Wertentscheidungen zu treten, denn diese Frage wird in Diktaturen entschieden. Mit dem Begriff „gestufter Eliten" will Neumann nicht nur das Prinzip weitgehender Kontrolle durch Bürokratien beschreiben, sondern er zielt auf die Tatsache einer weitgehenden politischen und sozialen Integration durch staatlich entkoppelte, d. h. private Macht- und Führungsgruppen.

6. Das nächste Hauptmerkmal berührt die Stellung des Individuums in der modernen Diktatur. Neumann konstatierte mit der Atomisierung zugleich die Isolierung der Einzelnen, wohlgemerkt nicht so sehr in der Massengesellschaft als insbesondere in der Massendiktatur. Diese Vereinzelung ist die Folge der Zerstörung sozialer Gruppen und der durch diese geschaffenen Verbindungen. Insofern tragen moderne Diktaturen zunächst einmal zur Entsolidarisierung der vordiktatorischen Gesellschaft bei. Parteien werden ausgeschaltet, Bündnisse neu organisiert, die Funktion von Verbänden radikal verändert.

7. Neumanns Argumentation wird schließlich wichtig für die Begründung des Widerstands in modernen Diktaturen. Diktaturen schaffen neue „politische Religionen"[7]. Soziale Einheiten konstituieren sich hingegen durch Bindungen und Traditionen, die als „natürlich" empfunden werden und oft ein Milieu[8] bilden, das durch gleichsinnige Wahrnehmungen, Beurteilungen und Empfindungen seiner ihm Zugehörigen geprägt scheint. Eine der wichtigsten Bindungen, die nicht durch den Staat gestaltet werden darf, ist durch das Verhältnis der Einzelnen zur eigenen Konfes-

---

7 Hans Maier, „Totalitarismus" und „Politische Religionen", 3 Bde., Paderborn 1996–2003.
8 Mario R. Lepsius, Parteisystem und Sozialstruktur: Zum Problem der Demokratisierung der deutschen Gesellschaft, in: Mario R. Lepsius, Demokratie in Deutschland: Soziologisch-historische Konstellationsanalysen, Göttingen 1993, S. 37 ff.

sion und Religion bestimmt. Aber auch gemeinsame Arbeit und Muße schaffen eigene Bindungen und prägen eine gegenüber dem staatlichen Einfluss eigenständige Sub- oder Gegenkultur aus. Besonders deutlich wird dies am Beispiel der differenzierten Arbeiterkultur.

Diese Bindungen werden politisch attackiert, aber nicht völlig zerstört; sie entfalten vielmehr langfristige Bindewirkungen und führen zu ganz unterschiedlichen individuellen Manifestationen eigenständiger Tradition, zu Gesinnungsgemeinschaften, zu konspirativen Gruppenbildungen, nicht selten sogar zur „Kreiselei" und „Vereinsmeierei" (so der Historiker Hans Rothfels). So werden Reste geistiger, kultureller und moralischer Unabhängigkeit bewahrt, die sich schließlich vor allem gegen den Durchdringungs- und Durchherrschungsanspruch moderner Diktaturen behauptet. Damit, dies sei vorab bemerkt, spricht Franz Neumann gerade jene Bindungen an, aus denen sich die Bereitschaft, die Kraft und auch die Konsequenz des Widerstandes in modernen Diktaturen erklärt.

Weil sich die Träger moderner Diktaturen durch die Bindewirkungen sozialer Einheiten ebenso herausgefordert wie verunsichert fühlen müssen, zielen sie auf die Entschärfung dieser Bindewirkungen durch eigene Massenorganisationen. Sie wollen die Gesellschaft neu strukturieren und organisieren. Ihre Massenorganisationen haben die Aufgabe, Individuen von überkommenen Bindungen zu lösen, in neue zu integrieren und auf diese Weise beeinflussen und manipulieren zu können. Dieser Anspruch kann sich sogar auf die Kirchen erstrecken, denn moderne Diktaturen haben unausweichlich den Anspruch, einen ganz eigenen Sinn zu stiften. Natürlich versuchen moderne Diktaturen auch, Kirchen unmittelbar zu beeinflussen. Dies fällt beim Protestantismus insofern leichter, als hier immer stärker demokratische und damit plebiszitär instrumentalisierbare Elemente ausgeprägt waren.

Moderne Diktaturen repräsentieren neue Staatsreligionen und zelebrieren eigene Staatsfeiern, sie nehmen sakrale Formen auf und rücken diese in Verbindung zu Endzeitvorstellungen. So wird letztlich ein Anspruch auf eine historizistische Legitimierung einer politischen Ordnung begründet, die sich bei Eingriffen in gegenwärtige Strukturen keinerlei Beschränkung auferlegen will. Dies ist eine bedrängende Voraussetzung eines Widerstands unter erheblich erschwerten Bedingungen. Denn aller Widerspruch wird gemessen an Vorgaben; eine Wendung ins Prinzipielle ist nur dann möglich, wenn eine grundlegend abweichende Orientierung erfolgt. Deshalb spricht viel für den Begriff eines „fundamental begründeten Widerstands". Nur wer sich nicht einlässt, hat eine Chance, sich nicht innerhalb des Netzes zu verfangen, das moderne Diktaturen ausbilden.

Deshalb kann es nach Neumann in modernen Diktaturen eigentlich keine Kultur, sondern nur Propaganda geben. Wenn Manifestationen der Kultur aber zur „Ware" im Austausch mit den Machthabern werden, d. h. entscheidend durch ihren Nutzen für die Träger politischer Herrschaft bestimmt werden, erstrecken sich sehr schnell Einflüsse der Diktatur in die letzten Bereiche individueller Autonomie, die immer wieder geschaffen, verteidigt oder gefüllt werden durch eine Gruppe, die man als Künstlerinnen und Künstler, als Wissenschaftlerinnen und Wissenschaftler, als Intellektuelle bezeichnet, also in den Kreis von Menschen, die Autonomie praktizieren müssen und ihre innere Rechtfertigung aus höchstpersönlichen Prämissen und Entscheidungen ableiten.

Diktaturen zeichnen sich durch die systematische Verletzung von Menschenrechten und durch die keineswegs voraussetzungslose Gewährung von (Staats-)Bürgerrechten aus. Diktaturen müssen alle verfassungsstaatlichen Ansätze und Normen wie Gewaltenteilung und Rechtsstaatlichkeit zerstören, die auf eine Begrenzung der Staatsmacht abzielen. So gibt es keine vertikale und keine horizontale Gewaltenteilung, es gibt keine Periodizität der Herrschaftsbegrenzung durch Wahlen und keinen ständigen Zwang auf Neulegitimierung einer auf Zeit übertragenen Herrschaft. Diktaturen verpflichten sich nicht zum Minderheitenschutz, sondern integrieren sich nicht zuletzt durch Exklusionen, die innergesellschaftliche Gegner- und Feindschaften begründen.

In Diktaturen gibt es auch keinen Zwang zur konkreten Rechtfertigung des politischen Tuns politischer Führungsgruppen, indem sie periodisch erreichte Leistungen zur Abstimmung oder sich selbst mit ihren Parteien zur Wahl stellen. Abstimmungen haben hier lediglich die Aufgabe, Herrschaft zu stabilisieren, die „Massen zu mobilisieren und zu formieren", nicht aber Alternativen zu entwickeln. Deshalb werden aus Wahlgängen Plebiszite, also Bestätigungen, deshalb werden aus „Urnengängen" Abstimmungen, und deshalb gibt es in Diktaturen keine Möglichkeiten, durch öffentliche Diskussionen Alternativen zu entwickeln, sie als Entscheidungsdispositionen aufzubauen oder gar zu Alternativen zu entwickeln.

Die politischen Konsequenzen moderner Diktaturen sind in der Regel unabhängig von den Zielen, denen sie sich verschreiben. Insofern ist die Unterscheidung zwischen Funktionstypen wie Erziehungs-, Vorbereitungs-, gar Sicherungs- und Entwicklungsdiktatur unerheblich, zumindest für das Individuum und seine Einbindung in soziale Gruppen. Unausweichlich und unvermeidlich dringen Diktaturen in private Sphären vor; insofern heben sie die Trennung der Sphären von Individuum, Familie, Gesellschaft und Staat auf. Dies ist der Kern der Durchpolitisierung von Gesellschaften und ihrer Durchstaatlichung. Das Ergebnis ist nicht allein die Verstaatlichung der Gesellschaft als Folge einer Vergesellschaftung des Staates, sondern die Preisgabe des Individuums.

Deshalb gibt es letztlich in modernen Diktaturen keinen Schutz privater Lebens- und Entfaltungsräume, bestenfalls Nischen, die zu Freiräumen ausgebaut, aber jederzeit eingeengt werden können und deshalb ständig verteidigt werden müssen. In diesem Sinne lassen sich moderne Diktaturen als staatlich verfasste Antizivilgesellschaften beschreiben. Sie heben die Trennung von Sphären auf und zerstören auf diese Weise institutionell gesicherte Freiheit.

Vor dem Hintergrund einer Überformung der gesellschaftlichen Beziehungen durch diktatorische Machtausübung sind nicht nur Rechtfertigungsmuster des individuellen Widerstands, sondern auch des gruppenbezogenen Widerstands zu erkennen. Denn die auf die Errichtung einer Diktatur gerichtete Machtergreifung erfolgt in der

Regel in Stufen. Zunächst wird das Misstrauen in demokratische Strukturen und politische Führungsschichten geweckt. Dabei kommt den Kritikern entgegen, dass Führungsschichten keineswegs immer gemeinwohlorientiert handeln, sondern sich egoistischen oder gesellschaftlichen Teilinteressen verschreiben. Die Erosion politischer Wertvorstellungen erleichtert die zunächst demokratisch anmutende Steigerung der Stimmanteile rechtpopulistischer Parteien, die ihr Ziel nicht aufgeben, staatsstreichartig ihre Macht zu konsolidieren, indem sie Gruppen- und Parteizusammenhänge, aber auch Kommunikationsstrukturen zu zerstören und die Differenz zwischen dem öffentlichen Raum und der Sicherheit der Privatsphäre aufzuheben.

Die gesellschaftlich abgesicherte Konsolidierung der diktatorischen Gewalt braucht allerdings Zeit, die Regimegegner und -gegnerinnen nutzen können, indem sie Gegenmacht mobilisieren, aufklärerisch wirken, die neuen Machthaber bloßstellen und dem Spott preisgeben. Je mehr Zeit ein diktatorisches System hat, sich zu konsolidieren, umso schwieriger wird es, Gegenkräfte zu mobilisieren und Alternativen zum totalitären weltanschaulichen Führungsanspruch und Weltverständnis zu entwickeln.

Im Widerstand gegen diktatorische Systeme wird bewusst, wie entscheidend es ist, widerständige Handlungsspielräume zu schaffen. Nach der Befreiung von der diktatorischen Herrschaft und der Beseitigung des Unrechtsstaates wird der Bezug auf den Widerstand zur tragenden Grundsäule einer demokratischen politischen Bildung und einer Menschenrechtserziehung. Denn letztlich verkörpert sich im Widerstand gegen das Unrecht die Substanz der Menschenrechte. Deshalb ist es wichtig, die historische Bildung auch auf die Beschäftigung mit den Zielen und Praktiken zu lenken, die sich als Manifestation humaner Orientierung verstehen.

Literaturverzeichnis

Adorno, Theodor W., Eingriffe. Neun kritische Modelle, Frankfurt/M. 1963.

Adorno, Theodor W., Ohne Leitbild. Parva Aesthetica, Frankfurt/M. 1967.

Arendt, Hannah, Elemente und Ursprünge totaler Herrschaft, Frankfurt/M. 1975 (zuerst 1951).

Arendt, Hannah, Organisierte Schuld, in: Hannah Arendt, Die verborgene Tradition. Acht Essays. Frankfurt/M. 1976.

Lepsius, Mario R., Parteisystem und Sozialstruktur: Zum Problem der Demokratisierung der deutschen Gesellschaft, in: Mario R. Lepsius, Demokratie in Deutschland: Soziologisch-historische Konstellationsanalysen, Göttingen 1993.

Maier, Hans, „Totalitarismus" und „Politische Religionen", 3 Bde., Paderborn 1996–2003.

Maier, Hans, Nach fünfzig Jahren. Zu Reinhold Schneiders Leben und Werk. Vortrag 2008. hhmaier.de/wp-content/uploads/2014/11/Schneider_Baden_Baden.pdf [18. 6. 2023].

Neumann, Franz, Demokratischer und Autoritärer Staat, Frankfurt/M. 1997.

Niemöller, Martin, Der Weg ins Freie, in: Martin Niemöller, Reden 1945–1954, Darmstadt 1958.

Ufuk Şahin und Thomas Schmidinger

Ultranationalistische Diaspora-Organisationen und ihr Einfluss im Bildungsbereich

In einer postmigrantischen Gesellschaft – die durch die Erfahrung der Migration geprägt ist – existieren neben dem klassischen deutschnationalen Rechtsextremismus und seinen Weiterentwicklungen in verschiedenen Formen der Neuen Rechten auch Rechtsextremismen und Ultranationalismen mit anderen Bezugssystemen. Diese wurden in Österreich lange ignoriert, da Migrantinnen und Migranten und ihre Nachkommen in vielfacher Hinsicht nicht politisch ernst genommen wurden. In den letzten Jahren hat sich dies zumindest in Bezug auf den türkischen Ultranationalismus geändert. Spätestens mit den Angriffen junger überwiegend türkeistämmiger Rechtsextremisten auf linke Demonstrationen und ein linkes Kulturzentrum im Juni 2020 wurde auch in einer breiteren Öffentlichkeit das Problem der „Grauen Wölfe" diskutiert. Andere Ultranationalismen, etwa serbischer, kroatischer oder polnischer Herkunft, finden allerdings immer noch vergleichsweise wenig Beachtung in Politik und Öffentlichkeit.

Im Rahmen einer Studie[1], die vom Institut für angewandte Rechts- und Kriminalsoziologie (IRKS) gemeinsam mit dem Dokumentationsarchiv des österreichischen Widerstands (DÖW) und dem Österreichischen Institut für Internationale Politik (OIIP) durchgeführt wurde, beschäftigten sich die Autoren dieses Beitrags mit verschiedenen Formen des diasporischen Ultranationalismus in Österreich und deren möglichen Einflüssen auf den Bildungsbereich bzw. deren außerschulischer Bildungsarbeit mit Jugendlichen. Dieser Beitrag soll einen Überblick über die diesbezüglich relevanten Akteure in Österreich geben, ohne den Anspruch auf Vollständigkeit zu erheben. Thematisiert werden nur jene Ultranationalismen, die auch tatsächlich über eigenständige Vereinsstrukturen und Organisationen verfügen. Ultranationalismen, die über Einzelpersonen oder nur über Botschaften vor allem im virtuellen Raum agieren, allerdings keine eigenständigen Community-Organisationen entwickelt haben, werden in diesem Beitrag nicht behandelt. Dies ist auch der Grund, weshalb weder der russische noch der ukrainische Ultranationalismus erwähnt werden. Obwohl es beide Strömungen innerhalb der Diaspora gibt, sind sie bisher nicht mit eigenständigen Organisationen in Österreich in Erscheinung getreten. Damit konzentriert sich dieser Beitrag auf den türkischen, kroatischen, serbischen, polnischen und ungarischen Ultranationalismus in den jeweiligen Diasporen in Österreich.

---

1 Dieser Artikel basiert überwiegend auf Feldforschung und Recherchen, die im Rahmen der Studie „Stratex" durchgeführt wurden. Das Projekt wurde im Sicherheitsforschungsprogramm KIRAS finanziert.

1 Hintergründe und Ideologie

Ultranationalistische und rechtsextreme Strömungen existieren in Österreich nicht nur in der Mehrheitsgesellschaft, sondern auch in den Communities der Diaspora. Allerdings unterscheidet sich ihre Stellung in den gesellschaftlichen Machtverhältnissen in der Diaspora. Aufgrund der Größe der Diaspora-Community und wegen ihres Organisationsgrads spielt der Diaspora-Ultranationalismus mit Türkei-Bezug eine besonders große Rolle. Ethno-Nationalismen aus dem ehemaligen Jugoslawien sind nicht erst seit den Zerfallskonflikten im Jugoslawien der 1990er Jahre in Österreich präsent. Einige knüpften bereits an frühere nationalistische Organisationen an, die teilweise während des Zweiten Weltkrieges mit den deutschen Besatzern Jugoslawiens sympathisierten und nach dem Sieg der Partisanen unter Tito und der Errichtung des sozialistischen Jugoslawien als Exilorganisationen vor allem im deutschsprachigen Raum weiter existierten.

1.1 Turanismus – türkischer Ultranationalismus

Der Turanismus ist eine pseudohistorische Ideologie, die einen gemeinsamen Ursprung der Turkvölker, Finno-Ugrier, Mongolen und mandschu-tungusischen Völker annimmt. Seinen Ursprung hat der türkische Nationalismus in den letzten Jahrzehnten des Osmanischen Reiches. Ethno-nationale Rebellionen im Zuge der Ausbreitung des Nationalismus,[2] militärische Niederlagen,[3] gesellschaftliche Ressentiments gegen Nicht-Muslime,[4] die drohende Zerschlagung des Reichs durch Kolonialmächte und der anschließende Unabhängigkeitskrieg mündeten 1923 in der Gründung eines säkularen Nationalstaates.[5] Infolge des Unabhängigkeitskriegs verfolgten die vom französischen Nationalismus geprägten Republiksgründer unter der Führung von Mustafa Kemal bei gleichzeitiger Modernisierung und Säkularisierung des Landes eine strikte Homogenisierungspolitik und eine politische Zentralisierung als Garanten zur Wahrung der neu ausgehandelten Staatsgrenzen im Vertrag von Lausanne.[6] Sie entwarfen in ihrem Narrativ eine einzigartige Geschichte über die Herkunft der türkischen Nation, die vergleichbar mit ähnlichen nationalistischen Narrativen europäischer Staaten in diesem

---

2 Harris Mylonas, The Politics of Nation-Building. Making Co-Nationals, Refugees and Minorities, Cambridge 2012.

3 Ersin Kalaycıoğlu, Turkish Dynamics: Bridge Across Troubled Lands, New York 2005, S. 18.

4 Şener Aktürk, Religion and Nationalism: Contradictions of Islamic Origins and Secular Nation-Building in Turkey, Algeria, and Pakistan, in: Social Science Quarterly 96 (2015) 3, S. 778–806, hier S. 788.

5 Çağatay Okutan, Tek Parti Döneminde Azınlık Politikaları, Istanbul 2004, S. 148; M. Hakan Yavuz, Nationalism and Islam: Yusuf Akcura and Uc Tarz-i Siyaset, in: Journal of Islamic Studies 4 (1993) 2, S. 175–207, hier S. 182; Aktürk, Religion, S. 789.

6 Aktürk, Religion, S. 786; Serhun Al, Elite Discourses, Nationalism and Moderation: A Dialectical Analysis of Turkish and Kurdish Nationalisms, in: Ethnopolitics 14 (2015) 1, S. 94–112, hier S. 100.

Zeitalter war. Auf der Grundlage bestehender Mythologien wurden „die Türken" als einzigartige, kriegerische und mächtige Ethnie gezeichnet. Die glorreiche Reise brachte das türkische Volk in dieser Erzählung im 11. Jahrhundert nach Kleinasien, wo es sein neues Zuhause fand.[7]

Der Turanismus der türkischen Ultranationalisten, der von ungarischen Intellektuellen beeinflusst war, sah in den Türken in einer entfernten Vergangenheit ein ruhmreiches Volk von Eroberern. Der einzige Weg zur nationalen Erlösung und Wiederherstellung der glanzvollen Vergangenheit bestand darin, sich das Türkentum vollständig zu eigen zu machen und dem türkischen Staat die absolute Vorrangstellung zu geben. Das Symbol „Grauer Wolf" der Ultranationalisten widerspiegelt die starke Betonung zentralasiatischer Mythen. Die auch heute noch bestehende Ülkücü-Bewegung und ihr politischer Hauptakteur, die „Partei der Nationalistischen Bewegung" (Milliyetci Hareket Partisi, MHP), ist vom Mythos der Grauen Wölfin Asena durchdrungen.[8] Nach dieser Erzählung befreite Asena das türkische Volk von einer selbst verursachten Gefangenschaft in Zentralasien, erlöste es und führte es zu Expansion und Ruhm. Für die Begründung einer physischen Expansion beziehen sich die Ultranationalisten auf Ziya Gökalp,[9] der der bekannteste Vertreter des Turanismus war.[10] Der Turanismus nach Ziya Gökalp, der maßgeblich die Ideologie der Jungtürken prägte, bildete die ideologische Basis für die Bevölkerungspolitik des Komitees für Einheit und Fortschritt und folglich auch für den Genozid an der christlichen armenischen und assyrischen Bevölkerung 1915.[11] Eine Vereinigung aller turksprachigen Bevölkerungen wurde zwar offensichtlich nie erreicht, jedoch ist der Turanismus als Idee unverändert eine Inspirationsquelle für die rechtsextreme Ülkücü-Bewegung geblieben.[12] Der Turanismus war dabei im späten Osmanischen Reich eine säkulare Bewegung, die sich in vielfacher Hinsicht auf vorislamische Traditionen der Turkvölker, wie etwa den Tengrismus, bezog.[13] Eine Nostalgie für das Osmanische Reich und damit auch für die einigende Kraft des

---

7 Burak Kadercan, The Year of the Grey Wolf: The Rise of Turkey's New Ultranationalism, War on the Rocks, warontherocks.com/2018/07/the-year-of-the-gray-wolf-the-rise-of-turkeys-new-ultranationalism [13. 12. 2022].
8 M. Hakan Yavuz, The Politics of Fear: The Rise of the Nationalist Action Party (MHP) in Turkey, in: Middle East Journal 56 (2002) 2, S. 200–221, hier S. 206.
9 Taha Parla, The Social and Political Thought of Ziya Gökalp, 1876–1924, Leiden 1985, S. 126 f.
10 Die Schriften von Ziya Gökalp werden von unterschiedlichen politischen Strömungen ganz unterschiedlich interpretiert. Vgl.: Parla, The Social, S. 127.
11 Fatma Müge Göçek, The Transformation of Turkey. Redefining State and Society form the Ottoman Empire to the Modern Era, London 2011, S. 230; Uğur Ümit Üngör, The Making of Modern Turkey: Nation and State in Eastern Anatolia, 1913–1950, Oxford 2011, S. 54.
12 Ioannis N. Grigoriadis, Arzu Opçin-Kıdal, Imagining Turan: homeland and its political implications in the literary work of Hüseyinzade Ali [Turan] and Mehmet Ziya [Gökalp], in: Middle Eastern Studies 56 (2020) 3, S. 482–495, hier S. 492.
13 Thomas Schmidinger, Turanismus, Panturkismus und Islam(ismus). Die „Grauen Wölfe" und ihr Verhältnis zum Islam und zur AKP, in: Lobna Jamal/Yaşar Aydın (Hrsg.), „Graue Wölfe". Türkischer Ultranationalismus in Deutschland, Bonn 2022, S. 37–59, hier S. 39 f.

Islam entwickelte sich erst später in Teilen des türkischen Ultranationalismus, der das Osmanische Reich retrospektiv als türkisch-islamische Allianz interpretierte.

Die heute in einer Allianz mit der Regierungspartei verbundene MHP geht auf die konservative, nationalistische „Republikanische Bauern-Volkspartei" (Cumhuriyetçi Köylü Millet Partisi, CKMP) zurück, die durch eine faschistische Gruppe um den ehemaligen General Fevzi Çakmak geprägt wurde. Fevzi Çakmak war in der frühen türkischen Republik einer der bedeutendsten Vertreter religiös-nationalistischer Ideen.[14] Nach der Übernahme des Parteivorsitzes 1965 gestaltete Alparslan Türkeş eine stark hierarchische Organisationsstruktur und wurde auf dem Parteitag 1967 zum Başbuğ (Großer Führer) erklärt.[15] Als ideologische Neuausrichtung wurde der türkische Nationalismus mit religiösen Elementen verbunden.[16] Neben einer zunehmend hetzerischen, anti-kommunistischen Rhetorik wurde 1967 ein Parteiprogramm basierend auf einem völkischen Nationalismus im Sinne einer kompromisslosen sozialen Verpflichtung gegenüber der türkischen Ethnie und Nation entworfen, den die „Neun-Lichter-Doktrin" (Dokuz Işık Doktrini, DID) definierte, deren Elemente wiederum noch heute eine Orientierung für die MHP bieten.[17]

„Idealismus" (ülkücülük) als ideologische Grundlage des Nationalismus der MHP geht auf die zur Bekämpfung des Kommunismus 1968 gegründete „Idealisten-Herde" (Ülkücü Ocakları) zurück und bezieht sich auf das „Wohlergehen" des Staates. Der Staat wird als Ummantelung der Nation verstanden. Die Interessen beider Elemente sind untrennbar miteinander verbunden.[18] Die Ülkücü präsentieren sich als die wahren Vertreter des Staates und benötigen Feindbilder, die angeblich den Staat bedrohen. Vor 1980 war die MHP in eine Reihe von Morden und Massakern an politisch-linksorientierten Gruppen, Gewerkschaftsangehörigen und der alevitischen Minderheit verwickelt, die zu „Feinden" des Staates deklariert wurden. Im Jahr 1978 ermordeten Mitglieder der „Idealisten-Herde" über 100 Alevit*innen in Kahramanmaraş im Zuge von anti-alevitischen Pogromen und brannten deren Häuser nieder.[19] Im gleichen Jahr verübten sie ein Massaker an der alevitischen Bevölkerung in Sivas. Der Auftrag zum Mord am katholischen Priester Andrea Santoro 2006 und an Mitarbeiter*innen eines christlichen Verlags 2007 war im Ülkücü-Umfeld zu finden. Der Mörder des armenisch-türkischen Journalisten und Intellektuellen Hrant Dink 2007, der eine Aufarbeitung des Genozids an den Armenier*innen im Osmanischen Reich forderte, stammte aus dem BBP-Umfeld.[20] Ein terroristischer Mob

---

14 Alev Çınar/Burak Arıkan, The Nationalist Action Party: Representing the State, the Nation or the Nationalists?, in: Turkish Studies 3 (2002) 1, S. 25–40, hier S. 26 f.
15 Yavuz, Politics of Fear, S. 206.
16 Fikret Aslan/Kemal Bozay, Graue Wölfe heulen wieder, Münster 2000, S. 70 f.
17 Burak Arıkan, The Programme of the Nationalist Action Party: An Iron Hand in a Velvet Glove?, in: Middle Eastern Studies 34 (1998) 4, S. 120–134, hier S. 123.
18 Çınar/Arıkan, The Nationalist Action Party, S. 26.
19 Erik-Jan Zürcher, Turkey: A Modern History, London 2017, S. 267.
20 Das Dunkel hinter Dinks Mörder, FAZ. www.faz.net/aktuell/politik/ausland/tuerkei-das-dunkel-hinter-dinks-moerder-1408975.html [25. 3. 2021].

mit nationalistischer und sunnitisch-fundamentalistischer Gesinnung verübte ein Massaker an alevitischen Künstler*innen und Intellektuellen in Sivas 1993, bei dem 37 Menschen ermordet wurden.[21] Nach dem Zerfall der Sowjetunion wurde die „Arbeiterpartei Kurdistans" (Partiya Karkerên Kurdistanê, PKK) zum neuen Hauptfeind der Ülkücü. Der MHP-Nationalismus in der Tradition der „jungtürkischen Genozide" sieht bereits jegliche Äußerung anderer kultureller oder sprachlicher Identitäten als der türkischen als separatistisch und gefährlich, insbesondere der Armenier*innen, Assyrer*innen und Kurd*innen. Von Minderheitengruppen wird erwartet, dass sie sich wie loyale Untertanen und Untertaninnen verhalten, die keine mit ihrer ethno-kulturellen Identität verbundenen Forderungen stellen.[22]

Im Jahr 1992 spaltete sich die ultranationalistische „Partei der Großen Einheit" (Büyük Birlik Partisi, BBP) unter der Führung von Muhsin Yazıcıoğlu von der MHP ab. Um Muhsin Yazıcıoğlu entwickelte sich ein ähnlicher Personenkult innerhalb der BBP-Anhängerschaft wie zuvor um Türkeş in der MHP. Die BBP-Abspaltung war Folge des Konflikts über die Stellung der Religion in der MHP.[23] In ihrer Ideologie legte die BBP eine größere Betonung auf den Islam und orientierte ihr Programm stärker nach religiös-konservativen Aspekten aus. Einer der zentralen Kritikpunkte der BBP in ihrem Streben nach einem idealen Staat bezieht sich auf den Kapitalismus, der mit seiner Förderung des Individualismus die türkische Identität erodiere und die soziale Rolle der Familie untergrabe, die wiederum untrennbar mit der türkischen Ethnie und Nation verbunden sei.[24] Darüber hinaus vertritt die BBP eine islamisierte Variante des Turanismus und zeichnet sich durch einen tendenziell militanten Nationalismus, einen Antikommunismus und Antisemitismus aus.[25]

Dessen ungeachtet bedient sich die BBP – im Unterschied zur MHP – in den letzten Jahren tendenziell eines Diskurses des „muslimischen Multikulturalismus". Während die BBP den Konflikt zwischen dem Staat und der PKK als Terrorproblem auffasst und die Konfliktursachen leugnet, betont ihr Parteichef Mustafa Destici die „Geschwisterlichkeit" von Kurden und Türken, aber auch Aleviten, die ihm zufolge gemeinsam im Unabhängigkeitskrieg gekämpft und die Republik gegründet hätten. Ähnlich dem Diskurs der AKP-Regierung bis ca. 2015 skizzierte Mustafa Destici auf dem BBP-Parteitag 2017 die Türkei als Nation bestehend aus Kurden, Lazen, Zaza, Turkmenen, Tscher-

21 Sivas Katliamı'nın 29. yılı: Madımak Oteli'nde neler yaşandı? Euroews. tr.euronews.com/2020/07/02/sivas-katliaminin-26-yili-madimak-insanlik-tarihinde-kara-bir-leke [25. 3. 2021].
22 Christian Schörkhuber, Faschistische Bewegung um die Jahrtausendwende und die aktuelle Situation in der Türkei, in: Kemal Bozay/Thomas Rammerstorfer/Thomas Schmidinger/Christian Schörkhuber (Hrsg.), Grauer Wolf im Schafspelz – Rechtsextremismus in der Einwanderungsgesellschaft, Grünbach 2012, S. 43–57, hier S. 51.
23 Çınar/Arıkan, The Nationalist Action Party, S. 28 f.
24 Yavuz, Politics of Fear, S. 207.
25 Thomas Schmidinger/Thomas Rammerstorfer, Türkischer Faschismus in Österreich, in: Bozay/Rammerstorfer/Schmidinger/Schörkhuber (Hrsg.), Grauer Wolf im Schafspelz, S. 67–80, hier S. 71.

kessen, Aleviten und Sunniten.[26] Trotz Anerkennung unterschiedlicher ethnischer und ethnoreligiöser Identitäten wird deren Ausdruck im öffentlichen Raum als Gefahr für die Einheit des Staates betrachtet.

Erst im Jahr 2017 kam es zur jüngsten MHP-Abspaltung, aus der die „Gute Partei" (İyi Parti, İP) hervorging. Die İP lässt sich bisher nicht eindeutig als rechtsextreme Partei identifizieren. Gegründet wurde die İP im Oktober 2017 von einer Gruppe um die ehemalige Innenministerin (1996–1997) und MHP-Abgeordnete Meral Akşener infolge eines Machtkampfs mit dem MHP-Parteichef Devlet Bahçeli.[27] Nachdem sich die MHP als Juniorpartnerin der Regierungspartei „Partei für Gerechtigkeit und Aufschwung" (Adalet ve Kalkınma Partisi, AKP) annäherte, scheint die Abspaltung der İP in ihrer Ablehnung des „politischen Islam" der AKP begründet zu sein. Die İP erreichte bei den Parlamentswahlen 2018 auf Anhieb 9,96 % und schaffte im Wahlbündnis mit der kemalistischen „Republikanischen Volkspartei" (Cumhuriyet Halk Partisi, CHP) den Einzug ins Parlament. Die İP versucht sich zwar durch die Einbindung von ehemaligen Vertretern rechts-konservativer Parteien im Parteispektrum Mitte-rechts zu positionieren,[28] jedoch dominieren Ülkücü-Anhänger und ehemalige MHP-Vertreter die Partei.[29] Sogar Personen, die in die Morde der Grauen Wölfe Ende der 1970er Jahre verwickelt gewesen waren, befinden sich in ihren Reihen.[30] In ihrer Parteipropaganda rekurriert die İP auf die Ideologie des türkischen Ultranationalismus und dessen Symbole.

Der Parteiname „IYI" bedeutet im Türkischen zwar „gut", stellt jedoch mit seinem Bezug auf den oghusischen Stamm der Kayı, aus dem die Dynastie der Osmanen hervorging, einen Bogen zwischen zwei Pfeilen dar. Mit diesem Symbol knüpft die IP an das Narrativ der zentralasiatischen Wurzeln der Türken und Türkinnen an. Nach Kadercan liest sich der Parteiname daher wie ein „geheimer Handschlag der Ultranationalisten".[31] Trotz nationalistischer Rhetorik und einer turanistischen außenpolitischen Orientierung mit einer Ablehnung eines EU-Beitritts – ganz in MHP-Tradition – scheint die İP aufgrund der Betonung demokratischer Prinzipien und der Wiederherstellung des parlamentarischen Systems mit der faschistischen Ausrichtung der MHP gebrochen zu haben.[32] Zum Konflikt in der türkisch-kurdischen Frage positioniert sie sich kompro-

26 Auszug aus der Rede des BBP-Parteichefs am BBP-Parteitag 2017. www.youtube.com/watch?v=DKmoornLAgA [28. 10. 2021]. Für eine detaillierte Darstellung des AKP-Diskurses: Şener Aktürk, Regimes of Ethnicity and Nationhood in Germany, Russia, and Turkey, Cambridge 2012.
27 Yaşar Aydın, Gute Partei (İP) İyi Parti, Bundeszentrale für politische Bildung, 19. 2. 2018. www.bpb.de/themen/europa/tuerkei/255944/gute-partei-ip/ [4. 5. 2021].
28 Meral Akşener'in kurduğu İYİ PARTİ'nin kurucu üyelerinin listesi!, Halk TV, 24. 10. 2017, halktv.tr/gundem/meral-aksenerin-kurdugu-iyi-partinin-kurucu-uyelerinin-listesi-239998h [4. 5. 2021].
29 İYİ Parti delegeleri Akşener'in listesinden ağırlıklı olarak milliyetçi-ülkücü isimleri GİK'e seçti, Cumhuriyet, 22. 9. 2020. www.cumhuriyet.com.tr/haber/iyi-parti-delegeleri-aksenerin-listesinden-agirlikli-olarak-milliyetci-ulkucu-isimleri-gike-secti-1767815 [4. 5. 2021].
30 Ali Çelikkan, Verbot der rechtsextremen Grauen Wölfe: Eine graue Zone, TAZ, 18. 11. 2020. taz.de/Verbot-der-rechtsextremen-Grauen-Woelfe/!5725562 [4. 5. 2021].
31 Kadercan, The Year of the Grey Wolf.
32 Parteiprogramm der Iyi Parti, 2018, S. 5 ff., 62 f.

misslos und befürwortet eine militärische Lösung mit einer gleichzeitigen „Umarmung der Bevölkerung" durch – vage formulierte – „rechtliche, politische, wirtschaftliche, soziale und kulturelle Projekte".[33]

Gegenwärtig bildet die AKP zusammen mit der MHP und BBP eine Regierungsallianz, die „Republikanische Allianz" („Cumhur Ittifakı"), siehe Abbildung 1. Nachdem der AKP die nötige Mehrheit für eine Alleinregierung fehlte, wurde im Rahmen des 2017 geschaffenen Präsidialsystems die Regierungsallianz mit den Parlamentswahlen 2018 geformt.[34] Obwohl weder die BBP noch die MHP einen Ministerposten bekleiden, haben sie dennoch Einfluss auf die Regierungspolitik. Die Repressionspolitik gegen die HDP und kurdische Kultur- und Spracheinrichtungen war eine Bedingung der MHP für die Regierungsallianz.[35]

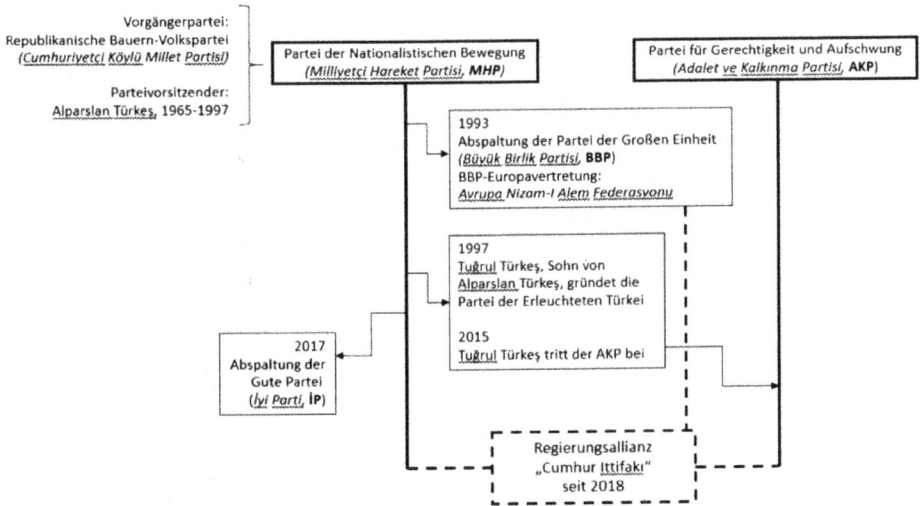

Abb. 1: Historisches Parteidiagramm der MHP/BBP und der „Republikanischen Allianz"

---

33 Ebenda, S. 34; İYİ Parti'den Alevilere özel vaatler, CNN Türk, 11. 12. 2018. www.cnnturk.com/turkiye/ iyi-partiden-alevilere-ozel-vaatler [8. 2. 2021].
34 Für eine genaue Darstellung siehe: Berk Esen, Şebnem Yardımcı-Geyikçi, The Turkish presidential elections of 24 June 2018, in: Mediterranean Politics 25 (2019) 5, S. 682–689.
35 Ihsan Yılmaz, Erdoan Shipoli, Mustafa Demir, Authoritarian resilience through securitization: an Islamist populist party's co-optation of a secularist far-right party, in: Democratization, 28 (2021) 6, S. 1115–1132; Turkey shuts down Kurdish language institute in Istanbul, Rudaw, 3. 1. 2017. www.rudaw. net/english/middleeast/turkey/030120171 [29. 11. 2021].

1.2 Kroatischer Ultranationalismus

Kroatische Nationalisten und Nationalistinnen nehmen immer wieder Bezug auf den historisch-faschistischen Geheimbund der Ustascha von Ante Pavelić, der nach dem Einmarsch der Deutschen Wehrmacht in Jugoslawien 1941 den „Unabhängigen Staat Kroatien" (NDH) gründete. Dieser Staat, der ausschließlich als deutscher Satellitenstaat existieren konnte, war maßgeblich an den genozidalen Verfolgungen von Serb*innen, Jüdinnen und Juden sowie Roma und Romnja beteiligt und eng mit der Römisch-katholischen Kirche, insbesondere dem Franziskaner-Orden verbunden. Ein Teil der damaligen Kriegsverbrecher setzte sich 1945 nach Österreich, Deutschland oder Südamerika ab und bildete in diesen Ländern Netzwerke der Ustascha, die in scharfer Opposition zum sozialistischen Jugoslawien standen. In Deutschland und anderen Exilländern hatten sich sogar mehrere kroatische terroristische Untergrundgruppen, wie der „Kroatische Demokratische Ausschuss" (Hrvatski demokratski odbor, HDO) oder der „Kroatische Volkswiderstand" (Hrvatski narodni otpor, HNO), gebildet, die aus dem Exil versuchten, Jugoslawien anzugreifen[36], und von denen einige in direkter personeller Kontinuität mit Ustascha-Kriegsverbrechern standen.

Die von Ante Pavelić im Exil in Argentinien gegründete „Kroatische Befreiungsbewegung" (Hrvatski oslobodilački pokret, HOP) versuchte weltweit alte Ustascha-Veteranen zu vernetzen und mit einer Exilregierung um die Wiedererrichtung eines faschistischen kroatischen Staates zu kämpfen. Erst nach dem Zerfall Jugoslawiens und der Unabhängigkeit Kroatiens gelang es einigen dieser mittlerweile gealterten Ustascha, Kontakte zu neuen ultranationalistischen Gruppen zu knüpfen, die sich positiv auf den NDH-Staat bezogen, allen voran die von Dobroslav Paraga geführte „Kroatische Partei des Rechts" (Hrvatska stranka prava, HSP) mit ihrer Miliz „Kroatische Verteidigungskräfte" (Hrvatske obrambene snage, HOS). Diese rechtsextreme Partei, die 2003 noch 6,4 % bei den Parlamentswahlen erreichte, verlor 2007 bis auf einen Sitz alle Mandate im Parlament. Nach einer Parteispaltung 2009 ging auch dieser verloren. Stattdessen gelang der 2009 gegründeten Abspaltung, der „Kroatischen Partei des Rechts Dr. Ante Starčević" (Hrvatska stranka prava dr. Ante Starčević, HSP-AS), der Einzug ins Parlament. Die ursprüngliche HSP unterhält eine Schwesterpartei mit dem Namen „Kroatische Partei des Rechts in Bosnien und Herzegowina". Die 2017 vom ehemaligen HDZ-Politiker, dem rechtsextremen Historiker und Verleger Zlatko Hasanbegović gegründete Partei „Unabhängige für Kroatien" (Neovisni za Hrvatsku) entwickelte sich trotz der früheren Zugehörigkeit Hasanbegovićs zur konservativen Regierungspartei HDZ zu einer stramm rechtsextremen Liste. Noch als HDZ-Politiker hatte Hasanbegović ab 2007 eine hohe Vorstandsfunktion im Klagenfurter Verein „Bleiburger Ehrenzug" (Počasni Bleiburški vod, PBV) inne, der jährlich Gedenkfeiern für die 1945 getöteten Ustascha im Kärntner Bleiburg/Pliberk organisierte.

---

36 Mate Nikola Tokić, Croatian Radical Separatism and Diaspora Terrorism During the Cold War, West Lafayette 2020.

Zuletzt konnte vom Niedergang der HSP vor allem die „Heimatland-Bewegung Miroslav Škoro" (Domovinski pokret Miroslava Škore, DPMŠ) profitieren, die bei den Parlamentswahlen 2020 über 10 % und 12 Mandate erreichen konnte.

Der kroatische Ultranationalismus ist allerdings keineswegs nur in rechtsextremen politischen Parteien präsent, sondern in den letzten 30 Jahren zumindest teilweise auch von Mitte-rechts-Parteien aufgenommen worden, die sich mitunter ebenfalls positiv auf die Ustascha-Vergangenheit beziehen und mutmaßliche Kriegsverbrechen kroatischer Milizen und Generäle im Krieg in Bosnien oder bei der Rückeroberung der abtrünnigen Republik Serbische Krajina 1995 verharmlosen. Über Jahre hinweg solidarisierte sich eine breite Front kroatischer Nationalisten und Nationalistinnen, die auch die konservativen Mitte-rechts-Parteien umfasste, mit General Ante Gotovina, der 2011 vom Internationalen Strafgerichtshof für das ehemalige Jugoslawien zu einer Haftstrafe von 24 Jahren verurteilt, 2012 in zweiter Instanz allerdings freigesprochen wurde. Der kroatische Ultranationalismus ist auch durchaus Teil der Popularkultur geworden. So verwendet etwa der bekannte kroatische Sänger Marko Perković alias „Thompson" immer wieder Symbole der Ustascha in seinen nationalistischen Liedern, die auch in der kroatischen Diaspora beliebt sind. Auch die kroatische Kirche hielt bis zuletzt an den Gedenkfeiern für die von Tito-Partisanen getöteten Ustascha in Bleiburg /Pliberk in Kärnten fest.

1.3 Serbischer Ultranationalismus

Auch der serbische Nationalismus nahm in den 1990er Jahren Anleihen an historischen Vorbildern, insbesondere an den so genannten Tschetniks, serbische Nationalisten, die ursprünglich gegen die Osmanen kämpften. Der Name bürgerte sich allerdings nach der deutschen Besetzung Jugoslawiens auch für die von Dragoljub Draža Mihailović geführte Ravna-Gora-Bewegung ein, die ursprünglich in Opposition zu den deutschen Besatzern und dem Kollaborationsregime von Milan Aćimović stand, dann allerdings gegen die Tito-Partisanen in den Krieg zog.

Die Tschetnik-Verbände unter Kosta Pećanac arbeiteten als Kollaborationstruppen direkt mit den deutschen Besatzern zusammen. Die wichtigsten faschistischen Kollaborateure Serbiens stellte allerdings die schon vor dem Krieg gegründete und am italienischen Faschismus orientierte so genannte Jugoslawische Nationalbewegung ZBOR unter Dimitrije Ljotić dar,[37] deren Mitglieder am Ende des Zweiten Weltkrieges nach Deutschland flüchteten und von dort aus weiter politisch aktiv blieben. Die seit 1949 im Exil produzierte Zeitschrift Iskra übersiedelte 2016 nach Serbien, wo sie bereits auf eine Reihe anderer extremistisch nationalistischer Gruppierungen traf. Auch die exilierten Tschetniks hatten mit der „Organisation der serbischen Tschetniks Ravna Gora"

---

37 John Paul Newman, Yugoslavia in the Shadow of War: Veterans and the Limits of State Building, 1903–1945, Cambridge 2015, S. 227 ff.

(Organizacija srpskih četnika Ravna Gora, OSČ)[38] oder dem „Verband der Kämpfer der königlich-jugoslawischen Armee Draža Mihailović" (Udruženje boraca kraljevske jugoslovenske vojske Draža Mihailović, UBKJV)[39] eigene Exilorganisationen gegründet.

Die wichtigsten Strömungen des neuen serbischen Nationalismus der 1990er Jahre bezogen sich ganz allgemein auf die Tschetnik-Tradition – und zwar primär auf die von Mihailović geführten Verbände und weniger auf die offen pro-deutschen Verbände von Pećanac oder die ZBOR. Dies lag wohl auch daran, dass viele der neuen serbischen Ultranationalisten nicht aus dem Exil stammten, sondern im sozialistischen Jugoslawien sozialisiert worden waren.

Die „Serbische Radikale Partei" (Srpska radikalna stranka, SRS), die im Februar 1991 von Vojislav Šešelj gegründet wurde, sich aber bereits im Jahr davor in einer Gruppe großserbischer Aktivisten formiert hatte, war über fast zwei Jahrzehnte die wichtigste der neuen rechtsextremen Parteien Serbiens und stand in enger Verbindung mit rechtsextremen serbischen Gruppen in Bosnien und Herzegowina, Kroatien und Montenegro sowie mit entsprechend ideologisch gefärbten Milizen im bosnischen Bürgerkrieg. Ziel der Partei war ein großserbischer Staat, der alle historisch-serbischen Siedlungsgebiete umfassen sollte. Der Nationalismus der SRS war stets stark antimuslimisch ausgerichtet und strebte wiederholt ein Bündnis mit der serbisch-orthodoxen Kirche an. Anders als frühere nationalistische Gruppierungen handelte es sich dabei allerdings mehr um ein Zweckbündnis. Die orthodoxe Kirche wurde eher als kulturelle Institution und historische Eigenheit des Serbentums geschätzt, weniger als religiöse Institution. Vojislav Šešelj galt nie als religiös, hatte keinerlei religiöse Ausbildung und schrieb seine Dissertation 1979 noch als klassisch marxistischen Beitrag zur Analyse der politischen Formen der bürgerlichen Demokratie. In Ungnade fiel Šešelj nicht aufgrund politischer Differenzen, sondern weil er ein Plagiat von Brano Miljuš, dem Vorsitzenden des Bundes der Kommunisten in Sarajevo, aufgedeckt hatte. Dies führte zum Ausschluss Šešeljs aus dem Bund der Kommunisten und begründete wohl auch dessen spätere Entwicklung zum antikommunistischen Nationalisten. Die SRS bildete in den 1990er Jahren stets eine wichtige Fraktion im serbischen Parlament und war von 1998 bis 2000 mit Slobodan Miloševićs Sozialistischer Partei in einer Regierungskoalition vertreten. Nachdem gegen Šešelj vor dem Internationalen Strafgerichtshof für das ehemalige Jugoslawien Anklage erhoben worden war und die Partei 2008 eine schwere Wahlniederlage erlitten hatte, kam es zu einer Spaltung der Partei und dem pragmatischeren Fraktionsvorsitzenden im Parlament, Tomislav Nikolić. Dieser gründete schließlich gemeinsam mit 17 weiteren Abgeordneten die „Serbische Fortschrittspartei" (Srpska napredna stranka, SNS), die seither als etwas gemäßigtere rechtspopulistische Partei auftritt. Die SRS verlor infolge der Spaltung massiv an Unterstützung und verfehlte 2012 sogar den Einzug ins serbische Parlament. Mit über 8 % konnte sie 2016 aber wieder in dieses einziehen, um 2020 mit nur knapp über 2 % wieder sämtli-

---

38 www.ravnagorachetniks.org [10. 2. 2021].
39 www.udruzenje-bkjv-draza-mihailovic.org [10. 2. 2021].

che Mandate zu verlieren. Zuletzt erreichte sie 2022 mit 2,2 % nur ein marginal besseres Ergebnis.

Die SNS hat damit ihre Dominanz im serbischen Rechtsextremismus verloren. Andere rechtsextreme Parteien, wie die prorussische „Serbische Partei der Eidestreuen" (Srpska stranka Zavetnici, SSZ), die bei den Wahlen 2020 1,4 % erreichte und 2022 mit 3,82 % und zehn Mandaten den Einzug ins Parlament schaffte, die von Boško Obradović geführte Bewegung Dveri, die 2022 sechs Mandate erreichte, oder die aus einer Tierrechtsbewegung hervorgegangene Levijatan-Bewegung spielen heute ebenfalls eine Rolle im zersplitterten Spektrum des serbischen Rechtsextremismus. Dazu kommt noch eine Reihe kleinerer Parteien, wie die von Miroslav Parović geführte Völkische Freiheitsbewegung, die von Velimir Ilić geführte Partei Neues Serbien oder die von Žika Gojković geführte monarchistisch-nationalistische Bewegung für die Wiederherstellung des Königreichs Serbien. Überschneidungen mit der extremen Rechten existierten auch bei der von Vuk Drašković geführten „Serbischen Erneuerungsbewegung" (Srpski pokret obnove, SPO), die allerdings bereits seit Mitte der 1990er einen zunehmend gemäßigteren, pro-europäischen Kurs eingeschlagen und seither an politischer Bedeutung verloren hat.

Rechtsextreme Parteien und Gruppierungen sind auch in der Republika Srpska, also dem serbischen Teilstaat Bosniens und Herzegowinas vertreten, wobei es sich teilweise um Ableger der serbischen Parteien handelt. Auch hier hat allerdings die Serbische Radikale Partei ihren Einfluss mittlerweile völlig verloren und ist de facto in der „Demokratischen Fortschrittspartei" (Partija demokratskog progresa, PDP) von Branislav Borenović[40] aufgegangen. Angesichts des dominanten Nationalismus in den großen Parteien der Republika Srpska konnten sich auch andere rechtsextreme Parteien, wie etwa die Serbische Radikale Partei 9. Jänner von Dragan Đurđević kaum behaupten. Dafür sind rechtsextreme Positionen auch in den großen Mainstreamparteien vertreten – wie Milorad Dodiks Allianz der Unabhängigen Sozialdemokraten, Milan Miličevićs Serbischer Demokratischer Partei oder Nedeljko Čubrilovićs Demokratischer Union.

Die heterogene Szene serbischer Nationalisten und Nationalistinnen und Rechtsextremer hat unterschiedliche historische Bezugspunkte, ist allerdings geeint in einem vor allem gegen Muslim*innen (Albaner*innen und Bosniak*innen) gerichteten Nationalismus, der Serbien als Opfer internationaler Verschwörungen sieht.

Viele dieser Strömungen sind aufgrund der gemeinsamen christlich-orthodoxen Geschichte stark prorussisch orientiert, was in einigen Gruppen mit einem mehr oder weniger ausgeprägten Monarchismus kombiniert wird. Einzelne Elemente des serbischen Ultranationalismus finden sich auch in gemäßigteren Rechtsparteien und in der Populärkultur, insbesondere bei einigen anerkannten Turbo-Folk-Sängern und -Sängerinnen, die bereits in den 1990er Jahren populär waren.

---

40 Dabei handelt es sich allerdings um eine konservative und keine rechtsextreme Partei. Die PDP ist mit der Europäischen Volkspartei (EVP) assoziiert und selbst eine der kleinen Parteien der Republika Srpska.

1.4 Polnischer Ultranationalismus

Bereits in der Zwischenkriegszeit gab es in Polen ultranationalistische rechtsextreme Kräfte, wie die „Partei Nationalradikales Lager" (Obóz Narodowo-Radykalny, ONR), die schon bald nach ihrer Gründung 1934 verboten und in den Untergrund gedrängt wurde. Teile dieser polnischen extremen Rechten beteiligten sich nach der Besetzung Polens durch Deutschland an der „Polnischen Heimatarmee" (Armia Krajowa), eine rechtsgerichtete Widerstandsarmee.

Im Gegensatz zu den meisten anderen vom Deutschen Reich während des zweiten Weltkrieges besetzten Gebieten wurde in Polen kein einheimisches Kollaborationsregime errichtet. Eine ganze Reihe von rechtsgerichteten polnischen Intellektuellen, die von den Deutschen diesbezüglich kontaktiert worden waren, hatte eine Zusammenarbeit verweigert.[41] Polen ist damit der einzige vom Deutschen Reich überfallene Staat Mittel- und Osteuropas, in dem sich kein glaubhaftes Personal für eine Kollaborationsregierung finden ließ. Die extreme Rechte hat damit auch überwiegend nicht mit dem Nationalsozialismus kollaboriert, sondern zum Teil sogar gegen diesen gekämpft. Dies bedeutet allerdings nicht, dass es innerhalb der polnischen Heimatarmee keine Rechtsextremisten gegeben hätte und die polnische Gesellschaft weniger antisemitisch oder nationalistisch gewesen wäre als ihre Nachbarinnen und Nachbarn in Mittel- und Osteuropa. Vielmehr war der polnische Nationalismus aufgrund der langen und leidvollen Teilungsgeschichte Polens und der Konflikte der polnischen Republik mit deutschen Gebietsansprüchen, sowie aufgrund konfessioneller Differenzen zwischen dem katholischen Polen und den protestantischen Deutschen nicht nur überwiegend antirussisch, sondern auch antideutsch ausgerichtet.

Zugleich ist der polnische Rechtsextremismus stark katholisch geprägt und identifiziert, ähnlich wie der kroatische Rechtsextremismus, das Polentum mit dem Katholizismus. Historisch ist dies vor allem dadurch erklärbar, dass die Katholische Kirche in der Zeit der Teilung Polens in den von Russland und Preußen regierten polnischen Gebieten zur zentralen Bewahrerin der polnischen Sprache und Kultur wurde. Ethnische und religiöse Minderheiten können aus Sicht des polnischen Nationalismus deshalb bis heute nicht wirklich polnisch sein.[42]

Interessanterweise wurde nicht die gesamte extreme polnische Rechte nach der Gründung der Volksrepublik Polen verfolgt, sondern mangels einer relevanten Kommunistischen Partei versuchte man auch den rechtsgerichteten Teil der politischen Landschaft Polens in das neue System zu integrieren. Einem Flügel des Nationalradikalen Lagers, der sich nach dem Vorbild des spanischen Faschismus Falanga nannte und

---

41 Jan Tomasz Gross, Polish Society Under German Occupation: The Generalgouvernement, 1939–1944, Princeton 1979, S. 128.
42 Rafał Pankowski/Marcin Kornak, Poland, in: Ralf Melzer/Sebastian Serafin (Hrsg.), Right-Wing Extremism in Europe. Country Analyses, Counter-Strategies and Labor-Market Oriented Exit Strategies, Berlin 2013, S. 157–168, hier S. 157.

von Bolesław Piasecki geführt wurde, gelang es, sich legal als Teil der regimetreuen katholischen Organisation PAX zu rekonstituieren und bis zum Ende des Realsozialismus legal zu arbeiten. Die Organisation zog mit einer sowohl katholischen und nationalistischen als auch sozialistischen Rhetorik viele ehemalige Mitglieder des Nationalradikalen Lagers an[43] und stellte eine gewisse Kontinuität in der Ideologie mit der extremen Rechten der 1930er Jahre sicher. Einzelne Elemente des Rechtsextremismus, insbesondere der Antisemitismus, waren in Polen allerdings auch im Regime selbst weit verbreitet. So kam es in Polen 1968 zu einer sowohl von der regierenden „Polnischen Vereinigten Arbeiterpartei" (Polska Zjednoczona Partia Robotnicza, PZPR) als auch von weiten Teilen der Gesellschaft getragenen antisemitischen Kampagne, die zur Vertreibung von etwa 20.000 polnischen Juden und Jüdinnen führte.[44]

Trotz solcher historischen Kontinuitäten spielte die extreme Rechte in Polen nach dem Ende des Realsozialismus in den 1990er Jahren zunächst keine bedeutende Rolle. Erst nach der Jahrtausendwende wuchsen neue rechtsextreme Parteien und Gruppierungen zu relevanten Größen heran. In einem Text für die Bundeszentrale für Politische Bildung analysiert der stellvertretende Chefredakteur des Magazins Nigdy Więcej und Professor am Collegium Civitas in Warschau Rafał Pankowski den Aufstieg der Rechtsextremen in Zusammenhang mit der Regierungskoalition rechtspopulistischer Parteien:

> In den Jahren 2006/2007 bekamen rechtsextreme Gruppierungen über die Regierungskoalition, die von rechtspopulistischen Parteien gebildet wurde, direkten Zugang zum politischen mainstream [sic] der polnischen Politik. Viele Mitglieder rechtsextremer Gruppen und rassistischer Skinhead-Subkulturen erhielten in dieser Zeit eine Zuwendung in Form von hohen Posten in staatlichen Institutionen. Diese ungewöhnliche Situation endete mit den Parlamentswahlen 2007, allerdings bewahrte die extreme Rechte in einigen kulturellen und organisatorischen Bereichen wichtige Einflussmöglichkeiten.[45]

Die polnische extreme Rechte besitzt heute eine Vielzahl an Parteien und Organisationen, von denen die „Nationale Bewegung" (Ruch Narodowy, RN), zu der sich 2012 das „Nationalradikale Lager" (Obóz Narodowo-Radykalny, ONR), die „Allpolnische Jugend" (Młodzież Wszechpolska, MW) und einige andere rechtsextreme Gruppierungen zusammengeschlossen hatten, mit fünf Mandaten im polnischen Parlament, dem Sejm, derzeit die bedeutendste ist. Die bis 2007 wichtigste rechtsextreme Partei, die „Liga der polnischen Familien" (Liga Polskich Rodzin, LPR), hatte sich nach dem Verlust aller Parlamentssitze etwas gemäßigt und schloss sich nach mehreren Wahlnie-

---

43 Rafał Pankowski, Analyse: Rechtsextremismus in Polen – Gruppierungen, Narrationen, Gegenbewegungen, S. 159. www.bpb.de/internationales/europa/polen/169274/analyse-rechtsextremismus-in-polen, 18. 9. 2013 [29. 5. 2023].
44 Hans-Christian Dahlmann, Antisemitismus in Polen 1968. Interaktionen zwischen Partei und Gesellschaft, Osnabrück 2013.
45 Pankowski, Analyse.

derlagen 2019 der konservativen „Europäischen Koalition" (Koalicja Europejska, KE) an. Ihre ehemalige Jugendorganisation, die Allpolnische Jugend, wurde allerdings Teil der RN. Monarchistische Rechtsextreme organisierten sich in der „Konföderation der Polnischen Krone" (Konfederacja Korony Polskiej, KKP), die seit 2019 mit einem Sitz im Sejm vertreten ist. Ideen des polnischen Rechtsextremismus finden sich allerdings auch bei vielen anderen Parlamentsparteien. So etwa bei der polnischen Regierungspartei „Recht und Gerechtigkeit" (Prawo i Sprawiedliwość, PiS) und deren Koalitionspartnern in der als „Vereinigte Rechte" (Zjednoczona Prawica) bezeichneten Parteienallianz unter Führung der PiS oder der mit fünf Mandaten im Sejm vertretenen „Koalition der Erneuerung der Republik Freiheit und Hoffnung" (Koalicja Odnowy Rzeczypospolitej Wolność i Nadzieja, KORWiN).

Sowohl in den offen rechtsextremen als auch in den rechtspopulistischen und nationalkonservativen Parteien ist der polnische Nationalismus eng mit einer konservativ-katholischen Identität verbunden. Daneben gibt es zwar auch eine kleine slawisch-neuheidnische Strömung des polnischen Rechtsextremismus, die sich in den 1990er Jahren um die Kleinpartei „Sozial-Nationale Union" (Unia Społeczno-Narodowa, USN) sammelte,[46] allerdings blieb diese anti-katholische Strömung des polnischen Rechtsextremismus immer extrem randständig und ist heute fast völlig verschwunden. Katholizismus und Polentum sind für fast alle polnischen Rechtsextremisten aufs Engste miteinander verbunden. Inhaltliche Schwerpunkte des polnischen Rechtsextremismus, Rechtspopulismus und Nationalkonservativismus bilden neben einem antiislamischen und flüchtlingsfeindlichen Nationalismus der Kampf gegen Homosexuelle und Abtreibung sowie für ein konservativ-katholisches Familien- und Frauenbild.

1.5 Ungarischer Ultranationalismus

Völkisch-nationalistische Strömungen gehen in Ungarn bis ins 19. Jahrhundert zurück. Zu dieser Zeit vermischten sich Überlegenheitsgefühle verschiedener ungarischer Gruppen gegenüber der slawischen Bevölkerung im Habsburgerreich (vor allem Slowaken, Kroaten und Serben) mit antihabsburgischen und großungarischen Vorstellungen.

Für einen Teil dieser frühen ultranationalistischen Bewegungen aus der zweiten Hälfte des 19. Jahrhunderts spielte auch der Turanismus als panturkistische Ideologie eine wichtige Rolle. Ungarische Turanisten gehen für das nicht-indoeuropäische Ungarische (als Sprache der uralischen Sprachfamilie) von einer Verwandtschaft mit den zu den altaischen Sprachen zählenden Turksprachen aus.[47] Der ungarische Turanis-

---

46 Phillipp Schaab, Götter, Ahnen, Blut und Boden? Die Konstruktion ethnischer Identität im gegenwärtigen slawischen Neuheidentum in Polen, Berlin 2019, S. 161.
47 Ob es tatsächlich eine gemeinsame ural-altaische Sprachgruppe gibt, die sowohl die uralischen Sprachen als auch die Turksprachen, die mongolischen und tungusischen Sprachen umfasst, ist sprachwissenschaftlich umstritten. Ähnlichkeiten zwischen dem Ungarischen und einigen Turksprachen könnten

mus stellte dabei auch eine Abwehrreaktion auf Deutschnationalismus und Panslawismus dar, gegen die ein Bündnis zwischen Osmanen und Ungarn ideologisch begründet werden könnte. Maßgebliche Träger dieser Ideologie stellten ungarische Osmanisten/ Turkologen dar, wie der jüdisch-ungarische Reisende und Turkologe Ármin Vámbéry, der von einer gemeinsamen türkischen Rasse und einem Großreich aller Turkvölker, zu der er auch die Ungarn zählte, träumte.[48]

Auch wenn der ungarische Turanismus nicht ganz mit dem türkischen Turanismus gleichgesetzt werden kann, spielte die Rezeption ungarischer Turanisten für den frühen türkischen Turanismus ebenso eine Rolle wie turanistische Bewegungen unter den Turkvölkern Russlands. In der Entstehungsphase dieser verschiedenen nationalen Ausformungen turanistischer Ideologien gab es durchaus einen Austausch zwischen ungarisch- und türkisch-nationalistischen Intellektuellen.

Der Turanismus blieb allerdings eine intellektuelle Strömung, die sich um die 1911 gegründete „Turanische Gesellschaft" (Turáni Társaság) und die Zeitschrift „Turan" organisierte[49], sich in Ungarn aber nie zu einer Massenbewegung entwickeln konnte. Letztlich stellte für die später bedeutenderen ultranationalistischen Strömungen die religiöse Differenz zwischen dem islamischen Osmanischen Reich und dem christlichen Ungarn ein zu großes Hindernis dar. Trotzdem blieben einige vom Turanismus (wieder)belebte Mythen, wie etwa der Vogel Turul als Symbol des Ungarntums, Teil verschiedener Strömungen des ungarischen Nationalismus.

Nach dem Ersten Weltkrieg, der für Ungarn massive Gebietsverluste an Rumänien, Jugoslawien und die Tschechoslowakei (sowie etwas verspätet mit dem Burgenland an Österreich) mit sich brachte, kämpften ultranationalistische Strömungen primär gegen den Vertrag von Trianon 1920, der von vielen Ungarn und Ungarinnen als Erniedrigung empfunden wurde und der auch tatsächlich dazu geführt hatte, dass sich große ungarische Minderheiten jenseits der Grenzen in Jugoslawien, Rumänien und der Tschechoslowakei wiederfanden. Dieser neue ungarische Nationalismus war auch sehr stark antikommunistisch, hatte er sich doch im Kampf gegen die zwischen dem 21. März und dem 1. August 1919 bestehende Räterepublik unter Béla Kun konstituiert. Dazu kam auch ein wachsender Antisemitismus, der sich mit dem bestehenden Antikommunismus vermischte. Béla Kun wurde für die ungarische extreme Rechte nicht nur als Kommunist zum Feindbild, sondern auch als Sohn jüdischer Eltern, die zum Protestantismus konvertiert waren. Die starke Präsenz jüdischer Mitglieder in der kommunistischen Partei und in anderen linken Gruppierungen wurde nicht nur von ungarischen,

---

auch durch Sprachkontakt zwischen Turksprachen und dem Proto-Ungarischen in der Region zwischen Wolga und Ural entstanden sein.

48 Ármin Vámbéry, Közép-ázsiai utazás: Melyet a Magyar Tudományos Akadémia megbízásából 1863-ban Teheránból a turkman sivatagon át, a Kaspi tenger keleti partján Khívába, Bokharába és Szamarkandba, Pest 1873.

49 Maciej Górny, War on Paper? Physical Anthropology in the Service of States and Nations, in: Włodzimierz Borodziej/Jochen Böhler/Joachim von Puttkamer (Hrsg.), Legacies of Violence: Eastern Europe's First World War, München 2014, S. 131–168, hier S. 158.

sondern auch von westeuropäischen Rechtsextremisten genutzt, um eine angeblich jüdische Verschwörung zur Versklavung Ungarns zu propagandieren.[50]

Sowohl von offen Rechtsextremen als auch vom konservativen politischen Mainstream wurde in den 1920er und 1930er Jahren das Feindbild des „Judeobolschewisten" hochgehalten. Unter der Regierung des konservativen Reichsverwesers Miklós Horthy, der sich ab 1932 dem faschistischen Italien und schließlich auch Deutschland annäherte, entstanden verschiedene, oft nur kurzlebige rechtsextreme Parteien, die sich offen am italienischen und deutschen Vorbild orientierten und aufgrund ihres Parteisymbols als „Pfeilkreuzler" (nyilasok) bezeichnet wurden. Diese von Ferenc Szálasi geführte Bewegung übernahm im Oktober 1944, nach dem Scheitern von Separatverhandlungen Miklós Horthys mit der Sowjetunion, mit deutscher Hilfe die Macht und organisierte ein Kollaborationsregime, das noch in den letzten Kriegsmonaten ungarische Jüdinnen und Juden vernichten ließ.

Szálasi wurde 1946 als Kriegsverbrecher hingerichtet und nur sehr wenigen führenden Pfeilkreuzlern gelang es, sich in den Westen abzusetzen. Das antikommunistische Exil, das sich nach der schrittweisen Machtübernahme der Kommunisten zwischen 1946 und 1949 herausbildete, war nicht von Pfeilkreuzlern dominiert, sondern stärker von Horthy und seinen konservativen und vielfach adeligen Anhängern.

Relevante rechtsextreme Bewegungen bildeten sich in Ungarn erst wieder nach der Wende heraus. Bereits 1993 spaltete sich der rechtsextreme Schriftsteller István Csurka vom ideologisch sehr breiten bürgerlichen „Ungarischen Demokratischen Forum" (Magyar Demokrata Fórum, MDF) ab und gründete die „Ungarische Wahrheits- und Lebenspartei" (Magyar Igazság és Élet Pártja, MIÉP). Csurka war bereits zuvor durch Antisemitismus und revanchistische Positionen zum Vertrag von Trianon aufgefallen und entwickelte sich in den folgenden Jahren zum wichtigsten rechtsextremen Parteiführer Ungarns. Seine MIÉP war von 1998 bis 2002 im ungarischen Parlament vertreten, schaffte danach aber nie wieder den Einzug, was wohl auch an der verstärkten Konkurrenz im extrem rechten Lager lag. 2003 gründeten rechtsextreme antikommunistische Studierende die „Bewegung für ein besseres Ungarn" (Jobbik Magyarországért Mozgalom), kurz Jobbik genannt, die die wichtigste Partei im rechtsextremen Lager wurde. Viele Positionen der MIÉP wurden aber auch zunehmend von der ehemals liberalen FIDESZ unter Viktor Orbán übernommen, der in seiner zweiten Amtszeit als Ministerpräsident ab 2010 einen zunehmend autoritäreren Kurs eingeschlagen hat.

Als wichtigste Partei im offen rechtsextremen Lager konnte sich Jobbik etablieren, die sich vor allem auf aggressiv antisemitische und antiziganistische Rhetorik konzentrierte und weiterhin die Revision des Vertrags von Trianon forderte. 2007 gründete Jobbik die später gerichtlich verbotene paramilitärische Organisation „Ungarische Garde" (Magyar Gárda), die nach ihrem Verbot als unbewaffnete Gruppe, die Saalschutz bei Veranstaltungen macht, wieder gegründet wurde. Mit einem explizit antisemitischen Wahlkampf erreichte Jobbik 14,8 % bei den Europaparlamentswahlen 2009

50 Philip Mendes, Jews and the Left: The Rise and Fall of a Political Alliance, Basingstoke 2014.

und bei den Parlamentswahlen 2014 sogar 20,3 %. Seit 2018 versucht Jobbik unter Parteichef Gábor Vona sich etwas zurückzuhalten und als gemäßigt rechte Alternative zu Viktor Orbán zu etablieren, was zur Abspaltung unterschiedlicher Gruppen von Hardlinern geführt hat. Der mit dieser Kursänderung „nicht einverstandene stramm rechtsextremistische Teil"[51] hat in der Folge die „Unsere-Heimat-Bewegung" (Mi Hazánk) gegründet, die im Gegensatz zur verbliebenen Jobbik mit der Regierungspartei von Ministerpräsident Orbán kooperiert.[52] Die von László Toroczkai geführte Partei trat erstmals bei den Europaparlamentswahlen 2019 ungarnweit an und erreichte 3,3 %. Bei den Parlamentswahlen 2022 erreichte sie mit 5,9 % sechs Mandate.

Es bleibt fraglich, wie substantiell und nachhaltig die ideologische Neuorientierung von Jobbik ist. Der immer deutlichere Autoritarismus der FIDESZ unter Viktor Orbán, u. a. gekennzeichnet durch eine offen antisemitische Propaganda gegen George Soros und die kurzzeitige Ausschaltung des Parlaments im Zuge der Corona-Krise 2020, führte zu einer verstärkten Zusammenarbeit Jobbiks mit der liberalen und linken Opposition. Dies veranlasste einen Beobachter der innenpolitischen Entwicklungen Ungarns dazu, von einer Umkehrung der politischen Standpunkte von Jobbik und FIDESZ zu sprechen.[53] 2022 trat Jobbik im Rahmen des Oppositionsbündnisses Egységben Magyarországért an und erreichte darüber zehn Mandate.

2 Organisationsstrukturen und Szene in Österreich

2.1 Türkischer Diaspora-Rechtsextremismus

Die Entstehung von Organisationen und Vereinen der Ülkücü-Bewegung in Österreich steht in Zusammenhang mit den politischen Entwicklungen in der Türkei.[54] Die ersten offiziellen Vereine mit der ideologisch rechtsextremen Ausrichtung der Ülkücü-Bewegung wurden in Österreich Ende der 1970er Jahre gegründet.[55] Diese bildeten durch ihre ideologischen, personellen und organisatorischen Verbindungen eine Art MHP-Auslandsvertretung. Aufgrund des Verbots von Auslandsaktivitäten politischer Par-

---

51 Karl Pfeifer, Covid-19 als Chance für den Autoritarismus. Ungarns Ministerpräsident Orbán als Corona-Profiteur, in: Thomas Schmidinger/Josef Weidenholzer (Hrsg.), Virenregime. Wie die Coronakrise unsere Welt verändert. Befunde, Analysen, Anregungen, Wien 2020, S. 126–137, hier S. 130.
52 Ebenda, S. 130.
53 Gespräch mit einem politischen Beobachter und Kommentator der ungarischen Innenpolitik, der namentlich nicht genannt werden will.
54 Schmidinger/Rammerstorfer, Türkischer Faschismus, S. 81 ff.
55 In Deutschland wurden bereits Ende der 1960er Jahre Vereine gegründet. Die MHP erhielt in den 1970er Jahren als anti-kommunistische Partei u. a. von der CDU/CSU zunehmend Unterstützung. Vgl. Aslan/Bozay, Graue Wölfe, S. 184 ff. Jedoch scheint die Bildung von Strukturen in Europa im Allgemeinen und in Österreich im Besonderen ab Ende der 1970er Jahre einen Schub bekommen zu haben.

teien durch das türkische Verfassungsgericht 1977 wurde die Verbindung der Vereine zur MHP kaschiert.[56] Nach dem Militärputsch 1980 und dem Verbot aller politischer Parteien in der Türkei flüchteten MHP-Mitglieder und -Parteikader nach Europa, um Repressionen und strafrechtlicher Verfolgung aufgrund ihrer Verwicklung in Morde und Massaker an der alevitischen Minderheit, an Gewerkschaftsmitgliedern sowie an links-orientierten Gruppen Ende der 1970er Jahre zu entgehen.[57] Ihre Flucht war eine Expansion der Ülkücü-Bewegung und führte zu einer Gründungswelle von MHP-nahen Vereinen in Europa, so auch in Österreich.[58]

Aus den Vereinsnamen wurden ihre rechte Ideologie und ihre Verbindung zur MHP nicht unbedingt ersichtlich. Die Vereine trugen Namen wie z. B. „Türkischer Kulturverein", „Idealistenverein" usw. Gemeinsam mit 64 MHP-nahen Vereinen in Österreich, Belgien, Frankreich und in den Niederlanden wurde 1978 die Dachorganisation „Föderation türkisch-demokratischer Idealistenvereine in Europa" (Almanya Demokratik Ülkücü Türk Dernekleri Federasyonu, ADÜTDF) – besser bekannt als Türkische Föderation – mit Sitz in Frankfurt am Main gegründet.[59] Diese wuchs rasch auf 64.000 Mitglieder an, umspannte alle europäischen Ableger organisatorisch und war für die Institutionalisierung der MHP-Auslandsvertretung von Bedeutung.

Die MHP-Vereine begannen in den 1980er Jahren ein entpolitisiertes Bild abzugeben. Aufgrund der Verwicklung des ADÜTDF-Vorsitzenden in das Papstattentat 1981 wurden die Vereine in Deutschland von Sicherheitsbehörden überwacht.[60] Zudem war der Attentäter Mehmet Ali Ağca als Mitglied der Ülkücü-Bewegung von Anhängern der Grauen Wölfe im Vorarlberger Lustenau auf dem Weg zum Attentat beherbergt worden.[61] Nachdem die MHP in der Türkei 1980 verboten worden war, ihre Kader und Anhänger strafrechtlich verfolgt und verurteilt wurden, befürchteten Mitglieder der MHP-Vereine Repressionen bei Türkeibesuchen.[62]

Die Abspaltung der BBP von der MHP 1992 wirkte sich auf die MHP-Auslandsorganisationen in Europa aus. Die Gründung der „Föderation der Weltordnung in Europa" (Avrupa Nizam-ı Alem Federasyonu, ANF) verkörperte die Abspaltung der religiösen Strömung der Ülkücü-Bewegung. 2002 wurde die ANF in „Verband der türkischen Kulturvereine in Europa" (Avrupa Türk Kültür Dernekler Birliği) umbenannt. Vorsitzender

56 Thomas Rammerstorfer, Graue Wölfe – Türkische Rechtsextreme und ihr Einfluss in Deutschland und Österreich, Wien 2018, S. 60.
57 Burak Arıkan, Turkish ultra-nationalists under review: A study of the Nationalist Action Party, in: Nations and Nationalism 8 (2002) 1, S. 357–375, hier S. 359.
58 Harald Waldrauch/Karin Sohler, Migrantenorganisationen in der Großstadt. Entstehung, Strukturen und Aktivitäten am Beispiel Wien, Frankfurt–New York 2004, S. 242.
59 Ebenda, S. 242; Rammerstorfer, Graue Wölfe, S. 60.
60 Waldrauch/Sohler, Migrantenorganisationen, S. 244.
61 Thomas Schmidinger, Politische Kämpfe in der Provinz. Kurdische Diasporen in Vorarlberg, in: Agnes Grond/Katharina Brizić/Christoph Osztovics/Thomas Schmidinger (Hrsg.), Wiener Jahrbuch für Kurdische Studien 8/2020, Wien 2020, S. 25–73, hier S. 40.
62 Rammerstorfer, Graue Wölfe, S. 61.

der europäischen BBP-Dachorganisation ist Erol Yazıcıoğlu, der mit dem Gründer und früheren BBP-Parteichef, Muhsin Yazıcıoğlu, verwandt ist.[63] 1996 kam es zu einer Neustrukturierung der MHP-Vereine und -Dachorganisation in Europa. Neben der Dachorganisation ADÜTDF wurde mit der „Konföderation der idealistischen Türken in Europa" (Avrupa Ülkücü Türk Dernekleri Konfederasyonu, AÜTDK), die 2007 umbenannt wurde in „Türkische Konföderation Europa" (Avurpa Türk Konfederasyon, ATK),[64] eine weitere Dachorganisation gegründet. Die ATK umspannte nun die MHP-Zweige in den einzelnen europäischen Ländern, nämlich die österreichische AÜTDF – besser bekannt als „Türkische Föderation Österreich" (Avusturya Türk Federasyon, ATF) –, die FÜTDF (Fransa Demokratik Ülkücü Türk Dernekleri Federasyonu) in Frankreich, die BÜTDF (Belçika Ülkücü Türk Dernekleri Federasyonu) in Belgien, die HTF (Hollanda Türk Federasyon) in den Niederlanden, die IÜTDF (Isviçre Ülkücü Türk-Islam Kültür Dernekleri Federasyonu) in der Schweiz und die ATF (Almanya Türk Federasyon) in Deutschland.[65]

Auch die MHP-nahen Vereine in Österreich organisierten sich neu. Sie gründeten 1995 die „Dachorganisation Türkische Kultur- und Sportgemeinschaft in Österreich" (Avusturya Ülkücü Türk Dernekleri Federasyonu, AÜTDF). Sie diversifizierten ihre Aktivitäten und gaben sich ein breiteres Profil mit einer größeren Betonung der Religion. Als soziale Organisation und religiös orientierte Vereinigung etablierten sie eigene Moscheen und weiteten ihre Jugendarbeit aus.[66] Die erklärte Zielgruppe bilden „konservative gläubige Türken".[67] Durch eine Diversifizierung der Aktivitäten und die Erschließung sozialer und religiöser Bereiche sollen politische Ziele gefördert, Legitimität gegenüber den staatlichen Behörden erlangt und eine rechtsextreme ideologische Orientierung kaschiert werden.[68]

Die MHP-nahen Vereine sind ein Reservoir an organisatorischen Ressourcen und eine bedeutende Unterstützungsbasis für die MHP. Ihre Meinung zu Entwicklungen innerhalb der politischen Partei ist für die MHP-Parteiführung von großer Bedeutung und scheint sich in ihrer Wichtigkeit kaum von jener der Ülkücü-Basis in der Türkei zu unterscheiden.[69] Zudem ist der Vorsitzende der europäischen MHP-Dachorganisation „Avrupa Türk Konfederasyon", Cemal Çetin, 2018 für die MHP ins türkische Parlament eingezogen.[70]

Die jüngste MHP-Abspaltung von 2017, aus der die İP hervorging, scheint sich bisher nicht in der Gründung von Vereinen in Europa niedergeschlagen zu haben. Im

63 Schmidinger/Rammerstorfer, Türkischer Faschismus, S. 70 f.
64 turkfederasyon.com/avrupa-turk-federasyonu/kurulusu [5. 5. 2021].
65 Aslan/Bozay, Graue Wölfe, S. 191.
66 Waldrauch/Sohler, Migrantenorganisationen, S. 244.
67 Sabine Kroissenbrunner, Soziopolitische Netzwerke türkischer MigrantInnen in Wien, Projektendbericht, Institut für Konfliktforschung, Wien 1996, S. 137.
68 Emre Arslan, Der Mythos der Nation im transnationalen Raum. Türkische Graue Wölfe in Deutschland, Wiesbaden 2009, S. 148.
69 Ebenda.
70 Volker Seifert, Merkels Handschlag mit dem Grauen Wolf, Zeit, 21. 7. 2018. www.zeit.de/politik/ausland/2018-07/extremismus-graue-woelfe-angela-merkel-tuerkei-treffen [5. 5. 2021].

deutschsprachigen Raum existieren lediglich zwei Twitter-Accounts der İP, einer für Deutschland als Ganzes und einer speziell für Köln,[71] sowie mehrere Facebook-Seiten. In Österreich gibt es die Facebook-Seite „Iyi Parti Avusturya".[72] Diese Facebook- und Twitter-Accounts aus Österreich und Deutschland deuten darauf hin, dass der İP nahestehende Keimzellen von organisierten Gruppen existieren, aus denen sich in Zukunft auch Vereine entwickeln können.

Eine qualifizierte Einschätzung über die Größe der Anhängerschaft der MHP, BBP und der jüngsten MHP-Abspaltung İP kann anhand der Wahlergebnisse vergangener Parlamentswahlen getroffen werden. Von 106.657 wahlberechtigten türkischen Staatsbürger*innen in Österreich und bei einer Wahlbeteiligung von 48,9 % (52.155) erhielt die MHP bei den Parlamentswahlen 2018 8,9 % (4.595) und die İP 2 % (1.040) der Stimmen.[73] Verglichen mit ihrem Gesamtergebnis schnitten beide in Österreich prozentuell schlechter ab. Das Gesamtergebnis der MHP lag bei 11,1 %, jenes der 2017 gegründeten İP auf Anhieb 9,96 %.[74]

Bei den vorgezogenen Parlamentswahlen der Türkei im November 2015 waren 107.880 in Österreich lebende türkische Staatsbürger*innen wahlberechtigt. Bei einer Wahlbeteiligung von 40,62 % (43.820) erhielt die MHP lediglich 6,27 % (2.725) der Stimmen. In Anbetracht ihres Gesamtergebnisses von 11,9 %, wird deutlich, dass prozentuell weitaus weniger Wähler*innen in Österreich sich für die MHP entschieden. Die BBP kam lediglich auf ein Gesamtergebnis von 0,53 %. Bei den türkischen Parlamentswahlen im Juni 2015 erhielt die MHP in Österreich 10,28 % der Stimmen (3.781) und kam auf ein Gesamtergebnis von 16,29 %. Die BBP ging bei diesen Wahlen ein Wahlbündnis mit der „Partei der Glückseligkeit" (Saadet Partisi, SP) ein, die ein Gesamtergebnis von 2,6 % erzielte. Dass sich die BBP für ein Wahlbündnis mit der SP entschied, scheint eine Konsequenz ihrer niedrigen Wahlergebnisse bei den vorangegangenen Wahlen zu sein. Während die BBP bei den Parlamentswahlen 2011 auf 0,75 % der Stimmen kam, erhielt sie bei den Parlamentswahlen 2002 1,02 % der Stimmen.[75]

Auf Basis dieser Zahlen lässt sich die Anzahl der Ülkücü-Anhänger und -Anhängerinnen bzw. zumindest der Personen mit Sympathien für die Parteien der Ülkücü-Bewegung in Österreich auf ca. 6.000 Personen schätzen.

71 twitter.com/iyiparti_de?lang=de [5. 5. 2021]; twitter.com/iyipartikoln?lang=de [5. 5. 2021].
72 www.facebook.com/%C4%B0Y%C4%B0-PART%C4%B0-Avusturya-1004991592972335 [10. 6. 2021].
73 Datenbank der Sabah online zu den Wahlen. www.sabah.com.tr/secim/24-haziran-2018-secim-sonuclari/avusturya-secim-sonuclari [5. 5. 2021].
74 Sowohl die BBP als auch die MHP gingen ein Wahlbündnis mit der AKP ein, jedoch trat die politisch unbedeutende BBP nicht separat zu den Parlamentswahlen 2018 an. Datenbank der Sabah online zu den Wahlen. www.sabah.com.tr/secim/1-kasim-2015-genel-secimleri/avusturya-secim-sonuclari?utm_campaign=secim_2015_kasim&utm_source=refresh_other&utm_medium=refresh_other [5. 5. 2021].
75 Ebenda.

Tabelle 1: Wahlergebnisse der rechtsgerichteten ultranationalistischen Parteien bei den Wahlen zur Großen Nationalversammlung der Türkei 2015 und 2018[76]

Wahlen	Partei	Anzahl der Stimmen in Österreich (absolut und in Prozent)	Anzahl der Stimmen insgesamt in Prozent (Türkei und außerhalb der Türkei)	Anzahl der in Österreich Wahlberechtigten	Wahlbeteiligung
Parlamentswahlen 2018	MHP	4.595 (8,9%)	11,1%	106.657	52.155 (48,9%)
	BBP*	-	-		
	IP	1.040 (2%)	9,96%		
Parlamentswahlen November 2015	MHP	2.725 (6,27%)	11,9%	107.880	43.820 (40,62%)
	BBP	-**	0,53%		
	IP***	-	-		
Parlamentswahlen Juni 2015	MHP	3.781 (10,28%)	16,29%	107.336	37.277 (34,73%)
	BBP*	-	-		
	IP***	-	-		

*   Im Zuge eines Wahlbündnisses ist die Partei nicht separat zu den Wahlen angetreten.
** Es liegen keine Daten vor.
*** Die Partei war zu diesem Zeitpunkt noch nicht gegründet.

Seit den 2000er Jahren hat sich zunehmend eine jugend- und subkulturelle Erscheinung der Ülkücü-Ideologie in Europa gebildet. „Rockerclubs" erregten im letzten Jahrzehnt große mediale Aufmerksamkeit, wie der Turkos MC und der Turan e. V. mit Zentren in Deutschland.[77] Eine stärkere Ausbreitung von Hip-Hop-Musik mit ultranationalistischen Inhalten und hasserfüllter Propaganda ist zu beobachten, die sich über Social Media und YouTube verbreitet.[78] Eine Streuung der Ülkücü-Ideologie über Musik ist zwar nicht neu, hat sich jedoch mit Internet und Social Media deutlich gesteigert.[79] Die Jugendlichen organisieren sich auch über das Internet zu politischen Aktivitäten. Ein eindringliches Beispiel dafür sind die Ausschreitungen in Wien-Favoriten im Juli 2020, die zu einem Angriff von türkeistämmigen Ülkücü-Jugendlichen auf eine aus dem Umfeld der PKK und linker Organisationen aus der Türkei organisierte Demonstration

---

76 www.sabah.com.tr/secim/7-haziran-2015-genel-secimleri/avusturya-secim-sonuclari?utm_campaign=secim_2015_haziran&utm_source=menu_ulke&utm_medium=menu_ulke [5. 5. 2021]; www.sabah.com.tr/secim/1-kasim-2015-genel-secimleri/avusturya-secim-sonuclari?utm_campaign=secim_2015_kasim&utm_source=refresh_other&utm_medium=refresh_other [5. 5. 2021]; www.sabah.com.tr/secim/24-haziran-2018-secim-sonuclari/avusturya-secim-sonuclari [5. 5. 2021].
77 Bundesministerium des Innern BRD 2016, Verfassungsschutzbericht, S. 239 f.; Bundesministerium des Innern 2019, Verfassungsschutzbericht, S. 263.
78 Schmidinger/Rammerstorfer, Türkischer Faschismus, S. 86.
79 Ebenda, S. 78; Rammerstorfer, Graue Wölfe, S. 75 f.

führte. Walter Posch von der Landesverteidigungsakademie fasste die besagten Ausschreitungen als „Flashmob" auf, der sich als dynamischer Schwarm über Social Media relativ spontan organisierte und der nicht unbedingt an eine zentrale Stelle gebunden ist.[80]

Der Zulauf von Jugendlichen zu Ülkücü-Vereinen ist auch im Kontext von Ressentiment und Diskriminierung zu betrachten, denen türkeistämmige Jugendliche ausgesetzt sind und die sich in Österreich in den letzten Jahren stark gegen muslimische Minderheiten richten.[81] Feindseligkeit sowie die soziale, politische und ökonomische Ausgrenzung von Menschen aus der Türkei bilden einen fruchtbaren Boden für die MHP- und BBP-nahen Vereine und erleichtern diesen die Rekrutierung von Jugendlichen. Die MHP- und BBP-nahen Vereine befinden sich in der Regel in sozio-ökonomisch schlecht gestellten Stadtvierteln mit hohem Anteil an migrantischer Bevölkerung und bieten Jugendlichen einen Raum zur Freizeitgestaltung.[82]

2.2 Kroatischer Diaspora-Rechtsextremismus

Für den revanchistischen kroatischen Nationalismus spielte jahrzehntelang jeden 15. Mai eine Gedenkfeier im Kärntner Bleiburg/Pliberk eine zentrale Rolle, bei der der kroatischen Opfer der Partisanen gedacht wurde. Bereits 1951 gründeten exilierte kroatische Ustascha in Österreich den Verein Bleiburger Ehrenzug (Počasni Bleiburški), dessen zentrales Vereinsziel das Gedenken an das „Massaker von Bleiburg" darstellte. Dabei handelte es sich um die Zwangsrepatriierung von Ustascha durch die britische Armee im Mai 1945, in deren Folge tausende Ustascha von jugoslawischen Truppen ermordet wurden. Ustascha, die sich der Repatriierung entziehen konnten, bildeten in Österreich den harten Kern des sich bereits in den frühen 1950er Jahre reorganisierenden kroatischen Ultranationalismus bzw. Ustascha-Faschismus. Dieser konzentrierte sich einerseits auf das Gedenken an die Opfer des „Massakers von Bleiburg" und andererseits auf den Kampf gegen das sozialistische Jugoslawien, wobei insbesondere die Denunziation der „Tito-Partisanen" im Mittelpunkt stand. Ante Pavelićs im Exil in Argentinien gegründete „Kroatische Befreiungsbewegung" (Hrvatski Oslobodilački Pokret, HOP) verfügte auch in Österreich über Anhänger und Anhängerinnen, die sich an den jährlichen Gedenkfeiern in Bleiburg/Pliberk beteiligten.

Organisiert wurden die Gedenkfeiern nicht nur von den alten Ustascha-Veteranen des Bleiburger Ehrenzuges, sondern auch von Priestern der Katholischen Kirche, die in

80 Walter Posch, Wolfsgruß im Flashmob, Zenith, 29. 6. 2020. magazin.zenith.me/de/gesellschaft/tuerkische-rechtsextreme-der-tuerkei-und-im-ausland [5. 5. 2021].
81 Benjamin Opratko, Im Namen der Emanzipation. Antimuslimischer Rassismus in Österreich, Bielefeld 2019.
82 Rammerstorfer, Graue Wölfe, S. 63 f.

einer Kontinuität der Zusammenarbeit mit dem NDH-Staat standen und sich weigerten, die kroatischen Kriegsverbrechen anzuerkennen.[83]

Für den kroatischen Ultranationalismus in Österreich spielten neben den explizit faschistischen Netzwerken auch die kroatisch-katholischen Pfarrgemeinden in Österreich eine wichtige Rolle bei der Entwicklung ethnonationalistischer Diskurse, die sich gegen das sozialistische Jugoslawien richteten. Auch hier zeigt sich die Kontinuität der katholischen Unterstützung der Ustascha. So wurde etwa die Salzburger kroatisch-katholische Pfarrgemeinde 1948 nach Kardinal Alojzije Stepinac benannt, der als Erzbischof von Zagreb während des Ustascha-Regimes eines der wichtigsten Bindeglieder zwischen dem Vatikan und der Ustascha dargestellt hatte.[84]

Eine wichtige Rolle für diese Allianz aus kroatischer Katholischer Kirche und der Ustascha in Österreich spielte der Pfarrer Vilim Cecelja. Cecelja wurde nach seiner Arbeit als Stellvertreter von Alojzije Stepinac 1944 nach Wien versetzt und war zwischen 1945 und 1947 im amerikanischen Lager für Nationalsozialisten in Glasenbach interniert.[85] Nach seiner Freilassung wurde er Vorsitzender der kroatischen Caritas in Salzburg und ein wichtiger Organisator in der kroatischen Diaspora. Im Rahmen des deutschen Katholikentages 1968 erklärte er in einer Rede die kroatischen Emigranten zu Trägern „des Kampfes für einen unabhängigen Staat Kroatien in der freien Welt".[86]

Die Stadt Salzburg sollte nicht nur wegen der Aktivitäten Ceceljas ein Zentrum des kroatischen Rechtsextremismus in Österreich werden, sondern auch weil sich 1945 mehr NS-Kollaborateure aus Südosteuropa in der amerikanischen Besatzungszone halten konnten als irgendwo sonst in Österreich. Dies betraf nicht nur kroatische Ustascha, sondern auch bosniakische und albanische Kollaborateure. Im Gegensatz zur britischen und sowjetischen Besatzungszone waren in der amerikanischen Zone keine Auslieferungen an Tito zu befürchten. Damit hatte Salzburg seit der unmittelbaren Nachkriegszeit eine relativ große Ustascha-Migrantencommunity.

Mit Beginn der Anwerbung von „Gastarbeitern" und „Gastarbeiterinnen" aus dem ehemaligen Jugoslawien ab den 1960er Jahren kamen weitere kroatische Männer und Frauen nach Österreich. Allerdings blieben die politischen Ustascha und kroatisch-katholischen Strukturen auf der einen Seite und die vom sozialistischen Jugoslawien unterstützten jugoslawischen Vereine auf der anderen Seite strikt getrennt. Kroatische Arbeitsmigrant*innen waren überwiegend mit ihren serbischen, slowenischen, bosniakischen und albanischen Landsleuten in jugoslawischen Kultur- und Sportvereinen aktiv, die sich strikt von den kroatisch-nationalistischen Gruppierungen distanzierten. Erst mit dem Zerfall Jugoslawiens und dem Wiedererstarken des Nationalismus in Kro-

---

83 Norbert Mappes-Niediek, Kroatien. Ein Länderporträt, 2. u. erw. Aufl., Berlin 2011, S. 120 f.

84 www.no-ustasa.at/allgemein/2300/kroatische-diaspora_oesterreich [10. 2. 2021].

85 www.kz-verband-salzburg.at/post/folklore-gottesdienst-usta%C5%A1a-thompson [10. 2. 2021].

86 Klaus Buchenau, Titos Alptraum. Die Katholische Kirche und die kroatische Diaspora, in: István Keul (Hrsg.), Religion, Ethnie, Nation und die Aushandlung von Identität(en): Regionale Religionsgeschichte in Ostmittel- und Südosteuropa, Ostmittel- und Südosteuropa, Berlin 2005, S. 13–46, hier S. 30.

atien näherten sich die neuen Ultranationalisten und -nationalistinnen unter den Nachkommen der Arbeitsmigrant*innen und die alte Ustascha-Emigrantenszene einander
an.

2.3 Serbischer Diaspora-Rechtsextremismus

Im Gegensatz zu den kroatischen Ustascha ließen sich 1945 nur sehr wenige serbische
Nazikollaborateure in Österreich nieder, zu wenige, um eigene Vereine und eine eigene
Community zu bilden. Der Führungsstab der Tschetniks unter Draža Mihailović floh
im Gegensatz zu den Ustascha-Führern nicht ins Deutsche Reich, sondern versuchte
weiterhin das sich in Serbien herausbildende sozialistische Jugoslawien zu bekämp-
fen. Dies führte zur Verhaftung der wichtigsten Tschetnik-Führer und zur Hinrichtung
Mihailovićs. Lediglich die so genannte „Jugoslawische Nationalbewegung ZBOR" unter
Dimitrije Ljotić, die als aktivste Kollaborationsgruppe galt, setzte sich nach Deutschland ab. Das Zentrum dieser Gruppierung blieb allerdings in Deutschland und nicht
in Österreich. Möglicherweise existierten im katholisch geprägten Österreich größere
Sympathien für die katholischen Kroaten und noch aus der Monarchie herrührende
Vorbehalte gegenüber dem serbischen Nationalismus.

Im Gegensatz zum kroatischen Diaspora-Rechtsextremismus ist der serbische Diaspora-Rechtsextremismus in Österreich damit ein sehr viel jüngeres Phänomen, das
mit den Zerfallskonflikten im ehemaligen Jugoslawien und der Entstehung eines neuen
serbischen Ultranationalismus vor allem um die Serbische Radikale Partei Šešeljs verbunden ist. Der serbische Rechtsextremismus hat dementsprechend bis heute seinen
Schwerpunkt nicht in der ehemaligen amerikanischen Besatzungszone in Westöster-
reich, sondern eher in Wien. In den 1990er Jahren fanden sich auch hier Anhänger der
Serbischen Radikalen Partei und verschiedener anderer nationalistischer Gruppen, die
sich mit den serbischen Milizen im Krieg in Bosnien und mit dem serbischen Nationalismus insgesamt solidarisierten. Besonders deutlich wurde dies bei den Demonstrationen
in Wien gegen die Angriffe der NATO auf Belgrad 1999, als Symbole der Tschetniks und
uniformierte Tschetnik-Anhänger auftraten. Insgesamt blieben aber selbst auf diesen
Demonstrationen solch offen auftretende Rechtsextremisten die Minderheit gegenüber
Jugoslawien-nostalgischen serbischen Nationalisten, die sich dem Nationalismus der
damaligen serbischen Regierung unter Slobodan Milošević verschrieben hatten. Zwischen den offen rechtsextremen Ultranationalisten und den ebenfalls nationalistischen
Milošević-Anhängern gab es allerdings durchaus Überschneidungen, die jedenfalls
gemeinsame Demonstrationen gegen die NATO-Angriffe ermöglichten.[87] Symbole der
Tschetniks sind heute noch immer wieder als Graffitis in verschiedenen österreichischen Städten zu finden.

---

87 Beobachtungen auf den Demonstrationen im Frühling 1999 durch Thomas Schmidinger.

Tendenziell ging die Anhängerschaft des serbischen Ultranationalismus nach dem Ende der bewaffneten Konflikte in Serbien, Bosnien und Kroatien wieder etwas zurück. Allerdings blieb ein Kern extrem nationalistischer Serben in Österreich aktiv, die unter dem früheren FPÖ-Obmann Heinz-Christian Strache auch Anschluss an die FPÖ fanden. Umgekehrt entdeckte die FPÖ nationalistische serbische Mitbürger und Mitbürgerinnen als Wählerpotential. Strache trat mit einer serbischen Brojanica, einer Art Gebetskette, am Handgelenk auf, verwendete serbischen Turbo-Folk[88] und stellte mehrfach serbische Kandidaten auf. Inhaltliche Berührungspunkte fanden sich vor allem in der gemeinsamen Ablehnung des Islam. Eine Schlüsselfigur bildete dabei Nemanja Damnjanovic, der von 2015 bis 2020 sogar in der Bundesparteileitung der FPÖ saß[89] und immer wieder gezielt die serbische Diaspora ansprach. Im selben Zeitraum war Damnjanovic auch Abgeordneter des Wiener Landtages. Während Damnjanovic bei der FPÖ blieb, wechselten andere serbische FPÖ-Mitglieder in Wien 2020 zur Liste Strache. Ein anderer serbischer Bezirksrat der FPÖ war bereits 2014 zur SPÖ gewechselt.[90] Das Bündnis serbischer Ultranationalisten mit der FPÖ blieb damit prekär und führte nicht zu einer dauerhaften Allianz.

2.4 Polnischer Diaspora-Rechtsextremismus

Wien blickt auf eine lange hier ansässige polnische Diaspora-Community zurück, die teilweise noch auf die Österreichisch-Ungarische Monarchie zurückgeht, als das Königreich Galizien und Lodomerien seit 1772 und Krakau seit 1846 zur Habsburgermonarchie gehörten. Ein großer Teil der polnischstämmigen Bevölkerung Österreichs geht allerdings auf Fluchtbewegungen nach der Verhängung des Kriegsrechts in Polen 1981 und die Migration nach 1989 zurück.

Mit dem Erstarken rechtsextremer Parteien in Polen Mitte der 2000er Jahre begann sich auch in Österreich eine polnisch-rechtsextreme Szene herauszubilden, die vor allem in Wien und Niederösterreich ihren Schwerpunkt hat. In Österreich leben die meisten der rund 80.000 Polen und Polinnen in Wien und Umgebung. In Wien gibt es eine polnische Schule für über 400 Kinder und Jugendliche, polnische Klubs, Bibliotheken, Restaurants und Geschäfte[91] sowie eine polnische Kirche, was Wien ganz generell zum wichtigsten Ort der polnischen Diaspora in Österreich macht. Dementsprechend ist Wien nicht nur Zentrum intellektueller, wirtschaftlicher und kultureller Aktivitäten

---

88 Turbo-Folk ist ein nicht nur, aber vor allem in Serbien verbreitetes Musikgenre, das traditionelle Volksmusik mit Schlager und Rock mischt und insbesondere in Serbien oft sehr eng mit extrem nationalistischen Gruppierungen und Ideologien verbunden ist, was sich teilweise auch in den Texten niederschlägt.
89 simmering.fpoe-wien.at/personen-detail/person/nemanja-damnjanovic-ba [10. 2. 2021].
90 www.derstandard.at/story/2000007364432/serben-in-der-fpoe-wenn-der-grosse-politiker-sliwowitz-spendiert [6. 2. 2021].
91 forumpolonii.at/de/ueber-uns-2/geschichte-der-polen-in-oesterreich [9. 2. 2021].

der polnischen Diaspora, sondern auch politisches Zentrum, u. a. auch des polnischen Rechtsextremismus.

2.5 Ungarischer Diaspora-Rechtsextremismus

Der Rechtsextremismus in der ungarischen Diaspora in Österreich beschränkt sich im Wesentlichen auf zwei Gruppen in Salzburg und Wien. In Salzburg wurden dabei Aktivitäten um den „Salzburger Ungarischen Verein" (Salzburgi Magyar Egyesület) und dessen Obmann Peter Karsay beobachtet. In Wien organisierten sich Jobbik-Anhänger im Umfeld der FPÖ. Organisierte Gruppen der weiter rechts stehenden Jobbik-Abspaltung Mi Hazánk sind in Österreich nicht bekannt, allerdings verfügt die immer weiter nach rechts driftende Regierung über einen starken Einfluss in ungarischen Vereinen.

3 Relevante Organisationen und aktuelle Bildungsmaßnahmen

3.1 Türkische rechtsextreme Organisationen in Österreich

Die zwei Dachverbände des türkischen Ultranationalismus in Österreich sind die MHP-nahe „Türkische Föderation Österreich" (Avusturya Türk Federasyon, ATF) und die BBP-nahe „Weltordnung Österreich" (Avusturya Nizam-ı Alem bzw. Avusturya Türk Birliği, ATB). Wie die politischen Mutterparteien MHP und BBP verstehen sich beide als Teil der Ülkücü-Bewegung.

3.1.1 Türkische Föderation Österreich (Avusturya Türk Federasyonu, ATF)

Die „Türkische Föderation Österreich" (Avusturya Türk Federasyonu, ATF) ist der MHP-nahe und größere Dachverband der Ülkücü-Vereine in Österreich. Die ATF ist ein Zweig der europäischen Dachorganisation „Türkische Konföderation Europa" (Avrupa Türk Konfederasyon, ATK). Gegründet wurde die ATF 1995 als „Dachorganisation Türkische Kultur- und Sportgemeinschaft in Österreich" (Avusturya Ülkücü Türk Dernekleri Federasyonu, ADÜTF). Nach der Namensänderung des deutschen Dachverbandes tritt der österreichische Dachverband überwiegend ebenfalls als Türkische Föderation auf. Der ATF-Sitz befindet sich in Wien. Die in Österreich unter dem Dach der ATF organisierten Vereine sind in nahezu allen Bundesländern vertreten: Wien, Vorarlberg (Bregenz, Bludenz, Dornbirn, Feldkirch), Tirol (Innsbruck, Kufstein Landeck, Wörgl), Salzburg (Hallein), Graz, Oberösterreich (Linz, Traun, Wels) und im Industrieviertel in

Niederösterreich.[92] Besonders aktiv ist die ATF in Wien, Oberösterreich, Tirol und Vorarlberg, wo es unter dem Namen Avrasya eine größere Gruppierung der ATF-Vereine gibt.

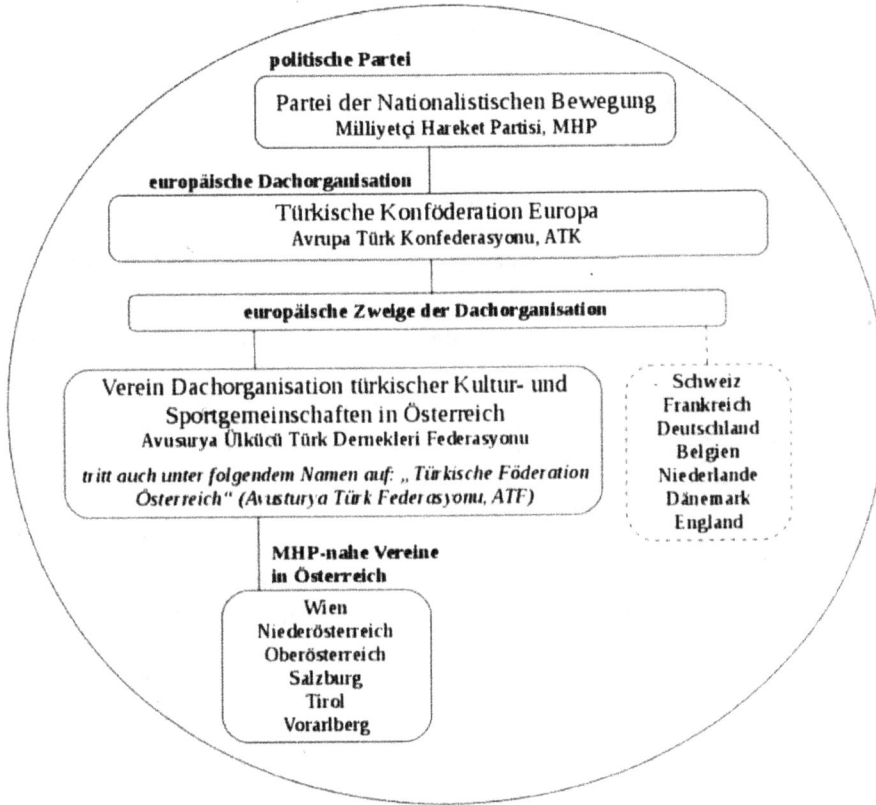

Abb. 2: Organisatorische Einbettung der ATF-Vereine (eigene Darstellung)

Politisch trat die ATF als wichtiger Mitorganisator der Proteste in Wien 2010 gegen Israel im Zuge der Mavi-Marmara Ereignisse auf. Im Sommer 2011 organisierte die ATF gemeinsam mit Gruppen aus den ATB-Vereinen Proteste in Wien und Vorarlberg gegen die PKK,[93] nachdem der bewaffnete Konflikt zwischen der PKK und der Türkei nach längeren Verhandlungen zur friedlichen Konfliktbeilegung erneut ausgebrochen war.

---

92 Michael Bonvalot, In diesen Städten haben die Grauen Wölfe in Österreich ihre Treffpunkte, Bonvalot.Net, 16. 7. 2020. www.bonvalot.net/in-diesen-staedten-haben-die-grauen-woelfe-in-oesterreich-ihre-treffpunkte-842 [26. 3. 2021].
93 Schmidinger/Rammerstorfer, Türkischer Faschismus, S. 70.

Da die ATF auch Aktivitäten im Religionsbereich verfolgt, ist sie als Kultusgemeinde in die Islamische Glaubensgemeinschaft in Österreich (IGGÖ) integriert. Die ATF organisiert Pilgerreisen nach Mekka und betreibt in einigen ihrer Vereine Gebetshäuser. Die Räumlichkeiten der ATF-Vereine dienten in der Vergangenheit auch als Wahllokale für die IGGÖ-Wahlen. In den Gemeindeversammlungen wurden mehrere Mandatare gewählt.[94] Mit einer antirassistischen Ausrichtung beuge die IGGÖ der Verbreitung von rechtsextremer Propaganda in den ATB- und ATF-Moscheen durch die Vorgabe der Glaubenslehre vor, die die Rahmenrichtlinie für Imame bildet, versicherte IGGÖ-Präsident Ümit Vural in einem Interview.[95] Bei Zuwiderhandlungen verfügt die IGGÖ über das einzige Sanktionsinstrument des Ausschlusses der Kultusgemeinde, das bisher nicht zum Einsatz kam. Eine mögliche Intervention durch ATF- oder ATB-Vereine bei der Auswahl der Lehrkräfte für den islamischen Religionsunterricht an öffentlichen und privaten Schulen werde von der IGGÖ durch ein transparentes Hearingverfahren ausgeschlossen, so Vural.[96]

Im Mevlana Kultur- und Sportverein der ATF in Wien – vermutlich regelmäßig – sowie in der Wiener „ATF-Jugendorganisation" (ATF Gençlik Kolları) regelmäßig einmal in der Woche abends finden „Sohbets" statt,[97] an denen auch junge Erwachsene anderer Organisationen der ATF teilnehmen. Sohbets ähneln Seminaren und sind ein „Zusammensitzen mit dem Lehrer". Der Vortragende ist in der Regel ein religiöser Gelehrter, der über Grundsätze und Aspekte des Glaubens spricht, Geschichten erzählt und Fragen der Teilnehmenden beantwortet. Die Sohbets werden in der Regel von Imamen geleitet.[98] Anders als bei Predigten, die zentral abgefasst und vorgegeben werden, scheint der Inhalt der Sohbets von den jeweiligen Imamen festgelegt zu werden. Eine Indoktrination der Jugendlichen und die Vermittlung der Ülkücü-Ideologie in den Moscheen der ATF- und ATB-Vereine im Rahmen der Sohbets kann nicht ausgeschlossen werden. Inwiefern die MHP-Ideologie vermittelt wird, ist allerdings nicht bekannt. Das Bildungsangebot der Turan Moschee (Turan Camii) in Salzburg, die zum ATF-Verein „Türkisch-Österreichischer Demokratischer Kulturverein" (Salzburg Ülkü Ocağı) gehört, enthält regelmäßige Koran-Kurse für Kinder. Vor dem Löschen der Facebook-Seite des ATF-Vereins waren dort Bildaufnahmen der Kurse und audiovisuelles Material zur Verbreitung der MHP-Ideologie vorhanden.

MHP-Propaganda wird auch von der Wiener „Ahmet Yesevi-Organisation" (Ahmet Yesevi Teşkilatı) und der „Seldschuken-Organisation" (Selçuklu Teşkilatı) über ihre Facebook-Seiten verbreitet. Sie huldigen dem MHP-Gründer Alparslan Türkeş, für

---

94 Ebenda.
95 Interview mit IGGÖ-Präsident Ümit Vural, geführt von Thomas Schmidinger, 18. 1. 2021.
96 Ebenda.
97 Facebook-Seite der ATF-Jugendorganisation: www.facebook.com/AtfGenclik/photos/pcb.2697776803 641182/2697776756974520/?type=3&theater [26. 3. 2021]; Facebook-Seite des Mevlana Kultur- und Sport-Vereins: www.facebook.com/atf.mevlanakultur/photos/a.355409851492834/758341191199696/?type=3&t heater [26. 3. 2021].
98 Interview mit einem Deradikalisierungsexperten, geführt von Ufuk Sahin, 15. 10. 2020.

den die militaristische Bezeichnung „Başbuğ" (Großer Führer) verwendet wird.[99] Die Ahmet Yesevi-Organisation verbreitete zudem Bilder des Rassisten und Chefideologen der türkischen Rechtsextremen, Nihal Atsız. Unter Bezugnahme auf Nihal Atsız verbreitet auch die Frauengruppe der ATF-Jugendorganisation (Asenalar Gençlik Kolları) rassistische Propaganda und gedenkt des „Turkismus-Tags" (Türkçülük Günü), der von einer rassistischen Gruppe um Nihal Atsız 1945 anlässlich eines gegen sie laufenden Gerichtsverfahrens ins Leben gerufen worden war und alljährlich von rechtsextremen Gruppen und Parteien gefeiert wird. Die „Seldschuken-Organisation", an die die Seldschuken-Moschee (Selçuklu Camii) angeschlossen ist und die ihre MHP-Propaganda wieder entfernt hat, schürt außerdem durch einen ebenfalls mittlerweile entfernten Musikclip auf ihrer Facebook-Seite Hass und Feindschaft gegenüber Armenier*innen und versucht Gewalt gegen sie zu legitimieren. Auch werden Menschen, die sich für eine Aufklärung des Mordes an Hrant Dink eingesetzt und sich mit der armenischen Minderheit solidarisiert haben, zur Zielscheibe gemacht.

3.1.2 Avusturya Nizam-ı Alem (ATB)

„Weltordnung Österreich" (Avusturya Nizam-ı Alem), auch bekannt als Avusturya Türk Birliği, ATB), ist der österreichische Zweig der europäischen Dachorganisation „Verband der türkischen Kulturvereine in Europa" (Avrupa Türk Kültür Dernekleri Birliği), der wiederum in der Öffentlichkeit als „Föderation der Weltordnung in Europa" (Avrupa Nizam-ı Alem Federasyonu, ANF, bzw. Avrupa Türk Birliği) auftritt.[100] Die ANF ist die Europavertretung der BBP. Die österreichische ATB ist kaum ein eigenständiger Dachverband, sondern untersteht vielmehr der europäischen Dachorganisation, die sich in Mörfelden-Walldorf in der Nähe von Frankfurt am Main befindet.

Wie auch bei der BBP kommt bei den österreichischen BBP-nahen Vereinen ein militanter Nationalismus, Antikommunismus, Islamismus und Antisemitismus zum Ausdruck. Darüber hinaus werden antirussische Kämpfer aus Tschetschenien von den BBP-nahen Vereinen gewürdigt und haben eine besondere Stellung unter BBP-Anhängern und -Anhängerinnen. Das Gebetshaus des Vereins im niederösterreichischen Zistersdorf ist nach dem in 1996 getöteten, ersten Präsidenten Tschetscheniens, Dschochar Mussajewitsch Dudajev, benannt.[101]

Auch nach Abspaltung der BBP dominierte die MHP in Österreich lange Zeit das türkisch-rechtsextreme Spektrum. Jedoch expandieren in den letzten Jahren die BBP-nahen Vereine in Österreich. Nach der Gründung von ATB-Vereinen zunächst in Wien,

---

99 Facebook-Seite der Ahmet Yesevi Teskilati. www.facebook.com/aytviyana/photos/a.20565537669301 6/601356547122895/?type=3&theater [18. 2. 2021].
100 Im weiteren Verlauf wird für die europäische Dachorganisation die Abkürzung „ANF" und für den österreichischen Zweig wie gewohnt die Abkürzung „ATB" verwendet.
101 Schmidinger/Rammerstorfer, Türkischer Faschismus, S. 70 f.

wo sich auch der Sitz des österreichischen Zweiges befindet, wurden Vereinsstrukturen in Oberösterreich, Niederösterreich und Salzburg aufgebaut. Kenan Güngör zufolge stellen die BBP-Vereine allerdings in quantitativer Hinsicht aktuell keine große Gefahr dar. Zudem seien die Vereinsstrukturen relativ schwach.[102]

In Wien betreibt die ATB im 5. und 10. Gemeindebezirk jeweils eine Moschee, die Nizam-ı Alem-Moschee und die Vakıf-Moschee (Vakıf Camii). Beide sind Teil einer IGGÖ-Kultusgemeinde.[103] Aufgrund einer fehlenden formellen Gründung wurde die Vakıf-Moschee 2018 durch das Kultusamt geschlossen.[104] Die schließlich erfolgte Anmeldung bei der IGGÖ und eine Gerichtsbeschwerde durch den Moscheeverein führten zur Wiedereröffnung.[105] Im Jahr 2011 stellte die ATB ihre Räumlichkeiten für die Wahlen des IGGÖ-Vorsitzes zur Verfügung. In Oberösterreich befindet sich ein ATB-Verein in Braunau, der die Moschee „Fatih Camii" betreibt. In Salzburg ist die ATB mit dem Verein „Nizam-ı Alem Ocağı" in Hallein vertreten, der die Moschee „Hallein Alperenler Camii" betreibt.[106] Einzelne ATB-Vereine haben außerdem Frauen- und Jugendorganisationen. Die ATB organisiert auch Pilgerreisen nach Mekka, Überführungen von Toten in die Türkei, Bestattungen nach muslimischem Brauch in Österreich und bietet Raum für Ramadan-Veranstaltungen mit gemeinsamem Fastenbrechen und Abendgebet.[107]

In der Nizam-ı Alem-Moschee, in der tägliche und Freitagsgebete stattfinden, wurden Ausbildungskurse zum Staplerfahrer sowie Maurerprüfungen durchgeführt.[108] Ob und mit welcher Intensität dabei die Ideologie der BBP vermittelt wurde, kann auf Grundlage des vorhandenen Datenmaterials nicht festgestellt werden. Vor einiger Zeit betrieb der Moscheeverein ein Studierendenwohnheim für ca. 10 mittellose Studierende aus der Türkei, die kostenfrei einen Platz erhielten. Im Gegenzug boten diese Schülernachhilfe im Verein an und sollten auch organisatorische Aufgaben im Verein übernehmen. Die Wohnräume wurden jedoch wegen des großen Aufwandes wieder aufgegeben.[109] In der Vergangenheit wurden in den Räumen des Moscheevereins Fortbildungskurse und

---

102 Interview mit Kenan Güngör, geführt von Ufuk Sahin, 24. 8. 2021.
103 www.localprayers.com/AT/Vienna/1396218610667483/Nizam-ı-ALEM-Camii [6. 5. 2021], Facebook-Seite der Vakif Camii: de-de.facebook.com/pages/category/Mosque/Vak%C4%B1f-Camii-Vak%C4%B1f-Moschee-239762066115495 [15. 10. 2021].
104 Moscheenschließungen: Schock und Kritik, 8. 6. 2018. religion.orf.at/v3/stories/2917759 [15. 10. 2021]; Sieben Moscheen müssen geschlossen werden: Wie geht es weiter?, Kurier, 8. 6. 2018. kurier.at/politik/inland/die-wichtigsten-fragen-rund-um-die-moscheen-schliessung/400047758 [15. 10. 2021].
105 Moscheen rechtswidrig geschlossen, Die Presse, 14. 2. 2019. www.diepresse.com/5579752/moscheen-rechtswidrig-geschlossen?utm_source=recommen-der&utm_medium=Packages [15. 10. 2021]; Islamlandkarte. www.islam-landkarte.at/detail/vakif-moschee [15. 10. 2021].
106 Bonvalot, In diesen Städten.
107 Islamlandkarte, Nizam-ı Alem-Alperen Ocakları. www.islam-landkarte.at/fileadmin/Nizam-i_Alem/PDF/Moscheegemeinde_N%C4%B1zam-%C4%B1_Alem_alperen_ocaklar%C4%B1.pdf [25. 10. 2021]; Interview mit einem Jugendarbeiter, geführt von Ufuk Sahin, 15. 9. 2021; Interview mit einem Vertreter des Moscheevereins Nizam-ı Alem, geführt von Ufuk Sahin, 1. 11. 2021.
108 www.youtube.com/watch?v=9hllMKZVVPY [15. 12. 2020].
109 Interview mit einem Vertreter des Moscheevereins Nizam-ı Alem.

Deutschkurse für (arbeitssuchende) Frauen angeboten. Laut der Moschee-Vertretung organisierte der Magistrat der Stadt Wien eine Sprachlehrerin für Deutschkurse.[110] Die Sprachkurse im Verein endeten mit der Einstellung der Unterstützung durch den Magistrat.[111] Gegenwärtig werden nach eigenen Angaben lediglich Koran-Kurse für Kinder und Teenager angeboten. Das verringerte Bildungsangebot ist auf die infolge der Covid-Pandemie stark zurückgegangenen Besuchszahlen der Moscheegemeinde und den Mangel an fachlich geeigneten Personen zurückzuführen.[112]

In der Fatih-Moschee (Fatih Camii Braunau) des Vereins „Braunau Helden-Herde" (Braunau Alperen Ocakları) werden einmal wöchentlich Sohbets veranstaltet. Zu den Inhalten der Sohbets sind auf der Facebook-Seite des Vereins keine Informationen zu finden.[113]

Der ATB-Verein „Wiener Helden-Herde" (Viyana Alperen Ocakları), der ziemlich aktiv eine Facebook-Seite betreibt, zielt nach Eigendarstellung auf die Pflege von Kultur und Religion der Türkeistämmigen. Nach ihrem Bildungsvorsitzenden soll die Bildungsarbeit die türkeistämmigen Jugendlichen „vor dem schlechten Weg" bewahren und ihre Eingliederung in die österreichische Gesellschaft fördern.[114] Die „Wiener Helden-Herde" betreibt ein Mentoring-Programm. Ältere Jugendliche bieten jüngeren Schülernachhilfe an. Gemeinsam treiben sie Sport und unternehmen Ausflüge.[115] Das Mentoring-Programm bietet viel Raum für Informelles. Die Jugendorganisation der „Wiener Helden-Herde" organisiert außerdem regelmäßig Sohbet-Veranstaltungen.[116] Zu den Inhalten der Sohbets sind auf der Facebook-Seite keine Informationen vorhanden. Im Dezember 2020 verbreitete der Verein einen von der europäischen BBP-Dachorganisation ANF geleiteten Spendenaufruf zur Hilfe für Menschen in Armut.[117] Das Engagement für Wohltätigkeitszwecke zeigt exemplarisch das Bemühen des ATB-Vereins um größere Legitimität innerhalb der türkeistämmigen Community auf. Der Verein verbreitet auf seiner Facebook-Seite BBP-Propaganda. Gehuldigt wird dem ehemaligen Kriegsminister des Osmanischen Reiches, Damad Ismail Enver, besser bekannt als Enver Pascha, der für BBP-Anhänger und -Anhängerinnen der Begründer der „islamisch-nationalistischen" Strömung mit pan-türkischer Ausrichtung ist.[118] Ismail Enver

---

110 www.youtube.com/watch?v=9hllMKZVVPY [15. 12. 2020].
111 Interview mit einem Vertreter des Moscheevereins Nizam-ı Alem.
112 Ebenda.
113 www.facebook.com/BraunauAlperenOcaklar/photos/pcb.723875271781012/723875055114367/?type=3&theater [16. 12. 2020].
114 Islamlandkarte, Nizam-ı Alem-Alperen Ocakları.
115 Ebenda.
116 www.facebook.com/viyanaalperenocaklari/photos/a.627916203947729/6355667001172592/?type=3&theater [26. 10. 2021].
117 www.facebook.com/viyanaalperenocaklari/photos/a.627916203947729/4932200586852581/?type=3&theater [28. 12. 2020].
118 www.facebook.com/viyanaalperenocaklari/photos/a.627916203947729/4258147630924550/?type=3&theater [16. 12. 2020].

war einer der Hauptakteure der Planung und Durchführung des Völkermords an der armenischen christlichen Minderheit, für den er 1919 in Istanbul in Abwesenheit zum Tode verurteilt wurde.

In der Vakıf-Moschee (Vakıf Camii) der „Wiener Helden-Herde" (ATB), die sich in einem anderen Gebäude befindet, finden tägliche und Freitagsgebete statt. In der Fastenzeit Ramadan wurden Online-Predigten gehalten. Die Aufnahmen von einigen Predigten sind auf der Facebook-Seite der Moschee abrufbar.[119] An Wochenenden wird von ehrenamtlichen Vereinsmitgliedern geleiteter Religionsunterricht für Kinder unterschiedlichen Alters angeboten,[120] zu deren genauen Inhalten auf der Facebook-Seite keine Angaben vorhanden sind. Jedoch wird auch „soziales Verhalten" vermittelt. Gegenstand der Erziehung ist, den Kindern das „richtige" Verhalten gegenüber ihren Eltern und in der Gemeinschaft zu lehren. Auch für Frauen werden Religionskurse angeboten, die kombiniert werden mit regelmäßigen „Erziehungskursen" zur „richtigen" Erziehung des Kindes mit Vorschlägen zur „richtigen" Ernährung und zur Schulbildung der Kinder.[121]

3.2 Kroatische rechtextreme Organisationen in Österreich

Die Vereine des kroatischen Ultranationalismus stehen in Österreich bis heute in einer Tradition der Ustascha-Emigranten nach dem Zweiten Weltkrieg. Eine wichtige Rolle spielt dabei der 1951 gegründete Verein Bleiburger Ehrenzug (Počasni Bleiburški), der für die jährliche Gedenkfeier in Bleiburg/Pliberk verantwortlich ist.

In Salzburg existiert bis heute ein nach dem Ustascha-Priester Velim Cecelja benannter Kulturverein namens Hkud Vilim Cecelja Salzburg, der regelmäßig an den Gedenkfeiern in Bleiburg/Pliberk teilnimmt und auch noch 2020, nachdem die große öffentliche Veranstaltung untersagt wurde, am 16. Mai eine Gedenkmesse veranstaltete.[122] Der Verein unterhält freundschaftliche Kontakte zu anderen, teilweise auch weniger extremistischen kroatisch-nationalen Vereinen in Innsbruck und im Salzburger Pongau, nicht aber zu jenen kroatischen Vereinen, die aus ehemaligen jugoslawischen Vereinen hervorgegangen sind oder von Burgenlandkroaten dominiert und überwiegend in Wien und Ostösterreich zu finden sind. Der eng mit der kroatisch-katholischen Pfarrgemeinde in Salzburg verbundene Verein[123] spielt in seinem Symbol geschickt mit dem inzwischen in Österreich verbotenen Ustascha-Symbol. Indem die Anordnung der

---

119 www.facebook.com/239762066115495/videos/1580679658774356/ [16. 12. 2020].

120 de-de.facebook.com/239762066115495/photos/pcb.4425423464215980/4425423344215992/?type=3&theater [22. 10. 2021].

121 Islamlandkarte, Nizam-ı Alem-Alperen Ocakları.

122 www.youtube.com/watch?app=desktop&fbclid=IwAR2pZxEMWO7Mzaw711yME-vQVyEZkxKhz8YRqd2440wDv3NQnNEgEEj_11Rg&v=gKFiK8Jdb4s&feature=youtu.be [6. 5. 2021].

123 www.facebook.com/hkud.vilim.cecelja [11. 2. 2021].

weißen und roten Kästchen des kroatischen Wappens durch Verdeckung der obersten Reihe und des linken Teils des Wappens durch eine Silhouette nicht sichtbar ist, bleibt offen, ob damit das aktuelle kroatische Wappen oder die umgekehrt angeordnete Usta-scha-Version des Wappens gemeint ist. Die Reihung der Farben und die Bedeutung des Wappens bleibt damit der Interpretation der Betrachtenden überlassen.

Die Bildungs- und Jugendarbeit des Vereins konzentriert sich im Wesentlichen auf Volkstanz- und Folkloregruppen für Jugendliche, die sowohl in Kroatien als auch in Salzburg auftreten. Diese Folkloregruppen treten allerdings auch teilweise bei politischen Veranstaltungen auf und dienen zur Rekrutierung des Nachwuchses für den Verein.

3.3 Serbische rechtsextreme Organisationen in Österreich

Mangels einer organisierten rechtsextremen, antikommunistischen Diaspora in Österreich gibt es hierzulande keine lange Geschichte rechtsextremer serbischer Vereine. Zwar gab es einzelne Mitglieder von Exilorganisationen serbischer NS-Kollaborateure, wie der so genannten Jugoslawischen Nationalbewegung ZBOR, allerdings keine bekannten Organisationen. Der „Dachverband für Serbische Vereine in Wien" (Zajednica srpskih klubova u Beču) ging aus dem 1971 gegründeten und vom sozialistischen Jugoslawien geförderten „Dachverband der Jugoslawischen Vereine in Wien" hervor. Aus diesem ging wiederum 1981 eine bundesweite Organisation mit 120 Vereinen bestehend aus Mitgliedern aus allen Teilen Jugoslawiens hervor.[124]

Mit dem Zusammenbruch Jugoslawiens und dem Austritt von Kroaten und Bosniaken aus dem Dachverband wurde dieser zu einem serbischen Verein. Das aktuelle Symbol des Dachverbandes beinhaltet auch das von verschiedenen nationalistischen Gruppierungen verwendete „Serbische Kreuz" mit den vier kyrillischen Buchstaben C für „Samo sloga Srbina spasava" („Nur Eintracht rettet die Serben"). Zwar beteiligten sich diese Vereine aktiv an nationalistischen Mobilisierungen gegen die NATO-Angriffe auf Serbien 1999, allerdings blieb der Dachverband mit seinen Mitgliedsvereinen politisch divers und kann nicht einfach dem serbischen Rechtsextremismus zugeordnet werden.

Wie erwähnt haben serbische Ultranationalisten in Österreich teilweise den Anschluss an die FPÖ gefunden, allerdings diese teilweise wieder verlassen und sich dem „Team HC Strache" angeschlossen. Der serbisch-orthodoxe Theologe und Wiener FPÖ-Politiker Konstantin Dobrilović, der der 2010 gegründeten „Christlich-Freiheitlichen Plattform für ein freies Europa souveräner Völker" (CFP) vorsteht, spielte bis zur Krise der FPÖ 2019 eine wichtige Rolle als Verbindungsperson zwischen antimuslimischen christlichen Fundamentalisten, der FPÖ und dem serbischen Ultranationalismus.

---

124 Ljubomir Bratic, Sozialpolitische Organisationen der MigrantInnen in Österreich, in: Kurswechsel, 1/2000, S. 6–20, hier S. 13.

Explizit serbisch-rechtsextreme Organisationen sind in Österreich nicht bekannt, ebenso wenig Bildungsarbeit serbischer Rechtsextremer.

3.4 Polnische rechtsextreme Organisationen in Österreich

Schon im Juni 2014 störten polnische Rechtsextreme in Wien die Regenbogenparade, was die Bedeutung der Homophobie für den polnischen Rechtsextremismus deutlich machte. Im Juli 2014 wurde in Österreich auf Initiative eines Kreisverbandes der rechtsextremen „Allpolnischen Jugend" (Młodzież Wszechpolska, MW) die „Wiener Nationale Offensive" (Wiedenska Inicjatywa Narodowa, WIN) als Verein gegründet.[125] Im September 2014 veranstaltete die WIN einen „Patriotenkongress", bei dem u. a. Vortragende der Ruch Narodowy und der Liga polnischer Familien auftraten. Am 8. April 2015 störten Aktivisten der WIN den Vortrag des jüdischen Soziologen und Philosophen Zygmunt Bauman im Wien Museum. Dabei tauchten einige Männer beim Eingang der Veranstaltung auf und riefen polnische Parolen wie „Nieder mit den Kommunisten!", „Kommunisten lassen wir nicht leben!" und „Wir gedenken unserer Helden!"[126]

Der Verein WIN entwickelte sich in den folgenden Jahren zum Zentrum des polnischen Rechtsextremismus in Wien. Die Gruppierung ist vor allem als antisemitisch, homophob und antieuropäisch bekannt. Neben der Beteiligung an Anti-Abtreibungsdemonstrationen und homophoben Aktivitäten spielen auch Gedenkfeiern für die Schlacht am Kahlenberg am 12. September 1683, bei der ein polnisches Reiterheer unter Johann III. Sobieski zentral am Entsatz von Wien mitwirkte, eine wichtige Rolle für die etwa 30 bis 40 Aktivisten umfassende Organisation. In der Propaganda von WIN retteten hier katholische Polen das „christliche Abendland" vor dem Ansturm der Türken und des Islam. Ein 2018 von Radio Maryja, einem nationalkonservativen, katholisch geprägten Radiosender in Polen, publiziertes Propagandavideo bejubelt über eine halbe Stunde lang die WIN, deren „Heimattreue" und Aktivitäten zur Rettung des Abendlandes im Sinne der Schlacht am Kahlenberg. Auf dem Video werden auch Fackelzüge mit Fahnen und Transparenten zum Jahrestag der Schlacht am Kahlenberg dokumentiert.[127]

Die WIN unterhält enge Beziehungen zur Identitären-Bewegung, zu den neonazistischen Fußball-Hooligans von „Unsterblich Wien" und zum Umfeld des bekennenden Nationalsozialisten Gottfried Küssel. Insgesamt handelt es sich bei der WIN um eine militante Aktivistengruppe.

Spezifische Bildungsangebote sind nicht bekannt, zumindest keine, die über eine Schulung der eigenen Mitglieder hinausgehen.

---

125 Dokumentationsarchiv des österreichischen Widerstandes, Informationen zum Polnischen Jugendverein WIN (Wiedenska Inicjatywa Narodowa), in: Neues von ganz rechts – April 2015, www.doew.at/cms/download/e1qv/win_nvr_end.pdf [12. 2. 2022].
126 www.derstandard.at/story/2000014073642/rechte-stoeraktion-im-wien-museum [12. 2. 2021].
127 www.radiomaryja.pl/multimedia/reportaz-wiedenska-inicjatywa-narodow [12. 2. 2021].

3.5 Ungarische rechtsextreme Organisationen in Österreich

Der Organisationsgrad der ungarischen extremen Rechten in Österreich ist insgesamt eher gering. Der „Salzburger Ungarische Verein" (Salzburgi Magyar Egyesület) lud 2013 den damaligen stellvertretenden Vorsitzenden von Jobbik, Tamás Sneider, zu einem Vortrag nach Salzburg ein.

Der Verein ist allerdings nicht eindeutig als Vorfeldorganisation von Jobbik zu verstehen, sondern scheint politisch etwas breiter im Bereich des ungarischen Nationalismus angesiedelt zu sein. So dürften auch Anhänger und Anhängerinnen der Regierungspartei FIDESZ von Ministerpräsident Orbán innerhalb des Vereins aktiv sein. Zumindest muss der Verein allerdings als offen gegenüber Rechtsextremismus und rechtsextremen Veranstaltungen gewertet werden. Der Vortrag von Sneider 2013 wurde auch von neonazistischer Seite beworben.[128] Seither ist der Verein stärker mit kulturellen und staatstragend-nationalistischen, denn offen rechtsextremen Veranstaltungen an die Öffentlichkeit getreten. So werden etwa auf der Website des Vereins Gedenkveranstaltungen zum ungarischen Nationalfeiertag, Bälle und andere Kulturveranstaltungen beworben.[129]

Seit den Einschränkungen in Folge der Corona-Pandemie bietet der Verein auch Online-Veranstaltungen, etwa Vorträge zur Pflege der Muttersprache oder andere kulturelle Events.[130] In Wien gibt es zwar Anhänger und Anhängerinnen der Jobbik, diese sind allerdings kaum mehr aktiv oder organisiert. Es gibt eine Facebook-Gruppe einer „Jobbik-Organisation Wien" (Jobbik Szervezet Bécs) mit fast 700 Followern, die allerdings seit 2014 weitgehend inaktiv ist.[131] Eine andere, weiterhin aktive Seite mit dem Namen „Österreichische Jobbik-Sympathisanten" (Ausztriai Jobbik-szimpatizánsok) hatte 2021 knapp 900 Follower.[132] Allerdings scheint es keine wirkliche Organisation hinter der Facebook-Seite zu geben. 2017 gab es verschiedene Medienberichte über einen Jobbik-Freundeskreis innerhalb der FPÖ, der vom ungarischstämmigen Bezirksrat Karl Eggl geleitet worden sein soll. Der damalige FPÖ-Landesparteisekretär bestritt zwar die Existenz dieses Freundeskreises,[133] allerdings wurde Eggl auf der Website von Jobbik als Kontaktmann für diesen Freundeskreis angegeben.[134] Da Eggl nach der Wahlniederlage der FPÖ 2020 nicht mehr im Bezirksrat vertreten ist, scheinen diese Verbindungen zumindest nicht mehr von großer Relevanz zu sein. Einzelne Anhänger der Jobbik-Rechtsabspaltung „Mi Hazánk" gibt es zwar auch in Österreich, allerdings ist bislang keine organisierte Gruppe bekannt geworden.

---

128 www.stopptdierechten.at/2013/05/11/salzburg-besuch-von-einem-neofaschiste [10. 2. 2021].
129 www.salzung.com/esemen [10. 2. 2021].
130 www.facebook.com/salzung/?ref=page_internal [12. 12. 2021].
131 www.facebook.com/jobbikszervezet.becs [10. 2. 2021].
132 m.facebook.com/jobbik.ausztria [10. 2. 2021].
133 www.derstandard.at/story/2000062819040/ottakringer-fpoe-bezirksrat-organisiert-jobbik-freundeskreis [11. 2. 2021].
134 Der entsprechende Link wurde nach Medienberichten entfernt.

Im Bildungsbereich ist weder Jobbik noch Mi Hazánk aktiv. Sehr wohl gibt es allerdings einen starken Einfluss der ungarischen Regierung und damit des Nationalismus der Regierungspartei FIDESZ auf die Wiener Ungarische Schule und den Ungarisch-Unterricht in zweisprachigen Schulklassen.

4 Strategien der Einflussnahme durch ultranationalistische Diaspora-Organisationen

Die Ziele ultranationalistischer Vereine, die im Bildungsbereich aktiv sind, lassen sich drei Bereichen zuordnen, die mitunter in einer Wechselbeziehung zueinander stehen: Die Reproduktion der Vereine, die Schaffung von Legitimität und die Gemeinschaftsbildung. Kursangebote sollen die Mitglieder der Vereine, insbesondere die Jugend, an die jeweilige Organisation binden und neue Mitglieder aus den jeweiligen Communities ansprechen. Dabei stehen zum einen politisch vordergründig unverdächtige Inhalte, wie Berufs- und Sprachkurse oder verschiedene Formen der Kulturpflege, im Mittelpunkt. Zum anderen wird in einigen Fällen (türkischer und kroatischer Ultranationalismus) auch religiöse Bildung angeboten. Dabei sind die religiös vermittelten Inhalte nicht unbedingt extremistisch, sondern dienen primär der Gemeinschaftsbildung. Die Vereine versuchen, sich als Bildungs- und Integrationseinrichtungen Legitimität zu verschaffen, und bedienen damit durchaus das Bedürfnis der Jugendlichen und deren Eltern nach Aus- bzw. Weiterbildung zur Verbesserung der persönlichen sozioökonomischen Situation.[135] Bei den Eltern von Jugendlichen, die die Vereine besuchen, stoßen die Bildungsaktivitäten der Vereine durchaus auf Resonanz. Viele Eltern sehen die religiösen Kurse in Moscheevereinen als eine Präventionsmaßnahme, damit ihre Kinder nicht in kriminelle Strukturen hineingeraten.[136] Durch Sprachkurse oder Berufsausbildungen inszenieren sich die Vereine als „Wohltäter" innerhalb der jeweiligen Communities und versuchen damit, Legitimität über den engeren Kreis an Mitgliedern hinaus zu erwerben.

Die Bildungsaktivitäten dienen außerdem der Reproduktion der Vereine. Durch die Anbindung der Jugendlichen an die Vereine über Bildungsprogramme ist die Intention erkennbar, die Jugendlichen langfristig in die Organisation einzugliedern. Auch der Betrieb eines Studierendenwohnheims war mit einer solchen Absicht verbunden. Aufgrund ihrer ideologischen Indoktrinierung sowie der Vermittlung des Gefühls, dass die Vereine für die Jugendlichen von Nutzen sind, ihr Wohl im Sinn haben und die Jugendlichen Teil einer bedeutenden „Mission" sind, können die jungen Menschen durchaus als die nachfolgende Generation der Vereinskader und -führung betrachtet werden.

---

135 Interview mit Kenan Güngör, 24. 8. 2021.
136 Interview mit einem Jugendarbeiter, 15. 9. 2021.

Bestimmte Veranstaltungen dienen explizit der Weitergabe der ultranationalistischen Ideologie und einem entsprechenden Geschichtsbild, bei dem Ereignisse oder Mythen der jeweiligen Geschichte vielfach eine wichtige Rolle spielen. Auch diese Veranstaltungen dienen der Gemeinschaftsbildung, sind jedoch expliziter in ihren Inhalten und in dabei zur Schau gestellten Symbolen. In einigen Fällen werden Religion und Ideologie miteinander verwoben (z. B. kirchliche Feiern kroatischer Ultranationalisten in Bleiburg/Pliberk, Sohbets türkischer Ultranationalisten). In diesem Zusammenhang beabsichtigen die Vereine einen größeren, ideologischen Einfluss auf die Jugendlichen auszuüben. Aufgrund ihrer Anschauung und der Rechtfertigung ihrer Existenz strukturieren Gruppen wie die Ülkücü-Bewegung ihre Umwelt nach einem strikten Freund-Feind-Schema. Sie schaffen dadurch polarisierte Innen- und Außenwelten und geben vor, die Jugendlichen vor einer aus ihrer Sicht moralisch verkommenen Gesellschaft schützen zu wollen.

Literaturverzeichnis

Aktürk, Şener, Regimes of Ethnicity and Nationhood in Germany, Russia, and Turkey, Cambridge 2012.

Aktürk, Şener, Religion and Nationalism: Contradictions of Islamic Origins and Secular Nation-Building in Turkey, Algeria, and Pakistan, in: Social Science Quarterly 96 (2015) 3, S. 778–806.

Al, Serhun, Elite Discourses, Nationalism and Moderation: A Dialectical Analysis of Turkish and Kurdish Nationalisms, in: Ethnopolitics 14 (2015) 1, S. 94–112.

Arıkan, Burak, The Programme of the Nationalist Action Party: An Iron Hand in a Velvet Glove?, in: Middle Eastern Studies 34 (1998) 4, S. 120–134.

Arıkan, Burak, Turkish ultra-nationalists under review: A study of the Nationalist Action Party, in: Nations and Nationalism 8 (2002) 1, S. 357–375.

Arslan, Emre, Der Mythos der Nation im transnationalen Raum. Türkische Graue Wölfe in Deutschland, Wiesbaden 2009.

Aslan, Fikret/Bozay, Kemal, Graue Wölfe heulen wieder, Münster 2000.

Aydın, Yaşar, Gute Partei (İP) İyi Parti, Bundeszentrale für politische Bildung, 19. 2. 2018. www.bpb.de/themen/europa/tuerkei/255944/gute-partei-ip/ [4. 5. 2021].

Bonvalot, Michael, In diesen Städten haben die Grauen Wölfe in Österreich ihre Treffpunkte, Bonvalot. Net, 16. 7. 2020. www.bonvalot.net/in-diesen-staedten-haben-die-grauen-woelfe-in-oesterreich-ihre-treffpunkte-842 [26. 3. 2021].

Bratic, Ljubomir, Sozialpolitische Organisationen der MigrantInnen in Österreich, in: Kurswechsel, 1/2000, S. 6–20.

Buchenau, Klaus, Titos Alptraum. Die Katholische Kirche und die kroatische Diaspora, in: István Keul (Hrsg.), Religion, Ethnie, Nation und die Aushandlung von Identität(en): Regionale Religionsgeschichte in Ostmittel- und Südosteuropa, Ostmittel- und Südosteuropa, Berlin 2005, S. 13–46.

Bundesministerium des Innern (BRD) 2016, Verfassungsschutzbericht.

Bundesministerium des Innern (BRD) 2019, Verfassungsschutzbericht.

Çelikkan, Ali, Verbot der rechtsextremen Grauen Wölfe: Eine graue Zone, TAZ, 18. 11. 2020. taz.de/Verbot-der-rechtsextremen-Grauen-Woelfe/!5725562 [4. 5. 2021].

Çınar, Alev/Arıkan, Burak, The Nationalist Action Party: Representing the State, the Nation or the Nationalists?, in: Turkish Studies 3 (2002) 1, S. 25–40.

Dahlmann, Hans-Christian, Antisemitismus in Polen 1968. Interaktionen zwischen Partei und Gesellschaft, Osnabrück 2013.

Das Dunkel hinter Dinks Mörder, FAZ. www.faz.net/aktuell/politik/ausland/tuerkei-das-dunkel-hinter-dinks-moerder-1408975.html [25. 3. 2021].

Dokumentationsarchiv des österreichischen Widerstandes, Informationen zum Polnischen Jugendverein WIN (Wiedenska Inicjatywa Narodowa), in: Neues von ganz rechts – April 2015, www.doew.at/cms/download/e1qv/win_nvr_end.pdf [12. 2. 2022].

Esen, Berk/Yardımcı-Geyikçi, Şebnem, The Turkish presidential elections of 24 June 2018, in: Mediterranean Politics 25 (2019) 5, S. 682–689.

Göçek, Fatma Müge, The Transformation of Turkey. Redefining State and Society form the Ottoman Empire to the Modern Era, London 2011.

Górny, Maciej, War on Paper? Physical Anthropology in the Service of States and Nations, in: Włodzimierz Borodziej/Jochen Böhler/Joachim von Puttkamer (Hrsg.), Legacies of Violence: Eastern Europe's First World War, München 2014, S. 131–168.

Grigoriadis, Ioannis N., Arzu Opçin-Kıdal, Imagining Turan: homeland and its political implications in the literary work of Hüseyinzade Ali [Turan] and Mehmet Ziya [Gökalp], in: Middle Eastern Studies 56 (2020) 3, S. 482–495.

Gross, Jan Tomasz, Polish Society Under German Occupation: The Generalgouvernement, 1939–1944, Princeton 1979.

Kadercan, Burak, The Year of the Grey Wolf: The Rise of Turkey's New Ultranationalism, War on the Rocks, warontherocks.com/2018/07/the-year-of-the-gray-wolf-the-rise-of-turkeys-new-ultranationalism [13. 12. 2022].

Kalaycıoğlu, Ersin, Turkish Dynamics: Bridge Across Troubled Lands, New York 2005, S. 18.

Kroissenbrunner, Sabine, Soziopolitische Netzwerke türkischer MigrantInnen in Wien, Projektendbericht, Institut für Konfliktforschung, Wien 1996.

Mappes-Niediek, Norbert, Kroatien. Ein Länderporträt, 2. u. erw. Aufl., Berlin 2011.

Mendes, Philip, Jews and the Left: The Rise and Fall of a Political Alliance, Basingstoke 2014.

Mylonas, Harris, The Politics of Nation-Building. Making Co-Nationals, Refugees and Minorities, Cambridge 2012.

Newman, John Paul, Yugoslavia in the Shadow of War: Veterans and the Limits of State Building, 1903–1945, Cambridge 2015.

Okutan, Çağatay, Tek Parti Döneminde Azınlık Politikaları, Istanbul 2004.

Opratko, Benjamin, Im Namen der Emanzipation. Antimuslimischer Rassismus in Österreich, Bielefeld 2019.

Pankowski, Rafał/Kornak, Marcin, Poland, in: Ralf Melzer/Sebastian Serafin (Hrsg.), Right-Wing Extremism in Europe. Country Analyses, Counter-Strategies and Labor-Market Oriented Exit Strategies, Berlin 2013, S. 157–168.

Pankowski, Rafał, Analyse: Rechtsextremismus in Polen – Gruppierungen, Narrationen, Gegenbewegungen. www.bpb.de/internationales/europa/polen/169274/analyse-rechtsextremismus-in-polen, 18. 9. 2013 [29. 5. 2023].

Parla, Taha, The Social and Political Thought of Ziya Gökalp, 1876–1924, Leiden 1985.

Pfeifer, Karl, Covid-19 als Chance für den Autoritarismus. Ungarns Ministerpräsident Orbán als Corona-Profiteur, in: Thomas Schmidinger/Josef Weidenholzer (Hrsg.), Virenregime. Wie die Coronakrise unsere Welt verändert. Befunde, Analysen, Anregungen, Wien 2020, S. 126–137.

Posch, Walter, Wolfsgruß im Flashmob, Zenith, 29. 6. 2020. magazin.zenith.me/de/gesellschaft/tuerkische-rechtsextreme-der-tuerkei-und-im-ausland [5. 5. 2021].

Rammerstorfer, Thomas, Graue Wölfe – Türkische Rechtsextreme und ihr Einfluss in Deutschland und Österreich, Wien 2018.

Schaab, Phillipp, Götter, Ahnen, Blut und Boden? Die Konstruktion ethnischer Identität im gegenwärtigen slawischen Neuheidentum in Polen, Berlin 2019.

Schmidinger, Thomas/Rammerstorfer, Thomas, Türkischer Faschismus in Österreich, in: Kemal Bozay/Thomas Rammerstorfer/Thomas Schmidinger/Christian Schörkhuber (Hrsg.), Grauer Wolf im Schafspelz – Rechtsextremismus in der Einwanderungsgesellschaft, Grünbach 2012, S. 67–80.

Schmidinger, Thomas, Politische Kämpfe in der Provinz. Kurdische Diasporen in Vorarlberg, in: Agnes Grond/Katharina Brizić/Christoph Osztovics/Thomas Schmidinger (Hrsg.), Wiener Jahrbuch für Kurdische Studien 8/2020, Wien 2020, S. 25–73.

Schmidinger, Thomas, Turanismus, Panturkismus und Islam(ismus). Die „Grauen Wölfe" und ihr Verhältnis zum Islam und zur AKP, in: Lobna Jamal/Yaşar Aydın (Hrsg.), „Graue Wölfe". Türkischer Ultranationalismus in Deutschland, Bonn 2022, S. 37–59.

Schörkhuber, Christian, Faschistische Bewegung um die Jahrtausendwende und die aktuelle Situation in der Türkei, in: Kemal Bozay/Thomas Rammerstorfer/Thomas Schmidinger/Christian Schörkhuber (Hrsg.), Grauer Wolf im Schafspelz – Rechtsextremismus in der Einwanderungsgesellschaft, Grünbach 2012, S. 43–57.

Seifert, Volker, Merkels Handschlag mit dem Grauen Wolf, Zeit, 21. 7. 2018. www.zeit.de/politik/ausland/2018-07/extremismus-graue-woelfe-angela-merkel-tuerkei-treffen [5. 5. 2021].

Sivas Katliamı'nın 29. yılı: Madımak Oteli'nde neler yaşandı? tr.euronews.com/2020/07/02/sivas-katliaminin-26-yili-madimak-insanlik-tarihinde-kara-bir-leke [25. 3. 2021].

Tokić, Mate Nikola, Croatian Radical Separatism and Diaspora Terrorism During the Cold War, West Lafayette 2020.

Turkey shuts down Kurdish language institute in Istanbul, Rudaw, 3. 1. 2017. www.rudaw.net/english/middleeast/turkey/030120171 [29. 11. 2021].

Üngör, Uğur Ümit, The Making of Modern Turkey: Nation and State in Eastern Anatolia, 1913–1950, Oxford 2011.

Vámbéry, Ármin, Közép-ázsiai utazás: Melyet a Magyar Tudományos Akadémia megbízásából 1863-ban Teheránból a turkman sivatagon át, a Kaspi tenger keleti partján Khîvába, Bokharába és Szamarkandba, Pest 1873.

Waldrauch, Harald/Sohler, Karin, Migrantenorganisationen in der Großstadt. Entstehung, Strukturen und Aktivitäten am Beispiel Wien, Frankfurt–New York 2004.

Yavuz, M. Hakan, Nationalism and Islam: Yusuf Akcura and Uc Tarz-i Siyaset, in: Journal of Islamic Studies 4 (1993) 2, S. 175–207.

Yavuz, M. Hakan, The Politics of Fear: The Rise of the Nationalist Action Party (MHP) in Turkey, in: Middle East Journal 56 (2002) 2, S. 200–221.

Yılmaz, Ihsan, Erdoan Shipoli, Mustafa Demir, Authoritarian resilience through securitization: an Islamist populist party's co-optation of a secularist far-right party, in: Democratization, 28 (2021) 6, S. 1115–1132.

Zürcher, Erik-Jan, Turkey: A Modern History, London 2017.

Gerhard Baumgartner

„Adaj me kher som!" oder:
„Wie ich die Roma entdeckte!"

Am 5. Februar 1995 war ich mit meinem fünfjährigen Sohn auf dem Weg von Wien zu meinen Eltern in Großpetersdorf. Von der Umfahrungsstraße aus sah ich, dass auf der Straße vor der Romasiedlung Oberwart mehrere Autos und Leute standen. Im Kaffeehaus Huszar in Großpetersdorf erfuhr ich von meinem alten Freund Erich Schneller, einem ORF-Journalisten, Romakenner und langjährigen burgenländischen Romaaktivisten, dass in der Nacht ein Bombenattentat auf die Romasiedlung verübt worden war. Die Nachricht schockierte uns tief. Sie riss uns und unsere Freunde aus der burgenländischen Romabewegung jäh aus jener Euphorie, in der wir seit der Anerkennung der Roma als sechste österreichische Volksgruppe im Dezember 1993 gelebt hatten.

Abb. 1: Begräbnis der Opfer des Bombenattentats, Oberwart, 11. Februar 1995. © Hans Wetzelsdorfer.

* Der Beitrag erschien – ohne Abbildungen – zuerst in: Peter Menasse/Wolfgang Wagner (Hrsg.), Vom Kommen und Gehen. Burgenland. Betrachtungen von Zu- und Weggereisten, Wien 2021, S. 143–152. Wiederabdruck mit Genehmigung durch den Verlag Vandenhoeck & Ruprecht.

Abb. 2a und 2b: 1998 wurde das Denkmal für die vier Opfer des Bombenanschlages von Oberwart am 5. Februar 1995 errichtet: Erwin Horvath, Karl Horvath, Peter Sarközi und Josef Simon. © Christian Ringbauer.

Das Bombenattentat von Oberwart war der erste politische Mord der Nachkriegszeit, in dem ein Österreicher vier seiner Landsleute aus politischen Motiven tötete. Er markiert das Ende von fünf Jahrzehnten friedfertiger und konsensualer Politik in Österreich und ein Wiedererwachen eines mörderischen, rassistischen Rechtsextremismus. Erwin Horvath, Karl Horvath, Peter Sarközi und Josef Simon, die vier Opfer des Bombenattentats von Oberwart, wurden Opfer einer rechtsextremen Ideologie, die sich gegen Minderheiten im eigenen Land und gegen Zuwanderer richtete und bis heute richtet.

Die Bombe von Oberwart war eine direkte Reaktion auf die Anerkennung der Roma als österreichische Volksgruppe. Dem war ein langes und zähes Ringen vorausgegangen. Schon seit den 1970er Jahren hatten Vertreter österreichischer Volksgruppen und internationale Romaaktivistinnen und -aktivisten immer wieder eine Anerkennung gefordert. Ausschlaggebend aber war eine Protestaktion junger Oberwarter Romaaktivistinnen und -aktivisten in Oberwart. Dort hatten Lokalbesitzer in den 1980er Jahren allen Jugendlichen aus der Romasiedlung den Zutritt zu Diskotheken und Cafés verweigert, einfach weil sie „Zigeuner" waren. Auf Initiative der damals 18-jährigen Romni Susanne Horvath-Baranyai wandten sich die Jugendlichen 1987 in einem Brief an Bundespräsident Kurt Waldheim und erbaten dessen Hilfe gegen diese diskriminierende Aussperrung. Die Bemühungen führten vier Jahre später zur offiziellen Anerkennung. Damit gelang es den österreichischen Roma und Sinti, einen Schritt vom Rand der österreichischen Gesellschaft in ihre Mitte zu machen, wie es der spätere Vorsitzende des Volksgruppenbeirates Rudolf Sarközi formulierte.

Die Anerkennung markierte tatsächlich das Ende einer jahrhundertelangen Verfolgungsgeschichte. In der Zwischenkriegszeit lebten rund 12.000 österreichische Roma und Sinti auf dem Gebiet des heutigen Österreich – die Mehrzahl davon, rund 9.000, im Burgenland. Dem Rassenwahn der Nationalsozialisten fielen 90 Prozent zum Opfer. 5.000 von ihnen wurden in das Zigeunerlager Litzmannstadt im heutigen Łódź verschleppt und 1942 im Lager Chelmno ermordet. Tausende österreichische Roma und Sinti – Frauen, Männer und Kinder – starben im Konzentrations- und Vernichtungslager Auschwitz-Birkenau. Den wenigen, völlig traumatisierten Überlebenden schlug auch nach 1945 in ihrer Heimat eine Welle der Ablehnung entgegen. Ihre Häuser waren fast ausnahmslos zerstört, ihre Ansprüche auf Haftentschädigung und Opferfürsorge wurden über Jahrzehnte nicht anerkannt. Erst ab Ende der 1970er Jahre konnten sie Anschluss an den österreichischen Lebensstandard der Nachkriegszeit finden. Doch vom Schulsystem – und damit auch vom Arbeitsmarkt – blieben sie weitgehend ausgeschlossen, ihre Kinder wurden einfach in die sogenannte Sonderschule abgeschoben.

In den 1960er Jahren war das im Burgenland normal. Auch ich hinterfragte als Volksschüler nie, warum einige meiner Freunde, die denselben Schulweg hatten, nicht in unserer Klasse saßen. Sie kamen damals zu Fuß einige Kilometer aus dem Nachbardorf. Vielleicht war meine Freundschaft mit den Kindern aus Bachselten dem Umstand geschuldet, dass auch ich in der Volksschule Großpetersdorf ein Neuling und Außenseiter war. Ich war bei meinen ungarischsprachigen Großeltern im Nachbarort Siget in der Wart/Őriziget aufgewachsen und hatte erst im Kindergarten in Oberwart

Deutsch gelernt, Hochdeutsch wohlgemerkt. Mit meinem Hochdeutsch war ich in der Volksschule zwar der Liebling der Frau Lehrerin, aber gleichzeitig auch das Gespött meiner Klassenkameraden, deren heanzischen Dialekt ich anfangs kaum verstand und die mein Hochdeutsch amüsant, nein, offen gesagt, lächerlich fanden.

Dass meine Freunde aus Bachselten wahrscheinlich deshalb in die Sonderschule gingen, weil ihre Muttersprache Romanes war und sie im Gegensatz zu mir nicht das Glück hatten, vor ihrer Einschulung im Kindergarten Deutsch zu lernen, konnte ich damals natürlich nicht wissen. Wie ich später erfuhr, haben die Überlebenden der Konzentrationslager zwar die Sprache an ihre Kinder und Enkelkinder weitergegeben, aber immer darauf bestanden, dass es eine Geheimsprache bleiben müsse. Traumatisiert vom Völkermord der NS-Zeit, wollten sie sich gegenseitig warnen können, falls es den „Gadje" wieder einfallen sollte, sie zu verfolgen. Das Schulsystem dieser Zeit war allen österreichischen Minderheiten gegenüber äußerst zynisch und brutal. Auch die Schüler und Schülerinnen der ungarisch- und kroatischsprachigen Volksschulen landeten meist in der Bildungssackgasse. Weiterführende Schulen in den Minderheitensprachen gab es nicht. Wer in die Hauptschule oder gar ins Gymnasium gehen wollte, brauchte Eltern, die ihre Kinder entweder in deutschsprachigen Volksschulen der Nachbarorte anmeldeten oder sie durch intensiven zusätzlichen Nachhilfeunterricht durch diese weiterführenden Schulen brachten. Meine Schulkameraden aus Kleinbachselten hatten diese Chancen nicht. Ihre Eltern und Großeltern, die mit viel Glück den nationalsozialistischen Völkermord überlebt hatten, kämpften da gerade verbissen, aber meist hoffnungslos um Haftentschädigungen und Opferfürsorgezahlungen, lebten oft in Großfamilien in kleinen Häusern ohne Wasser und Strom und waren in den meisten Fällen Analphabeten. Ab 1938 war den Roma ja durch einen Erlass des burgenländischen NS-Landeshauptmanns Tobias Portschy der Schulbesuch generell verboten worden.

Als Kinder ahnten wir natürlich nichts von alldem. Mit Roma trafen wir kaum zusammen. Nach Siget kamen manchmal zwei oder drei Männer als Messerschleifer, Besenbinder und als Musikanten, einmal auch mit einem Tanzbären, die zu Neujahr von Haus zu Haus zogen, um mit einem Ständchen ein gutes neues Jahr zu wünschen. Meine Großmutter gab ihnen dann meist etwas Geld, oder sie gab es mir, um es den Musikern in die Hand zu drücken.

Natürlich ist man als Angehöriger einer Minderheit keineswegs davor gefeit, selbst rassistisch zu sein. Rassistische Einstellungen gehörten im westungarisch-burgenländischen Raum bis zur Mitte des 20. Jahrhunderts zum kulturellen Code der Region, den man sozusagen mit der Muttermilch aufsog. Solche rassistischen Vorurteile wurden von uns Kindern in der Regel völlig unhinterfragt übernommen. Ich erinnere mich an meinen Lateinprofessor im Gymnasium Oberschützen, den wir als Schüler sehr verehrten, weil er uns das Gefühl gab, uns als Gesprächspartner ernst zu nehmen. Und wenn dieser verehrte Lehrer einmal so nebenbei sagte: „Na bei einem Fleischhacker, wo ein Zigeuner arbeitet, kauf ich doch keine Wurstsemmel!", dann war damit auch für uns die Sache gegessen. Ich muss gestehen, dass ich selbst noch als aktiver Funktionär der Evangelischen Jugend, in der wir die Rassenprobleme der amerikanischen Schwarzen debattierten, nie auf die Idee kam, dass es ähnliche Vorurteile auch bei uns gab, ja, dass ich selbst mit ihnen aufgewachsen war und sie auch verinnerlicht hatte.

Den Ausschlag zum Umdenken gab für mich und die meisten meiner Generation 1979 die Publikation eines Bandes des Dokumentationsarchivs des österreichischen Widerstandes zum Thema „Widerstand und Verfolgung im Burgenland 1934–1945“. Hitler war uns natürlich ein Begriff, aber vom Holocaust hatten wir nur ansatzweise gehört. Unser Geschichtsprofessor, ein gefürchteter, aber kompromisslos der historischen Wahrheit verschriebener Historiker, schloss den Unterricht in der Maturaklasse mit dem Kapitel „Zweiter Weltkrieg und Holocaust“ ab. Wie ich heute weiß, war das im Jahr 1976 außergewöhnlich mutig innerhalb einer Professorenschaft, in deren Reihen sich zahlreiche ehemalige NSDAP-Mitglieder und angeblich sogar SS-Männer tummelten. Aber so genau wussten wir das damals alles nicht. Für uns war der Holocaust ein Verbrechen, das sich an uns völlig unbekannten Orten mit unaussprechlichen Namen ereignet hatte, begangen von uns völlig fremden Menschen, mit denen wir nichts zu tun hatten und die uns nichts angingen.

Und dann kam plötzlich dieses Buch, in dem wir von hingerichteten Widerstandskämpferinnen und -kämpfern aus Oberwart, Pinkafeld und anderen Orten lasen, von tausenden von vertriebenen und ermordeten Juden und Jüdinnen und natürlich von Tobias Portschy, dem ersten NS-Gauleiter des Burgenlandes und dem fanatisch rassistischen Einpeitscher und Ideengeber für den Völkermord an den europäischen Roma und Sinti. Tobias Portschy, der in unser Gymnasium gegangen war, der als zeitweiliger NS-Gauleiter-Stellvertreter der Steiermark fungierte, der nach 1945 zu einer jahrzehntelangen Haftstrafe verurteilt worden war, aber nach wenigen Jahren begnadigt wurde und seitdem als angesehener Hotelier in Rechnitz lebte. Portschy feierte – wie man sich erzählte – selbst in den 1980er Jahren noch immer am 20. April „Führers“ Geburtstag.

Von den 9.000 aus dem Burgenland deportierten Roma und Romnija stammten 5.000 aus dem Bezirk Oberwart. Das waren damals fast 10 Prozent der Bevölkerung. Und in Lackenbach im Bezirk Oberpullendorf stand von 1940 bis 1945 das größte „Zigeunerlager“ des „Dritten Reiches“. Für die meisten von uns war das wie eine schreckliche Offenbarung: Die Opfer und die Täter lebten ja mitten unter uns!

Wir Studenten waren von den Informationen aufgerüttelt. Daher beschlossen wir im Sommer 1981, in Oberwart eine Ausstellung unter dem Titel „Widerstand und Verfolgung im Südburgenland“ zu organisieren, in der wir auf das Schicksal der vertriebenen Jüdinnen und Juden, der Widerstandskämpfer und -kämpferinnen, vor allem aber der tausenden Romaopfer aufmerksam machen wollten. Womit wir nicht gerechnet hatten, war der Widerstand, der uns entgegenschlug. In Oberwart gab es plötzlich keinen Saal für unsere geplante Ausstellung und nur der katholische Pfarrer der Stadt, ein kämpferischer Seelsorger, der die meiste Zeit mit seinem Bischof im Clinch lebte, stellte uns die Räumlichkeiten des katholischen Gemeindezentrums zur Verfügung. Und da der Bezirksschulinspektor den Schulen den Besuch der Ausstellung untersagt hatte, kamen natürlich besonders viele Schüler und Schülerinnen. Die meiste Aufregung aber verursachte unser Denkmal für die ermordeten Roma. Der ORF-Journalist Erich Schneller

Abb. 3a bis 3c: Das erste Denkmal für die verschleppten und ermordeten Roma wurde am 20. Juni 1980 in Oberwart im Rahmen der Veranstaltungsreihe „Ausnahmsweise Oberwart" durch den Verein „Oawaschl-schluifa" aufgestellt. Schon in der ersten Nacht wurde es geschändet. © Peter Wagner.

und sein Bruder Josef Schneller, Kunstpädagoge und Politologe, entwarfen ein Denkmal für die verschleppten und ermordeten Roma und Romnija, provisorisch aus Holz, Spanplatten und Stacheldraht zusammengebaut, das wir im Stadtpark von Ober-wart aufstellten, 20 Meter vom Kriegerdenkmal der Stadt entfernt. Der Schriftsteller Peter Wagner formulierte den in Kreuzform angeordneten Text „tot, tot, verschleppt, ermordet, tot, tot, tot" sowie die provokante, auf einen Operettenschlager anspielende Inschrift: „Komm Zigan, Auschwitz, Buchenwald, Mauthausen, Nazi Mörder". Ein Sturm der Entrüstung schlug uns entgegen, das Denkmal wurde, obwohl es kaum 100 Meter vom Gendarmeriekommando entfernt stand, noch in der ersten Nacht mit Farbe übergossen. Die Täter feierten ihre Heldentat danach lautstark im Gasthaus, die polizei-lichen Ermittlungen verliefen erwartungsgemäß im Sande. Mein Vater war auch außer sich vor Zorn und wies mich mit den Worten „Der Onkel Willi war kein Mörder!" aus dem Haus. Der Onkel Willi war sein geliebter und verehrter Onkel, der Bruder meiner Großmutter, der bereits 1948 gestorben war. Aber, wie ich heute weiß, war er in der NS-Zeit nicht nur Bezirksschulinspektor von Oberwart, sondern auch ein SS-Mann, der die Deportation der Roma aktiv befürwortet hatte. Damals wurde uns bewusst, dass der Holocaust auch vor unserer Haustür stattgefunden hatte und – ob es uns gefiel oder nicht – auch Teil unserer eigenen Familiengeschichte war.

Der Bombenanschlag von Oberwart und die Briefbombenserien der Jahre 1993 bis 1996 markierten nicht nur den Beginn einer neuen Welle rassistischer und rechtsextremer Hetze und Gewalt in Österreich. Für die Roma und Romnija bedeutete das Attentat auch den Beginn einer völlig neuen Erfahrung. Erstmals in der Geschichte solidarisierten sich die Organe der Republik und weite Teile der Bevölkerung mit ihnen. Am Begräbnis der Opfer, unter Anwesenheit des Bundespräsidenten sowie Vertretern der Bundes- und Landesregierung, nahmen über 10.000 Menschen teil. Es war eigentlich ein Staatsbegräbnis. Politische Vertreter machten es sich in den Folgemonaten zum Anliegen, sich bei allen öffentlichen Anlässen mit Minderheitenvertretern zu zeigen. Plötzlich saßen Rudolf Sarközi oder der Maler Karl Stojka in der ersten Reihe der Salzburger Festspiele.

Abb. 4: Der Roma Verein Oberwart wurde am 15. Juli 1989 in Oberwart gegründet. Das Bild zeigt den ersten Vorstand, Vereinsobmann Ludwig Papai ist der Dritte von links. © Gerhard Baumgartner.

Als besonderes Beispiel sei ein europaweit richtungsweisendes Projekt hervorgehoben, das in Oberwart seinen Anfang nahm: die Etablierung der außerschulischen Lernbetreuung. 1995, zum Zeitpunkt des Attentats, hatte fast niemand der Romasiedlung Oberwart eine abgeschlossene Schul- oder Berufsausbildung. Mit Hilfe der außerschulischen Lernbetreuung gelang es, die schulischen und beruflichen Karrieren von Romakindern im Burgenland völlig dem burgenländischen Standard anzugleichen. Heute gibt es unter den österreichischen Roma und Sinti statistisch gesehen genauso viele Maturanten und Studenten wie in der übrigen österreichischen Bevölkerung. Rückblickend ist es eigentlich beschämend zu sehen, wie wenig notwendig gewesen wäre, um den überlebenden Roma und ihren Kindern die vollwertige Teilhabe am Wirtschaftswunder der Nachkriegszeit zu ermöglichen.

Schon längst gibt es zahlreiche profilierte Minderheitenvertreter und -vertreterinnen unter den österreichischen Roma und Sinti und zahlreiche Mitglieder der Minderheit nehmen heute führende Stellungen in Unternehmen und Verwaltungsbehörden ein. Rudolf Sarközi, ein Autodidakt, sprach 2004 in Brüssel und 2007 vor den Vereinten Nationen in New York. Mirjam Karoly leitete über viele Jahre das Büro des Contact Point for Roma and Sinti Issues der OSCE in Warschau. Sie ist die Tochter eines Rom, den der österreichische Anthropologe Walter Dostal noch in den 1960er Jahren in einem wissenschaftlichen Film über eine am Rand von Mörbisch lebende Romafamilie porträtierte. Die Geschichten vom sozialen Aufstieg innerhalb einer Generation, aus einem Häuschen in der Romasiedlung ohne fließendes Wasser in die Chefetagen wichtiger internationaler Organisationen, verdeutlichen vielleicht am besten den enormen sozialen Wandel, den viele österreichische Romafamilien in den Nachkriegsjahrzehnten durchlaufen konnten. Da bedurfte es natürlich auch eines deutlichen Gesinnungswandels. Und es stimmt mich hoffnungsvoll und auch ein wenig stolz, wenn heute viele Romafamilien nicht mehr am Rande der Dörfer leben müssen; wenn das burgenländische Minderheitenschulgesetz meines Wissens das einzige in Europa ist, das Romanes als offizielle Schulsprache anerkennt; und wenn vor dem Landesstudio des ORF-Burgenland vier Fahnen im Winde flattern und stolz viersprachig verkünden: „Ovde sam doma! / Itt otthon vagyok! / Da bin ich daheim! / Adaj me kher som!"

Winfried R. Garscha, Claudia Kuretsidis-Haider und
Wolfgang Schellenbacher

Nisko-Deportationen 1939:
Die Online-Dokumentenedition

In einem mehrjährigen Projekt befasste sich das DÖW mit dem Schicksal der insgesamt rund 4.800 aus Wien, Mährisch-Ostrau, Prag und Kattowitz nach Nisko am San deportierten Männer.[1] In mehreren Publikationen wurden Motivationen, Planungen und Durchführung sowie die beteiligten Akteure beleuchtet, die Vorgänge historisch und geografisch verortet.[2] Das Projekt hatte in weiterer Folge die Erstellung einer Online-Dokumentenedition zum Ziel, die wichtige Arbeiten wie von Jonny Moser[3] mit neu erschlossenen Quellen ergänzt und das Schicksal der deportierten Männer aus Wien sichtbar macht: Die Nisko-Online-Edition nisko-transports.ehri-project.eu – Von Wien ins Nirgendwo: Die Nisko-Deportationen 1939.

Die Online-Edition wurde 2022 in Zusammenarbeit mit der von der Europäischen Union finanzierten Forschungsinfrastruktur European Holocaust Research Infrastructure (EHRI) erstellt.[4] Sie führt Dokumente aus mehreren Archiven zur Deportation und zum Schicksal der fast 1.600 nach Nisko verschleppten Wiener Juden zusammen und enthält Informationstexte zur Nisko-Aktion. Als wichtigste Quelle diente die Korrespondenz der Deportierten mit der Jüdischen Gemeinde in Wien, die sich heute im Archiv der Israelitischen Kultusgemeinde (IKG) Wien, Bestand Jerusalem, wiederfindet.[5] Zusätzlich wurden Dokumente aus dem DÖW selbst sowie Materialien aus den Arolsen Archives, dem United States Holocaust Memorial Museum, dem Slowakischen Nationalarchiv sowie dem Landesgericht Wien integriert.

Alle Dokumente wurden transkribiert, im auf XML basierten TEI-Format (Text Encoding Initiative), einem De-facto-Standard für textbasierte Editionen, kodiert und mithilfe der von EHRI erweiterten Web-Plattform Omeka veröffentlicht. Die EHRI-Editionen verlinken auf Bezüge zu Namen, Daten, Orten und Personen (TEI-Modul names-dates).

---

1 Das Projekt wurde vom Bundesministerium für Soziales, Gesundheit, Pflege und Konsumentenschutz sowie vom Nationalfonds und Zukunftsfonds gefördert.
2 Siehe vor allem: Winfried R. Garscha, Deportation als Vertreibung. Eichmanns Nisko-Experiment 1939 im Kontext der nationalsozialistischen „völkischen Flurbereinigung", in: Dokumentationsarchiv des österreichischen Widerstandes (Hrsg.), Forschungen zu Vertreibung und Holocaust, Wien 2018 [= Jahrbuch des DÖW 2018], S. 117–142; Nisko 1939. Die Schicksale der Juden aus Wien, hrsg. v. Christine Schindler, Wien 2020 [= Jahrbuch des DÖW 2020].
3 Siehe vor allem: Jonny Moser, Nisko. Die ersten Judendeportationen, Wien 2012.
4 Siehe Wolfgang Schellenbacher, Von Wien ins Nirgendwo: Die Nisko-Deportationen 1939. Die neue Online-Dokumentenedition des DÖW, in: Mitteilungen des DÖW, Folge 252, Dezember 2022, S. 1–5.
5 Die Edition wurde in Kooperation mit dem Archiv der IKG Wien durchgeführt.

Dadurch ist es möglich, zu Personen, Organisationen, Orten und Schlagwörtern in den Dokumenten weiterführende Informationen zu erhalten. Die Online-Edition beinhaltet Unterlagen zur Vorgeschichte der Transporte ebenso wie zum weiteren Schicksal der Deportierten. Um einen tieferen Einblick in die Deportation nach Nisko und die anschließende Vertreibung im Grenzgebiet zu erhalten, wurden zudem interaktive Kartenpräsentationen basierend auf den TEI-Daten erstellt.

Der Schwerpunkt der Online-Edition wurde auf die Auswahl von Dokumenten gelegt, die die Verfolgung der Opfer widerspiegeln: Die meisten von ihnen liegen in Kopie im IKG-Archiv in Wien. Die Originale befinden sich in den Central Archives for the History of the Jewish People in Jerusalem. Das CAHJP stellte dem DÖW für das Projekt Originalscans der Korrespondenzen mit der IKG Wien betreffend die „Polentransporte" zur Verfügung: darunter Briefe von nach Nisko Deportierten und in die Sowjetunion Vertriebenen an die IKG mit der dringenden Bitte um materielle und finanzielle Unterstützung sowie die Möglichkeit der Ausreise, die Korrespondenz zwischen den Kultusgemeinden Wien und Mährisch-Ostrau betreffend die medizinische Versorgung der Deportierten. Diese Scans der Originaldokumente wurden nun in der Online-Edition erstmals zugänglich gemacht. Weiters für die Online-Edition ausgewählt wurde eine in der Zeitung des KZ-Verbandes im November 1947 abgedruckte Liste von Heimkehrern der Nisko-Transporte. Das DÖW verfügt selbst über Originaldokumente sowie Kopien von Dokumenten wie etwa ein Merkblatt für die bevorstehenden Transporte, das sich an die Transportteilnehmer richtete.

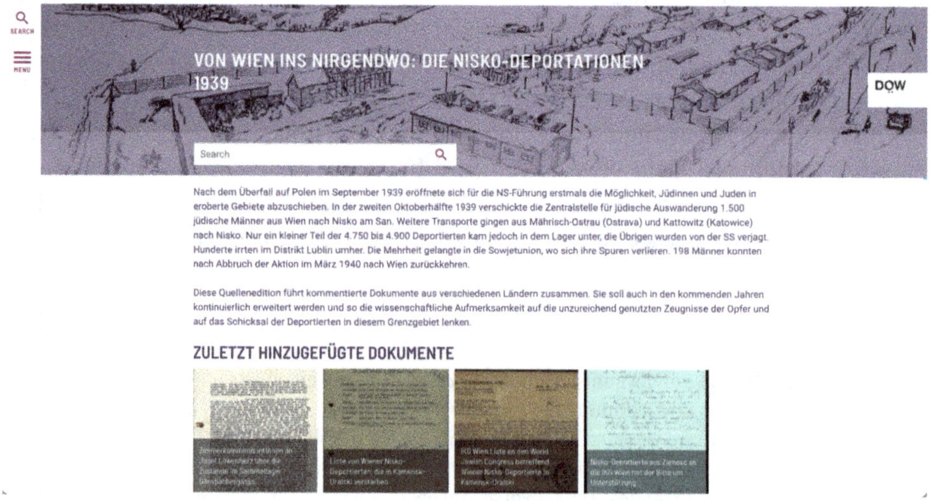

Abb. 1: Screenshot der Online-Dokumentenedition https://nisko-transports.ehri-project.eu

Zusätzlich wurden für das Verständnis der Nisko-Aktion relevante Dokumente aus Täterquellen inkludiert: 1980 führte die Staatsanwaltschaft Wien ein Untersuchungsverfahren gegen den ehemaligen SS-Mann Ernst Brückler, der Mitglied der Wachmannschaft gewesen war, und andere Beschuldigte durch, musste das Verfahren aber Ende des Jahres einstellen, da Brückler bereits 1944 für tot erklärt worden war. Der Ermittlungsakt enthält u. a. Kopien von Berichten der Gestapoleitstellen Prag und Brünn, der Zentralstelle für jüdische Auswanderung in Wien und der Israelitischen Kultusgemeinde Wien vom Oktober 1939 betreffend die Vorbereitung der Deportationen nach Nisko. Darüber hinaus wurden Dokumente aus dem USHMM, von Yad Vashem, aus dem Slowakischen Nationalarchiv sowie dem Wiener Stadt- und Landesarchiv (hierbei vor allem Erinnerungen von Deportierten aus sogenannten Opferfürsorgeakten) in die Online-Edition miteinbezogen.

Die Nisko-Aktion

Mit dem Überfall der Deutschen Wehrmacht auf Polen im September 1939 waren die Möglichkeiten zur Auswanderung von Jüdinnen und Juden stark eingeschränkt.[6] Die nationalsozialistische Führung forcierte deshalb die Planungen zur Schaffung eines „Judenreservats" im Gebiet östlich von Nisko am Fluss San an der Grenze des „Generalgouvernements". Dieser Plan gelangte zwar nicht zur Durchführung, dennoch beauftragte der Chef des RSHA Reinhard Heydrich, dem von Reichsführer SS Heinrich Himmler die Organisation der Zwangsumsiedlung übertragen worden war, Adolf Eichmann mit der Zusammenstellung von Deportationszügen. In zwei Transporten wurden Ende Oktober 1939 mehr als 1.600 Personen von Wien nach Nisko deportiert. In der Gegend um Nisko kam jedoch nur ein kleiner Teil der Deportierten, etwa 200 Männer, unter. Die Mehrheit wurde über die deutsch-sowjetische Demarkationslinie vertrieben. Die meisten von ihnen bemühten sich bei den sowjetischen Behörden um Rückkehrmöglichkeiten nach Wien, weshalb sie der sowjetische Geheimdienst NKWD als politisch „unzuverlässig" einstufte und in Zwangsarbeitslager überstellte. 198 Männer, die im Raum Nisko verblieben waren, kamen nach dem Ende der Aktion im April 1940 nach Wien zurück. Viele von ihnen wurden später in den nationalsozialistischen Vernichtungsstätten ermordet.

Die drei Transportlisten

Eine besondere Herausforderung bei der Erfassung bzw. Überarbeitung der erfassten Namen der Nisko-Opfer stellen die unterschiedlichen Versionen der Nisko-Transportlisten dar. Sie wurden im Oktober 1938 von der Israelitischen Kultusgemeinde Wien unter

---

6 Siehe dazu ausführlich: Garscha, Deportation als Vertreibung; Winfried R. Garscha, Achtzig Jahre Ungewissheit. Die Nisko-Aktion 1939 und ihre verschollenen Opfer, in: Jahrbuch des DÖW 2020, S. 19–160.

Zwang zusammengestellt und durch die Zentralstelle für jüdische Auswanderung ergänzt. Kopien der Listen befinden sich im DÖW (Signatur 22.142) und im Österreichischen Staatsarchiv. Aus ihnen geht hervor, dass am 20. Oktober 1939 mehr als 900 Männer (in den meisten Quellen wird die Zahl von 912 Deportierten genannt) und am 27. Oktober 1939 mutmaßlich 672 Männer den Wiener Aspangbahnhof Richtung Nisko am San verließen.[7]

Für den ersten Transport existieren zwei Listen. Die erste der beiden Versionen (die sogenannte „ursprüngliche Liste") wird in einer Mappe mit der Bezeichnung „Richtige Nisko-Listen" aufbewahrt. Sie enthält die fortlaufende Nummer, Name, Vorname, Beruf, Adresse und Geburtsdatum der Deportierten. Am Ende jedes Namenseintrags stehen, in Handschrift, die Waggonnummer von 1 bis 16 und die Sitzplatznummer (pro Waggon gab es zwischen 48 und 69 Plätze). Die im Archiv von Yad Vashem aufbewahrte Abschrift, die von Mečislav Borák als Faksimile publiziert wurde, ordnet die Namen nicht nach Waggon- und Sitzplatz-Nummer, sondern alphabetisch.[8] Es fehlen die' fortlaufende Nummer, die Angaben des Berufs und der Adresse. Während die ursprüngliche Liste 1.011 fortlaufend nummerierte Namen enthält (von denen allerdings zahlreiche durchgestrichen sind, obwohl ein Sitzplatz vergeben wurde), weist die alphabetische Abschrift in Yad Vashem 945 Namen auf. In beiden Versionen finden sich handschriftliche Vermerke, in der ursprünglichen Liste wesentlich mehr als in der Abschrift, darunter auch solche, die erst nach 1945 hinzugefügt wurden.

Die zweite der beiden Listen des ersten Transports trägt die Bezeichnung „Nachtrag zur Teilnehmer-Liste des am 20. Oktober 1939 abgehenden Transportes". Sie ist nach 669 fortlaufenden Nummern geordnet und enthält Name, Vorname, Geburtsdatum, Geburtsort, Heimatort, Staatsangehörigkeit sowie, jeweils beim ersten Namen, die Waggon-Nummer (von 5 bis 15). Die alphabetisch geordnete Abschrift im Archiv von Yad Vashem trägt zwar ebenfalls den – nachträglich handschriftlich hinzugefügten – Titel „Nachtrag zur Teilnehmer-Liste des am 20. Oktober 1939 abgehenden Transportes", weist aber nur 64 Namen auf. Die beiden Listen des ersten Transports enthalten also in der ursprünglichen Version 1.680, in der Abschrift 1.009 Namen. Es gibt keine Überschneidungen der beiden Versionen. Welche 912 Personen tatsächlich am 20. Oktober 1939 deportiert wurden, lässt sich aus diesen Listen nicht ablesen.

Demgegenüber sind die Namen der Deportierten des zweiten Transports (27. Oktober 1939) mit wenigen Ausnahmen unstrittig. Die Liste liegt ebenfalls in der Mappe „Richtige Nisko-Listen" und stimmt mit der im Archiv von Yad Vashem verwahrten Abschrift überein. Sie enthält 672 Namen mit Vornamen und Geburtsdatum; bei einem Namen fehlen Vorname und Geburtsdatum. Einige wenige Namen sind durch handschriftliche Vermerke ergänzt, die auf die Rückkehr oder ein sowjetisches Lager verweisen. In mehreren Publikationen wird die Zahl von 669 Deportierten des zweiten

---

7 Siehe zu den verschiedenen Zahlen und Listen das Unterkapitel „Kann Brunner nicht zählen?' – ein Exkurs über die verwirrenden Zahlenangaben" in: Garscha, Achtzig Jahre Ungewissheit, S. 114–118.
8 YVA, group 30, file number 81 [Doc. 030/25], abgedruckt in: Mečislav Borák, The transports to Nisko nad Sanem (1939–1940): the first deportation of the European Jews, Opava 2010, S. 291–307.

Transports genannt, was zwar plausibel wäre, da es auch bei späteren Deportationen vorkam, dass Namen im letzten Moment von der Liste gestrichen wurden, wofür es aber keine archivalischen Belege gibt. Vermutlich ist die Zahl aber auf eine Verwechslung zurückzuführen, da, wie erwähnt, die zweite Liste des ersten Transports 669 Namen aufweist.

Trotz intensiver Recherchen war es anfangs nicht möglich, eine valide Namensliste des ersten Transports zu erstellen. Erst durch einen Abgleich mit anderen Datenbanken des DÖW und gezielten, umfangreichen Nachforschungen zu den einzelnen Personen konnte erstmals eine Liste aller Deportierten der Nisko-Transporte erstellt und veröffentlicht werden. Die Namen der im Holocaust umgekommenen Personen sind mit der Opferdatenbank des DÖW verlinkt. Durch eine Verlinkung mit der DÖW-Opferdatenbank sind neben den Basisdaten Vor- und Zuname und Geburtsdatum auch die letzte Wohnadresse in Wien, die Deportationsorte, Deportationsdaten, Sterbedaten sowie eventuelle weitere Deportationsziele nachvollziehbar.

Fokus: Biografien der Verfolgten

Während das Hauptaugenmerk in der Forschung zur Nisko-Aktion lange auf der Geschichte der Transporte als Probelauf für die späteren Massendeportationen der jüdischen Bevölkerung lag, richtet die Dokumentenedition ihre Aufmerksamkeit auf die Deportierten und ihre Erfahrungen. Zu den in den Dokumenten genannten Personen wurden ebenfalls biografische Skizzen angefertigt. Darüber hinaus bietet ein Glossar von relevanten Begriffen vertiefende Informationen an.

Rund 80 der über die sowjetische Demarkationslinie Deportierten gelang es, dank der Bemühungen des „Wanderungsreferats" der IKG in den ersten Nachkriegsjahren nach Wien zurückzukehren. Bei den meisten der übrigen mehr als 1.000 Männer ist ungewiss, ob sie im nationalsozialistischen Generalgouvernement für die besetzten polnischen Gebiete an Hunger und Krankheiten zugrunde gingen, ob sie von den Nationalsozialisten nach dem deutschen Überfall auf die Sowjetunion in Lwiw oder einem anderen Zufluchtsort in den besetzten Gebieten der Sowjetunion ermordet wurden, ob sie als Häftlinge oder Zivilinternierte in einem sowjetischen Lager starben oder ob sie überlebten und nach 1945 in der UdSSR blieben. Einige Schicksale konnten zumindest teilweise rekonstruiert werden.[9]

---

9 Siehe weitere Biografien: Claudia Kuretsidis-Haider, „Du darfst nicht glauben, dass ich mutlos bin". Biografische Skizzen zu Nisko-Deportierten aus Wien, in: DÖW-Jahrbuch 2020, S. 161–206; Olga Radchenko, Jüdische Nisko-Deportierte in der Sowjetunion, in: DÖW-Jahrbuch 2020, S. 229–249. Siehe auch: Schellenbacher, Von Wien ins Nirgendwo.

Max und Siegfried Blum

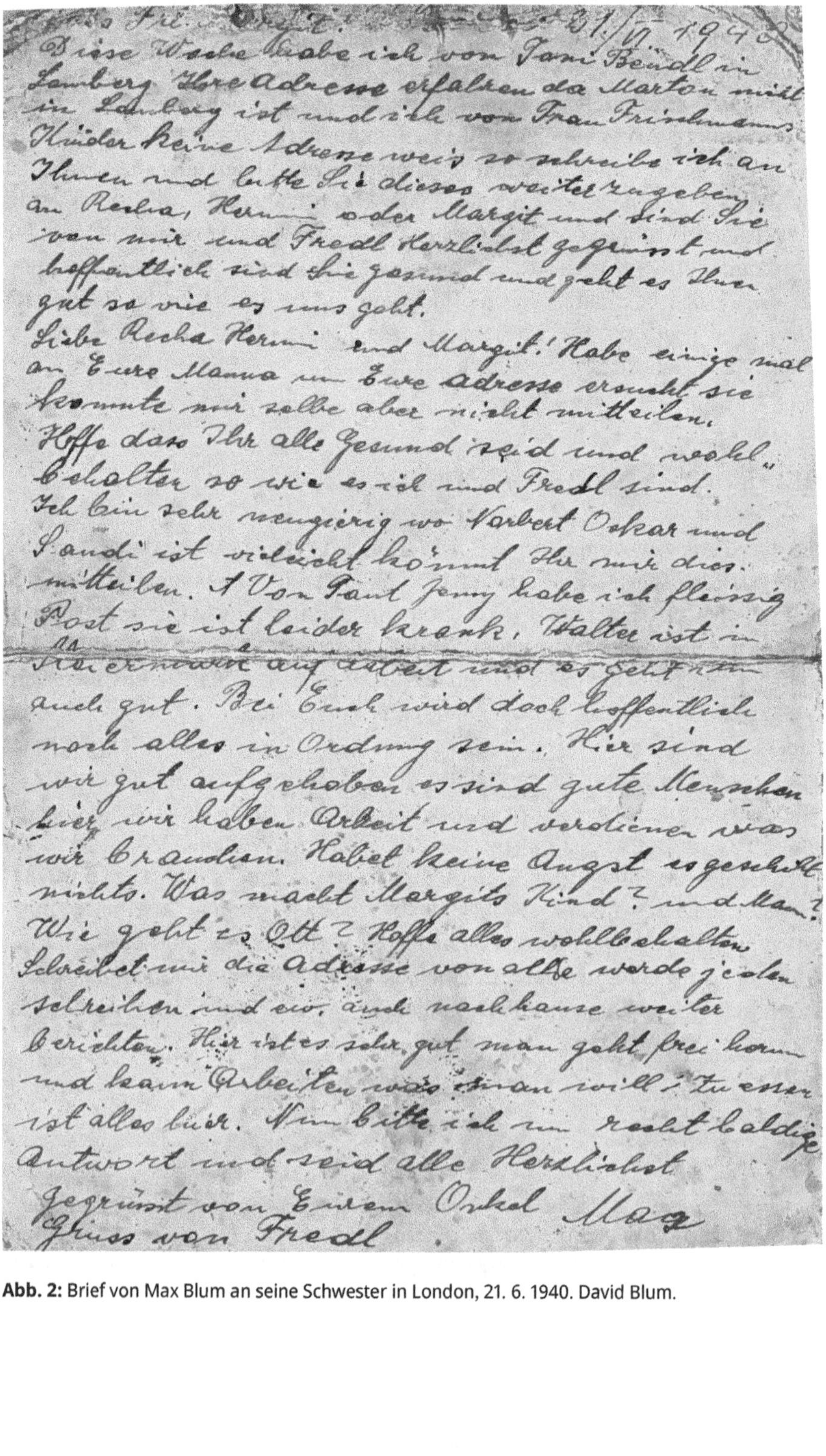

Abb. 2: Brief von Max Blum an seine Schwester in London, 21. 6. 1940. David Blum.

Max Blum[10], geb. 24. 5. 1891 in Edlitz (Niederösterreich), war 1939 in Wien 2, Große Mohrengasse 30, gemeldet und wurde mit dem 2. Transport am 27. November 1939 nach Nisko deportiert. Von dort wurde er über die sowjetische Demarkationslinie vertrieben. Am 21. Juni 1940 schrieb er einen Brief aus Złoczów (heute Solotschiw, Ukraine) an Margot Wieselmann, eine Bekannte seiner nach London geflüchteten Schwester Emma Frischmann. Darin berichtete er, dass es ihm und seinem ebenfalls mit dem 2. Transport nach Nisko deportierten Bruder Siegfried Blum (genannt Fredl), geb. 9. 10. 1892 in Edlitz, 1939 wohnhaft in Wien 6, Gumpendorfer Straße 159, gut gehe, man arbeiten könne und dass man sich keine Sorgen um sie machen müsse: „Es sind gute Menschen hier." Ein Jahr später, im Juni 1941, ermordete der NKWD in Złoczów etwa 700 Häftlinge im örtlichen Gefängnis, das in der Zitadelle oberhalb der Stadt eingerichtet war. Nach Abzug der sowjetischen Truppen und dem Durchmarsch der Wehrmacht verübten im Juli 1941 ukrainische Nationalisten unter Mithilfe von Soldaten der SS-Division Wiking ein Pogrom. Sie töteten etwa 900 Juden und Jüdinnen sowie Russen und Russinnen.[11] Ob und wann Max und Siegfried Blum ums Leben kamen, ist nicht bekannt. Der Brief war ihr letztes Lebenszeichen.

Chaim Itzig Czaczkes

Chaim Itzig Czaczkes[12] wurde am 23. April 1885 in Weißstein (heute Biały Kamień, Polen) als Sohn der Dwoire Czaczkes geboren. 1912 heiratete er in Wien Rische Freude (Freide) Schwarz, geb. 28. 7. 1890 in Brody (heute Ukraine), Tochter von Zallel Schwarz (recte Kopiczke) und Mir(e)l Dresel Schwarz (recte Kopiczke), geb. Grünberg (recte Kokesch). 1939 lebte das Ehepaar mit ihren Kindern in Wien 9, Porzellangasse 8. Am 27. Oktober 1939 wurde er mit dem 2. Transport nach Nisko deportiert, wo sich seine Spur verliert. 1960 wurde er für tot erklärt.

Rische Freude Czaczkes und Tochter Edith, geb. 27. 7. 1917 in Wien, damals etwas mehr als zwei Jahre mit Alexander Mühlstock, geb. 17. 6. 1908 in Wien, verheiratet, später verh. Rosenzweig, wurden am 11. Januar 1942 in einer achttägigen Zugfahrt nach Riga transportiert. Die Deportierten wurden in das Ghetto eingewiesen oder mussten im Lager Salaspils Zwangsarbeit leisten. Aufgrund der furchtbaren Lebensbedingungen stieg die Sterblichkeitsrate der im Ghetto internierten Opfer, insbesondere bei geschwächten Menschen, vor allem bei älteren Personen und Kindern stark an.

---

10 Biografische Angaben siehe: E-Mail von David Blum v. 14. 4. 2020 an das DÖW; Opferdatenbank des DÖW www.doew.at. Alle Internetquellen in diesem Beitrag wurden am 15. März 2023 überprüft.
11 Zu dieser Mordaktion siehe: Christian Streit, Gegen die Gräuel. Wie sich der Generalstabsoffizier Helmuth Groscurth dem Morden in der Sowjetunion widersetzte, in: Süddeutsche Zeitung, 9. 12. 2017, S. 55. www.sueddeutsche.de/politik/zweiter-weltkrieg-in-der-sowjetunion-generalstabsoffizier-gegen-die-graeuel-1.3780710
12 Alle biografischen Informationen entstammen dem Privatarchiv der Urenkelin von Chaim Itzig Czaczkes, Jasmin Freyer, sowie der DÖW-Opferdatenbank auf www.doew.at.

Abb. 3: Chaim Itzig Czaczkes 1937. Jasmin Freyer.

Rische Czaczkes hat die Strapazen nicht überlebt. Edith Mühlstock wurde im Oktober 1943 in das KZ Kaiserwald überstellt und von dort am 6. August 1944 in das KZ Stutthof transportiert. Im Februar 1945 auf einem Schiff in der Ostsee ausgesetzt wurde sie Anfang Mai 1945 von den Briten befreit.

Die jüngste Tochter Cilli, geb. 9. 5. 1921, verh. Hauser, versuchte mit dem „Kladovo-Transport" nach Palästina zu fliehen, wurde aber wahrscheinlich im Frühjahr 1942 im KZ Sajmište (Serbien) ermordet. Ihr jüngerer Bruder Kurt, geb. 26. 6. 1924, konnte mit einem Kindertransport nach Großbritannien ausreisen. Den Geschwistern Rudolf, geb. 18. 4. 1915, und Gertrude, geb. 7. 11. 1919, verh. Gallner, gelang die Flucht nach Palästina. Beide kamen nach 1945 wieder nach Wien zurück. Rudolf Czaczkes starb 1987.

Dieser Beschluß ist rechtskräftig
seit......−9. Dez. 1960
Landesgericht für ZRS. Wien, Abt. 48
am / −9. Dez. 1960

D. Hans Heiss
Für die Richtigkeit der Ausfertigung
der Leiter der Geschäftsabteilung:

48 T 514/60-7

B e s c h l u s s :

T o d e s e r k l ä r u n g :

Chaim Itzig C z a c z k e s

geboren am 23. April 1885, in Mislymanien, als Sohn der
Dwoire Czaczkes, mosaisch, österreichischer Staats-
bürger, laut Eintragung im Trauungsbuche der Israelitischen
Kultusgemeinde Wien, Nr. 18/III/1912, seit 25.2.1912, mit
Rische Freude, geb. Schwarz, verheiratet, zuletzt wohnhaft
in Wien XX., Hamburgergasse 12/2/24 wird auf Antrag von
Rudolf Czaczkes nach fruchtlosem Verlauf der Aufgebots-
frist für

t o t   e r k l ä r t

und der 27.10.1939, 24 Uhr als Zeitpunkt des Todes festgestellt.

B e g r ü n d u n g :

Durch die gepflogenen Erhebungen und zwar auf Grund des
Schreibens der Israelitischen Kultusgemeine Wien vom 19.10.1959
und des Zentralmeldungsamtes Wien vom 11.Mai 1960, sowie auf
Grund der unbedenklichen Angaben der antragstellenden Partei
ist nachstehender Sachverhalt festgestellt:

Chaim Itzig C z a c z k e s ist am 27.10.1939 aus ras-
sischen Gründen von Wien nach Nisko gebracht worden und scheint
in der Rückkehrerkartei der Israelitischen Kultusgemeine Wien
nicht auf.

Seither fehlt jede Nachricht.

Auf Grund der festgestellten Tatsachen hat sich die verschollene Person in Lebensgefahr (§ 7 Todeserkl.Ges.1950)
befunden.

Nach dem Ergebnis der Ermittlungen liegen Anhaltspunkte
für einen wahrscheinlichen Zeitpunkt des Todes nach § 9.Abs.2
Todeserkl.Ges.1950 nicht vor; es war daher in Übereinstimmung
mit dem Antrag e der Staatsanwaltschaft Wien,gemäß § 9, Abs.3
lit.d Todeserklärungsgesetz 1950 der Beginn der Lebensgefahr
als Zeitpunkt des Todes festzustellen.

Da die Todeszeit nur dem Tage nach festgestellt ist, so
gilt nach § 9 Abs.4 Todeserkl.Ges.1950 das Ende des Tages als
Zeitpunkt des Todes.

Landesgericht für ZRS. Wien
Wien X., Angeligasse Nr. 35
Abt. 48, am 23. September 1960.

Dr. Hans Heiss
Für die Richtigkeit der Ausfertigung
der Leiter der Geschäftsabteilung:

Abb. 4: Chaim Itzig Czaczkes Todeserklärung 1960. Jasmin Freyer.

Abra(h)am, der Bruder von Chaim Itzig Czaczkes, geb. 7. 8. 1874 in Brody, wurde mit seiner Frau Chaja (Klara), geb. 9. 5. 1883 in Brody, am 12. März 1941 nach Łagów/Opatów deportiert und dort ermordet.

Fritz Duschner

Abb. 5: Fritz und Susanne Duschner mit Tochter Gertrud, ca. 1926. Dorit Schutzengel-Heimer.

Fritz Duschner[13], geb. 26. 6. 1897 in Wien, Sohn des Josef Duschner (gest. 1926) und der Katti, geb. Ehrenfeld (gest. 1924), heiratete 1922 in Wien Susanne Gottesfeld, geb. 27. 6. 1900 in Brody (Galizien, heute Ukraine). Die Eheleute lebten mit den gemeinsamen Kindern Gertrud, geb. 1922, und Josef, geb. 16. 1. 1927, in einem Wiener Gemeindebau, wo sie ein Zahnatelier betrieben. Beide waren „befugte Zahntechniker".

Fritz Duschner war Mitglied der Sozialdemokratischen Arbeiterpartei und Obmann der Kammer sozialdemokratischer Zahntechniker. Er wurde Ende Mai 1938 verhaftet und in das KZ Dachau eingeliefert (Kategorie „Schutzhaft Jude"). Im September 1938 erfolgte seine Überstellung in das KZ Buchenwald. Während dieser Zeit wurde Susanne Duschner mit den beiden Kindern aus der Gemeindewohnung delogiert. Zunächst kamen sie in einer Wohnung im 11. Bezirk, Lorystraße 38, unter, wo seit 1999 eine Gedenktafel an die Familie Duschner erinnert. In weiterer Folge musste die Familie in eine Sammelwohnung umziehen, wo die Mutter mit ihren beiden Kindern gemein-

---

13 Heinz Duschner/Thorsten Halling/Matthis Krischel, Susanne und Fritz Duschner – Dentisten in Wien, gescheiterte Flucht, deportiert und ermordet, in: Zahnärztliche Mitteilungen, Ausgabe 12, 16. 6. 2020, S. 68–70.

sam ein Zimmer bewohnte. Im September 1938 entzog die zuständige Sanitätsbehörde Susanne Duschner das Recht, als Zahntechnikerin zu praktizieren.

Im Februar 1939 wurde Fritz Duschner unter der Auflage aus dem Konzentrationslager entlassen, sich wöchentlich bei der Polizei zu melden und in absehbarer Zeit das Land zu verlassen. Der Familie gelang es zwar, Ausreisepapiere nach Shanghai zu beschaffen, eine Krankheit und Operation von Susanne Duschner vereitelte jedoch die Flucht. Mit dem Beginn des Zweiten Weltkriegs im September 1939 war schließlich keine Ausreise mehr möglich.

Im Oktober 1939 wurde Fritz Duschner von der Israelitischen Kultusgemeinde Wien darüber informiert, dass er zur „Umsiedlung" nach Nisko vorgesehen war. Dort angekommen wurde er mit der überwiegenden Mehrheit der deportierten Männer von der SS weggejagt und mit dem Erschießen bedroht.

Unter der Führung von unter den Deportierten befindlichen Kriegsveteranen des Ersten Weltkrieges wurden Marschgruppen gebildet, um sich bis zur russischen Grenze durchzuschlagen. Nach zehntägigem, entbehrungsreichem Marsch erreichte Duschner das russisch besetzte Lemberg.

Im März 1940 schrieb Fritz Duschner von dort seiner Frau Susanne nach Wien und ersuchte sie, für ihn einen Reisepass und andere benötigte Dokumente zu beantragen. Die Familie beabsichtigte zu diesem Zeitpunkt eine Emigration in die USA. Dies machte Duschner in den Augen des sowjetischen Innenministeriums verdächtig; wie viele Flüchtlinge zu dieser Zeit wurde er als potenzieller Spion angesehen. Er geriet erneut in eine Verfolgungsmaschinerie und wurde ins Arbeitslager Unzhlag (bei Nizhny Novgorod) verschickt, wo er als Dentist im Lagerhospital arbeitete. Dort lernte er die Röntgenschwester Hilda Vitzthum kennen, die in ihren Erinnerungen die Begegnung mit ihm beschrieb:

> Schon in den ersten Tagen in diesem Spital war mir [...] ein Mann aufgefallen [...]. Als ich bald danach in das Zahnambulatorium zur Behandlung ging, traf ich dort diesen Mann. Er hieß Fritz Duschner und war ein Zahnarzt aus Wien, der von den Nazis mit einem Transport zur polnischen Grenze gebracht worden war. [...] Fritz war untröstlich, denn er hatte hier wirklich niemanden, und sprach überhaupt kein Wort russisch. [...] Als ich [später das Lager verlassen musste], [...] drückte mir [Fritz Duschner] zum Abschied ein kleines Paket in die Hände. Es war ein Stückchen Seife, das er sich von der Norm abgezwickt hatte und das mir während der Fahrt sehr von Nutzen war. Als ich [ihm] ein letztes Mal zuwinkte [...] sah ich [...] das traurige Gesicht von Fritz Duschner. Ich fühlte nur zu gut, dass es für ihn schlecht ausgehen würde. [...] [Er wurde] bald nach meiner Abreise an einen Lagerpunkt geschickt [...], der ausschließlich Landwirtschaft betrieb. Aber Duschner war dieser Arbeit nicht gewachsen, und so wurde er bald todkrank in das Spital zurückgebracht, wo er auch starb.[14]

Seine Frau Susanne Duschner wurde mit ihrem Sohn Josef aus einer Sammelwohnung in Wien 2, Hollandstraße 3/12, zum Wiener Aspangbahnhof gebracht und von dort mit dem Transport Nr. 44, Zugnummer 230, der laut Fahrplan am 5. Oktober 1942 um

---

14 Hilda Vitzthum, Mit der Wurzel ausrotten: Erinnerungen einer ehemaligen Kommunistin, hrsg. v. Forschungsinstitut für sowjetische Gegenwart, München 1984, S. 151, 153 f.

22.22 Uhr abging, nach Maly Trostinec deportiert. Mutter und Sohn wurden dort am 9. Oktober 1942 ermordet.

Der Tochter Gertrud Duschner gelang es, im November 1939 mit dem sogenannten Kladovo-Transport aus Wien nach Palästina zu fliehen. Sie nahm den Namen Tirzah an und lebte in einem Kibbuz, heiratete den aus Ungarn stammenden Gabriel Schutzengel (1925–2017) und wanderte 1957 in die USA aus, wo sie Psychologie studierte und 35 Jahre als Professorin arbeitete. Sie starb 2005.

Fritz Duschners Schwester Rosa, verh. Wälder oder Walder, war für den 3. Nisko-Transport vorgeladen und landete im Lager Gänsbachergasse. Für den 3. Transport waren auch viele Frauen und Kinder vorgesehen, der Transport wurde mehrfach verschoben und schließlich abgesagt. Rosa Walder wurde am 5. März 1941 gemeinsam mit ihrem Ehemann Emil, geb. 24. 1. 1887, von Wien nach Modliborzyce deportiert und ermordet.

Eine weitere Schwester, Leopoldine Duschner, geb. 2. (oder 3.) Mai 1891 in Wien, verh. Porges, wurde am 9. Juni 1942 gemeinsam mit ihrem Mann Siegfried, geb. 4. 9. 1889, nach Maly Trostinec deportiert und dort am 15. Juni ermordet.

Josef Federbusch

Josef Federbusch[15] wurde am 30. Dezember 1879 in Tarnopol geboren. Er lebte als Handwerker in Wien, wurde im Zuge des Novemberpogroms 1938 verhaftet und befand sich ab 15. November im KZ Dachau in Schutzhaft – das Datum seiner Freilassung 1939 ist unbekannt. Als Federbusch mit dem zweiten Transport am 26./27. Oktober 1939 nach Nisko deportiert wurde, gehörte er zu der kleinen Gruppe, die in das Lager bei Zarzecze eingewiesen wurde. Wie viele andere der Wiener Deportierten erhoffte er sich Hilfe von der Israelitischen Kultusgemeinde Wien. Diese war allerdings kaum dazu in der Lage; Hilfslieferungen und Pakete kamen in erster Linie von der Israelitischen Kultusgemeinde Mährisch-Ostrau.

Josef Federbusch gehörte zu jenen Männern, die im April 1940 aus Nisko nach Wien zurückkehren durften. Zuletzt wohnhaft in Wien 2, Floßgasse 6/3, wurde er am 28. Oktober 1941 nach Litzmannstadt deportiert, wo sich seine Spur verliert.

Siegmund Flieger

Siegmund Flieger wurde 1902 als Sohn von Jacob Herz Flieger und Agathe Flieger, geb. Bellak, in Wien geboren.[16] Er arbeitete als Kellner und wohnte in der Schrottgießer-

---

15 www.doew.at/erinnern/fotos-und-dokumente/1938-1945/nisko-1939/deportationen-wien-nisko-1939/josef-federbusch-ein-kot-bis-zu-die-knie
16 Geburtsbuch der IKG Wien.

gasse 3 in Wien-Leopoldstadt. Im Mai 1938 füllte er bei der IKG Wien einen Auswanderungsfragebogen aus, in der Hoffnung, nach Nord- oder Südamerika zu entkommen.[17]

Abb. 6: Siegmund Flieger. Brasilianisches Nationalarchiv, Einwanderungskarten 1900–1965.

Am 20. Oktober 1939 wurde Flieger von Wien nach Nisko deportiert. Seine 1902 in Bruckmühl geborene Frau Ernestine wurde nach der Deportation ihres Mannes nach Nisko für einen geplanten dritten Nisko-Transport im Sammellager in der Gänsbachergasse 3 interniert. Nachdem Siegmund Flieger wie die meisten Deportierten aus der Gegend um Nisko vertrieben worden war, gelangte er mit einer Gruppe von Wiener Deportierten nach Bełżec. Dort wandte er sich am 13. Dezember 1939 im Namen von 35 Männern, die im Oktober 1939 von Wien nach Nisko deportiert worden waren, in einem Hilfegesuch an die IKG Wien:

> Unsere Leute sind krank, durch Hunger und Strapazen vollständig entkräftet, wir hungern und frieren ohne warme Wäsche und leben unter einer Bevölkerung, die uns unfreundlich gegenübersteht und von der wir nicht nur keine Unterstützung zu erwarten haben, sondern die uns überdies fortwährend Hindernisse in den Weg legt. Wir können weder vor noch zurück, da alle Grenzen für uns hermetisch abgeschlossen sind.[18]

Im April 1940 kehrte Flieger – wie insgesamt fast 200 Personen der Wiener Nisko-Deportierten – nach Wien zurück. Am 1. Mai 1943 wurde er mit seiner Frau und seiner

---

17 Auswanderungsfragebogen Siegmund Flieger. Archiv der IKG Wien, A/W 2589,66.
18 Edition von Wien ins Nirgendwo: Die Nisko-Deportationen 1939 (Archiv der IKG Wien/Bestand Jerusalem, A/W 2747).

Tochter von Wien nach Theresienstadt deportiert und von dort im September 1944 nach Auschwitz überstellt. Über Sachsenhausen gelangte er am 26. Februar 1945 nach Mauthausen, wo er die Befreiung erlebte. Seine Frau und seine Tochter kamen im Holocaust um. Siegmund Flieger heiratete erneut und wanderte 1950 mit seiner Familie nach Brasilien aus.[19]

Rafaela (Rachela) Huschak, geb. Flach

‹ Liste von Wiener Nisko-Deportierten, die...

ZimmerkommandantInnen an Josef Löwenherz über die Zustände im Sammellager Gänsbachergasse

METADATA   DOCUMENT TEXT   MAP   REFERENCES

METADATA

EHRI-NISKO-19391112

1939-11-12 | Wien

Archiv der IKG Wien, Bestand Jerusalem, A/W 2747. Original auf Deutsch.

DOCUMENT TEXT

EHRI-BF-19391112-DE.XML

📄 Text from page1

Sehr geehrter Herr Amtsdirektor!

Wir befinden uns seit 10 Tagen im Obdachlosen-Asyl und wollen mit vorliegendem Bericht alle unsere Beobachtungen und die sich daraus ergebenden Vorschläge und Bitten, Ihnen, sehr geehrter Herr Amtsdirektor, zur Kenntnis bringen, weil wir davon überzeugt sind, bei Ihnen das richtige Verständnis für unsere derzeitige ungewisse Lage zu finden.

Die erste Bedingung, um Menschen zufrieden zu stellen, ist das Essen. Die vom Obdachlosenheim an uns verabreichte Kost ist den heutigen Verhältnissen angemessen, als sehr gut zu bezeichnen. In den ersten Tagen hatten die Leute ausser dem hier erhaltenen Essen Zubussen in Form des Reiseproviantes, der für die Fahrt nach Polen von jedem einzelnen mitgenommen wurde.

PERSON: LÖWENHERZ, JOSEF

Josef Löwenherz wurde 1884 in Piwowszczyzna geboren. Er war Rechtsanwalt, Zionist und Amtsdirektor der IKG Wiens bzw. Judenältester des „Ältestenrats der Juden in Wien" während der NS-Herrschaft. Im Mai 1945 wurde er von der Roten Armee wegen des Vorwurfs der Kolloboration verhaftet. Ein Ermittlungsverfahren wurde nach Kurzem eingestellt und alle Anschuldigungen fallengelassen. Josef Löwenherz starb 1960 in New York.

Abb. 7: Der Brief der ZimmerkommandantInnen des Sammellagers Gänsbachergasse an Amtsdirektor der IKG Wien Löwenherz ist eines der vielen Dokumente in der Online-Edition. Screenshot der Online-Dokumentenedition https://nisko-transports.ehri-project.eu

Rafaela (Rachela) Huschak, geb. Flach, wurde 1895 in Fryštát geboren und heiratete 1920 in Wien den um ein Jahr jüngeren Chauffeur Leo Huschak.[20] 1921 wurde Tochter Margarete geboren, 1927 folgte die Geburt des Sohnes Hans. Zum Zeitpunkt des

19 Brasilianisches Nationalarchiv, Einwanderungskarten, 1900–1965, Siegmund Flieger.
20 Matriken der IKG Wien.

„Anschlusses" Österreichs an NS-Deutschland lebte die Familie in einer Zimmer-Küche-Wohnung in der städtischen Wohnhausanlage im Pernerstorfer Hof in der Troststraße 68–70 in Wien-Favoriten. Als das Wiener Wohnungsamt Ende Juni 1938 rund 2.000 Kündigungsverfahren gegen jüdische MieterInnen von Gemeindewohnungen anstrengte, wurde auch Leo Huschak die Wohnung per 31. Juli 1938 gekündigt. Zwar erreichte die Familie eine Verlängerung der Räumungsfrist[21], musste aber Ende Oktober 1938 endgültig die Wohnung verlassen und in die Barackensiedlung in der Hasenleiten (Baracke 33) übersiedeln. In den folgenden Monaten suchte die Familie vergeblich Ausreisemöglichkeiten nach Kolumbien, Palästina oder Shanghai.[22] Am 20. Oktober 1939 wurde Rafaela Huschaks Mann nach Nisko deportiert, wo sich seine Spur verliert. Ab Anfang November 1939 war sie mit ihren Kindern im Sammellager in der Gänsbachergasse untergebracht und sollte mit dem dritten Transport von Wien nach Nisko deportiert werden. Der Transport wurde gestoppt, endgültig durften die Internierten das Sammellager jedoch erst am 8. Februar 1940 verlassen.[23]

Dokumente aus dem Bestand der IKG Wien geben auch Auskunft zum Sammellager in der Gänsbachergasse und zum nicht abgegangenen dritten Nisko-Transport, dessen Geschichte Dieter Hecht in einem einleitenden Text in der Edition beschreibt. Eine Schilderung der ZimmerkommandantInnen, darunter Rafaela Huschak, des Sammellagers vom 22. November 1939 zeigt die verzweifelte Situation dieser Jüdinnen und Juden und verdeutlicht auch Konflikte mit dem Personal der IKG:

> [...] haben wir festgestellt, dass durch die Beistellung von hausfremden Ordnern die Leute das Gefühl haben, Sträflinge zu sein. Es ist daher nicht zu vermeiden, dass die Leute murren und des Glaubens sind, Gefangene der Kultusgemeinde zu sein.[24]

Rafaela Huschak lebte mit ihren Kindern zuletzt in der Servitengasse 5/16 in Wien-Alsergrund. Am 15. Februar 1941 wurden sie nach Opole deportiert. Rafaela, Margarete und Hans Huschak kamen im Holocaust um.

Oskar Jaul

Oskar Jaul[25] wurde am 7. Oktober 1898 geboren. Er lebte in Baden bei Wien, wurde im Zuge des Novemberpogroms 1938 festgenommen und am 14. November in das KZ Dachau überstellt. Nach seiner Entlassung aus dem Konzentrationslager ein paar

---

21 Kündigungsakt Leo Huschak. DÖW, Datenbank „Kündigungsgrund Nichtarier".
22 Auswanderungsfragebogen Leo Huschak, Archiv der IKG Wien, A/W 2589,104.
23 Moser, Nisko, S. 139.
24 Edition Von Wien ins Nirgendwo: Die Nisko-Deportationen 1939 (Archiv der IKG Wien, Bestand Jerusalem, A/W 2747). nisko-transports.ehri-project.eu/document/EHRI-NISKO-19391112
25 www.doew.at/erinnern/fotos-und-dokumente/1938-1945/nisko-1939/deportationen-wien-nisko-1939/oskar-jaul-mir-ist-schon-alles-egal

Monate später war er ohne Arbeit, mittellos und auf Unterstützung durch Angehörige, Freunde und die IKG Wien angewiesen. Wie aus einem Telegramm an seinen nach London geflüchteten Bruder hervorgeht, wurde er aufgrund der Folgen der KZ-Haft für

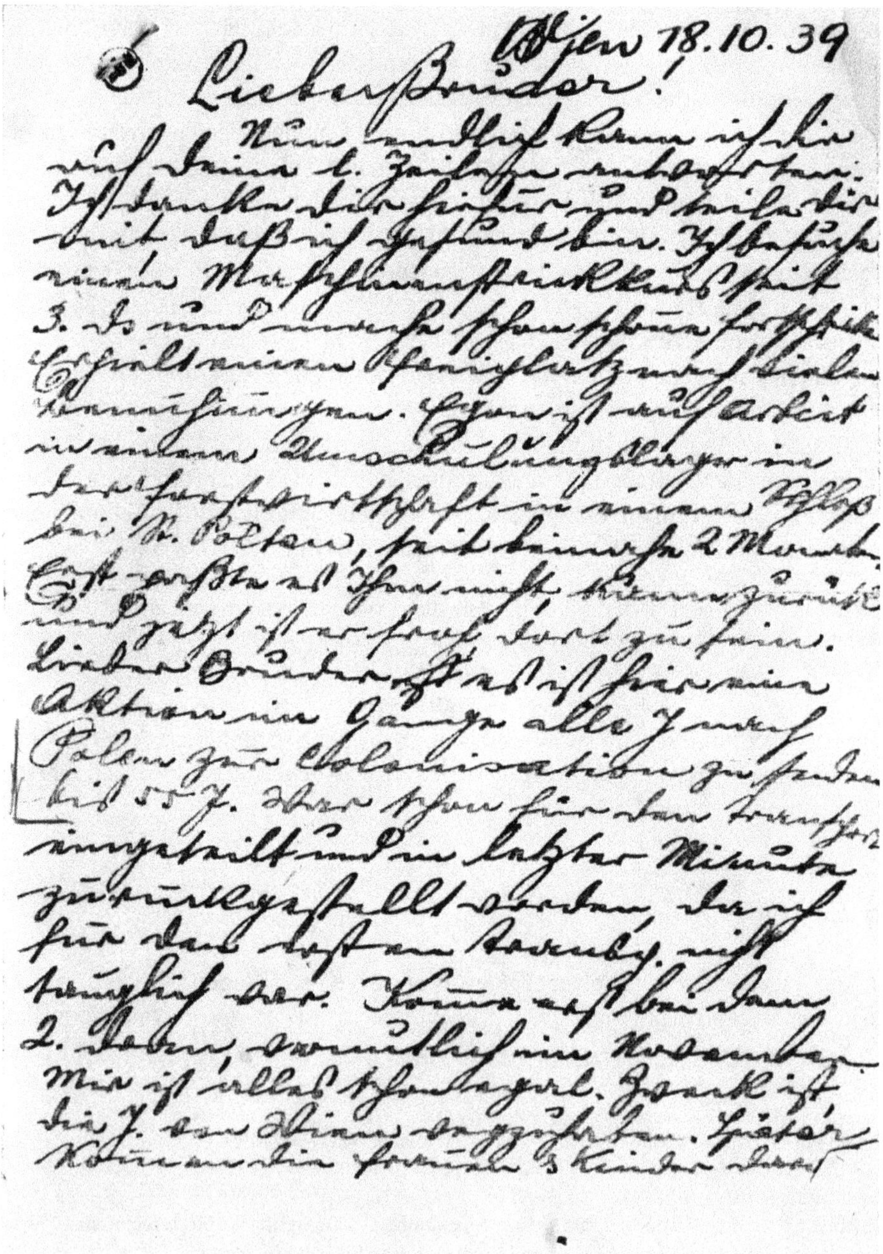

Abb. 8: Brief von Oskar Jaul an seinen Bruder Felix Jaul in London, 18. 10. 1939. DÖW 19.735.

Abb. 9: Oskar Jaul vor seiner Verhaftung. DÖW-Foto 4800/1.

den ersten Transport als „untauglich" eingestuft, aber für den zweiten Transport nach Nisko eingeteilt. Seine letzte Wohnadresse in Wien befand sich im 2. Bezirk in der Novaragasse 9. Nach der Ankunft in Nisko nicht in das Lager aufgenommen, flüchtete er über die deutsch-sowjetische Demarkationslinie. Sein letztes Lebenszeichen datiert aus dem April 1940, als er einem Familienmitglied in der Schweiz eine Postkarte schickte. Kurz darauf wurde Oskar Jaul in ein Arbeitslager in der Gorki-Region deportiert, wo sich seine Spuren verlieren. 1960 wurde er für tot erklärt.

Kalman Reich

Abb. 10: Kalman Reich. DÖW.

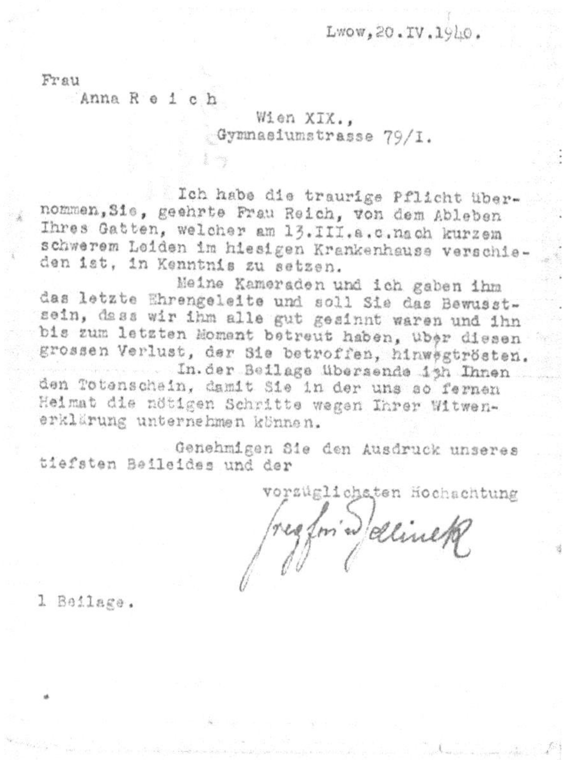

Lwow, 20.IV.1940.

Frau
   Anna R e i c h
               Wien XIX.,
               Gymnasiumstrasse 79/I.

          Ich habe die traurige Pflicht über-
nommen, Sie, geehrte Frau Reich, von dem Ableben
Ihres Gatten, welcher am 13.III.a.c.nach kurzem
schwerem Leiden im hiesigen Krankenhause verschieden ist, in Kenntnis zu setzen.
          Meine Kameraden und ich gaben ihm
das letzte Ehrengeleite und soll Sie das Bewusstsein, dass wir ihm alle gut gesinnt waren und ihn
bis zum letzten Moment betreut haben, über diesen
grossen Verlust, der Sie betroffen, hinwegtrösten.
          In der Beilage übersende ich Ihnen
den Totenschein, damit Sie in der uns so fernen
Heimat die nötigen Schritte wegen Ihrer Witwen-
erklärung unternehmen können.
          Genehmigen Sie den Ausdruck unseres
tiefsten Beileides und der
               vorzüglichsten Hochachtung

1 Beilage.

Abb. 11: Nachricht an Anna Reich zum Tod ihres Mannes, Lemberg, 20. 4. 1940. DÖW 20.890.

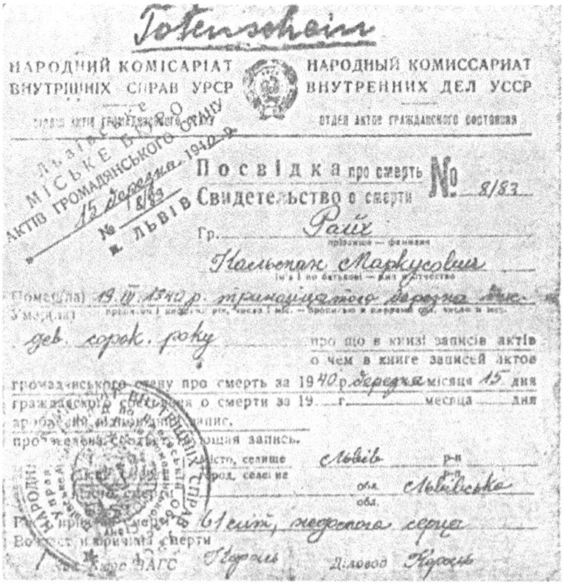

Abb. 12: Kalman Reichs Totenschein, Lemberg 1940. DÖW 20.890.

Entlassung erfolgte Mitte Jänner 1939. Seine Familie – 1938 in der Semperstraße 60/13, 1939 in der Gymnasiumstraße 71 in Wien-Währing wohnhaft – bemühte sich vergeblich um Fluchtmöglichkeiten in die USA oder nach Palästina. Kalman Reich gelang die Ausreise nicht mehr. Am 23. Oktober 1939 informierte ihn die Israelitische Kultusgemeinde Wien über den geplanten Termin seines Transportes nach Nisko. Wie der Großteil der deportierten Männer wurde Reich nach der Ankunft nicht in das Lager aufgenommen. Er flüchtete über die deutsch-sowjetische Demarkationslinie und erreichte Lemberg. Seine Frau Anna Reich konnte ihm dorthin Geld überweisen. Im April 1940 erhielt sie die Nachricht, dass Kalman Reich einen Monat zuvor „nach kurzem[,] schwerem Leiden" in Lemberg verstorben war.

Josef Schloß

Josef Schloß wurde 1916 in Wien als Sohn der TextilunternehmerInnen Victor und Malvine Schloß geboren.[26] Er lebte gemeinsam mit seinen Eltern in der Weißgerber Lände 8 in Wien-Landstraße. Ende November 1935 zog er nach Brünn und arbeitete dort für das Textilunternehmen Aron & Jakob Löw-Beer. Er erhielt eine Aufenthalts-

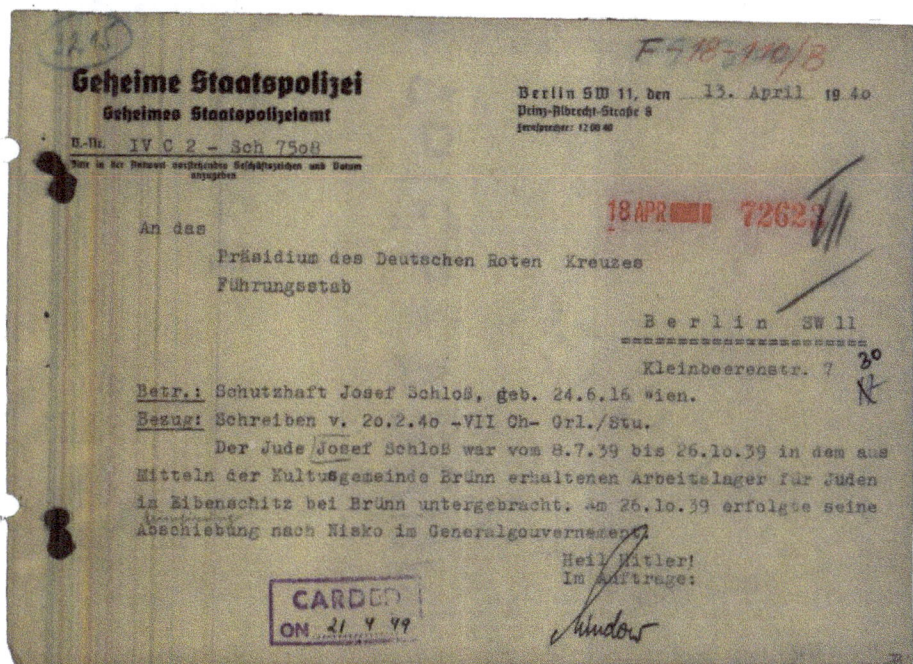

Abb. 13: Josef Schloß wurde aus dem Lager Eibenschütz nach Nisko deportiert. Arolsen Archives, 8801600.

---

26 Geburtsbuch der IKG Wien.

genehmigung für die Tschechoslowakei bis Ende 1938. Bis 1939 wohnte er in der Alt-brünnergasse 7.[27] Am 8. Juli 1939 wurde er als ausländischer Flüchtling in das Lager Eibenschütz (Ivančice) eingewiesen.

Eine Korrespondenz zum Schicksal von Josef Schloß verweist auf ein bislang gänz-lich unerforschtes Kapitel: die Deportation österreichischer Juden aus dem Internie-rungslager Eibenschütz (Ivančice) im Protektorat Böhmen und Mähren nach Nisko. Am 13. Dezember 1939 stellte das Internationale Komitee vom Roten Kreuz (IKRK) eine Anfrage an das Deutsche Rote Kreuz zu seinem Aufenthaltsort.[28] Das Deutsche Rote Kreuz leitete die Anfrage an die Gestapo weiter. Am 13. April 1940 beantwortete die Gestapo in Berlin die Anfrage:

> Der Jude Joseph Schloß war vom 8. 7. 39 bis 26. 10. 39 in dem aus Mitteln der Kultusgemeinde Brünn erhaltenen Arbeitslager für Juden in Eibenschitz bei Brünn untergebracht. Am 26. 10. 39 erfolgte seine Abschiebung [handschriftlich hinzugefügt: Ausweisung] nach Nisko im Generalgou-vernement.[29]

Josef Schloß' weiteres Schicksal ist unbekannt. Seine Eltern Viktor und Malvine Schloß sowie seine Schwester Olga Pisinger überlebten den Holocaust im Exil in Großbritan-nien.

---

27 Auswanderungsfragebogen Josef Schloß, Archiv der IKG Wien, A/W 2589,8.
28 Edition Von Wien ins Nirgendwo: Die Nisko-Deportationen 1939 (Arolsen Archives, 8801600). nisko-transports.ehri-project.eu/document/EHRI-NISKO-19391213a
29 Edition Von Wien ins Nirgendwo: Die Nisko-Deportationen 1939 (Arolsen Archives, 8801600). nisko-transports.ehri-project.eu/document/EHRI-NISKO-19400413

Ernst Simon

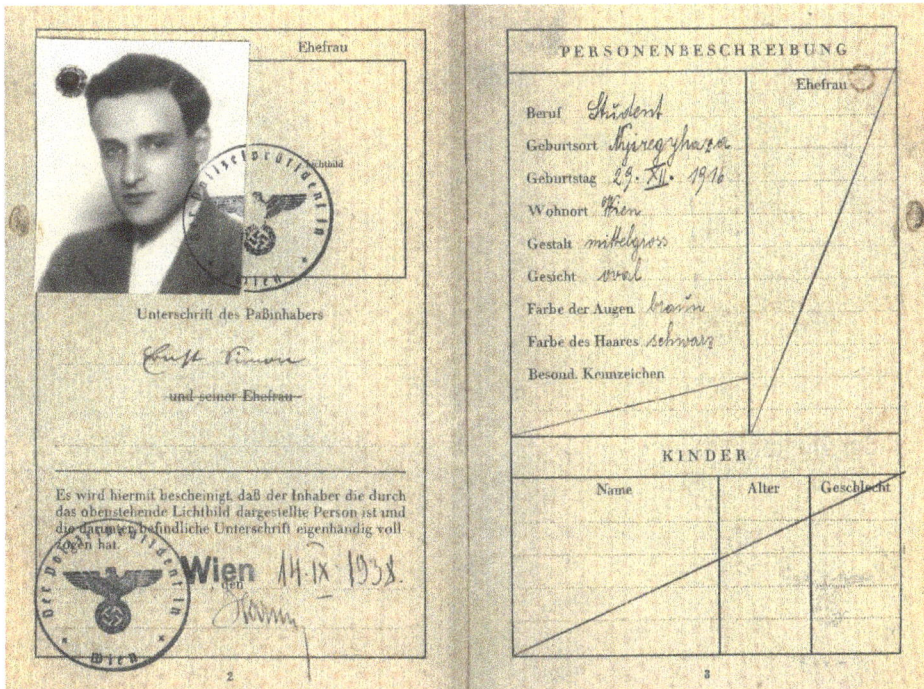

Abb. 14: Reisepass von Ernst Simon. DÖW 19574.

Der Student Ernst Simon[30], geb. 29. 12. 1916 in Nyíregyháza (Ungarn), wurde mit dem ersten Transport von Wien nach Nisko deportiert und von dort über die sowjetische Demarkationslinie vertrieben. Sein Schicksal in den folgenden Jahren konnte bislang nicht eruiert werden. 1947 wurde er in Rybinsk, einer Stadt 280 Kilometer nördlich von Moskau verhaftet und im Lager WolgoStroi nahe der Ortschaft Perebory interniert. Anfang der 1950er Jahre ist er nach Österreich zurückgekehrt.

---

30 Siehe: Radchenko, Jüdische Nisko-Deportierte in der Sowjetunion, S. 247 f.

Siegfried Weiss

Abb. 15: Die Kinder der Familie Weiss. Oben von links: Siegfried (Fritz), Rosa, Josef (Pepi); unten von links: Margit, Hilde, Fanny. Siegfried überlebte in der UdSSR, Rosa und Hilde in Großbritannien. Josef und Fanni überlebten Auschwitz und emigrierten nach der Befreiung in die USA bzw. nach Großbritannien. Margit wurde in Auschwitz ermordet. Die Mutter Julie Weiss starb am 11. Dezember 1943 in Theresienstadt. Rosa Stepanova.

Siegfried Weiss[31], geb. 2. 8. 1914 in Wien, Sohn des Richard, geb. 12. 2. 1882 in Wien, und der Julie Weiss, geb. Klein, geb. 14. 12. 1879, wuchs mit seinen Geschwistern (einem Bruder und vier Schwestern) in bitterarmen Verhältnissen auf. Sein kranker Vater konnte die Familie nicht ernähren und musste die Kinder in einem Heim im 18. Bezirk unterbringen. Erst 1927 konnte Siegfried bei seinen Eltern im 20. Bezirk, Engerthstraße 112 (Robert Blum-Hof), leben. Sein Vater starb 1930.

---

31 Siehe zu den biografischen Angaben: Rosa Stepanova, Der rote Siegfried. Das wienerische und russische Leben meines Vaters, Wien 2021, S. 7–31.

Ende der 1920er Jahre begann sich Siegfried Weiss politisch zu betätigen: zunächst bei der Sozialistischen Arbeiterjugend und nach dem Februar 1934 im Rahmen der illegalen Kommunistischen Partei. Er verteilte Flugzettel, klebte Plakate und nahm an verbotenen Versammlungen teil. Als gelernter Autosattler war er lange Zeit arbeitslos und schlug sich mit diversen Tätigkeiten als Hilfsarbeiter durch.

Anfang 1938 arbeitete Weiss in einer Schlosserei und wurde kurz nach dem „Anschluss" im März 1938 als Jude entlassen. Er beteiligte sich am Brigittaplatz im 20. Bezirk an einer Demonstration gegen den Einmarsch der Nationalsozialisten, wurde festgenommen und zwei Wochen lang in Polizeihaft angehalten, ohne dass seine jüdische Herkunft bekannt wurde, wie Weiss in den von seiner Tochter Rosa Stepanova 2021 publizierten Erinnerungen anmerkte.[32] Im Mai ging er mit einem Genossen über die grüne Grenze in die Tschechoslowakei, wurde von tschechoslowakischen Soldaten angehalten, nach Brünn gebracht und dort von einer Flüchtlingsorganisation betreut. Als sich die Gerüchte verdichteten, dass die Deutsche Wehrmacht bald in der Tschechoslowakei einmarschieren würde, versuchte Siegfried Weiss vergeblich ein Visum für Kanada zu bekommen. Schließlich kehrte er zu Mutter und Geschwistern nach Wien zurück. Im September 1938 wurde die Familie aus der Gemeindewohnung delogiert und kam – ohne Anmeldung – in einer Wohnung in der Dietrichsteingasse im 9. Bezirk unter. Einige seiner Verwandten, so auch seine beiden Schwestern Hilda und Rosa, konnten nach Großbritannien flüchten. Nachdem sein Bruder Josef und seine Schwester Margit ins Deutsche Reich zur Zwangsarbeit verschickt worden waren, lebte Siegfried Weiss mit seiner Mutter und seiner Schwester Fanny allein in der Wohnung in der Dietrichsteingasse. Anfang 1939 musste er in Baden-Württemberg ein halbes Jahr im Straßenbau Zwangsarbeit leisten. Seine in England lebenden Schwestern versuchten Einreisevisa für ihn und seine Mutter zu besorgen. Er konnte deshalb nach Wien zurückkehren, um die Ausreise zu organisieren. Doch als Großbritannien nach Beginn des Zweiten Weltkrieges die diplomatischen Beziehungen zum Deutschen Reich abbrach, war dies nicht mehr möglich.

Im Oktober 1939 erhielt Weiss die Benachrichtigung, sich für den ersten Transport nach Nisko zu melden. Dort angekommen wurde er über die Demarkationslinie in die Sowjetunion vertrieben. Sein erster Aufenthaltsort war Lemberg, wo man ihn und andere Flüchtlinge in leerstehende Wohnungen einquartierte. Er unterschrieb einen Arbeitsvertrag für ein Kohlenbergwerk im Donbass. Nach dem Auslaufen des Vertrages übersiedelte Siegfried Weiss mit sechs Genossen, die er aus der KPÖ kannte, nach Woroschilowgrad (heute Luhansk, Ukraine). Dort beschloss die kleine Gruppe – in der Hoffnung Arbeit und finanzielle Unterstützung zu bekommen – zur Komintern nach Moskau zu fahren, wo sie Kontakt zum hochrangigen Funktionär der KPÖ, Friedl Fürnberg, aufnahm, der sich dort mit anderen Mitgliedern des Zentralkomitees im Exil befand. Die Parteiführung schickte die Gruppe allerdings mit einem Bahnticket wieder zurück nach Woroschilowgrad. Weiss ging erneut in den Donbass und arbeitete dort

---

32 Siehe ebenda, S. 10.

von Dezember 1940 bis Juni 1941 in der Schachtgrube „Stalin" als Schlosser. Nach Ende des Arbeitsvertrages erhielt er in Woroschilowgrad Arbeit in der größten Lokomotivfabrik der Sowjetunion, die – nach dem Überfall Deutschlands – auf Rüstungsbetrieb umstellte. Nach dem raschen Vordringen der Deutschen Wehrmacht wurde der Betrieb im Oktober 1941 in die Stadt Omsk in Sibirien evakuiert. Omsk war allerdings militärisches Sperrgebiet, sodass Weiss als Ausländer keine Arbeitserlaubnis erhielt. Er arbeitete in der Folge als Holzfäller 500 km entfernt, später in einer Rüstungsfabrik in Alma Ata in Kasachstan. Dort hielten sich viele Ausländer auf, darunter viele Österreicher, die im Spanischen Bürgerkrieg gekämpft hatten.

Am 9. Februar 1942 wurde Weiss verhaftet. In zahlreichen Verhören, in denen er Misshandlungen ausgesetzt war, wurde er der „Spionage" und „antisowjetischer Propaganda" bezichtigt und in weiterer Folge in mehreren Arbeitslagern interniert, wo er schwer erkrankte und an Unterernährung litt. Erst im August 1950 erfolgte seine Freilassung aus dem Straflager, er unterlag aber strengen Auflagen, durfte sich nicht frei bewegen und musste jede Arbeit annehmen, die ihm zugeteilt wurde. So arbeitete er beispielsweise in einer Goldmine und schließlich in einem Bergwerk in der Kolyma-Region als Schlosser. 1952 lernte er seine Frau Augusta (Gutja) Stepanova kennen, eine Sowjetbürgerin aus der Stadt Kamyschlow im Ural. 1954 wurde ihre Tochter Rosa geboren und 1955 übersiedelte die Familie in die Geburtsstadt von Gutja Weiss, wo Siegfried bis zu seiner Pensionierung 1975 in einem Ziegelwerk arbeitete. 1963 wurde er rehabilitiert und gerichtlich festgehalten, dass die seinerzeitigen Anschuldigungen zu Unrecht erfolgt sind. Eine Entschädigung für die jahrelange Zwangsarbeit erhielt er allerdings nicht.

1959 gelang es den Überlebenden aus seiner Wiener Familie mit Hilfe des Roten Kreuzes Kontakt zu ihm aufzunehmen. Mehrere Ansuchen in den 1960er Jahren um eine Besuchsgenehmigung nach Österreich wurden jedoch abgelehnt. Schließlich wandte sich seine Cousine Stella Heitler, die KPÖ-Mitglied war, an den damaligen Parteivorsitzenden Franz Muhri, der bei einem Besuch in Moskau das Ersuchen um Ausreisegenehmigung zwecks Besuch der Verwandten in Wien übermittelte. Ende 1967 erhielt Siegfried Weiss die Erlaubnis, nach Wien zu fahren, wo er nach 30 Jahren seine Verwandten wiedersah.

Nach dem Tod seiner Frau Gutja 1973 heiratete Siegfried Weiss 1975 nochmals. 1990 ging er mit seiner Tochter Rosa Stepanova, einer Architektin, nach Wien, wo er 1997 verstarb.

Insgesamt wurden zu mehr als 150 Deportierten, deren Namen in den Dokumenten der Online-Dokumentenedition „Von Wien ins Nirgendwo: Die Nisko-Deportationen 1939" aufscheinen, Kurzbiografien erstellt und in die Edition integriert. Die Edition versteht sich nicht als abgeschlossenes Projekt. Sie wird kontinuierlich um neue Dokumente erweitert. Die innovative digitale Datendarstellung der Online-Dokumentenedition soll Wissenschafterinnen und Wissenschaftern bei einer weiteren Erforschung der Nisko-

Transporte aus Wien und des Schicksals dieser deportierten Wiener Juden unterstützen und Ausgangspunkt für neue Forschungen und neue Forschungsfragen sein.

Literaturverzeichnis

Borák, Mečislav, The transports to Nisko nad Sanem (1939–1940): the first deportation of the European Jews, Opava 2010.

Duschner, Heinz/Halling, Thorsten/Krischel, Matthis, Susanne und Fritz Duschner – Dentisten in Wien, gescheiterte Flucht, deportiert und ermordet, in: Zahnärztliche Mitteilungen, Ausgabe 12, 16. 6. 2020, S. 68–70.

Garscha, Winfried R., Deportation als Vertreibung. Eichmanns Nisko-Experiment 1939 im Kontext der nationalsozialistischen „völkischen Flurbereinigung", in: Dokumentationsarchiv des österreichischen Widerstandes (Hrsg.), Forschungen zu Vertreibung und Holocaust, Wien 2018 [= Jahrbuch des DÖW 2018], S. 117–142.

Garscha, Winfried R., Achtzig Jahre Ungewissheit. Die Nisko-Aktion 1939 und ihre verschollenen Opfer, in: Jahrbuch des DÖW 2020, S. 19–160.

Kuretsidis-Haider, Claudia, „Du darfst nicht glauben, dass ich mutlos bin". Biografische Skizzen zu Nisko-Deportierten aus Wien, in: DÖW-Jahrbuch 2020, S. 161–206.

Moser, Jonny, Nisko. Die ersten Judendeportationen, Wien 2012.

Radchenko, Olga, Jüdische Nisko-Deportierte in der Sowjetunion, in: DÖW-Jahrbuch 2020, S. 229–249.

Schellenbacher, Wolfgang, Von Wien ins Nirgendwo: Die Nisko-Deportationen 1939. Die neue Online-Dokumentenedition des DÖW, in Mitteilungen des DÖW, Folge 252, Dezember 2022, S. 1–5.

Schindler, Christine (Hrsg.), Nisko 1939. Die Schicksale der Juden aus Wien, Wien 2020 [= Jahrbuch des DÖW 2020].

Stepanova, Rosa, Der rote Siegfried. Das wienerische und russische Leben meines Vaters, Wien 2021.

Streit, Christian, Gegen die Gräuel. Wie sich der Generalstabsoffizier Helmuth Groscurth dem Morden in der Sowjetunion widersetzte, in: Süddeutsche Zeitung, 9. 12. 2017, S. 55.

Vitzthum, Hilda, Mit der Wurzel ausrotten: Erinnerungen einer ehemaligen Kommunistin, hrsg. v. Forschungsinstitut für sowjetische Gegenwart, München 1984.

Christine Schindler

Fakten – Analysen – Diskussionen: Das Dokumentationsarchiv des österreichischen Widerstandes 2022

Das DÖW ist Bibliothek und Archiv, Museum, Forschungsstätte und Beratungsstelle, Erinnerungs- und Begegnungsort. Aktuell arbeiten 27 Angestellte – Wissenschafter*innen, administratives Personal, Vermittler*innen – in unterschiedlichem Beschäftigungsausmaß und -verhältnis im DÖW. Kooperationen bei Projekten und Veranstaltungen führen die Mitarbeiter*innen mit Forschenden und Institutionen im In- Ausland zusammen. Junior Fellows, Zivildiener und Ehrenamtliche helfen bei Erschließungsarbeiten und Aufsichtstätigkeiten.

660 Personen recherchierten 2022 vor Ort in den Archiv-Beständen des DÖW. Knapp 70.000 Akteneinheiten zu mehr als 202.000 Personen sind elektronisch erschlossen. Mehr als 5.000 telefonische und schriftliche Anfragen erreichen das DÖW jährlich, 200.000 Zugriffe verzeichneten die Websites 2022. 7.400 Menschen besuchten im auslaufenden Corona-Jahr die Ausstellungen des DÖW, über 240 Vermittlungsformate wurden durchgeführt.

2022 war ein Jahr der Veränderungen: Michael Häupl folgte Rudolf Edlinger als Vorsitzender des Stiftungsrates und Präsident des DÖW. Nach einer internationalen Ausschreibung bestellte der Stiftungsrat Ende 2022 Andreas Kranebitter in Nachfolge von Gerhard Baumgartner zum neuen Wissenschaftlichen Leiter und Geschäftsführer des DÖW. Eines der anstehenden Großprojekte betrifft die Sicherung der Bestände und der angemessenen Arbeitsmöglichkeiten von Recherchierenden und Mitarbeiter*innen: Das DÖW wirkt gemeinsam mit den politisch Verantwortlichen aus Bund und Stadt an der Übersiedlung in ein größeres und den Ansprüchen der wertvollen Sammlungen genügendes Gebäude am Otto-Wagner-Areal. Die laufende Digitalisierung der umfangreichen Bestände gewährleistet auf technische Weise die Sicherung und Zugänglichmachung der Akten und Fotos auch für die Zukunft.

2022 startete die Erweiterung der Forschung und Dokumentation im Bereich Antisemitismus und Rechtsextremismus, insbesondere zu nicht-autochthonen Rechtsextremismen. Diese und andere Arbeiten und Vorhaben, Herausforderungen und Anliegen skizziert der vorliegende Tätigkeitsbericht.

1 Forschungen

- Österreich 1933–1938: Februarkämpfe 1934, Widerstand und Verfolgung, Opfer von terroristischen Anschlägen der NSDAP
- Widerstand und politische Repression (aller politischen Lager und jeder Motivation)
- Namentliche Erfassung der österreichischen Opfer politischer Verfolgung 1938–1945

- NS-Justiz
- Verfolgungs- und Vernichtungspolitik
- Verfolgung und Widerstand von Jüdinnen und Juden, Rom*nja und Sinti*zze, als „asozial" oder „kriminell" Stigmatisierten, Homosexuellen, Kärntner Slowenen und Sloweninnen u. a.
- Namentliche Erfassung der österreichischen Holocaustopfer
- Flucht, Vertreibung und Exil 1933–1938, 1938–1945 und Auswirkungen nach 1945
- NS-Medizin und Euthanasieverbrechen
- Restitution und Entschädigung der NS-Opfer
- Erinnerungskultur und Vergangenheitspolitik
- Entnazifizierung und Nachkriegsjustiz in Österreich und im internationalen Kontext
- Rechtsextremismus, Neonazismus, Antisemitismus, Rassismus nach 1945

Namentliche Erfassung der österreichischen Opfer des Holocaust und der politischen Verfolgung – Holocaust- und Widerstandsforschung

Jahrzehnte hat das DÖW – insbesondere durch den ehemaligen langjährigen Mitarbeiter Gerhard Ungar – an der Recherche und Aufbereitung der Namen der österreichischen Holocaustopfer gearbeitet. Diese Datenbanken werden laufend von Wolfgang Schellenbacher aktualisiert und listen auch auf www.doew.at die Opfer des NS-Regimes auf, geben ihnen einen Namen und sind Grundlage aller größeren Gedenkinitiativen und Projekte zu den österreichischen Opfern. Forschenden bieten sie eine einfache Recherche- und Überprüfungsmöglichkeit. Jährlich werden Dutzende, manchmal sogar Hunderte Opfernamen hinzugefügt. Sie werden im Zuge eigener Forschungsprojekte recherchiert oder von Angehörigen und Nachfahren sowie engagierten Wissenschafter*innen und befreundeten Institutionen aus aller Welt gemeldet. So sind aktuell die Namen von 64.545 Holocaustopfern und insgesamt 78.514 NS-Opfern aus Österreich auf www.doew.at abrufbar. Hintergrundinformationen und vor allem Daten zu Überlebenden können im DÖW selbst recherchiert werden.

Im Zuge der 2021 erfolgten Errichtung der Shoah-Namensmauern-Gedenkstätte im Ostarrichipark im 9. Wiener Gemeindebezirk gelangten und gelangen zahlreiche Hinweise, Informationen, Korrekturen und Fragen an Wolfgang Schellenbacher im DÖW. Die Gedenkmauer listet die Namen aller in der NS-Zeit ermordeten Jüdinnen und Juden aus Österreich auf, Basis sind die Datenbanken des DÖW. Der 1930 in Wien geborene und nach dem „Anschluss" geflohene österreichisch-kanadische Künstler Kurt Tutter initiierte das Denkmal und setzte sich viele Jahre für seine Umsetzung ein. Das Mahnmal wurde von der österreichischen Bundesregierung in Zusammenarbeit mit der Stadt Wien realisiert. Die weiter einlangenden bzw. in Folge noch erforschten

Opfernamen sind auf einer weiteren Stele der Gedenkstätte verewigt. Es ist ein Grabstein für diejenigen, an die sonst kaum ein Grab erinnert.

Wesentliches Recherche- wie auch Vermittlungstool ist www.memento.wien. Das gemeinsam mit der Firma Braintrust von Wolfgang Schellenbacher erarbeitete Online-Tool, das Informationen zu den Opfern der NS-Diktatur in Wien bietet, macht über einen Stadtplan die letzten Wohnadressen von Opfern sowie eine Reihe von Archivdokumenten und Fotos zu Personen und Gebäuden in der Stadt sichtbar. Es kann auch auf Smartphones und Tablets genutzt werden. Memento Wien verweist aktuell auf mehr als 54.000 Ermordete in und aus Wien, verortet sind auch 140 Einrichtungen des NS-Terrors und andere thematisch wesentliche Institutionen. Rund 9.000 Einzelbesucher*innen haben 2022 diese Website genutzt. Das Tool eignet sich für unabhängige ebenso wie für geführte Stadtrundgänge.

Abb. 1: Wolfgang Schellenbacher stellt Memento Wien vor. Seminartag mit Krzysztof Tworogowski und dem polnischen Verein für Erinnerungskultur Vestigia Memoriae, 1. Juli 2022.

Wolfgang Schellenbacher führt immer wieder Interessierte durch die Wiener Innenstadt und auch zur Shoah-Namensmauer, so am 14. Januar 2022 Wissenschafter*innen und Fellows des Wiener Wiesenthal Instituts, am 28. 7. den österreichischen Pensionistenverband.

Der von Schellenbacher initiierte und geleitete internationale Workshop im September 2020 im Renner-Institut Wien und im DÖW *Persecution at Home: Eviction and Resettlement of Jews Within the City Space, 1938–1942* war das Schwerpunktthema des Jahrbuches des DÖW 2022, das er gemeinsam mit Christine Schindler herausgab: *Delogiert und ghettoisiert. Jüdinnen und Juden vor der Deportation*. Schellenbacher veröffentlichte 2022 weiters: From Exclusion, Deprivation, and Persecution to Suicide. Analysing Data on the Suicides of Jews in Vienna 1938–1945, in: S:I.M.O.N., Vol. 9, No. 1 (2022), S. 94–108; Irma Mandel. Wimbergergasse 10, in: Bezirksmuseum Neubau (Hrsg.), Homo Neubau, Wien 2022, S. 218–221.

Schellenbacher berät die Gedenkstätte Theresienstadt/Památník Terezín bei der Neugestaltung der ständigen Ausstellungen im Ghetto-Museum. Er wirkt am Aufbau eines EHRI-AT Forschungskonsortiums mit dem DÖW als Partnerorganisation mit. Die European Holocaust Research Infrastructure (EHRI) der Europäischen Kommission ermöglicht es seit über 10 Jahren, verstreute Quellen zum Holocaust zusammenzuführen, die Forschenden zu vernetzen und Material leichter zugänglich zu machen. Schellenbacher hielt zu seinen Forschungsthemen zahlreiche Vorträge und nahm an internationalen Konferenzen persönlich oder virtuell teil:

- 14. 3. 2022: Eröffnungsworte zur Gedenktafelverlegung in der Dominikanerbastei 10 (gemeinsam mit Stadträtin für Kultur und Wissenschaft Veronica Kaup-Hasler und Bezirksvorsteher der Inneren Stadt Markus Figl).
- 16. 4.: Online-Vortrag auf dem EHRI-AT-Workshop zu digitalen Tools von EHRI (EHRI-Online Editionen – vor allem die Nisko-Edition des DÖW – und EHRI Document Blog).
- 29. 4.: Teilnahme am EHRI-CZ-Workshop in Prag und Vortrag zu Memento Wien und Mapping der Opfer-Datenbanken, Masaryk-Institut und Archiv der Tschechischen Akademie der Wissenschaften, Prag.
- 23.–24. 5.: Vortrag „New Insights on the Holocaust in Austria from Geo-Referenced and Mapped Victims Databases" im Rahmen der EHRI-AT-Tagung „Connected Histories. Memories and Narratives of the Holocaust in Digital Space", Bruno Kreisky Forum für internationalen Dialog, Wien.
- 7.–9. 6.: Teilnahme am EHRI-General Partner Meeting in Amsterdam.
- 22. 6.: Online-Vortrag beim EHRI-Webinar zu Holocaust Geographies „Left Behind: The impact of forced labour by Organisation Todt on survival chances of Antwerp Jews", gemeinsam mit Dorien Styven (Kazerne Dossin, Mechelen, Belgien).
- 30. 6.: Vortrag „Memento Wien und MemoGis Prag. Erfahrungen zum Mapping von digitalen Archivmaterialien und geo-referenzierten Holocaust-Opferdatenbanken" im Rahmen des FIRST-Workshops „Lagerforschung und digitale Wissensplattformen" an der FH St. Pölten.
- 14.–17. 9.: Vortrag im Panel „Visualizing the Victims – Naming the Perpetrators: New Developments in Austrian Politics of Memory" mit dem Titel „Carving Archives into Stone: Memorialization of Victims' Names in Austria between Database Criteria and Family Oral Tradition", GSA-Conference in Houston, Texas.

- 30. 9.: Präsentation der Nisko Online-Edition „Von Wien ins Nirgendwo: Die Nisko-Deportationen 1939", VHS Hietzing.
- 19. 10.: Online-Vortrag über Memento Wien an der Universität Innsbruck im Seminar von Eva Pfanzelter.
- 24. 10.: Vortrag zu Erinnerungskultur in Österreich für britische und israelische Forscher*innen, DÖW.
- 24. 11.: Vortrag zur jüdischen Bevölkerung Penzings und zur Erstellung der Opferliste, die auch reale Wohnadressen der Opfer zum Zeitpunkt des „Anschlusses" beinhaltet, VHS Penzing.
- 7. 12. 2022: Online-Chair des EHRI Webinars „MemoGIS – the Spatial Exclusion of Jews in Protectorate Prague".

Das vom Nationalfonds der Republik Österreich, dem Zukunftsfonds der Republik Österreich und dem Bundesministerium für Soziales, Gesundheit, Pflege und Konsumentenschutz finanziell unterstützte Projekt zur Klärung des Schicksals der insgesamt rund 4.800 aus Wien, Mährisch-Ostrau, Prag und Kattowitz nach Nisko am San deportierten Männer wurde unter der Leitung von Claudia Kuretsidis-Haider von Anfang 2020 bis Frühjahr 2023 durchgeführt. 2021 erschien das Jahrbuch des DÖW mit dem Schwerpunkt „Nisko 1939: Die Schicksale der Juden aus Wien". Das Projekt, an dem Winfried Garscha, Wolfgang Schellenbacher, Dieter Hecht u. a. mitarbeiteten, hatte die Erstellung einer Online-Dokumentenedition zum Ziel, die wichtige Arbeiten wie von Jonny Moser mit neu erschlossenen Quellen ergänzt und das Schicksal der deportierten Männer aus Wien sichtbar macht. Die Nisko-Online-Edition *Von Wien ins Nirgendwo: Die Nisko-Deportationen 1939* (nisko-transports.ehri-project.eu) wurde in Zusammenarbeit mit der von der Europäischen Union finanzierten Forschungsinfrastruktur European Holocaust Research Infrastructure (EHRI) 2022 fertig gestellt. Die Edition führt Dokumente aus mehreren Archiven zur Deportation und zum Schicksal der fast 1.600 nach Nisko verschleppten Wiener Juden zusammen und enthält Informationstexte zur Nisko-Aktion. Alle Dokumente wurden transkribiert, in XML/TEI (Text Encoding Initiative), einem De-facto-Standard für textbasierte Editionen, kodiert und mithilfe der von EHRI erweiterten Web-Plattform Omeka veröffentlicht. Dadurch ist es möglich, zu Personen, Organisationen, Orten und Schlagwörtern in den Dokumenten weiterführende Informationen zu erhalten. Die Online-Edition beinhaltet Unterlagen zur Vorgeschichte der Transporte ebenso wie zum weiteren Schicksal der Deportierten. Um einen tieferen Einblick in die Deportationen nach Nisko und die anschließende Vertreibung im Grenzgebiet zu erhalten, wurden zudem interaktive Kartenpräsentationen basierend auf den TEI-Daten erstellt. Ein Beitrag von Winfried R. Garscha, Claudia Kuretsidis-Haider und Wolfgang Schellenbacher im Jahrbuch 2023 des DÖW befasst sich mit einzelnen Biografien von Deportierten.

Auf Initiative von Robert Streibel (VHS Hietzing) und im Auftrag des Fördervereins der VHS Penzing und in Zusammenarbeit mit der Bezirksvorstehung Penzing hat Wolfgang Schellenbacher 2022 das Projekt *Die namentliche Erfassung der in der Shoah ermordeten Jüdinnen und Juden aus Penzing* durchgeführt. Die Recherchen dazu gingen über die bisherige Erfassung von Shoah-Opfern des DÖW hinaus, in der ausschließlich die jeweils letzte Wohnadresse angeführt wurde. Die Daten werden für Gedenktafeln im Bezirk verwendet werden.

Anfang der 1990er Jahre begannen sich zuerst die deutschen Gedenkstätten im Hinblick auf den Austausch und die gemeinsame Verarbeitung von Personendaten ehemaliger Deportierter zu vernetzen. Aus dieser ursprünglich informellen Expert*innenrunde wurde im Laufe der Jahre eine jährlich stattfindende internationale Zusammenkunft mit Teilnehmer*innen aus zahlreichen europäischen Ländern, den USA und Israel. Das DÖW nimmt seit Anbeginn an diesem Internationalen EDV-Workshop der NS-Gedenkstätten teil, der sich jeweils einem Schwerpunktthema widmet. Der 2020 bzw. 2021 in der Kazerne Dossin, Mechelen, Belgien, geplante Workshop wurde coronabedingt auf 2022 verschoben. Wolfgang Schellenbacher referierte im Rahmen der Tagung „International Database Conference 2022 – Digitization and Databases of World War II Victims" in der Kazerne Dossin am 29. März 2022: „Geo-Referencing and Mapping Data from Holocaust Victim Databases in Prague and Vienna".

2018 startete die Kooperation mit der Gedenkstätte Deutscher Widerstand zu den österreichischen Judenretter*innen: Die Gedenkstätte gibt – in Zusammenhang mit ihrer Dauerausstellung zu diesem Thema – die Buch-Reihe *Stille Helden. Hilfe für verfolgte Juden* heraus, im Zuge derer die Situation in den besetzten Ländern Europas dargestellt werden soll. Erschienen sind bereits die Arbeiten zu den besetzten Niederlanden, Norwegen, Weißrussland, Lettland und Bulgarien. Das DÖW hat den Band für Österreich übernommen, Manfred Mugrauer gab den Band heraus und leitete ihn mit einer umfassenden Einführung ein. Das Buch erschien Anfang 2023.

Von 2020 bis 2022 war das DÖW Partner im Projekt *Jugend erinnert – Transnationales historisches Lernen am Beispiel des Vernichtungslagers Maly Trostinec* des Internationalen Bildungs- und Begegnungswerks Dortmund sowie der Geschichtswerkstatt Minsk, finanziert von der deutschen Stiftung Erinnerung, Verantwortung und Zukunft. Projektpartner waren weiters der Lern- und Gedenkort Jawne in Köln sowie Gedenkstätte und NS-Dokumentationszentrum Bonn. Im Rahmen des Projekts betreute das DÖW gemeinsam mit den genannten Partnerinstitutionen junge Menschen von 18 bis 27 Jahren aus Belarus, Deutschland und Österreich, die sich zwischen Jänner 2021 und Frühjahr 2022 an der Gestaltung einer transnationalen Erinnerungskultur zum Massenvernichtungsort Maly Trostinec in Belarus beteiligten. Gemeinsam wurden Biografien einzelner Personen multimedial aufgearbeitet, z. B. als Podcast, Vlog oder Blog. Die Resultate werden in die künftige Dauerausstellung der Geschichtswerkstatt Minsk und möglicherweise auch in die der geplanten Informationsstelle in Maly Trostinec einfließen. Christine Schindler und Claudia Kuretsidis-Haider organisierten den Workshop in Wien im September 2021. Ein letztes persönliches Zusammentreffen aller Beteiligten in Belarus wurde durch den Angriffskrieg Russlands auf die Ukraine verunmöglicht. Trotz vieler Schwierigkeiten durch die Pandemie wurde das Projekt 2022 erfolgreich fertiggestellt und die Ergebnisse veröffentlicht.

Nach einer Vorstudie zur Verstrickung des oberösterreichischen Baukonzerns Swietelsky in das NS-Zwangsarbeitsregime beauftragte das Unternehmen das DÖW im Herbst 2021 mit einer umfassenden *Studie zur Involvierung der Swietelsky AG und ihrer Tochterfirmen in Bauvorhaben des „Dritten Reiches"*. Die Studie im Auftrag der Firma Swietelsky AG setzt sich bis Ende 2024 mit der Frage auseinander, inwieweit das 1936 vom österreichischen Ingenieur Hellmuth Swietelsky gegründete Unternehmen in Bauvorhaben des NS-Regimes involviert war und von dieser Involvierung allenfalls profitiert hat. Der Fokus der Untersuchung richtet sich dabei in erster Linie auf den Einsatz von Zwangsarbeitern im Rahmen von Bauaufträgen durch die Firma. Das Projekt wird von Verena Pawlowsky und Harald Wendelin (beide Forschungsbüro) gemeinsam mit Gerhard Baumgartner (DÖW) geleitet. Expert*innen wie Rudolf Leo, aber auch Kolleg*innen aus Deutschland, Rumänien und aus der Ukraine konnten für die Mitarbeit gewonnen werden.

Abb. 2: In einem mehrjährigen Projekt arbeitet das DÖW die Geschichte der Wiener Gemeindebauten auf. Im temporären Depot von Wiener Wohnen, Simmeringer Hauptstraße, sichten Jutta Fuchshuber und Dominik Richter die Akten. Im Bild: Dominik Richter. © Jutta Fuchshuber.

Wiener Wohnen beauftragte das DÖW 2022 mit der Aufarbeitung der Geschichte der Gemeindebauten: Das Projekt *Gemeindebau in der NS-Zeit: Recherche und Aufbereitung von Materialien* wird unter der Leitung von Claudia Kuretsidis-Haider, Christine Schindler und Ursula Schwarz von September 2022 bis Februar 2025 durchgeführt. Namhafte Kolleg*innen wie Peter Autengruber, der Standardwerke zur Wiener Stadtgeschichte vorgelegt hat, und Brigitte Ungar-Klein, die das grundlegende Werk „Kündigungsgrund Nichtarier – die Vertreibung jüdischer Mieter aus den Wiener Gemeindebauten in den Jahren 1938–1939" mit herausgegeben hat, wirken an dem Projekt ebenso mit wie Jutta Fuchshuber, Michael Achenbach, Manfred Mugrauer, Wolfgang Schellenbacher und Dominik Richter. Das Projekt erfolgt in enger Kooperation mit Wiener Wohnen (Waltraud Rumpl, Michael Zallinger) und hat die Aufbereitung von Materialien für eine Ausstellung zum Ziel. Ebenso werden die Namen von Verfolgten und Widerständigen in Wiener Gemeindebauten recherchiert und die Geschichte des Wohnungsamtes erforscht.

Unter der Federführung des Ludwig Boltzmann Institutes für Kriegsfolgenforschung und der Universität Graz/Institut für Geschichte wirken das DÖW und die Forschungsstelle Nachkriegsjustiz sowie der neue Wissenschaftliche Leiter des DÖW Andreas Kranebitter und auch die ehemaligen DÖW-Leiter Wolfgang Neugebauer und Gerhard Baumgartner am Projekt des Innenministeriums *Die Polizei in Österreich: Brüche und Kontinuitäten 1938 bis 1945* mit. Das Projekt unter der Leitung von Barbara Stelzl-Marx wird 2021–2023 in enger Kooperation mit Kolleg*innen aus dem BMI und Polizeistellen in den Bundesländern durchgeführt. Am 24. Juni 2022 fand nach mehreren interdisziplinären Kooperationstreffen ein Symposium im BMI statt, das per Livestream übertragen wurde. Die Forschungsstelle Nachkriegsjustiz bearbeitet im Rahmen des Projektes das Thema „Ahndung von durch Polizisten begangene Verbrechen nach 1945 im Rahmen der justiziellen Entnazifizierung", Gerhard Baumgartner die Rolle der Polizei bei der Verfolgung der Rom*nja und Sinti*zze, Wolfgang Neugebauer die Gestapo und Andreas Kranebitter forscht zur Kriminalpolizei in der NS-Zeit.

Finanziert durch das Land Niederösterreich arbeiteten DÖW-Archivarin Ursula Schwarz sowie Gerhard Baumgartner und der Historiker Christoph Benedikter (Ludwig-Boltzmann Institut für Kriegsfolgenforschung) 2019–2022 zusammen mit Kunsthistoriker*innen und Historiker*innen die Kunstsammlung des DÖW systematisch auf. Die Sammlung beinhaltet rund 230 Gemälde und Grafiken von etwas mehr als 100 Künstlern, darunter auch wenige Künstlerinnen. Vielfach sind die DÖW-Kunstwerke Zeugnisse aus Konzentrations- und Vernichtungslagern, in anderen Fällen die spätere Auseinandersetzung mit Kriegsgeschehen, Verfolgung und Exil.

Von 25. Februar 2022 bis 15. Januar 2023 wurde die Ausstellung *Wider die Macht/ Opposing Power. Die Kunstsammlung des Dokumentationsarchivs des österreichischen Widerstandes* – kuratiert von Christian Rapp, Christoph H. Benedikter und Ursula Schwarz – im Museum Niederösterreich in St. Pölten gezeigt. Andrea Thuile, Benedikt Vogl und Heidrun Wenzel u. a. begleiteten die Arbeiten. Die Kunstwerke wurden sorg-

fältig durch das Landesmuseum Niederösterreich restauriert. Der gleichnamige Katalog
– herausgegeben von Christian Rapp und Ursula Schwarz – erschien 2022.

Abb. 3: Ursula Schwarz bei der Presseführung kurz vor Eröffnung der Ausstellung Wider die Macht.
Gemeinsam mit Christian Rapp (Museum Niederösterreich) und dem Historiker Christoph Benedikter
kuratierte die DÖW-Archivarin die Schau. © NÖ Museum Betriebs GmbH, Müller.

Flucht, Vertreibung, Exil

Unter der Leitung von Franjo Steiner und Gerhard Baumgartner beschäftigte sich das
von der Europäischen Union im Rahmen von Interreg Austria–Hungary finanzierte
Projekt *border(hi)stories. Erinnern – Gedenken – der Grenze entlang* mit der 100-jäh-
rigen Geschichte der Grenzregion zwischen Ungarn und Österreich. Es wurde von
Anfang 2020 bis Ende 2022 vom IZ Wien – Verein zur Förderung von Vielfalt, Dialog und
Bildung in Zusammenarbeit mit dem Land Burgenland, dem DÖW und ungarischen
Partner*innen durchgeführt.

Als Ergebnis entstand ein digitales Inventar der Gedächtnisorte, auf dem Doku-
mente, Literatur und Bildmaterial öffentlich zugänglich sind. Zudem wurde eine inter-
aktive Landkarte der etwa 40 Gedächtnisorte auf beiden Seiten der Grenze erstellt, mit
Basisinformationen in Deutsch, Ungarisch und Englisch sowie weiterführenden Links.
Drittens wurden Wanderausstellungen erarbeitet, die an verschiedenen Orten der
Region zu sehen waren und zu sehen sind, kombiniert mit Diskussionsveranstaltungen.

Die Ergebnisse von Workshops in Schulen in den beteiligten Regionen flossen in das digitale Inventar ein. Schüler*innen recherchierten aktiv die Geschichte ihrer Orte und Regionen. Zahlreiche Veranstaltungen (coronabedingt auch virtuell und oft zweisprachig deutsch-ungarisch mit Simultanübersetzung) fanden rund um das Projekt statt, darunter:

–   Ausstellung *Traumata des 20. Jahrhunderts*: 2. Februar bis 10. April 2022, Museum Mosonmagyaróvár. Eröffnung mit: Zoltán Németh, János Iváncsics, Franjo Steiner, Balázs Varga, Krisztina Csáky és Balázs Alasztics
–   Podiumsdiskussion *Borderline Cases – Fluchtbewegungen diesseits und jenseits der Grenze*: 16. Februar 2022, WestLicht. Schauplatz für Fotografie, 1070 Wien. Vorträge von Michael Achenbach und Herbert Brettl. Mit: Walter Reiss, Gerhard Baumgartner, Ibolya Murber, Florian Rainer

Lehrer*innen-Seminare fanden online zweisprachig (deutsch–ungarisch mit Simultanübersetzung) statt:

–   27. 1. 2022: Über die Vertreibung der Ungarndeutschen aus Komitat Győr-Moson-Sopron und Komitat Vas
–   11. 4.: border(hi)stories – Der Eiserne Vorhang und die Grenzöffnung 1989
–   5. 10.: border(hi)stories – Geschichte gemeinsam entdecken!
–   30. 11. 2022: Unterrichtsvorschläge zur Geschichte der österreichisch-ungarischen Grenzregion im 20. Jahrhundert

Die Wanderausstellung *border(hi)stories – 100 Jahre Grenzgeschichte(n) und Dialoge zur Geschichte der Grenzregion von Österreich und Ungarn im 20. Jahrhundert* wurde 2022 an folgenden Orten gezeigt: UMIZ (Ungarisches Medien- und Informationszentrum) Unterwart/Alsóőr, KUGA (Kulturna Zadruga/Kulturverein) Großwarasdorf/Veliki Borištof, Schloss Tabor, Neuhaus am Klausenbach, Dorfmuseum Mönchhof, Esterházy-Palast Györ, Kulturhaus Jánossomorja, Stadtbibliothek Kőszeg, Bezirksmuseum Simmering, Landhaus Eisenstadt, Evangelische Kirche und Gemeindehaus von Ágfalva/Agendorf.

In Kooperation mit der Pädagogischen Hochschule des Burgenlandes wurden im Rahmen von Lehrer*innenseminaren Unterrichtsvorschläge für Österreich und Ungarn erarbeitet:

–   Unterrichtsvorschläge – 100 Jahre Grenzgeschichte(n) – Handreichung für Lehrer*innen zur Geschichte des Burgenlandes und Westungarns im 20. Jhd.
–   Unterrichtsvorschläge – 100 éves határtörténetek – Oktatási segédanyag tanároknak Burgenland és Nyugat-Magyarország 20. századi történelméről
–   Border(hi)stories – Didaktische Vorschläge und Projektideen für Schulen
–   Medien und Literaturempfehlungen für Pädagog*innen
–   Handreichung für Pädagog*innen: „Projektvorschläge und didaktische Materialien für Schulen. Themenschwerpunkt: Der Südostwall – Nationalsozialismus, Zwangsarbeit und Zweiter Weltkrieg

Die zweisprachige Abschlusskonferenz des Projekts fand am 5. Dezember 2022 in Szombathely statt. Siehe ausführlich zum Projekt, zu den Veranstaltungen, Angeboten und Ergebnissen: www.borderhistories.eu; www.interreg-athu.eu/borderhistories

Rom*nja und Sinti*zze

Der Forschungsschwerpunkt des ehemaligen wissenschaftlichen Leiters des DÖW, Gerhard Baumgartner, ist die Geschichte der österreichischen Rom*nja und Sinti*zze. Als einer der wenigen österreichischen Expert*innen zu dieser Thematik ist er ein viel gefragter Referent im In- und Ausland, von Medien, Bildungseinrichtungen, Fachtagungen. 2022 wirkte er u. a. an folgenden Veranstaltungen mit:
– Anlässlich des internationalen Welt-Roma-Tages lud Nationalratspräsident Wolfgang Sobotka am 8. April 2022 zur Diskussionsveranstaltung über die „Roma-Strategie 2030" ins Parlament in der Hofburg ein. Danijela Cicvarić, Emmerich Gärtner-Horvath, Katharina Graf-Janoska, Andreas Sarközi, Loránt Vincze diskutierten über die europäische Situation der Volksgruppe, Gerhard Baumgartner moderierte die Veranstaltung.
– Gemeinsam mit Ko-Autor Herbert Brettl präsentierte Gerhard Baumgartner den reich bebilderten Band „Einfach weg!' – Verschwundene Romasiedlungen im Burgenland" auch 2022, so am 29. Juni im Kulturverein österreichischer Roma/Dokumentations- und Informationszentrum, 1190 Wien.
– Am 20. Oktober referierte Baumgartner im Rahmen der „IHRA Conference on the Genocide of the Roma and Combating Antigypsyism – Research and Expert Conference" in Stockholm.

Unter den Publikationen von Gerhard Baumgartner waren 2022 folgende Arbeiten:
– Prolegomena zur Geschichte der filmischen Darstellung der Roma und Sinti, in: Frank Reuter/Daniela Gress/Radmila Mladenova (Hrsg.), Visuelle Dimensionen des Antiziganismus.
– Čast i slava – Ehre und Ruhm? Zur Auseinandersetzung um die Ustascha-Gedenkstätte im österreichischen Bleiburg/Pliberk, in: informationen. Wissenschaftliche Zeitschrift des Studienkreises Deutscher Widerstand 1933–1945, November 2022.

Aus Protest gegen den Angriffskrieg Russlands auf die Ukraine und die Unterdrückung kritischer Stimmen in Russland trat Gerhard Baumgartner 2022 aus der Österreichisch-Russischen Historikerkommission aus. Unabhängig davon hält das DÖW die Verdienste der Roten Armee zur Niederringung des NS-Regimes und zur Befreiung Österreichs weiterhin in Ehren.

NS-Medizinverbrechen

Zum Themenbereich der NS-Medizinverbrechen ressortiert die Gedenkstätte Steinhof, die – auf dem Spitalsgelände der Klinik Penzing gelegen – von März 2020 bis März 2022 großteils komplett geschlossen war, ab Herbst 2021 wurde die Gedenkstätte mit einem strengen Präventionskonzept einmal wöchentlich geöffnet, seit März 2022 ist sie wieder uneingeschränkt offen. Das Otto-Wagner-Areal wird in den kommenden Jahren umgewidmet und umgebaut.

Die Inhalte der Ausstellung liegen im umfangreichen, 2018 erschienenen Ausstellungskatalog vor, ebenso auf der Ausstellungswebsite www.gedenkstaettesteinhof.at. Themen zu den NS-Medizinverbrechen und ethische Fragen sind viel gefragte Inhalte von Vorwissenschaftlichen Arbeiten an Höheren Schulen, die vom DÖW betreut werden.

Abb. 4: Friedrich Pexa, Karlau im August 1940. Mehrfach geriet der Widerstandskämpfer und Gewerkschafter Friedrich Pexa ins Visier der Nationalsozialisten. Er überlebte die Haft und überlieferte die Zeichnung seiner Zelle in Graz, auf deren Rahmen er notierte: „Niemals vergessen!" Foto: Christoph Fuchs.

Nachkriegsjustiz

Die seit ihrer Gründung 1998 am DÖW angesiedelte Zentrale österreichische Forschungsstelle Nachkriegsjustiz wird von Claudia Kuretsidis-Haider und Winfried R. Garscha geleitet, Siegfried Sanwald ist Projektmitarbeiter und betreut die im DÖW verwahrten Sammlungen von Mikrofilmen, Digitalisaten und Kopien von NS-Prozessen. Rudolf Leo ist für die Öffentlichkeitsarbeit zuständig. Die Forschungsstelle bildet den organisatorischen Rahmen für den Arbeitsschwerpunkt Nachkriegsjustiz des DÖW. Dieser umfasst neben der Digitalisierung von Strafverfahren österreichischer Gerichte und Strafverfolgungsbehörden sowie deren Auswertung und archivalischen Aufbereitung auch die Betreuung von Besucher*innen des DÖW, die sich über den Standort von Gerichtsakten informieren wollen und über die besonderen Bedingungen bei der Verwendung von Justizakten als Geschichtsquelle beraten werden. Siehe dazu und zu vielen anderen Themenfeldern: www.nachkriegsjustiz.at. Die Website wird 2023 einem Relaunch unterzogen.

Anfang März 2022 trat der ehemalige Rektor der Universität Graz Martin F. Polaschek von seiner Funktion als Präsident der Forschungsstelle zurück, da er zum Bundesminister für Bildung, Wissenschaft und Forschung ernannt worden war. Präsidentin der Forschungsstelle ist seit März 2022 Ilse Reiter-Zatloukal, Vorständin des Instituts für Rechts- und Verfassungsgeschichte der Universität Wien.

Am 17. Mai 2022 wurde im Rahmen einer Veranstaltung im Bundesministerium für Justiz und im Beisein von Justizministerin Alma Zadić der Abschlussbericht der Zentralen Österreichischen Forschungsstelle Nachkriegsjustiz zur Arbeitsgruppe *Ausforschung von NS-Täter:innen* präsentiert: www.bmj.gv.at/service/publikationen/ Abschlussbericht-der-Zentralen-Österreichischen-Forschungsstelle-Nachkriegsjustiz-zur-Arbeitsgruppe-„Ausforschung-von-NS-Täter-innen".html. Die Arbeitsgruppe, in der Claudia Kuretsidis-Haider und Winfried R. Garscha für die Forschungsstelle tätig waren, hatte den Auftrag, Möglichkeiten der Einleitung oder Wiederaufnahme von Strafverfahren gegen österreichische Tatverdächtige wegen NS-Verbrechen auszuloten und die zuständigen Staatsanwaltschaften darüber zu informieren. Die unzureichende justizielle Aufarbeitung der NS-Verbrechen in den Jahrzehnten davor lässt sich rückwirkend jedoch nicht mehr revidieren.

Abgeschlossen wurden 2022 darüber hinaus folgende Projekte:
- Die österreichischen „Wiederbetätigungsverfahren" seit Ende der 1950er Jahre. Bearbeiter: Siegfried Sanwald und Winfried R. Garscha. Das Projekt wurde im Auftrag der Karl-Franzens-Universität Graz durchgeführt.
- „Das versteckte Kind". Siegfried Loewe – eine Lebensgeschichte zwischen Brüssel und Wien – auf der Suche nach seiner jüdischen Identität. Bearbeiter: Rudolf Leo. Buchpräsentationen in ganz Österreich mit dem Autor und Siegfried Loewe stießen (und stoßen) auf reges Interesse von Publikum und Medien.

Durch das Programm *Curriculum Justiz- und Zeitgeschichte* ist die Forschungsstelle Nachkriegsjustiz seit 2009 in die Ausbildung österreichischer Richter*innen und Staatsanwält*innen (Richteramtsanwärter*innen, „RiAAs") eingebunden. Das von Winfried R. Garscha und Claudia Kuretsidis-Haider gemeinsam mit dem Vorsteher des Bezirksgerichts Wien-Meidling, Oliver Scheiber, konzipierte Programm beinhaltet die Schwerpunkte Strafjustiz, Straf- und Maßnahmenvollzug sowie Richterkarrieren vor und nach 1945, Justizreformen der 1970er Jahre und *Transitional Justice* (Entschädigung von NS-Opfern, justizieller und gesellschaftspolitischer Umgang mit Menschheitsverbrechen in der Gegenwart) und umfasst normalerweise (außerhalb von den Beschränkungen durch die Corona-Pandemie) auch Besuche der Gedenkstätten Steinhof und Mauthausen. Das Curriculum ist mittlerweile verpflichtender Bestandteil der Ausbildung und liegt in der Kompetenz der Oberlandesgerichte. Es fand 2021 coronabedingt nicht statt, wird dafür 2022/23 mehrmals abgehalten. Beteiligt sind ab 2022 das OLG Wien und das OLG Linz. Im Juli und Dezember fand das Curriculum in Schwechat statt, im Oktober 2022 in St. Gilgen.

Auch angehende Jurist*innen aus anderen Ländern nutzen die Expertise der Forschungsstelle, so kamen 2022 Rechtsreferendar*innen aus Kassel und Bonn. Claudia Kuretsidis-Haider und Winfried R. Garscha wirken in zahlreichen Beratungsgremien und Kommissionen.

Abb. 5: Die Ko-Leiterin der Forschungsstelle Nachkriegsjustiz Claudia Kuretsidis-Haider spricht bei der Simon-Wiesenthal-Preis-Verleihung am 11. Mai 2022 im österreichischen Parlament. © Parlamentsdirektion/Johannes Zinner.

Aufarbeitung, Erinnerungskultur, Vergangenheitspolitik

Im Herbst 2022 beauftragte die Kulturkommission Innere Stadt das DÖW mit *der Evaluierung der Objekte und Texte zu Karl Lueger im Bezirksmuseum Innere Stadt*. Im März 2023 wurde der Bericht des DÖW, verfasst von Michael Achenbach, übermittelt. Grundsätzlich kommt die Studie zum Schluss, dass die Exponate im Bezirksmuseum weder in einem räumlichen noch inhaltlichen Bezug zueinander stehen, aber den Personenkult um Lueger, der von 1897 bis zu seinem Tod 1910 Wiener Bürgermeister war, verdeutlichen. Ein Konzept hinsichtlich einer Auseinandersetzung mit Luegers vielschichtiger und umstrittener Persönlichkeit ist nicht erkennbar. Insbesondere seine antisemitischen und nationalistischen Einstellungen sollten thematisiert werden.

Zum Themenbereich Aufarbeitung, Restitution und Entschädigung nach 1945 arbeitet die ehemalige wissenschaftliche Leiterin Brigitte Bailer seit vielen Jahren. Sie betreut Masterarbeiten, Diplomarbeiten und Dissertationen am Institut für Zeitgeschichte Wien.

Bailer war viele Jahre Mitglied der österreichischen Delegation zur International Holocaust Remembrance Alliance (IHRA). 2023 folgte ihr der neue Wissenschaftliche Leiter Andreas Kranebitter in diese Funktion. Bailer wurde in die ExpertInnenkommission für Straßennamen in Graz berufen und ist Mitglied im Wissenschaftlichen Beirat von erinnern.at. Zu ihren Fachgebieten gibt sie regelmäßig Interviews, insbesondere nimmt sie immer wieder zu Entnazifizierung und Umgang mit den Opfern des NS-Regimes Stellung. 2022 nahm Brigitte Bailer an folgenden Veranstaltungen als Referentin und Diskutantin teil:

- 29. 3. 2022: Online-Vortrag „Frauen im Nationalsozialismus – Verfolgung und Widerstand" im Rahmen des Hermann-Langbein-Symposiums „Ideologie und Wirklichkeit des Nationalsozialismus" (28. 3. – 1. 4. 2022), Linz bzw. Zoom.
- 31. 3.: Round Table-Diskussion anlässlich des VWI-Workshops „Nazis and Nazi Sympathizers in South America after 1945. Careers and networks in the host countries": The Legacies of Simon Wiesenthal: The Simon Wiesenthal Center and the Vienna Wiesenthal Institute for Holocaust Studies – Looking Back, Moving Forward. Brigitte Bailer (DÖW), Shimon Samuels (SWC Paris), Efraim Zuroff (SWC Jerusalem).
- 14./15. 6.: Vortrag „Antisemitismus und die österreichische Gesellschaft, auch im Hinblick auf den Nationalsozialismus", im Rahmen der 4. Schulbuchgespräche (Die Darstellung von Juden, Judentum und Israel in österreichischen Schulbüchern für den Unterricht in Geschichte und politische Bildung sowie Geografie), erinnern.at, Kardinal König Haus, Wien.
- 27. 9.: BSA-Diskussionsrunde „Frieden, Demokratie und Werte – Im Gespräch mit Brigitte Bailer-Galanda, Valentin Inzko und Siegfried Meryn".
- 6. 10.: Vortrag bei der Präsentation der Neuauflage der Autobiografie von Antonia Bruha, Ich war keine Heldin. Die Veranstaltung fand im Brick 15, Wien, statt. Schon am 26. April hatte eine Präsentation in der Buchhandlung Seeseiten in der Seestadt

Wien stattgefunden. Initiiert von Bruhas Urenkelin Billie Rehwald war die vergriffene Autobiografie 2022 mit einem Vorwort von Brigitte Bailer erschienen.

- 14. 11.: Symposium „Washingtoner Abkommen und Allgemeiner Entschädigungsfonds für Opfer des Nationalsozialismus", Vortrag im Panel zur Umsetzung des Washingtoner Abkommens, Diplomatische Akademie, Wien.
- 24. 11.: Round-Table-Diskussion zu Restitution und Entschädigung von NS-Opfern in Österreich, mit Clemens Jabloner, Hannah Lessing, Jochen Böhler, Markus Feuerstein, VWI.
- 13. 12. 2022: Vortrag „Vertriebene sind wir'. Die aus Österreich vertriebenen Jüdinnen und Juden in Opferfürsorge und Rückstellung", Ringvorlesung von Ilse Reiter-Zatloukal, Juridicum Wien.

Brigitte Bailer ist immer wieder als Gerichtsgutachterin in Verfahren nach dem Verbotsgesetz oder über die österreichische Staatsbürgerschaft von Nachkommen ehemaliger Vertriebener tätig. Sie ist Jurymitglied beim Herbert-Steiner-Preis, Irma-Rosenberg-Preis, Käthe-Leichter-Preis und Simon-Wiesenthal-Preis.

Rechtsextremismus, Antisemitismus, Rassismus heute

Ein besonders öffentlichkeitswirksamer Arbeitsbereich ist die Forschung zu Rechtsextremismus, Neonazismus, Antisemitismus, Rassismus nach 1945. Nationale und internationale Medien nutzen die Expertise für Interviews und Hintergrundinformationen – 2022 diverse Nachrichtenformate des ORF, Puls4, Der Standard, Salzburger Nachrichten, Profil, Okto TV, Radio Helsinki, Süddeutsche Zeitung, Belltower News und NY1 und viele andere.

Studierende, Schüler*innen, Kunstschaffende (wie die Macher*innen des Theaterstücks „Playing Earl Turner" im WERK X) und Forscher*innen werden persönlich am DÖW, schriftlich oder telefonisch bei ihren Recherchen unterstützt oder anderweitig fachlich beraten.

Die Rechtsextremismusexpert*innen Andreas Peham, Bernhard Weidinger und Bianca Kämpf betreuen die Rubrik *Neues von ganz rechts* auf www.doew.at. Wiederkehrende Themen waren 2022 die Ausläufer der Corona-Protestbewegung und Veränderungen in der rechtsextremen Medienlandschaft (hier insbesondere das Online-Medium AUF1). Seit 2021 verstärken Evrim Erşan Akkiliç und Florian Zeller das Team der Extremismusforschung.

Gemeinsam mit den Kulturvermittler*innen des DÖW Nici Mairhofer, Magdalena Bauer, Elias Walter und jeweiligen Expert*innen widmen sich die Kolleg*innen intensiv der Bildungsarbeit. Zwei Workshop-Formate zur Thematik stehen Interessierten zur Verfügung:

- *Workshops zum Thema Rechtsextremismus in Österreich.* Ziel ist es, Rechtsextremismus und Verschwörungserzählungen zu erkennen und Strategien dagegen zu entwickeln. Die Workshops helfen, auch eigene Vorurteile wahrzunehmen.
- Gezielt an Schulen richtet sich das Programm des OeAD/Agentur für Bildung und Internationalisierung zur Extremismusprävention. Unter dem Titel *Rechtsextremismusprävention macht Schule* bietet das DÖW seit April 2022 im Rahmen des Projektes Workshops für Schüler*innen aller Schultypen an.

Das DÖW ist in diesem Kontext in der Broschüre „Angebote zur Gewaltprävention in der NÖ Jugendarbeit" aufgelistet, die allen niederösterreichischen Schulen und Jugendeinrichtungen übermittelt wird.

Im Rahmen der fortgesetzten Kooperation des DÖW mit dem Bundesamt für Verfassungsschutz und Terrorismusbekämpfung wurden dem Amt von der Rechtsextremismusabteilung vier Quartalsberichte vorgelegt. Diese Zusammenarbeit wird nach der Umwandlung des BVT in die „Direktion für Staatsschutz und Nachrichtendienst" (DSN) fortgesetzt.

Auch 2022 brachte das DÖW eine Reihe von Sachverhaltsdarstellungen zu mutmaßlichen Verstößen gegen das Verbotsgesetz (VG), das Abzeichengesetz (AbzG) und/oder den Verhetzungsparagrafen (§283 StGB) bei den zuständigen Behörden ein. Die Rechtsextremismusexpert*innen des DÖW treten immer wieder als Gutachter*innen und Zeug*innen in Gerichtsverfahren auf.

Regelmäßiger Austausch erfolgt mit den anderen einschlägigen Akteur*innen wie der Beratungsstelle Extremismus und der Israelitischen Kultusgemeinde. Hintergrundgespräche finden immer wieder mit Vertreter*innen diplomatischer Vertretungen in Österreich statt (2022: Großbritannien, Japan, Dänemark, Deutschland, USA).

Am 10. Mai 2022 besuchte auf Vermittlung der US-Botschaft der ehemalige Neonazi-Skinhead Arno Michaelis das DÖW. Michaelis ist Mitbegründer der im Bereich der Deradikalisierung/Entfanatisierung aktiven Nonprofit-Organisation Life after Hate und als Autor und Speaker tätig. Im DÖW traf er mit Mitarbeiter*innen des Arbeitsbereichs Rechtsextremismus sowie Vertreter*innen des Vereins ZARA/Zivilcourage und Anti-Rassismus-Arbeit und der Beratungsstelle Extremismus zusammen.

2020–2022 wurde das Projekt *StratEx. Strategien der Einflussnahme extremistischer Organisationen im Bildungsbereich* durchgeführt. Unter der Leitung von Veronika Hofinger (Verein für Rechts- und Kriminalsoziologie) arbeiteten die Projektpartner Österreichisches Institut für Internationale Politik, Beratungsstelle Extremismus, Kinder- und Jugendanwaltschaft Wien, Bundesministerium für Bildung, Wissenschaft und Forschung, Bundesamt für Verfassungsschutz/Bundesministerium für Inneres und das DÖW (Andreas Peham, Thomas Schmidinger) zusammen. Das Forschungsprojekt untersuchte die Aktivitäten extremistischer Organisationen im Bildungsbereich, sowohl die Einflussnahme auf das formale Bildungswesen als auch eigene Bildungsangebote von nationalistisch-rechtsextremen, religiös-fundamentalistischen und staatsfeindlichen Gruppierungen. Das Projekt wurde vom Bundesministerium für Landwirtschaft,

Regionen und Tourismus gefördert. Der Endbericht von Thomas Schmidinger befasste sich mit dem Thema „Christliche extremistische Organisationen und ihre Aktivitäten im Bildungsbereich". Das Jahrbuch 2023 beinhaltet den Beitrag von Ufuk Sahin und Thomas Schmidinger „Ultranationalistische Diaspora-Organisationen und ihr Einfluss im Bildungsbereich".

Bernhard Weidinger referierte bei zahlreichen Workshops und Konferenzen und nahm an Diskussionen und Seminaren teil:

- 13. 1. 2022: Online-Vortrag „Schüler- und Studentenverbindungen in Österreich", GRG 23 VBS.
- 17. 1.: Online-Vortrag „‚Corona-Wahnsinn': Wie Rechtsextreme die Pandemie für sich nutzen", Renner-Institut Burgenland.
- 1. 2.: Online-Vortrag „Wie Rechtsextreme die Pandemie für sich nutzen (und was man dagegen tun kann)", Oberösterreichisches Netzwerk gegen Rassismus und Rechtsextremismus.
- 24. 2.: Seminar Lehrer*innenfortbildung „Das Dritte Lager", PH Wien.
- 24. 3.: Panel-Beitrag „Von schwarz-rot-gold bis rot-weiß-rot: extreme Rechte in Österreich und die deutsche Nation" (im Rahmen der „Tagung für Johanna Gehmacher"), Institut für Zeitgeschichte, Universität Wien.
- 30. 3.: Seminar Lehrer*innenfortbildung „Alte Nazis – junge Rechte", PH Wien.
- 22. 4.: Paper-Präsentation „Von A wie ‚Abendland' bis Z wie ‚Zines': Österreichs rechtsextreme Publizistik von den 1950er Jahren bis heute" (im Rahmen des Zeitgeschichtetags), Institut für Zeitgeschichte, Universität Salzburg.
- 25. 4.: Seminar „Extremismus und Fanatismus als politische und pädagogische Herausforderung", Stadt Wien, MA 17 (Integration und Diversität).
- 19. 5.: Workshop „‚Wir' und ‚die anderen': Mechanismen von sozialem Ein- und Ausschluss in Geschichte und Gegenwart" (im Rahmen des Citizen Science Projekts „Erinnerung & Imaginäres: Demokratische Bürger:innenschaft"), Akademie der bildenden Künste Wien, Institut für bildende Kunst.
- 26. 5.: Online-Vortrag „Fraternities and Politics in the German-Speaking World", Dartmouth University, Department of German.
- 17. 11. 2022: Vortrag „Germanic Greeks: Student Fraternities in the German-Speaking World", Evanston, Illinois, Northwestern University, Department of German.

Weidinger publizierte 2022 u. a. folgende Beiträge:

- Studentenverbindungen und Antisemitismus in Österreich, in: Marc Grimm/Christina Hainzl (Hrsg.), Antisemitismus in Österreich, Berlin 2022, S. 107–126.
- Coronaproteste in Österreich: vom Vertrauensverlust zum Verschwörungsglauben, Gastkommentar in: Israelitische Kultusgemeinde Wien/Antisemitismus-Meldestelle, Antisemitische Vorfälle 2021 in Österreich, Wien 2022, S. 22–23. Im Bericht der Meldestelle 2022 kommt der neue Wissenschaftliche Leiter des DÖW Andreas Kranebitter in einem Gastkommentar zu Wort: (Un)sichtbarer Antisemitismus, S. 22. Die Berichte sind auf www.antisemitismus-meldestelle.at abrufbar.

Bernhard Weidinger ist Mitglied im Wissenschaftlichen Beirat von erinnern.at/OeAD-Programm zum Lehren und Lernen über Nationalsozialismus und Holocaust und im Wissenschaftlichen Beirat der Österreichischen Zeitschrift für Geschichtswissenschaften/Austrian Journal of Historical Studies (OeZG). Er wirkte in der vom Bundesministerium für Justiz eingesetzten Expert*innengruppe zur Evaluierung des NS-Verbotsgesetzes sowie in der von der Stabstelle Österreichisch-Jüdisches Kulturerbe im Bundeskanzleramt einberufenen Arbeitsgruppe zur Dokumentation antisemitischer Vorfälle mit.

Im Jänner und Februar 2022 nahm Bernhard Weidinger auf Vermittlung der US-Botschaft in Wien an einem *International Visitor Leadership Program* des US-amerikanischen Außenministeriums (Department of State) teil. Der Titel des aufgrund der Corona-Pandemie online durchgeführten Programms lautete „Countering Holocaust Distortion and Denial: The Role of New and Traditional Media". Die 13 Teilnehmer*innen aus acht Ländern, darunter Weidinger als einziger österreichischer Vertreter, besuchten über mehrere Wochen hinweg virtuell verschiedene Institutionen in den USA, darunter das US Holocaust Memorial Museum in Washington, D. C., die Shoah Foundation in Los Angeles und das Southern Poverty Law Center in Montgomery, Alabama, und erhielten Gelegenheit zum Austausch mit den dort im Rahmen der Bekämpfung von Holocaustleugnung und verzerrung tätigen Kolleg*innen.

Im Herbst 2022 absolvierte Bernhard Weidinger einen dreimonatigen Forschungsaufenthalt in den USA. Von Anfang September bis Anfang Dezember fungierte er als Fulbright-Botstiber Visiting Professor of Austrian-American Studies an der Northwestern University in Evanston, Illinois, und forschte dort in vergleichender Perspektive zu Studentenverbindungen in Österreich und den USA.

Im Projekt „Erinnerung und Imaginäres: Demokratische Bürger:innenschaft", ein Citizen Science Forschungsprojekt an der Akademie der bildenden Künste Wien, ist das DÖW eine der Partnerorganisationen, vertreten durch Bernhard Weidinger.

Andreas Peham ist Mitglied im Bundesweiten Netzwerk Extremismusprävention und Deradikalisierung im BMI, im Monitoring-Komitee gegen Antisemitismus der Stadt Wien und im Aus- und Fortbildungsteam der Beratungsstelle Extremismus.

Austausch erfolgte 2022 mit zahlreichen Institutionen, darunter: Muslimische Jugend Österreich, Mauthausen Memorial, Österreichischer Gewerkschaftsbund, Kammer für ArbeiterInnen und Angestellte, Institut für Freizeitpädagogik/wienXtra, Neustart („Dialog statt Hass"), Österreichischer Fußballbund/Bundesliga, MA 17 – Integration und Diversität, IG Alpbach, Verein Südwind, Universität Wien (Bildungswissenschaften, Institut für praktische Theologie), ZARA – Zivilcourage und Anti-Rassismus-Arbeit.

2022 erschien Pehams umfassende Einführung „Kritik des Antisemitismus" im Schmetterling Verlag Stuttgart. Der Band erklärt Geschichte, Funktionen, Wirkungsweisen, Motive und setzt sich mit Israelfeindschaft, Antizionismus, islamischem Antisemitismus sowie dem Verhältnis Geschlecht/Sexismus und Antisemitismus auseinander.

Zusätzlich zu den Workshops im Rahmen des OeAD-Projektes „Extremismusprävention macht Schule" zu den Themen Gruppenbezogene Menschenfeindlichkeit, (Anti) Diskriminierung, Zivilcourage, Rechtsextremismus und Neonazismus führte Bianca Kämpf 2022 folgende Formate durch:

- 9.–11. 2. 2022: Workshops zum Thema Antidiskriminierung am WUK m.power mit Schüler*innen, die ihren Pflichtschulabschluss machen.
- 21. 2.: Moderation und Begleitung der Radioreihe „Geschichte erzählen gegen Extremismus – Über Narrative, Utopien und ihre Möglichkeiten" von Radio Orange. Mit Linda Schlegel und María do Mar Castro Varela.
- 30., 31. 3.: Workshops für zwei 4. Klassen der MS 20, Wien-Brigittenau, zum Thema Rechtsextremismus (Merkmale, Ursachen und Motivationen).
- 24., 31. 5.: Workshops zum Thema Antisemitismus, AHS Heustadelgasse, 1220 Wien.
- 9. 6.: Rechtsextremismus-Workshop an der ILB, 1200 Wien.
- 10. 6.: Rechtsextremismus-Workshop an der HTL Mödling.
- 24. 6.: Rechtsextremismus-Workshop am Bundesinstitut für Gehörlosenbildung, 1130 Wien.
- 25. 8.: Einführender Workshop in Antisemitismus-Theorien, Grüne Jugend, Sommercamp Bad Ischl.
- 19. 10.: Rechtsextremismus-Workshop an der Privaten Handelsakademie für Berufstätige (BFI), 1050 Wien.
- 10. 11.: Workshop zu Vorurteilen und Diskriminierung an der Allgemeinen Sonderschule (1130 Wien).
- 13. 12. 2022: Input und Diskussion mit einer Studierendengruppe der Universität Wien (Lehramt Geschichte und Politische Bildung) zum Thema historischer und gegenwärtiger Rechtsextremismus/Neonazismus in Österreich.

Am 8. April 2022 nahm Bianca Kämpf am Fachaustausch externer Angebote der antisemitismuskritischen Bildungsarbeit am Bundesministerium für Bildung, Wissenschaft und Forschung teil, organisiert von erinnern.at/OeAD und Zentrum Polis/Politik Lernen in der Schule. Am 21. September nahm sie an der Fachtagung Antisemitismus im BMBWF teil. Kämpf ist auch eine gefragte Referentin, Diskutantin und Beraterin:

- 19. 1. 2022: Im Anschluss an das Theaterstück „Rocky" im Werk-X (Petersplatz, 1010 Wien) Teilnahme an einem Podiumsgespräch zum Thema „Wie mit Rechten bzw. Menschen, die nicht meine Wertevorstellungen teilen, (nicht) reden?"
- 12. 4.: Vortrag bei der Friedensinitiative 22 zum Thema „Rechtsextremismus und Neonazismus aktuell in Österreich".
- 10. 10. 2022: Teilnahme an der Tagung „Modernisierer. Grenzgänger. Anstifter. Sechs Jahrzehnte ‚Neue Rechte'" der Bundeszentrale für politische Bildung in Bonn.
- fairplay prevention. Anlaufstelle gegen menschenfeindliche Ideologien: inhaltliche Beratung und Unterstützung im laufenden Projektprozess.
- Mitwirkung bei der Planung der Reihe „Rechtsextremismus und Geschlecht", die im März 2023 in der VHS Liesing stattfand.

Die im Regierungsabkommen Übereinkommen der österreichischen Bundesregierung Aus Verantwortung für Österreich. Regierungsprogramm 2020–*2024* festgehal-
tene Absicht, die Rolle des DÖW zu stärken und die Forschung und Dokumentation im
Bereich Antisemitismus und Rechtsextremismus auszubauen, wird seit 2022 umgesetzt.
Das Bundesministerium für Bildung, Wissenschaft und Forschung hat dem DÖW eine
Finanzierung auf vorläufig drei Jahre vertraglich zugesichert. Mit diesem Geld konnten
die Arbeiten inhaltlich ausgeweitet und die personellen Ressourcen aufgestockt
werden. So beschäftigt sich Evrim Erşan Akkılıç im Rahmen ihrer Tätigkeit am DÖW
seit 2022 mit nicht-autochthonen Rechtsextremismen im Allgemeinen und türkischen
Manifestationen von Rechtsextremismus in Österreich im Besonderen. Weitere Recherchen werden von Expert*innen in bosnischen, kroatischen, polnischen, serbischen,
russischen, slowakischen, tschechischen und ukrainischen Communities in Österreich
bzw. in den jeweiligen Herkunftsländern durchgeführt.

2 Archiv und Bibliothek

Das *Archiv* des DÖW beinhaltet viele Tausende Akten und Aktenkopien zu Widerstand
und Verfolgung 1933–1938 und 1938–1945, Polizei- und Justizakten, Strafverfahren
gegen NS-Täter nach 1945, Nachlässe und andere persönliche Dokumente. Sie sind elektronisch aufgearbeitet und werden laufend digitalisiert.
Ursula Schwarz, Claudia Kuretsidis-Haider und Manfred Mugrauer sind für die
Archivbestände des DÖW zuständig. Dominik Richter absolviert die Lehr-Ausbildung
zum Archiv-, Bibliotheks- und Informationsassistenten. Die Arbeit umfasst die Erweiterung der Sammlung der Dokumente sowie eine tiefere Erschließung der Bestände,
um den Zugang für Besucher*innen, aber auch für DÖW-interne Zwecke (z. B. Anfrage-
beantwortung) zu vereinfachen. Die DÖW-interne Datenbank („Archidoc") steht allen
Benützer*innen des Archivs zur Verfügung. Sie enthält aktuell Informationen über
69.580 Akteneinheiten und 202.198 Personen.
Die Vereinheitlichung der Einträge sowie ergänzende Erschließungsarbeiten erfolgen in einem beträchtlichen Ausmaß durch ehrenamtliche Mitarbeiter*innen (Josef
Fiala, Bertram Hofer, Helga Jecu, Rudi Müller, Vali Subik u. a.). Wolfgang Fingernagel
war 2022 mit der inhaltlichen Erschließung der Akten von Gerichtsverfahren britischer
Militärtribunale befasst, die 1946/47 in Hamburg gegen Wachpersonal des Frauen-KZ
Ravensbrück durchgeführt worden waren. Seit 2023 ist der Bestand in die Sammlung
zum KZ Ravensbrück eingegliedert und öffentlich zugänglich. Die *Sammlung zum KZ
Ravensbrück* bzw. zur Lagergemeinschaft Ravensbrück wurde von der 2006 verstorbe-
nen Widerstandskämpferin Antonia Bruha angelegt, die viele Jahre ehrenamtlich im
DÖW wirkte.
Manfred Mugrauer und Irene Filip betreuen das so genannte *Spanienarchiv* zu den
rund 1.400 österreichischen Freiwilligen auf der Seite der Republik im Spanischen Bür-

gerkrieg 1936–1939, das der ehemalige Spanienkämpfer, Dachau-Überlebende, Polizei-
beamte und ehrenamtliche DÖW-Mitarbeiter Hans Landauer zusammengetragen hatte
(siehe www.doew.at/erinnern/biographien/spanienarchiv-online).

Michael Achenbach zeichnet für das viel gefragte *Fotoarchiv* verantwortlich, das
aktuell über 42.000 Bilder umfasst, die laufend digitalisiert werden. Archivarin Ursula
Schwarz hat die große Sammlung an *Museumsgegenständen* in ihrer Obhut.

Zahlreichen Nutzungswünschen aus aller Welt für Fotos, Dokumente und Muse-
umsgegenstände – insbesondere für Fachbücher, Zeitungsartikel, Websites, Filme und
Fernsehsendungen, Theaterproduktionen und Ausstellungen konnte auch 2022 ent-
sprochen werden, darunter waren folgende Anfragen:
- Haus der Geschichte/Museum Niederösterreich, St. Pölten
- BesucherInnen-Zentrum des österreichischen Parlamentes
- Bundeszentrale für politische Bildung (https://www.bpd.de)
- United States Holocaust Memorial Museum (USHMM)
- The Righteous Among the Nations, Traveling Exhibition, Yad Vashem, Jerusalem
- Ausstellung und Publikation „Topographie des Widerstands in der Steiermark
  1938–1945: Eine Ausstellung", hrsg. v. Daniel Gethmann und Waltraud P. Indrist
- Ausstellung und Sammelband „1942 Vertreibung. Pregon 2022" zum 80. Jahrestag
  der Deportation von Kärntner Sloweninnen und Slowenen, ZSP–Verband zwangs-
  weise ausgesiedelter Slowenen/Karl Vouk, Kärnten
- Sonderausstellung der Stadt Köflach: „Hier wohnte. Erinnern an die Opfer des
  Nationalsozialismus"
- Fondazione Museo della Shoah, Rom
- Online-Ausstellung Studierender der Universität Osnabrück: „Vernichtungsort
  Malyj Trostenez. Von der Erschließung zur Vermittlung gewaltüberformter Orte
  der Shoah und des Vernichtungskrieges"
- KZ-Gedenkstätte Buchenwald (www.buchenwald.de)
- Deutsch-lettische Wanderausstellung „Tat- und Erinnerungsort Riga" der KZ-Gedenk-
  stätte Neuengamme

Regelmäßig stellt das DÖW Materialien – Texte, Fotos und Dokumente – für Lehrma-
terialien, Schulbücher und Projekte von Schüler*innen und Jugendlichen zur Verfügung. 2022 wurden u. a. folgende Schul-Projekte unterstützt: Biografien von Opfern des
Holocaust (Projekt des GRG 17 Geblergasse in Kooperation mit dem Wien Museum),
Jüdisches Wien (Projekt der Kaufmännischen Schulen des Berufsförderungsinstitutes,
1050 Wien), Aufarbeitung von Verfolgung und Widerstand in den Regionen Payerbach/
Semmering/Umgebung (Projekt der HLT Semmering u. a.), Projekt der HTBLuVA Salzburg zum Widerstandskämpfer Heinrich Gittler, der 1943 in München-Stadelheim hingerichtet wurde.

Die Sammlung zum *Rechtsextremismus* nach 1945 bietet Material zu mehr als 150
österreichischen sowie rund 100 deutschen Organisationen.

Die *Filmsammlung* des DÖW wird vom Österreichischen Filmmuseum aufbewahrt. So ist die professionelle Lagerung im klimatisierten Sicherheitsfilmlager langfristig gewährleistet, die Filme selbst bleiben im Eigentum des DÖW. Eine Depot-Vereinbarung regelt die Rechte und Pflichten beider Institute.

Ein besonderer Schatz sind die Interviews der *Erzählten Geschichte*. Seit 1982 werden Personen befragt, die in der Zeit von 1934 bis 1938 und 1938 bis 1945 am Widerstand teilnahmen und/oder Verfolgungen ausgesetzt waren. Sie berichten aus ihrer Perspektive über die Geschichte des 20. Jahrhunderts. In mittlerweile tausend Tondokumenten kommen die Überlebenden selbst zu Wort, ihre Erlebnisse sind auf www.doew.at in Textauszügen mit Abbildungen veröffentlicht. Videointerviews mit Überlebenden der nationalsozialistischen „Jugendfürsorge" sind auf www.gedenkstaettesteinhof.at veröffentlicht. Seit 2019 macht erinnern.at Interviews des DÖW auf der Website www.weitererzaehlen.at zugänglich. Sie dienen als Lernangebote für die Bildung als auch für Forschungsarbeiten.

Die *Präsenzbibliothek* des DÖW umfasst über 50.000 Titel und 350 Zeitschriften. Die Bibliothek wird von Stephan Roth, Wilhelm Skalda und Nedim Mujanovic betreut. Die Bestände werden um die aktuellen Titel zu den Schwerpunkten des DÖW ergänzt, Schenkungen verhandelt und Wertvolles der Rarissima-Sammlung eingeordnet. Alle neu aufgenommenen Titel stehen umgehend den Benützer*innen zur Verfügung. Die Bibliothek online auf www.doew.at bietet mit variablen Suchmöglichkeiten die blitzschnelle Recherche in den Beständen auch außerhalb des Instituts. 2022 kamen insgesamt 570 Neuzugänge in die Bibliothek, ein Teil davon stammt aus Nachlässen. Im November 2022 fand in den Räumen der Ausstellung ein Bücherflohmarkt mit Dubletten und aussortierten Büchern statt.

Spezialsammlungen umfassen über 10.000 Flugblätter, Broschüren, Zeitungen 1934–1945, 5.000 Publikationen österreichischer und deutscher Exilorganisationen, die Bibliothek der Internationalen Föderation der WiderstandskämpferInnen, ein umfassendes (elektronisches) Zeitungsausschnittearchiv sowie die reichhaltige Plakatsammlung des DÖW.

Die Betreuung der Archivbesucher*innen nimmt einen wesentlichen Platz in der Arbeit des DÖW ein. 2022 verzeichnete das DÖW rund 660 persönliche Recherchebesuche von Personen, die das Archiv und die Bibliothek des DÖW im Rahmen individueller Beratung und Projektbesprechungen frequentierten. Das DÖW-Archiv war 2022 198 Tage planmäßig geöffnet. Vor Ort werden die Benutzer*innen vor allem von Ursula Schwarz, Claudia Kuretsidis-Haider, Manfred Mugrauer, Nedim Mujanovic und Dominik Richter sowie den Zivildienerkollegen betreut.

Die Benutzer*innenbetreuung erfolgt immer mehr im Virtuellen. Nahezu alle Mitarbeiter*innen sind mit Anfragen befasst. Mehr als 5.000 telefonische und schriftliche Anfragen erreichen das DÖW jährlich und werden einzelnen Expert*innen und zuständigen Stellen zugeordnet. Die Recherchierenden und Anfragenden sind Wissenschafter*innen, Journalist*innen, Schriftsteller*innen, bildende Künstler*innen, Ausstellungsmacher*innen, Studierende, Lehrende und Schüler*innen,

Autodidakt*innen, Angehörige und Nachfahr*innen von Verfolgten und Widerständigen, aber auch von Tätern und Täterinnen.

Schenkungen

2022 konnten wieder interessante Akten – aus Nachlässen und Schenkungen – dem Bestand eingeordnet werden, die dem DÖW von den Besitzer*innen, oft Nachkommen von Verfolgten und Widerständigen, aber immer öfter auch von Tätern und Täterinnen zur dauernden Aufbewahrung und Erforschung übergeben werden. Den Überbringer*innen dieser wichtigen und besonderen Materialien – Bücher und Zeitungen, Akten, Plakate, Postkarten und Briefe, Kunstwerke, Abzeichen, Fotos u. v. a. m. – kann nicht genug gedankt werden. Ihre Dokumente und Erinnerungsstücke sind wesentliche Bestandteile der kollektiven Erinnerung an das dunkelste Kapitel der österreichischen Geschichte.

Zwischen dem DÖW und dem Comité International de Mauthausen (CIM) wurde im November 2022 eine Depotvereinbarung abgeschlossen. Das DÖW übernimmt Archivalien des CIM, die im Besitz des CIM verbleiben, aber öffentlich zugänglich gemacht werden.

Unter den vielen Übereignungen 2022 befinden sich originale Schriftstücke von Karl Fischer (1918–1963) aus dem KZ Buchenwald und der Sowjetunion, die sein Sohn Roland Fischer dem DÖW übergab. Karl Fischer hatte fast 13 Jahre in Haft der Austrofaschisten, Nationalsozialisten und als Trotzkist schließlich in der Sowjetunion verbracht. 1938 floh er über die Schweiz und Belgien nach Frankreich. Aufgrund seiner Widerstandstätigkeit wurde er mehrfach verhaftet und schließlich 1944 ins KZ Buchenwald deportiert. 1947 wurde er in Linz vom NKWD entführt und in sowjetische Arbeitslager deportiert. 1955 kehrte Fischer nach Österreich zurück und arbeitete bei der Arbeiterkammer. Auch seine Mutter Maria Fischer (1897–1962) war im trotzkistischen Widerstand und wurde im Dezember 1943 vom Volksgerichtshof in Wien wegen Vorbereitung zum Hochverrat zu fünf Jahren Zuchthaus verurteilt, die sie bis Kriegsende in verschiedenen Haftanstalten verbüßte.

Unter den Schenkungen, die 2022 an das DÖW gingen, befindet sich ein Emaille-Schild der NS-Kriegsopferversorgung, das in einem Keller in Oberalm, Salzburg, gefunden wurde. Über Sigrid Steininger vom Bundesministerium für Bildung, Wissenschaft und Forschung erhielt das DÖW einen kompletten Satz des so genannten Zeitgeschichtekoffers für Schulen aus den 1980er Jahren.

Abb. 6: Aus dem Nachlass von Wolfgang Fischer: Adolf Hitler als Nadelkissen. DÖW.

Die Witwe von Wolfgang Fischer (1933–2021) übergab dem DÖW Zeitungen, Bücher, Plakate, Abzeichen, Orden, Fotos, Postkarten, ebenso eine Figur von Adolf Hitler, die als Nadelkissen verwendet wurde. Wolfgang Fischer musste mit seinen Eltern Heinrich Robert und Martha Fischer aufgrund der jüdischen Herkunft des Vaters nach Jugoslawien bzw. Großbritannien fliehen. Gemeinsam mit seinem Freund, dem Kunsthistoriker und Architekten Hans Buchwald, initiierte Fischer das Denkmal für Ausgegrenzte, Emigrierte und Ermordete des Kunsthistorischen Instituts der Universität Wien, das 2008 enthüllt wurde und namentlich an 70 Kunsthistoriker*innen erinnert, die emigrieren mussten oder ermordet wurden.

Annemarie Türk übergab dem DÖW 6 Zeichnungen (Aquarelle, Tuschezeichnungen, Selbstporträts) von Carl Zahraddnik (1909–1982) aus den 1960er Jahren. Der österreichische Maler und Widerstandskämpfer floh im April 1938 über die Schweiz und Dänemark nach Südfrankreich. Er kämpfte in der französischen Armee und schloss sich der französischen Résistance an. 1943 floh er nach Italien, wo er ebenfalls in den Widerstand ging. 1945 kehrte er nach Wien zurück.

20 seiner Werke befinden sich im *Ghetto Fighters House Archive* in Israel. Zahraddnik schenkte 1978 dem Ehepaar Anna und Heinrich Sussmann das Büchlein „Das Bauernjahr" mit von ihm gestalteten Holzschnitten, das sich ebenfalls in den Beständen des DÖW befindet.

Abb. 7: Vor der Hinrichtung 1943. Zeichnung von Carl Zahraddnik aus dem Antikriegszyklus „Todesmüh-len". DÖW.

3 Ausstellungen

Nach zwei Jahren Corona-Pandemie erholten sich 2022 die Besucher*innenzahlen in den Ausstellungen des DÖW. Besonders sensible Orte blieben aber fast das ganze Jahr 2022 hindurch noch geschlossen: Die Gedenkstätte Steinhof, die auf dem Gelände der Klinik Penzing strengen Maßnahmen unterworfen war, ist seit März 2023 wieder ungehindert zugänglich – drei Jahre nach Ausbruch der Pandemie.

Die Ausstellung zum Nationalsozialismus im Alten Rathaus, die Gedenkstätte Steinhof und die Gedenkstätte für die Opfer der Gestapo in der Salztorgasse wurden 2022 von 7.360 Menschen besucht, wobei 6.400 Besuche auf die Ausstellungen in der Wiener Innenstadt, 960 auf die Gedenkstätte Steinhof entfielen. Das Vermittlungsteam begleitete in 243 Führungen die Besucher*innen, darunter viele Schüler*innen.

Dauerausstellung des DÖW zur Geschichte des Nationalsozialismus in Österreich, zu seiner Vorgeschichte und den Nachwirkungen in der Zweiten Republik

Altes Rathaus, Wipplingerstraße 8 (im Hof), 1010 Wien
Öffnungszeiten: Montag bis Mittwoch und Freitag 9 bis 17 Uhr, Donnerstag 9 bis 19 Uhr
Online-Ausstellung (deutsch/englisch): ausstellung.de.doew.at bzw. ausstellung.en.doew.at

Die Ausstellung dokumentiert die Vorgeschichte des Nationalsozialismus ebenso wie Widerstand und Verfolgung in der NS-Zeit und die Aufarbeitung der Vergangenheit nach 1945:
– Der Aufstieg der NSDAP und ihr Weg zur Macht 1919–1933
– Der Weg zum „Anschluss": Österreich 1918–1938
– Der „Anschluss"
– NS-Terror
– Judenverfolgung
– Die Deportation der österreichischen Jüdinnen und Juden
– Widerstand (von politischem, organisiertem Widerstand über Widerstand in der Wehrmacht bis zum Resistenzverhalten Einzelner)
– Die Kärntner Slowenen und Sloweninnen
– Rom*nja und Sinti*zze – „Zigeuner" im Nationalsozialismus
– Die Verfolgung von homosexuellen Männern und Frauen
– Zwangsarbeit ziviler Ausländerinnen und Ausländer
– KZ Mauthausen
– NS-Medizinverbrechen
– Flucht und Exil
– Erinnerungskultur
– Entnazifizierung und Ahndung von NS-Verbrechen in Österreich
– Österreich und die Opfer des Nationalsozialismus
– Rechtsextremismus

Die verschiedensten Besucher*innengruppen nutzen das kostenlose Angebot des DÖW. Neben Schulen und Bildungseinrichtungen kamen 2022 beispielsweise der Arbeitskreis Bildung und Kultur der Fraktion Bündnis 90/Die Grünen im bayerischen Landtag oder eine Bundeswehrgruppe aus Deutschland, die über die Hermann Ehlers Stiftung (Kiel) an das DÖW vermittelt wurde. Im Mai 2022 besuchte eine Gruppe Zivildiener der KZ-Gedenkstätte Mauthausen einen DÖW-Workshop zum Rechtsextremismus, im September besuchten Teilnehmer*innen des Dialogforums Mauthausen die Gedenkstätte Steinhof.

Gedenkstätte für die Opfer der Gestapo Wien

Salztorgasse 6, 1010 Wien
Öffnungszeiten: auf Anfrage (Tel.: 01 22 89 469/319, office@doew.at).
www.doew.at/erkennen/ausstellung/gedenkstaette-salztorgasse
www.doew.at/english/memorial-room-for-the-victims-of-the-gestapo-vienna

Am Ort der Gedenkstätte war der Sitz der Gestapo-Leitstelle Wien. Das Gebäude wurde nach dem Krieg durch einen modernen Wohnbau ersetzt. In diesem nach dem Gestapohäftling und nachmaligen Bundeskanzler Leopold Figl benannten Gebäude errichteten 1968 die Opferverbände einen „Gedenkraum für die Opfer des österreichischen Freiheitskampfes". In der aktuellen Ausstellung wird an die inhaftiert gewesenen Widerständigen und Verfolgten erinnert und es werden historische Informationen über die Gestapo – Organisation, Mitarbeiter, Arbeitsweise – vermittelt.

Gedenkstätte Steinhof: „Der Krieg gegen die ‚Minderwertigen': Zur Geschichte der NS-Medizin in Wien"

Otto-Wagner-Areal, V-Gebäude, Baumgartner Höhe 1, 1140 Wien
Öffnungszeiten: Mittwoch bis Freitag (werktags) 10 – 17 Uhr, Samstag, auch an Feiertagen, 14 – 18 Uhr,
    geschlossen: 24. 12. und 31. 12.
Online-Ausstellung (deutsch/englisch): www.gedenkstaettesteinhof.at

Die Ausstellung „Der Krieg gegen die ‚Minderwertigen'" bietet einen Überblick über die NS-Medizin in Wien zwischen 1938 und 1945. Die Gedenkstätte beherbergt auch Teile der Ausstellung von Brigitte Rigele, Wiener Stadt- und Landesarchiv, Kindereuthanasie in Wien 1940–1945. Krankengeschichten als Zeugen.

Die Website www.gedenkstaettesteinhof.at enthält neben allen Texten und Bildern der Ausstellung auch Videointerviews mit 12 Überlebenden des „Spiegelgrunds" und anderer Fürsorgeeinrichtungen. Unter der Bezeichnung „Am Spiegelgrund" existierte von 1940 bis 1945 auf dem Anstaltsgelände eine sogenannte „Kinderfachabteilung", in der rund 800 kranke oder behinderte Kinder und Jugendliche umkamen. Daten (mit der Möglichkeit der Namenssuche) und ausgewählte Fotos der ermordeten Kinder vom

Spiegelgrund sind auf der Website ebenso zu finden wie eine chronologische Darstellung der NS-Medizin.

Der Katalog zur Gedenkstätte Steinhof, der Beiträge von Herwig Czech, Wolfgang Neugebauer, Peter Schwarz, Brigitte Rigele und Michael Hubenstorf enthält, bietet einen informativen Überblick zur Geschichte der NS-Medizin in Wien. Die Agenden um die Gedenkstätte liegen derzeit in den Händen von Christine Schindler und Ursula Schwarz bzw. der Kulturvermittler*innen Magdalena Bauer und Nici Mairhofer.

Die Gedenkstätte in der jetzigen Form im Pavillon V wird vorläufig bestehen bleiben, soweit es die Umbauarbeiten im Zuge der Neugestaltung des gesamten Areals zulassen. 2022 wurde ein themenspezifischer Workshop entwickelt, der ortsunabhängig – d. h. vor allem in der Dauerausstellung im Alten Rathaus – durchgeführt werden kann, falls die Gedenkstätte während der Umbauarbeiten geschlossen werden muss: *„[...] die Hölle meiner Tage, die sich Kindheit nannte." Workshop zu Zeitzeugenberichten von Überlebenden des „Spiegelgrund".*

Temporäre Ausstellungen und Wanderausstellungen

Sonderausstellungen werden von DÖW-Mitarbeiter*innen im Auftrag des DÖW und auch in Kooperation mit anderen Institutionen erarbeitet. Das DÖW bietet Kolleg*innen außerhalb des Instituts die Möglichkeit kleine Sonderausstellungen zu zeigen.

Die Ausstellung von Sonja Frank *Frauen im Widerstand 1933–1945. Die drei Schwestern Selma, Berthe und Gundl, geb. Steinmetz* zeigt Flucht, Exil und Widerstand von drei Schwestern aus einer assimilierten jüdischen Wiener Familie. Die jungen Frauen verließen schon Mitte der 1930er Jahre den autoritär regierten österreichischen „Ständestaat". Gundl Herrnstadt-Steinmetz kämpfte zuerst im Spanischen Bürgerkrieg gegen Franco und später, wie die älteren Schwestern Selma Steinmetz und Bertha Tardos, in der französischen bzw. belgischen Résistance. Selma Steinmetz (1907–1979) war die erste Bibliothekarin des DÖW. Die Ausstellung wurde 2021 und 2022 mehrere Monate im DÖW und auch an anderen Orten gezeigt. Sonja Frank begleitete die Schau mit einem vielfältigen Vermittlungsprogramm.

Kleine Wanderausstellungen des DÖW können gebührenfrei (abgesehen von – geringen – Transport- und Versicherungskosten) entliehen werden:

border(hi)stories. 1914–2022. 100 Jahre Grenzgeschichte(n)
Im Laufe des 20. Jahrhunderts waren es oft gegenseitige Ablehnung und Konfrontation, die die regionale und nationale Identität der Bevölkerung Westungarns und Ostösterreichs formten. Mehrmals wurde an der österreichisch-ungarischen Grenze Weltgeschichte geschrieben, wie zum Beispiel an der Brücke von Andau, zu Zeiten der ungarischen Revolution und des Freiheitskampfes 1956 oder 1989 beim Abbau des Eisernen Vorhangs.

In der Ausstellung erinnern 26 Gedenkorte an Ereignisse und Konflikte, aber auch an grenzübergreifende Kooperationen vom Ersten Weltkrieg bis in die Gegenwart – aus ungarischer wie auch aus österreichischer Perspektive.

Die Ausstellung auf Ungarisch, Deutsch und Englisch basiert auf einem digitalen Internetarchiv, das Interessierten – mit Hilfe eines QR-Codes – den Zugriff auf weiteres Fotomaterial, historische Dokumente, Videoclips und Fachliteratur ermöglicht (www. borderhistories.eu).

35 Roll-Ups. Breite: 100 cm, Höhe: 210 cm.

Lob des Ungehorsams

Empörung, Mitleid, Liebe, politische Überzeugung, religiöser Glaube führten vom Erkennen von Unrecht zu widerständigem Handeln gegen das NS-Regime: Ein katholischer Bauer, ein Zeuge Jehovas, eine mutige Krankenschwester, idealistische Jugendliche, ein kommunistisches Liebespaar, Offiziere und Deserteure zeigen Varianten des Widerstandes und die unerbittliche Realität der Verfolgung. (www.doew.at/erinnern/fotos-und-dokumente/1938-1945/lob-des-ungehorsams)

Die Wanderausstellung des DÖW (Winfried R. Garscha, Christine Schindler) und der Kategorialen Seelsorge der Erzdiözese Wien umfasst 7 Bahnen mit Ösen zum Aufhängen, je rund 1 m breit, 2,50 m hoch.

Der Krieg gegen die ‚Minderwertigen‘. Zur Geschichte der NS-Medizin in Wien

Die Wanderausstellung umfasst die Inhalte der Gedenkstätte Steinhof. (Autoren: Herwig Czech, Wolfgang Neugebauer, Peter Schwarz, www.gedenkstaettesteinhof.at)

19 Tafeln, je rund 1 m breit, 2 m hoch, selbststehend.

„dachaureif“. Der Österreicher-Transport aus Wien in das Konzentrationslager Dachau am 1. April 1938. Biografische Skizzen der Opfer

Nach der Machtübernahme der Nationalsozialisten in Österreich Mitte März 1938 ging Anfang April 1938 der erste Transport mit 150 Verhafteten in das KZ Dachau. Darunter befanden sich unter anderem Angehörige der Vaterländischen Front, aber auch deren politische Gegner, Sozialdemokraten und Kommunisten, sowie eine größere Gruppe bekannter jüdischer Künstler und Wirtschaftreibender. Die von Claudia Kuretsidis-Haider und Rudolf Leo unter Mitarbeit von Christine Schindler konzipierte Wanderausstellung zeigt ausgewählte Biografien der Deportierten und zeichnet deren Schicksale nach.

11 Bahnen (119 cm breit, 92 cm hoch), Aufhängung: Stahlrohre (oben und unten zur Beschwerung), Schnürung.

Abb. 8: Eröffnung der Ausstellung über die in Auschwitz ermordete Wienerin Ruth Maier am 10. November 2022 in der VHS Ottakring. Junge Geflüchtete wirkten an der Adaption in Einfacher Sprache und an der Vernissage mit. Von links nach rechts: Mansoor und Wajid sowie Kurator Friedl Garscha. © Uli Garscha.

Das kurze Leben der Ruth Maier (1920–1942): Wien – Oslo – Auschwitz

Die von Winfried R. Garscha für das DÖW (gemeinsam mit dem norwegischen Zentrum für Holocaust- und Minderheitenstudien, unter Mitarbeit von Christine Schindler) erstellte Wanderausstellung „Das kurze Leben der Ruth Maier (1920–1942): Wien – Oslo – Auschwitz" wurde in jeweiligen Adaptionen mittlerweile in Wien, Oslo und anderen norwegischen Orten, bei den Vereinten Nationen in New York, in Washington sowie in Brünn gezeigt.

Ruth Maier wurde 1920 in Wien geboren und floh im Januar 1939 nach Norwegen. 1942 wurde sie als Jüdin verhaftet, der Gestapo ausgeliefert, deportiert und in Auschwitz ermordet. Ihre Tagebücher und Briefe sind mittlerweile Teil des UNESCO-Weltdokumentenerbes (Memory of the World). In Norwegen wurde das Schicksal des Mädchens zum Symbol der Kollaboration von Teilen der norwegischen Bevölkerung mit den deutschen Besatzern.

In einer Kooperation mit den Wiener Volkshochschulen – Barbara Brunmair, Betina Aumair, Nikolaus Ecker u. a. – wurde die Ausstellung für Menschen mit Migrationshintergrund und mit wenig formaler Schulbildung adaptiert, d. h. in Einfache

Sprache übersetzt. Die Ausstellung war von 11. November bis 23. Dezember 2022 in der VHS Ottakring zu sehen, die Erarbeitung und die Eröffnung erfolgten unter Mitwirkung von Schüler*innen mit Fluchterfahrung.

Für die Workshops mit den Teilnehmer*innen der PSA-Kurse, Brückenkurse, Basisbildung DaZ und Basisbildung DaZ Jugendliche der VHS Ottakring sowie der Kurse „Mama lernt Deutsch" wurde ein eigenes Vermittlungskonzept unter der Leitung der VHS Wien (Nikolaus Ecker) und des Vermittlungsteams des DÖW (Nici Mairhofer, Magdalena Bauer) erarbeitet.

Am 17. November wurde in einer Kooperation zwischen der VHS Ottakring und dem DÖW das Seminar *‚Ruth Maier' – Workshopgestaltung entlang der Ausstellung ‚Das kurze Leben der Ruth Maier'* durchgeführt. Die Veranstaltung richtete sich an Unterrichtende der IEB (Initiative Erwachsenenbildung) Ottakring sowie an Lehrende an Mittelschulen und AHS. Ähnliche Formate finden auch 2023 statt.

Die Ausstellung ist 2023 an verschiedenen VHS-Standorten mit Kursen der „Initiative Erwachsenenbildung" zu sehen. Von Januar bis Frühjahr 2023 wurde sie zusätzlich im Stadttheater Gmunden gezeigt. In Gmunden fand zeitgleich die Weltpremiere des Musicals „Briefe von Ruth" in Kooperation mit der New York Opera Society statt. Ensemblemitglieder wirkten auch bei der Ausstellungseröffnung in der VHS Ottakring mit. Die Ausstellung wird zur Langen Nacht der Museen am 7. Oktober 2023 im DÖW gezeigt.

Abb. 9: Erinnerungstafel für Ruth Maier in Oslo, Norwegen. © Winfried R. Garscha.

Seit das DÖW in Österreich 2017/18 mit einer ersten Ausstellung an Ruth Maier erinnerte, wurde das Schicksal der jungen Frau und ihrer Familie verstärkt auch hierzulande wahrgenommen. 2021 benannte der 2. Bezirk einen Park am Donaukanal nach ihr, 2022 brachte der 18. Bezirk eine Erinnerungstafel am Rudolf-Sigmund-Hof an. Die Stadt Wien übernahm die Pflege des Familiengrabes auf dem Döblinger Friedhof. Anlässlich des Frauentags am 8. März 2022 enthüllte die Stadt Wien eine Tafel für Ruth

Maier im Arkadenhof des Rathauses und nahm sie in die Pionierinnengalerie auf. Im Rahmen der ORF-Reihe „Menschen und Mächte" gestaltete Robert Gokl die Doku „Ruth Maier – die Anne Frank von Österreich", an der auch Winfried R. Garscha mitwirkte.

4 Veranstaltungen

Das DÖW führt regelmäßig Veranstaltungen, Buchpräsentationen, Diskussionen durch. Es ist ein Ort für Diskurs und Debatten und bietet nicht zuletzt jungen oder nicht institutionell verankerten Wissenschafter*innen, Autor*innen und Künstler*innen ein Forum für ihre Projekt- und Publikationspräsentationen. Das DÖW unterstützt Veranstaltungen mit Materialien und Referent*innen, hilft bei der Bewerbung und zeichnet als Kooperationspartner. Mitveranstalter ist das DÖW immer wieder bei den Simon Wiesenthal Lectures des Wiener Wiesenthal Institutes. Das DÖW wirkte 2022 u. a. an folgenden Veranstaltungen mit:

–   23. 2. 2022: Claudia Kuretsidis-Haider referierte zur Gedenkinitiative Engerau und Herausbildung eines transnationalen Gedenkraumes sowie zum Interreg-Projekt des DÖW im Rahmen des (deutsch-slowakischen) Online-Meetings der Initiative „Potenziale der Zusammenarbeit in der Kulturregion BAUM Süd" des Interreg SK-AT-Projektes baum_cityregion.
–   10. 3.: „Flucht – Arisierung – Restitution: Zwei Familiengeschichten": Gerhard Baumgartner und Claudia Kuretsidis-Haider präsentierten das Buch von Ruth Jolanda und Peter Weinberger „Josef Franks Herzberg-Villa im Spiegel der Arisierung und Restitution von Bunzl & Biach" im Bruno Kreisky Forum für Internationalen Dialog, 1190 Wien.
–   14. 3.: „Wir und die anderen": Vortrag von Andreas Peham, gemeinsam mit Ulrike Schiesser und Andre Wolf, im Rahmen der Online-Vortragsreihe „Verschwörungsdenken und Esoterik in der Mitte der Gesellschaft. Wissenschaft oder Bauchgefühl?" des Salzburger Bildungswerkes.
–   7. 4.: „Hunderttausend Unbeugsame. Der österreichische Widerstand 1938–1945", Vortrag von Gerhard Baumgartner im Rahmen der Österreichisch-Ungarischen Konferenz „1945. Beginn und Ende", Botschaft von Ungarn, 1010 Wien.
–   21. 4.: Erzählte Geschichte „Kunst im Widerstand", Haus der Geschichte/Museum Niederösterreich. Diskussion zur Ausstellung der Kunstsammlung des DÖW mit Ursula Schwarz, Birgit Drexler, Christoph H. Benedikter, Christian Rapp und Reinhard Linke.
–   28. 4.: „Überleben im Untergrund als Akt des Widerstandes. Jüdische Heldinnen. Jüdische Frauen im Widerstand gegen den Nationalsozialismus": Vortrag von Brigitte Ungar-Klein im Jüdischen Institut für Erwachsenenbildung, 1020 Wien.
–   9. 5.: Julius Madritsch: Menschen in Not. Meine Erlebnisse in den Jahren 1940 bis 1944 als Unternehmer im damaligen Generalgouvernement Polen (Wien 1946).

Lesung im DÖW: Hannah Hohloch und Karl Vybiral. Historische Einführung: Winfried R. Garscha. Garscha war auch Berater bei der ORF-Doku von Georg Ransmayr „Die drei Gerechten" (Julius Madritsch, Raimund Titsch, Oswald Bouska). Die Stadt Wien enthüllte 2022 drei Gedenktafeln für diese „Gerechten unter den Völkern".

- 19. 5.: Podiumsgespräch „KL Gusen als Ort der Vernichtung im kollektiven Bewusstsein" im Institut für Osteuropäische Geschichte der Universität Wien: Winfried R. Garscha (DÖW) diskutierte mit Tomasz Kranz (Majdanek-Museum), Bertrand Perz (Institut für Zeitgeschichte Wien), Claudia Theune (Institut für Urgeschichte und Historische Archäologie Wien), Robert Vorberg (KZ-Gedenkstätte Mauthausen).
- 24. 5.: Winfried R. Garscha und Stephan Roth diskutierten auf Einladung der Österreichischen HochschülerInnenschaft an der Universität Graz zum Thema „Austrofaschismus/Dollfuß".
- 29. 5.: Stadtrundgang und Podiumsdiskussion „Orte und Opfer der NS-Militärgerichtsbarkeit in Wien", Wiener Wiesenthal Institut und Personenkomitee „Gerechtigkeit für die Opfer der NS-Militärjustiz". An der Podiumsdiskussion im Bundesministerium für Kunst, öffentlichen Dienst und Sport nahm Claudia Kuretsidis-Haider für das DÖW teil.
- 24. 6.: Symposium „Die Polizei in Österreich: Brüche und Kontinuitäten 1938–1945", Festsaal des BMI. Veranstalter: Bundesministerium für Inneres, Universität Graz, Ludwig Boltzmann Institut für Kriegsfolgenforschung, Mauthausen Memorial und DÖW. Mit Andreas Kranebitter, Gerhard Baumgartner, Claudia Kuretsidis-Haider, Wolfgang Neugebauer.
- 26. 6.: Winfried R. Garscha sprach gemeinsam mit Marja Križman vom Partisanenverband Sloweniens beim 40. Jahrestag des Museums am Peršmanhof.
- 29. 6. – 1. 7.: Symposium „Diktatur und Widerstand", Haus der Europäischen Union, Ludwig Boltzmann Institut für Grund- und Menschenrechte, Landesgericht für Strafsachen Wien, Juridicum der Universität Wien. Für das DÖW sprachen Gerhard Baumgartner, Winfried R. Garscha, Claudia Kuretsidis-Haider und Ursula Schwarz.
- 1. 7.: Seminar für polnische Lehrer*innen und Wissenschafter*innen „Spuren der Erinnerung. Österreich 1933–1947": Wolfgang Schellenbacher und Gerhard Baumgartner stellten Ausstellungen und Projekte des DÖW vor.
- 11. 7.: „Daily Reports of Gestapo Vienna: Arrest and Further Fate of Supporters in Vienna", Vortrag von Brigitte Ungar-Klein im Rahmen des Virtual Summer Workshop for Scholars „The Danger Facing Helpers and Hiders of Jews: Legal and Social Aspects, During and after the Shoah", 11.–12. Juli 2022, Yad Vashem, Jerusalem.
- 16. 9.: Winfried R. Garscha („De-Anonymizing Nazi Perpetrators") und Wolfgang Schellenbacher („Carving Archives into Stone: Memoralization of Victims' Names in Austria between Database Criteria and Family Oral Tradition") referierten im Panel „Visualizing the Victims – Naming the Perpetrators: New Developments in Austrian Politics of Memory" im Rahmen der German Studies Association (15.–18. 9. 2022) in Houston, Texas.

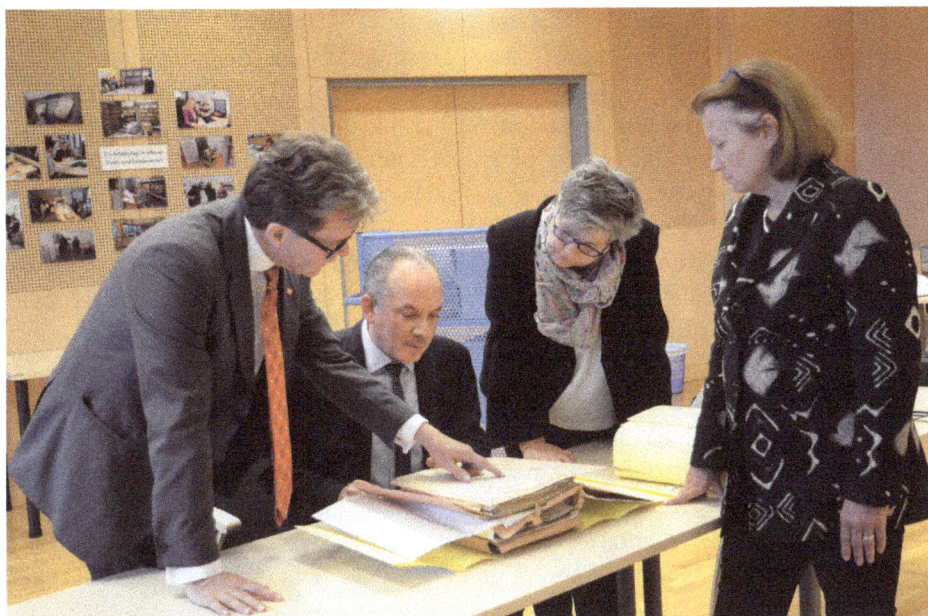

Abb. 10: Am 28. September 2022 besuchten Bildungsminister Martin Polaschek (links) und der israelische Botschafter Mordechai Rodgold (sitzend) das Wiener Stadt- und Landesarchiv. Gemeinsam mit Direktorin Brigitte Rigele (rechts) und Claudia Kuretsidis-Haider von der Zentralen österreichischen Forschungsstelle Nachkriegsjustiz am DÖW haben sie Akten des Wiener Straflandesgerichtes über den KZ-Arzt Georg Franz Meyer eingesehen. © BMBWF.

– 10. 10.: „Im Namen der Republik'. Todesmärsche ungarischer Jüdinnen und Juden im Spiegel der Justizakten der österreichischen Volksgerichte nach 1945": Vortrag von Claudia Kuretsidis-Haider bei der Wissenschaftlichen Konferenz „Holocaust vor der Haustür. Todesmärsche ungarischer Juden im Spiegel von Nachkriegsjustiz und Erinnerungskultur", Universität Graz.
– 24. 10.: „Von Wien ins Nirgendwo: Die Nisko-Deportationen 1939." Präsentation der Online-Edition, DÖW. Mit Gerhard Baumgartner (Wissenschaftlicher Leiter des DÖW), Winfried R. Garscha (Der Nisko-Plan), Wolfgang Schellenbacher (Die Nisko-Online-Edition), Claudia Kuretsidis-Haider (Schicksale von nach Nisko deportierten Männern).
– 11. 11.: Claudia Kuretsidis-Haider moderierte das Panel „Gedenken und Erinnern" im Rahmen der Konferenz „Alltag – Erinnerung – Aufarbeitung an der Universität Wien".
– 15. 11.: Verleihung des Ferdinand-Berger-Preises an Rechtsanwalt Wilfried Embacher im Wiener Rathaus im Beisein von Bundespräsident Alexander Van der Bellen. Laudatio: Irmgard Griss, ehemalige Präsidentin des Obersten Gerichtshofes.

- 15. 11.: „Verfolgung und Widerstand von Fürsorgerinnen. Vier Genossinnen am Wiener Jugendamt": Vortrag von Irene Messinger im DÖW. Moderation: Claudia Kuretsidis-Haider.
- 28. 11.: „Exil gestern und heute. Forschung, Literatur und die blinden Flecken". Podiumsdiskussion mit Claudia Kuretsidis-Haider, Tim Corbett, Doron Rabinovici, Vladimir Vertlib und Peter Roessler anlässlich des 20. Geburtstages der Österreichischen Gesellschaft für Exilforschung.
- 29. 11.: Im Rahmen der Vortragsreihe in Kooperation mit dem Jüdischen Institut für Erwachsenenbildung Wien, die im November und Dezember 2022 im DÖW stattfand, referierten Andreas Peham und Elke Rajal am 29. 11. zu: „Antisemitismuskritische Bildungsarbeit in Schulen: Möglichkeiten, Fallstricke und Grenzen". Am 22. November referierte Isolde Vogel im DÖW zu „Antisemitismus als Weltanschauung", am 6. 12. Thomas Kiebl zu „Jung, brutal … und antisemitisch? – Über Antisemitismus im Deutschrap") und am 13. 12. 2022 Florian Markl über „Die Israel-Boykottbewegung: Alter Hass in neuem Gewand".
- 1. 12.: „Versteckt und verschwiegen. Erinnerungen von Siegfried Loewe". Lesung und Gespräch von Siegfried Loewe und Rudolf Leo mit Claudia Kuretsidis-Haider im DÖW.
- 12. 12. 2022: „Krieg und Psychiatrie. Lebensbedingungen und Sterblichkeit in österreichischen Heil- und Pflegeanstalten im Ersten und Zweiten Weltkrieg". Buchpräsentation im DÖW mit den Herausgebern Markus Rachbauer und Florian Schwanninger und den Autoren Dirk Dunkel, Oliver Seifert, Clemens Ableidinger, Philipp Mettauer und Peter Schwarz.

Weitere Kooperationen gab es 2022 mit dem Memorijalni Centar Srebrenica, der Association Familles et Amis des déportés du Convoi 77 Paris und zum „Virtuellen Rundgang zur multiperspektivischen Erschließung des Gedenkortes Trostenez" (Geschichtswerkstatt Minsk, Universität Osnabrück, Universität Wien/Kerstin von Lingen, Claudia Theune) und mit Wienxtra-Cinemagic zum Kinderfilmfestival im November 2022.

Für die Podcastreihe „Im Museum" des Produktionsbüros Sisigrant wurden im DÖW vier Aufnahmen gemacht, gestaltet wurden sie von Gerhard Baumgartner, Christine Schindler und Ursula Schwarz: www.immuseum.at/museen/doew.

Am DÖW ist die *Aktion gegen den Antisemitismus in Österreich* angesiedelt. Präsident ist Cornelius Obonya. Über Facebook kommuniziert der Verein – Andreas Peham und Christine Schindler – mit Interessierten. Die Aktion wurde 1955 als unabhängige, überparteiliche Vereinigung gegründet. Sie hat es sich zur Aufgabe gemacht, durch Veranstaltungen, Presseaussendungen und Publikationen auf antisemitische Äußerungen und Ereignisse zu reagieren. Mittels breiter Aufklärungsarbeit soll das kritische Bewusstsein gegenüber allen Formen des Judenhasses – von rechts, von links und von islamischer Seite – geschärft werden: www.gegendenantisemitismus.at.

5 Gedenken

Von großer Bedeutung auch für Überlebende und Angehörige von NS-Opfern sind Gedenkveranstaltungen. Die Arbeitsgemeinschaft der NS-Opfer-Verbände, erinnern.at und das DÖW laden jährlich zum *Gedenken anlässlich der Annexion Österreichs durch Hitlerdeutschland im März 1938* ein. An den Veranstaltungen nehmen traditionell auch Abordnungen des österreichischen Bundesheeres teil. 2022 fand das Anschlussgedenken am 11. März statt:

- 9.00 Uhr, Floridsdorf, Am Spitz: Georg Papai (Bezirksvorsteher), Stephan Roth (DÖW). Schüler*innen des GRG 21 (Bertha von Suttner-Gymnasium, Schulschiff) unter der Leitung von Bernhard Golob lasen Zeitzeug*innenberichte zu Terror und Widerstand im Wien der NS-Zeit.
- 10.30 Uhr, ehemaliger Hinrichtungsraum im Straflandesgericht: Friedrich Forsthuber (Präsident des Landesgerichts für Strafsachen Wien), Norbert Kastelic (ÖVP-Kameradschaft der politisch Verfolgten und Bekenner für Österreich), Ursula Schwarz (DÖW). Schüler*innen des GRG 3, Radetzkystraße, berichteten unter der Leitung von Elisabeth Trummer vom Projekt „An Widerstand erinnern!"
- 12.00 Uhr, Kranzniederlegung beim Denkmal auf dem Morzinplatz: Ernst Wolrab (Landesverband Wien österreichischer AntifaschistInnen, WiderstandskämpferInnen und Opfer des Faschismus – KZ-Verband Wien), Winfried R. Garscha (DÖW sowie KZ-Verband Wien). Schüler*innen des G19, Gymnasiumstraße, unter der Leitung von Martin Krist lasen aus Michael Stones „Das Blindeninstitut".

Das *Gedenken an die Opfer der NS-Herrschaft* am 4. November 2022 am Floridsdorfer Spitz, in der Weihestätte im LG Wien, in der Gedenkstätte für die Opfer der Gestapo Wien und beim Mahnmal am Morzinplatz wurde von der Arbeitsgemeinschaft der NS-Opfer-Verbände und WiderstandskämpferInnen, dem Bund Sozialdemokratischer Freiheitskämpferinnen, der ÖVP-Kameradschaft der politisch Verfolgten und Bekenner für Österreich, dem KZ-Verband gemeinsam mit dem DÖW durchgeführt.

An vielen Gedenkveranstaltungen und -initiativen in ganz Österreich haben Mitarbeiter*innen und Funktionär*innen des DÖW teilgenommen – als Vortragende, Diskutierende und Organisierende:

- Seit dem Jahr 2000 führt die DÖW-Mitarbeiterin und Ko-Leiterin der Zentralen österreichischen Forschungsstelle Nachkriegsjustiz Claudia Kuretsidis-Haider eine Gedenkfahrt nach Petržalka/Engerau durch. Im heute 5. Bezirk der slowakischen Hauptstadt Bratislava hatten die Nationalsozialisten von Dezember 1944 bis März 1945 ein Lager für ungarisch-jüdische Zwangsarbeiter eingerichtet. Viele der 2.000 Gefangenen wurden vor Ort ermordet oder gingen auf dem Todesmarsch nach Mauthausen zugrunde. Coronabedingt gab es 2022 nur im privaten Rahmen Gedenkveranstaltungen am 27. und 29. März gemeinsam mit dem Direktor des jüdischen Gemeindemuseums Bratislava Maroš Borský und dem Bürgermeister von Wolfsthal, Landtagsabgeordneten Gerhard Schödinger. 2023 wurde die Gedenk-

fahrt wieder offiziell in Kooperation der Zentralen österreichischen Forschungsstelle Nachkriegsjustiz mit dem DÖW und der Arbeitsgemeinschaft der NS-Opfer-
Verbände durchgeführt.

- Am 27. März sprach Gerhard Baumgartner anlässlich der Gedenkfeier für die Opfer
des Südostwallbaus beim Mahnmal Kreuzstadl in Rechnitz, Burgenland. An der
Veranstaltung nahmen Paul Gulda (RE.F.U.G.I.U.S.) und Vertreter der Israelitischen
Kultusgemeinden Wien, Graz und Zalaegerszeg sowie der christlichen Kirchen teil.
- Das DÖW ist Mitveranstalter beim jährlichen Fest der Freude am 8. Mai anlässlich
des Jahrestages der Befreiung Österreichs von der NS-Terrorherrschaft. Die Veranstaltung wird vom Mauthausen Komitee mit Unterstützung durch die Stadt Wien
auf dem Wiener Heldenplatz organisiert. 2022 widmete sich das Fest dem thematischen Schwerpunkt „Politischer Widerstand". MKÖ-Vorsitzender und DÖW-Vorstandsmitglied Willi Mernyi eröffnete gemeinsam mit Bundespräsident Alexander
Van der Bellen die Veranstaltung. DÖW-Präsident Michael Häupl war zu einem
Statement eingeladen.
- Im Juli 2022 wurde die gläserne Gedenktafel, die seit 2011 an die im November-
pogrom zerstörte Synagoge in der Siebenbrunnengasse 1A (1050 Wien) erinnert,
beschädigt. Am 26. Juli 2022 fand eine Kundgebung als Zeichen gegen Hass und
Antisemitismus und für ein respektvolles Miteinander statt, zu der auch das DÖW
aufrief.
- Justizministerin Alma Zadić enthüllte am 9. September gemeinsam mit
Vertreter*innen der Arbeitsgemeinschaft der NS-Opfer-Verbände, darunter Winfried R. Garscha, eine Gedenktafel am Justizpalast, die an die während der NS-Zeit
dort zum Tode Verurteilten und im LG Wien Hingerichteten erinnert.
- Am 27. September wurde eine Gedenktafel für Jakob Kastelic vor seinem ehema-
ligen Wohnhaus in 1140 Wien, Trogergasse 3, enthüllt. Kastelic wurde als Mitglied
der Großösterreichischen Freiheitsbewegung 1944 hingerichtet. Die Gedenktafel
wurde von der ÖVP-Kameradschaft und den Söhnen Norbert Kastelic und DÖW-
Vizepräsident Gerhard Kastelic initiiert.
- Anlässlich des Jahrestages des Novemberpogroms 1938 leuchten seit 2018 die
Namen von Holocaustopfern auf der LED-Fassade des UNIQA-Towers am Wiener
Donaukanal auf. Die Kooperation von DÖW, UNIQA und Raiffeisen-Holding gedenkt
mit dieser weithin sichtbaren Installation der Holocaustopfer. Seit August 2022
wird der Uniqa-Tower nur mehr zu besonderen Anlässen beleuchtet. Am 9. und
10. November 2022 erinnerte er damit noch eindringlicher an die ermordeten
68 Frauen und Männer, deren Wohnadressen sich am Areal des heutigen Uniqa-
Gebäudes befanden.
- Am 21. Oktober führte die alljährliche Gedenkfahrt die ÖVP-Kameradschaft auch
zum Friedhof in Engerau (Bratislava) und nach Wolfsthal und Bad Deutsch Alten-
burg, wo Claudia Kuretsidis-Haider die historische Bedeutung dieser Orte der Verfolgung erläuterte.

- Zum Jahrestag des Novemberpogroms sprach Gerhard Baumgartner am 9. November auf der Burg Schlaining: „So viel gutes Leben inmitten von Gegensätzen. Jüdischer Alltag im Burgenland bis 1938". Veranstalter war Concentrum. Forum für politische, ethnische, kulturelle und soziale Ökumene.
- Viele Aktivitäten des Gedenkens an die Verfolgung der österreichischen Rom*nja erfolgen in Kooperation mit dem Kulturverein österreichischer Roma. Deren Vertreter Andreas Sarközi und Christian Klippl sowie DÖW-Leiter Gerhard Baumgartner haben dabei auch stets die aktuellen Herausforderungen in ganz Europa im Blick. Unter den zahlreichen Gedenkveranstaltungen ist der jährliche Roma-Gedenktag am 4. Februar, an dem an die Attentatsopfer von Oberwart 1995 erinnert wird.

Mindestens 110.000 Österreicher und Österreicherinnen kamen durch die Nationalsozialisten ums Leben. Die öffentlich zugänglichen Datenbanken des DÖW listen mittlerweile mehr als 78.500 dieser Opfer namentlich auf. Die Daten werden laufend ergänzt und überprüft und bieten die wissenschaftlich fundierte, seriöse Grundlage für Gedenkprojekte, die Opfer aus Österreich betreffen: Opfer rassistischer und politischer Verfolgung, der NS-Medizinverbrechen, Widerstandskämpfer*innen aller politischen Lager, Frauen, Männer und Kinder, Alte und Junge, Hingerichtete, in den Lagern Umgekommene, durch Giftgas Ermordete, Verschollene, Geflohene – sie alle finden ihren Platz in der Erinnerung des DÖW.

Aufgrund der jahrzehntelangen Erfahrungen wird das DÖW häufig bei der Errichtung von Gedenktafeln oder Straßenbenennungen für Opfer der NS-Verfolgung und Widerstandskämpfer*innen zugezogen. Seit Jahren arbeitet das DÖW mit den Vereinen „Steine der Erinnerung" und „Steine des Gedenkens" zusammen. Gemeinden, aber auch Einzelpersonen hinterfragen Kriegerdenkmäler und mögliche NS-Bezüge von vorhandenen Verkehrsflächenbenennungen. Anfragen erreichen das DÖW aus ganz Österreich, so 2022 u. a. aus Amstetten, Graz, Haslach an der Mühl, Klosterneuburg, Payerbach, St. Pölten und Wolfsberg. Viele Schulen und Gemeinden forschten in den letzten Jahren nach ehemaligen vertriebenen und ermordeten Schüler*innen, Lehrer*innen, Bewohner*innen. Mit Unterstützung des DÖW suchen sie die Namen der Verfolgten, spüren ihren Schicksalen nach, errichten Gedenktafeln, führen Projekte dazu durch.

6 Verluste

Ehemalige Widerstandskämpfer*innen, Überlebende der NS-Verfolgung und Wissenschafter*innen haben 1963 das DÖW gegründet und über Jahrzehnte begleitet. Unermesslich ist der Wert ihres Beitrages für das freie Österreich, für die Erforschung der Vergangenheit und die Geschichte des Instituts. Betroffene, Engagierte und Forscher*innen, Kolleg*innen in Projekten und Initiativen, an Universitäten und Gedenkeinrichtungen arbeiten immer wieder mit dem DÖW zusammen bzw. wirken in dessen Gremien. 2022 mussten wir uns wieder von langjährigen Weggefährt*innen verabschieden:

Kuratoriumsmitglied Maximilian Liebmann, geb. 1934 in Dillach bei Graz, verstarb am 25. Januar 2022 in Graz. Liebmann, 1991–1999 Dekan der Katholisch-Theologischen Fakultät der Karl-Franzens-Universität Graz, befasste sich in seinen Arbeiten u. a. mit der Rolle der katholischen Kirche im „Ständestaat" und unter dem NS-Regime.

Walter Winterberg wurde 1924 in Wien geboren und wuchs in einer sozialdemokratischen Familie und Umgebung auf. Er war im Innsbrucker Gestapo-Lager Reichenau und im KZ Buchenwald inhaftiert gewesen. Er deponierte seine Memoiren zusammen mit zahlreichen Fotos und Dokumenten im DÖW. Am 17. März 2022 starb er in seiner Heimatstadt.

Susanne Bock, geb. Hackl, wurde 1920 in Wien geboren, wo sie am 30. Juli 2022 verstarb. Sie überlebte im britischen Exil und kehrte nach dem Zweiten Weltkrieg nach Wien zurück. 1993 promovierte sie und publizierte die folgenden Jahre mit großem Erfolg. Mit dem DÖW wirkte sie bei verschiedenen Gedenkprojekten zusammen.

Der Zeithistoriker Hans Schafranek verstarb am 13. Oktober 2022 im Alter von 71 Jahren. Schafranek war freiberuflicher Historiker in Wien, Berlin und Brüssel. Er forschte zu den Themen Nationalsozialismus, Stalinismus, Exil und nutzte schon in den 1980er Jahren Oral-history-Interviews. Schafranek war dem DÖW zeitlebens eng verbunden.

Am 17. Oktober 2022 starb Walter Filipp, geb. 1950 in Wien. Seine politischen und kulturellen Aktivitäten waren vielfältig: von der KPÖ über die katholische Fokolarbewegung bis hin zur Leitung der Tischtennissektion des SC Hakoah Wien. Für das DÖW wirkte er bei vielen Veranstaltungen als Fotograf.

Josef Anton Baldermann, geb. 1941, starb am 12. November 2022. Sein Vater Josef Bald(e)rmann wurde 1941 festgenommen, 1942 vom Volksgerichtshof wegen Vorbereitung zum kommunistischen Hochverrat (in Wien-Brigittenau) verurteilt und 1943 in Berlin-Plötzensee hingerichtet. Zeitlebens setzte sich sein Sohn für die Aufarbeitung der nationalsozialistischen Vergangenheit ein.

7 Ehrungen

2022 erfolgten wieder ehrenvolle Würdigungen, Preisverleihungen und – posthume – Benennungen von Verkehrsflächen und Gebäuden:

- Am 11. Mai 2022 wurde der Zentralen österreichischen Forschungsstelle Nachkriegsjustiz im Plenarsaal des Parlaments in der Wiener Hofburg der erste Simon-Wiesenthal-Preis für Aufklärung über den Holocaust 2021 verliehen. Claudia Kuretsidis-Haider nahm den Preis für die Forschungsstelle und ihre Kollegen Winfried Garscha und Siegfried Sanwald entgegen. Im Juni 2022 erhielt die Forschungsstelle einen Hans Maršálek-Anerkennungspreis des Mauthausen Komitees

Österreich. Der Preis zeichnete die Etablierung eines transnationalen Gedächtnisraumes im Gedenken an die ungarisch-jüdischen Zwangsarbeiter des Lagers Engerau (Petržalka-Bratislava) aus, ein persönliches Verdienst der Ko-Leiterin der Forschungsstelle und DÖW-Mitarbeiterin Claudia Kuretsidis-Haider.

– Der Hauptpreis des ersten Simon-Wiesenthal-Preises, der am 11. Mai im Parlament verliehen wurde, ging stellvertretend für alle Zeitzeug*innen an vier Überlebende aus verschiedenen Ländern, darunter Karl Pfeifer, Kuratoriumsmitglied des DÖW. Karl Pfeifer erhielt 2022 auch das Goldene Ehrenzeichen für Verdienste um das Bundesland Niederösterreich. Die Ehrung durch Landeshauptfrau Johanna Mikl-Leitner fand am 18. Oktober in Baden statt, wo Pfeifer 1928 geboren worden war.

– Mit der höchsten Auszeichnung der Israelitischen Kultusgemeinde, der Marietta und Friedrich Torberg-Medaille, wurde am 28. April 2022 Barbara Glück geehrt. Glück, Leiterin der KZ-Gedenkstätte Mauthausen und DÖW-Vorstandsmitglied, erhielt die Medaille für ihr besonderes Engagement für Gedenkkultur.

Abb. 11: Preisträger Karl Pfeifer bei der Simon-Wiesenthal-Preis-Verleihung am 11. Mai 2022 im österreichischen Parlament. © Parlamentsdirektion/Johannes Zinner.

– DÖW-Vorstandsmitglied und Generaldirektor des Österreichischen Staatsarchivs Helmut Wohnout erhielt am 17. Mai 2022 das Silberne Komturkreuz des Ehrenzeichens für Verdienste um das Bundesland Niederösterreich verliehen.

– Am 21. September 2022 nahm Gerhard Baumgartner den 5. Burgenländischen Buchpreis 3x7 2021 in der Kategorie Sachbuch in Kobersdorf entgegen. Der Preis, der vom Land Burgenland verliehen wird, zeichnete das Buch von Baumgartner und Herbert Brettl „Einfach weg!' – Verschwundene Romasiedlungen im Burgenland" aus.

- Gerald Netzl, Vorsitzender des Bundes Sozialdemokratischer Freiheitskämpferinnen, Opfer des Faschismus und aktiver Antifaschistinnen, überreichte am 21. November 2022 Willi Mernyi, Vorsitzender des Mauthausen Komitees Österreich und DÖW-Vorstandsmitglied, die Otto-Bauer-Plakette für seine jahrzehntelange erfolgreiche Gedenk- und Vermittlungsarbeit.
- DÖW-Vizepräsident Albert Dlabaja, langjähriger Funktionär im KZ-Verband, erhielt vom Bund Sozialdemokratischer Freiheitskämpferinnen die Rosa-Jochmann-Plakette für sein unermüdliches antifaschistisches Engagement.
- Seit Oktober 2022 erinnert die Rudolf-Gelbard-Gasse beim Karl-Marx-Hof in Wien-Döbling an den 2018 verstorbenen Holocaustüberlebenden und Zeitzeugen. Rudolf Gelbard, Vorstandsmitglied des DÖW, überlebte das Ghetto Theresienstadt und engagierte sich bis zu seinem Lebensende gegen Antisemitismus und Rechtsextremismus.
- 2021 verstarb der Journalist Hugo Portisch. 2022 wurde in Wien-Hietzing die Hugo-Portisch-Gasse nach ihm benannt. Für seine bahnbrechenden Dokumentationen zur Zeitgeschichte Österreichs hat er immer wieder mit dem DÖW zusammengearbeitet.

8 Förderpreise

Herbert-Steiner-Preis

Der Preis – benannt nach dem Mitbegründer und langjährigen Leiter des DÖW und der International Conference of Labour and Social History (ITH), dem 2001 verstorbenen Herbert Steiner – wird vergeben für wissenschaftliche Arbeiten in deutscher oder englischer Sprache, die noch nicht veröffentlicht (gedruckt) sind, zu den Themen Widerstand/Verfolgung/Exil in der Zeit des Faschismus und Nationalsozialismus sowie der Umgang mit dieser Vergangenheit nach 1945 und Geschichte der Arbeiterbewegung.

Herbert Steiner-Preise 2021 (à Euro 4000,-):
- Elisabeth Luif, „… dass die Arbeiterschaft unmittelbar als erster Waggon hinter der Lokomotive rangiert." Integrationsstrategien im Austrofaschismus am Beispiel der „Sozialen Arbeitsgemeinschaft".
- Douglas Carlton McKnight, Persecution and Resistance: The Carinthian Slovenes and Memories of the Second World War.

Herbert Steiner-Preis 2022 (à Euro 4000,-):
- Leo Grob, Bevor die Fabriken schliessen. Eine Arbeitsgeschichte der Alusuisse (1960–1991).
- Christina Wieder, Visuelle Transformationen. Das Exil der jüdischen Künstlerinnen Grete Stern, Hedy Crilla und Irena Dodal in Argentinien.

Herbert-Steiner-Anerkennungspreis 2022 (à Euro 2.000,-):
- Magdalena Glaser, „…wegen mir ist keiner gestorben". Entlastungsstrategien der ehemaligen KZ-Aufseherin Hildegard Lächert im Kontext weiblicher Täterschaft.

Aufgrund der Corona-Pandemie fand die Verleihung der Preise 2021 virtuell am 20. Januar 2022 statt. Die Verleihung der Steiner-Preise 2022 konnte wieder bei einer Veranstaltung im DÖW am 17. Februar 2023 erfolgen.

Einreichungen für den Herbert Steiner-Preis sind jedes Jahr bis 31. Mai möglich. Ein Ausdruck der eingereichten Arbeit muss postalisch, die Arbeit selbst, ein Abstract und der Lebenslauf müssen zeitgerecht elektronisch im DÖW einlangen. Der Jury gehören derzeit Brigitte Bailer (DÖW), die Historikerin Ingrid Bauer, die an der Universität Salzburg lehrte, der Journalist Peter Huemer, Helmut Konrad, langjähriger Rektor und Dekan an der Universität Graz, und Peter Steinbach von der Gedenkstätte Deutscher Widerstand an. Die Geschäfte des Vereins, der für die Abwicklung des Preises verantwortlich ist, führen Christine Schindler und Winfried R. Garscha.

Radomír Luža-Preis

Der von der Vereinigung der *American Friends of the Documentation Center of Austrian Resistance* gemeinsam mit der University of New Orleans ausgelobte Preis ist nach dem tschechisch-amerikanischen Historiker Radomír Luža (1922–2009) benannt, Autor der ersten wissenschaftlichen Studie über den Widerstand in Österreich. Der Preis wird für herausragende amerikanische Dissertationen zur österreichischen und tschechoslowakischen Geschichte im 20. Jahrhundert, insbesondere in der NS-Zeit, oder ein im vorangegangenen Jahr publiziertes Buch verliehen. Eine Anschubfinanzierung wurde der Vereinigung der American Friends 2016 vom Zukunftsfonds der Republik Österreich gewährt. Die Preisverleihung findet jeweils im Rahmen der Jahrestagung der German Studies Association (GSA) statt – eine jährlich in einer anderen Stadt der USA stattfindende Konferenz der Forschenden und Lehrenden von Literatur, Geschichte und Politik der deutschsprachigen Länder. 2022 ging der Radomír Luža-Preis an Zachary Doleshal von der Sam Houston State University (Huntsville, Texas) und Chad Bryant von der University of North Carolina at Chapel Hill. Winfried R. Garscha fungiert als Verbindungsglied zum DÖW. Über die Vereinigung informiert die Website www.austrianresistance.org.

Ferdinand Berger-Preis

DÖW-Vorstandsmitglied Ernst Berger und sein Sohn René Berger stifteten aus Anlass des 100. Geburtstages des Vaters und Großvaters 2017 den Ferdinand Berger-Preis. Ferdinand Berger, Februarkämpfer in Gösting bei Graz, Interbrigadist auf Seiten der Republik im Spanischen Bürgerkrieg, überlebte die KZ Dachau und Flossenbürg. Nach der Befreiung trat er in Wien in den Polizeidienst ein, um sich am Aufbau einer demokratischen Polizei zu beteiligen. Nach seiner Pensionierung engagierte er sich als ehrenamtlicher Mitarbeiter des DÖW und als Zeitzeuge in Schulen und fungierte als Obmann der Lagergemeinschaft Dachau. Der Ferdinand Berger-Preis ist mit jährlich Euro 3.000,- dotiert und wird für wissenschaftliches, publizistisches, öffentliches Wirken gegen Neofaschismus, Rechtsextremismus, Rassismus und demokratiegefährdendes Verhalten vergeben. Der Preis ist beim DÖW angesiedelt und wurde von einer unabhängigen Jury, in der die Stifter Ernst Berger und René Berger sowie Corinna Milborn, Paulus Hochgatterer, Alexander Mitteräcker, Ruth Wodak sowie für das DÖW Gerhard Baumgartner (ab 2023: Andreas Kranebitter) und Christine Schindler Mitglieder sind, 2022 an den auf Fremden- und Asylrecht spezialisierten Rechtsanwalt Wilfried Embacher verliehen.

Die **Helga und Willy Verkauf-Verlon-Preise** ehren Verdienste um die antifaschistische Publizistik und sind mit 2.000 Euro dotiert, sie werden unregelmäßig verliehen.
    Prof. Willy Verkauf-Verlon, 1917-1994, wurde in Zürich geboren. Er ist in Wien aufgewachsen und emigrierte mit seinen Eltern 1933 nach Palästina. 1946 kehrte er nach Wien zurück. Verkauf-Verlon arbeitete als Herausgeber, Verleger, Buchhändler und als bildender Künstler. Er wirkte in Österreich, der Schweiz, Frankreich und Israel. Seine Witwe Helga Verkauf-Verlon, Kuratoriumsmitglied des DÖW, initiierte die „Stiftung Willy und Helga Verkauf-Verlon Preis für antifaschistische Literatur in Österreich". Sie verstarb am 4. Juli 2005.

9 Publikationen

Mitteilungen: Kostenlose elektronische oder postalische aktuelle Informationen zum DÖW. Die Mitteilungen des DÖW werden einem inhaltlichen und gestalterischen Relaunch unterzogen.

Jahrbuch: Delogiert und ghettoisiert. Jüdinnen und Juden vor der Deportation. Jahrbuch des DÖW 2022, hrsg. v. Christine Schindler und Wolfgang Schellenbacher im Auftrag des DÖW, Wien 2022. Ab 2023 erscheint das Jahrbuch im DeGruyter-Verlag. Künftig wird das Jahrbuch parallel zum Erscheinen der Print-Ausgabe auch im Open Access verfügbar sein. Ein Peer-Review-Committee wird die Beiträge begutachten.

Abb. 12: Katalog zur Kunstausstellung *Wider die Macht.*

Gemeinsam mit dem Haus der Geschichte/Museum Niederösterreich erarbeitete das DÖW die Ausstellung *Wider die Macht. Die Kunstsammlung des Dokumentationsarchivs des österreichischen Widerstandes.* Der gleichnamige Katalog – herausgegeben von Christian Rapp (Museum Niederösterreich) und Ursula Schwarz (DÖW) – erschien im April 2022.

In Bearbeitung war 2022 ein Band in Kooperation mit der Gedenkstätte Deutscher Widerstand zu den österreichischen Judenretterinnen und Judenrettern, der Anfang 2023 erschien. Eine Publikation zum Widerstand im 15. Wiener Gemeindebezirk erscheint voraussichtlich ebenfalls 2023. In Vorbereitung sind auch Bände zu den Biografien von österreichischen Richtern und Staatsanwälten sowie zur Nachkriegsjustiz.

Nachgedruckt wurde 2022 der vergriffene Band von Jakob Rosenberg und Georg Spitaler, Grün-weiß unterm Hakenkreuz. Der Sportklub Rapid im Nationalsozialismus, hrsg. v. SK Rapid und DÖW, Wien 2011.

Im Zuge der Abwicklung des Verlages Steinbauer gingen 100 Exemplare von Wolfgang Neugebauer, Der österreichische Widerstand 1938–1945, als Schenkung an das DÖW. 2023 erschien die englische Übersetzung seines weiteren Standardwerkes, den der ehemalige DÖW-Leiter gemeinsam mit Elisabeth Boeckl-Klamper und Thomas Mang verfasst hat: The Vienna Gestapo 1938–1945. Crimes, Perpetrators, Victims (übersetzt von John Nicholson und Nick Somers, New York-Oxford: Berghahn Books 2022).

10 Website und Social Media

www.doew.at

Informationen zu Projekten, Veranstaltungen, Themen, Gremien, Sammlungen, Forschungsergebnissen, Publikationen und Ausstellungen finden sich auf der Website des DÖW. Die Historikerin Christa Mehany-Mitterrutzner hat Jahrzehnte an den Publikationen des DÖW und am Internet-Auftritt des Institutes mitgewirkt, sie hat Themenschwerpunkte recherchiert und gestaltet. Auch nach ihrer 2022 erfolgten Pensionierung wirkt sie weiterhin – ehrenamtlich – im DÖW mit. Birgit Michlmayr ist seit dem Vorjahr Redakteurin der Website www.doew.at und zuständig für die Social Media-Aktivitäten des Instituts.

Auf der Website zentral platziert ist der Zugang zu den Personendatenbanken des DÖW mit aktuell 78.514 Einträgen. In vernetzter Form bietet diese Opfersuche Informationen zu den österreichischen Shoah-Opfern und Todesopfern politischer Verfolgung 1938–1945, zu den von der Gestapo Wien erkennungsdienstlich erfassten Männern und Frauen (in dieser Datenbank sind auch Überlebende erfasst) sowie zu den Opfern der Wiener Euthanasie-Klinik Am Spiegelgrund. In vielen Fällen sind die Personeneinträge mit Bildern und Dokumenten verknüpft. Die Datenbanken sind ein virtueller Gedenkort für die Opfer des NS-Regimes.

Auszüge aus Interviews mit Zeitzeugen und Zeitzeuginnen (*Erzählte Geschichte*), Kurzbiografien von Opfern der stalinistischen Verfolgung (bis 1945) und biografische Skizzen rücken das Schicksal von Widerständigen und Verfolgten in den Mittelpunkt.

Eine virtuelle Presseschau – *Media-Watchlist* – verweist auf Hintergrundberichte zu den thematischen Schwerpunkten des DÖW. *Neues von ganz rechts* berichtet über aktuelle rechtsextreme Entwicklungen.

Die Website www.doew.at ist ein wesentliches Vermittlungsinstrument des Instituts. 2022 verzeichnete sie über 166.000 Einzelbesucher*innen. Durchschnittlich haben fast 14.000 Personen monatlich auf die Seite zugegriffen. Neu auf www.doew.at:

- Paula und Erich Prager-Mandowsky – geflüchtet nach Budapest, Opfer der Shoah (Winfried R. Garscha).
- Delogiert und ghettoisiert. Jüdinnen und Juden vor der Deportation. Jahrbuch des DÖW 2022, hrsg. v. Christine Schindler und Wolfgang Schellenbacher.
- Julius Madritsch (1906–1984) (Birgit Michlmayr/Winfried R. Garscha).

Abb. 13: Der Wiener Textilkaufmann Julius Madritsch rettete durch humane Arbeitsbedingungen, erhöhte Nahrungsmittelrationen sowie Fluchthilfe das Leben Hunderter Menschen. Er wurde 1964 von der israelischen Gedenkstätte Yad Vashem als „Gerechter unter den Völkern" ausgezeichnet und starb 1984 in Wien. © Wiener-Krakauer Kultur-Gesellschaft.

Abb. 14: Jüdische Zwangsarbeiterinnen und Zwangsarbeiter im Textilbetrieb von Julius Madritsch im Generalgouvernement für die besetzten polnischen Gebiete. © Wiener-Krakauer Kultur-Gesellschaft.

Twitter, Facebook, Social Media

Auch 2022 rangierte das DÖW in den nach Followern gereihten Top 20 der „Organisationen und Initiativen" Österreichs der APA-Twitterlist und besteht hier als einzige wissenschaftliche Einrichtung. Bis Ende 2022 ist die Anzahl der Follower des DÖW-Accounts auf rund 14.000 angestiegen. Die Tweets des DÖW generierten 625.300 Impressions.

Hauptinhalte des Twitter-Auftritts, der seit 2022 von Birgit Michlmayr betreut wird, waren im abgelaufenen Jahr unverändert die Bewerbung von hauseigenen und externen Veranstaltungen, die Bekanntmachung neuer Inhalte auf der DÖW-Website sowie der Hinweis auf Medienauftritte von DÖW-Mitarbeiter*innen und auf Neuzugänge zur DÖW-Bibliothek. Verschiedentlich wurden auch aktuelle Ereignisse (insbesondere aus dem Bereich des Rechtsextremismus-Monitoring) via Twitter kommentiert.

2023 wird der offizielle Facebook-Auftritt des DÖW aufgebaut, weitere Social Media-Nutzungen werden nach Möglichkeiten und Angemessenheit geprüft.

11 Struktur

Das DÖW wurde 1963 von ehemaligen Widerstandskämpfer*innen und Verfolgten des NS-Regimes sowie engagierten Wissenschafter*innen als Verein gegründet. 1983 wurde die Stiftung DÖW errichtet: Die Republik Österreich und die Stadt Wien finanzieren seither die Stiftung zu gleichen Teilen, der Verein brachte die Materialien (Dokumente, Fotos, Kunstwerke etc.) ein. Ko-Finanzierungen erfolgen durch das Land Niederösterreich, verschiedene Ministerien und über Drittmittel.

25 Angestellte – Wissenschafter*innen, administratives Personal, Vermittler*innen – arbeiteten 2022 in unterschiedlichem Beschäftigungsausmaß und -verhältnis im DÖW. 10 Junior Fellows – 6 Frauen und 4 Männer aus Österreich und Deutschland – absolvierten 2022 ein Praktikum, 6 junge Männer leisten jährlich ihren Zivildienst im DÖW ab. 8 ältere Menschen, teils Angehörige von Verfolgten, sind ehrenamtlich tätig. Ende 2022 wurde Eva Kriss pensioniert, die viele Jahre Sekretärin des Institutes war und auch den Empfang managte. Eva Kriss steht dem DÖW weiterhin geringfügig zur Verfügung. Neu im Office Management ergänzt ab 2023 Anne Langner das Team.

Das Projektmanagement des DÖW liegt in den Händen von Christine Schindler. Die ordnungsgemäße Finanzgebarung des Hauses gewährleisten Judith Prem, Minas Ramadan und Halbwachs Schmitt & Partner Steuerberatung GmbH sowie die Aufsichtsgremien des DÖW. Als Geschäftsführer und Wissenschaftlicher Leiter ist seit April 2023 Andreas Kranebitter für das Institut verantwortlich und zeichnet mit den Mitgliedern des Stiftungsvorstandes – Claudia Kuretsidis-Haider, Stephan Roth, Christine Schindler – verantwortlich für die vom Stiftungsrat übertragenen Aufgaben und Agenden.

Die IT des DÖW wird von der Firma Spineffect betreut, Websites und Datenbanken von der Firma Braintrust. In den Händen der Kanzlei Haider/Obereder/Pilz liegt die juristische Beratung und Vertretung des Institutes.

Verein

Aktuell rund 400 Mitglieder des Vereines DÖW sind bei der Generalversammlung stimmberechtigt. Sie wählen den Vereinsvorstand. Dem Kuratorium des DÖW gehören Persönlichkeiten des wissenschaftlichen, kulturellen und öffentlichen Lebens an, die bereit sind, das DÖW aktiv zu unterstützen. Die Mitglieder des Kuratoriums werden durch den Vorstand ernannt, der darüber der Generalversammlung berichtet. Die 140 Mitglieder des Kuratoriums sind auch ordentliche Mitglieder des Vereins mit allen Rechten und Pflichten.

Vereinsvorstand 2022

Präsident: Dr. Michael Häupl

Vizepräsidenten: DDr. Werner Anzenberger, Albert Dlabaja, KR Dr. Gerhard Kastelic, Dkfm. Dr. Claus J. Raidl

Kassierin: Univ.-Doz.in Dr.in Brigitte Bailer; Kassier-Stv.: PD Dr. Helmut Wohnout

Weiters: Sr. Dr.in Ruth Beinhauer, Univ.-Prof. Dr. Ernst Berger, Präs. d. IKG Oskar Deutsch, Univ.-Prof. Dr. Hubert Christian Ehalt, MMag. Markus Figl, DDr.in Barbara Glück, Univ.-Prof.in Dr.in Gabriella Hauch, Univ.-Prof. Dr. Dr. h. c. Clemens Jabloner, RA Dr. Heinrich Keller, Mag. Markus Kroiher, MA MA, Mag.a Hannah Lessing, Willi Mernyi, Dr. Ariel Muzicant, Hon.-Prof. Dr. Wolfgang Neugebauer, Assoz.-Prof. Dr. Bertrand Perz, Dipl.-Ing. Rudolf Schicker, Dr. Gerhard Schmid, Dr. Kurt Scholz, Mag.a Terezija Stoisits, Mag. Manfred Wirtitsch

Wissenschaftlicher Leiter: Mag. Dr. Gerhard Baumgartner

Kontrolle: Mag.a Eva Blimlinger, Vzbgm. Harald Ludwig, Dr. Richard Schmitz

Stiftungsrat

Der Stiftungsrat besteht aus zwölf Mitgliedern. Sechs Mitglieder werden vom Vorstand des Vereins DÖW sowie je drei Mitglieder von der Republik Österreich, vertreten durch das Bundesministerium für Wissenschaft und Forschung, und von der Stadt Wien entsendet. Der geschäftsführende wissenschaftliche Leiter bzw. die geschäftsführende wissenschaftliche Leiterin wird vom Stiftungsrat auf unbestimmte Zeit bestellt. Der Stiftungsvorstand besteht aus dem oder der geschäftsführenden wissenschaftlichen Leiter bzw. Leiterin und drei Vertreter*innen aus dem Kreis der Mitarbeiter*innen.

Stiftungsrat 2022

Vorsitzender: Dr. Michael Häupl

Stv. Vorsitzende: Dkfm. Dr. Claus J. Raidl, SC[in] Mag.[a] Barbara Weitgruber, MA

Weiters: Prof. DDr. Werner Anzenberger, Univ.-Doz.[in] Dr.[in] Brigitte Bailer, SR Dr.[in] Ruth Beinhauer, Mag.[a] Eva Blimlinger, Mag.[a] Ursula Brustmann, RA Dr. Heinrich Keller, Hon.-Prof. Dr. Wolfgang Neugebauer, Dr. Christoph Ramoser, Mag. Marcus Schober

Kontrollausschuss: Mag.[a] Helga Steinböck, MA, weiters: KR Dr. Gerhard Kastelic, Mag. Daniel Löcker, MA, Vzbgm. Harald Ludwig, Bezirksvorsteher i. R. Dr. Richard Schmitz, MR[in] Mag.[a] Sigrid Steininger, MBA

Stiftungsvorstand 2022

Mag. Dr. Gerhard Baumgartner (ab 2023: MMag. Dr. Andreas Kranebitter), Mag.[a] Dr.[in] Claudia Kuretsidis-Haider, Mag. Stephan Roth, Christine Schindler, BA MBA

12 Ausblick und Dank

Neue Leitung

Seit Ende 2021 ist Michael Häupl Vorsitzender des DÖW-Stiftungsrates. Bei der Generalversammlung des Vereins DÖW am 4. Mai 2022 im Rathaus der Stadt Wien wurde der ehemalige Wiener Bürgermeister zum Präsidenten des DÖW gewählt. Der neu gewählte Präsident skizzierte die Herausforderungen der kommenden Jahre und benannte vordringlich die Übersiedlung des DÖW in den historischen Pavillon 15 auf dem Otto-Wagner-Areal am Steinhof, um dem Institut die nötigen Räumlichkeiten und Möglichkeiten für einen zeitgemäßen Archiv-, Forschungs- und Ausstellungsbetrieb zu sichern.

Ende 2022 bestellte der Stiftungsrat des DÖW Andreas Kranebitter zum neuen Leiter des DÖW. Kranebitter, der zu diesem Zeitpunkt in den USA forschte, setzte sich in einer internationalen Ausschreibung gegen 18 Mitbewerber*innen durch. Er trat die Funktion im April 2023 an. Die Neubesetzung erfolgte aufgrund der Pensionierung von Gerhard Baumgartner, der die Institution ab 2014 erfolgreich geführt hat und sich nun wieder verstärkt seinen Forschungen zur Geschichte der Rom*nja in Österreich widmen wird.

Andreas Kranebitter, 1982 in Wien geboren, studierte Soziologie und Politikwissenschaft. Seine Abschlussarbeiten wurden mit dem Herbert-Steiner-Preis und dem Irma-Rosenberg-Preis ausgezeichnet. Seine Laufbahn begann er in der KZ-Gedenkstätte Mauthausen, wo er zum Leiter der Forschungsstelle aufstieg. Zuletzt stand er dem Archiv für die Geschichte der Soziologie an der Universität Graz vor.

Dank

Die aktuellen Herausforderungen – Vergrößerung und Modernisierung der Archivräumlichkeiten, Neugestaltung der Ausstellungen und virtuellen Auftritte, Digitalisierung aller Institutsbereiche, Erhöhung der Sichtbarkeit und Intensivierung der Kooperationen – erfordern die Anstrengung des gesamten Instituts und seiner Gremien und die Unterstützung durch die öffentlichen Verantwortungsträger*innen.

Wir danken den Stiftern des DÖW Stadt Wien und Bund (Bundesministerium für Bildung, Wissenschaft und Forschung) sowie dem Land Niederösterreich für ihre grundlegenden Finanzierungen. Für Unterstützungen 2022 danken wir weiters: Bundesministerium für Inneres – Bundesministerium für Justiz – Bundesministerium für Kunst, Kultur, öffentlichen Dienst und Sport – Bundesministerium für Soziales, Gesundheit, Pflege und Konsumentenschutz – Bundeskanzleramt – Kulturabteilung der Stadt Wien (MA 7) – Nationalfonds der Republik Österreich für Opfer des Nationalsozialismus – Zukunftsfonds der Republik Österreich – Europäische Union – Kammer für Arbeiter und Angestellte Wien – Wiener Gesundheitsverbund – Kultur Innere Stadt – Förderverein VHS Penzing – Österreichische Bischofskonferenz – Wiener Wohnen – Swietelsky AG und den vielen privaten Spenderinnen und Spendern.

Das DÖW dankt für Sach- und Geldzuwendungen aus Testamenten und Nachlässen (darunter 2022 die Verlassenschaft nach Ernst Fettner) sowie für Zuwendungen aus Verfahren wegen Vergehen gegen das Verbotsgesetz, Verleumdung u. ä. Delikte.

Wir danken allen Institutionen, Projektpartner*innen, Förderstellen, Mitgliedern in Vorstand, Stiftungsrat, Kuratorium und Verein, Freund*innen und Kolleg*innen im In- und Ausland – allen, die an der Seite des DÖW für die Anliegen der Aufarbeitung der Vergangenheit und die Stärkung der Demokratie einstehen.

Autor*innen

Michael Achenbach, Fotoarchivar und wissenschaftlicher Mitarbeiter des DÖW.

Gerhard Baumgartner, von 2014 bis 2023 Geschäftsführender Wissenschaftlicher Leiter des DÖW, Forschungsschwerpunkt: Geschichte der Roma und Sinti in Österreich. Jüngste Publikation: *„Einfach weg". Verschwundene Romasiedlungen im Burgenland*, Wien: new academic press 2020 (gemeinsam mit Herbert Brettl).

Winfried R. Garscha, Historiker, ehrenamtlicher Mitarbeiter des DÖW, Ko-Leiter der Zentralen österreichischen Forschungsstelle Nachkriegsjustiz. Jüngste Publikation: *Helfer in Uniform: Anton Schmid und Oswald Bouska*, in: DÖW / Manfred Mugrauer (Hrsg.), *Wir hätten es nicht ausgehalten, dass die Leute neben uns umgebracht werden. Hilfe für verfolgte Juden in Österreich 1938-1945*, Berlin: Lukas 2023, S. 181-223.

Andreas Kranebitter, Soziologe und Politikwissenschaftler, ist Geschäftsführender Wissenschaftlicher Leiter des Dokumentationsarchivs des österreichischen Widerstandes. Jüngste Publikation: *Die Konstruktion von Kriminellen. Die Inhaftierung von „Berufsverbrechern" im KZ Mauthausen* (im Erscheinen).

Claudia Kuretsidis-Haider, Historikerin, Archivarin und wissenschaftliche Mitarbeiterin des DÖW, Ko-Leiterin der Zentralen österreichischen Forschungsstelle Nachkriegsjustiz. Publikation: *Verfahren vor den österreichischen Volksgerichten*, in: Christine Schindler (Hrsg.), *Verfolgung und Ahndung. Jahrbuch des DÖW 2021*, Wien 2021, S. 15–104 (gemeinsam mit Winfried R. Garscha und Siegfried Sanwald).

Mathias Lichtenwagner, Politikwissenschaftler, lebt in Wien, arbeitet in der Israelitischen Kultusgemeinde Wien im Bereich Kunstrückgabe, beschäftigt sich mit Vergangenheitspolitik, NS-Militärjustiz und Rechtsextremismus. Dazu zuletzt: *„... um alle nazistische Tätigkeit und Propaganda in Österreich zu verhindern". NS-Wiederbetätigung im Spiegel von Verbotsgesetz und Verwaltungsstrafrecht*, Graz: Clio 2018 (Hrsg., gemeinsam mit Ilse Reiter-Zatloukal).

Uwe Meusel, Choreograph, Stepptänzer, Sänger, Gitarrist, Schauspieler und Gründer der Stepptanzschule Musical-TAP-Company. Lebt in Freiburg im Breisgau und arbeitet an der Veröffentlichung von *The Sound of Tap – Tap Dancing on Record (1926–1965)*.

Ufuk Şahin ist Politikwissenschafter und schließt gerade seine Doktorarbeit an der Freien Universität Berlin ab.

Wolfgang Schellenbacher, wissenschaftlicher Mitarbeiter des DÖW, Historiker, Projektleiter des digitalen Tools *Memento Wien*. Er betreut die Opferdatenbanken des DÖW. Bisherige Forschungsthemen und Publikationen umfassten den Holocaust in Österreich, digitale Archivierung und Online-Editionen, das Ghetto Theresienstadt und Österreicher*innen im Exil in der Tschechoslowakei.

Christine Schindler, Studium Philosophie und Projekt- und Prozessmanagement. Projekt- und Publikationsmanagerin des DÖW. Zuletzt: *Interaktion mit der Öffentlichkeit. Zur Neugestaltung der Dauerausstellung des DÖW zur Geschichte des Nationalsozialismus als Projekt und Prozess*, in: *Delogiert und ghettoisiert. Jüdinnen und Juden vor der Deportation. Jahrbuch des DÖW 2022*, hrsg. v. Christine Schindler u. Wolfgang Schellenbacher, Wien 2022, S. 355–398.

Thomas Schmidinger, ist Politikwissenschafter und Sozial- und Kulturanthropologe und unterrichtet an der Universität Wien und der Fachhochschule Oberösterreich. 2022/23 war er Gastprofessor an der University of Kurdistan Hawlêr im Irak. Jüngste Publikation: *„Wenn der Herrgott das Wichtigste auf der Welt ist". Katholischer Traditionalismus und Extremismus in Österreich*, Wien: Mandelbaum 2023.

Peter Steinbach, Wissenschaftlicher Ko-Leiter der Gedenkstätte Deutscher Widerstand, Berlin. Jüngste Publikation: Neuherausgabe und Einleitung von Kurt Schumacher, *Der Kampf um den Staatsgedanken in der deutschen Sozialdemokratie*, Berlin: Metropol 2023. Mitherausgeber der Zeitschrift für Geschichtswissenschaft (ZfG) sowie der Neuen Politischen Literatur (NPL).

Personenregister

www.ingramcontent.com/pod-product-compliance
Lightning Source LLC
Chambersburg PA
CBHW080543110426
42813CB00006B/1187